‘एक निडर, भयभीत करने वाली रानी की अविस्मरणीय कहानी, जिसे इतिहास ने भुला दिया। जिन्दाँ वीरांगना हैं। उनकी ताकत और हिम्मत हम सबके लिए एक उदाहरण है।’

—शबाना आज़मी

‘भारतीय महिलाओं के जीवन पर लिखने वाले सबसे काव्यात्मक स्वरों में से एक’

—अमिताव घोष

‘एक बेमिसाल कहानीकार’

—डेनवर पोस्ट

‘दिवाकरुणी और उनके महिला चरित्र एक ज़बरदस्त जोड़ी हैं’

—द वायर

‘दिवाकरुणी की कहानियाँ ज़ोरदार हैं’

—द न्यू यॉर्क टाइम्स बुक रिव्यू

‘दिवाकरुणी उन कुछ लेखकों में से हैं, जो हर बार पृष्ठभूमि, चरित्र और कहानी का बिल्कुल सटीक ढंग से समायोजन करते हैं’

—इंडिया टुडे

चित्रा बैनर्जी
दिवाकरुणी

आख़िरी महारानी

अनुवाद : नीलम भट्ट

MANJUL
मंजुल पब्लिशिंग हाउस

MANJUL

मंजुल पब्लिशिंग हाउस

कॉरपोरेट एवं संपादकीय कार्यालय

• द्वितीय तल, उषा प्रीत कॉम्प्लेक्स, 42 मालवीय नगर, भोपाल-462 003

विक्रय एवं विपणन कार्यालय

• सी-16, सेक्टर 3, नोएडा, उत्तर प्रदेश, 201301

वेबसाइट : www.manjulindia.com

वितरण केन्द्र

अहमदाबाद, बेंगलुरू, कोच्चि, कोलकाता, चेन्नई,
हैदराबाद, मुम्बई, नई दिल्ली, पुणे

चित्रा बैनर्जी दिवाकरुणी द्वारा लिखित मूल अंग्रेजी पुस्तक
द *लास्ट क्वीन* का हिन्दी अनुवाद

The Last Queen by Chitra Banerjee Divakaruni – Hindi edition

हिन्दी में सर्वप्रथम मंजुल पब्लिशिंग हाउस प्रा. लि.
द्वारा हार्पर कॉलिन्स पब्लिशर्स इंडिया प्रा. लि. के सहयोग से प्रकाशित

यह हिन्दी संस्करण 2022 में पहली बार प्रकाशित
द्वितीय आवृत्ति 2025

ISBN 978-93-5543-116-5

अनुवाद : नीलम भट्ट

मुद्रण व जिल्दसाज़ी : सौरभ प्रिंटर्स प्रा. लि.

मेरे तीन राजाओं को समर्पित :

अभय, आनंद, मूर्ति

‘जब तक शेरों के अपने इतिहासकार नहीं होंगे, तब तक शिकार के इतिहास में शिकारी को ही हमेशा महिमामंडित किया जाएगा।’

— चिनुआ अचेबे

अनुक्रम

खण्ड – II

दुल्हन

खण्ड – III

रानी

खण्ड – IV

बग़ावत

प्रमुख चरित्र

रानी जिन्दां कौर : पंजाब की अंतिम रानी। कुत्तों को प्रशिक्षित करने वाले शाही प्रशिक्षक, मन्ना सिंह औलख की बेटी, जो महाराजा रणजीत सिंह की सबसे छोटी पत्नी बनी। महाराजा दलीप सिंह की मां और उनके शासनकाल के दौरान राज्य संरक्षक

महाराजा रणजीत सिंह : महानतम सिख शासक। सशक्त सिख साम्राज्य स्थापित करने वाले और उसे अंग्रेज़ों से सुरक्षित रखने वाले

महाराजा दलीप सिंह : रणजीत सिंह का सबसे छोटा बेटा

फ़कीर अज़ीज़ुद्दीन : रणजीत सिंह के राजदूत और लाहौर दरबार में जिन्दां के प्रारंभिक दिनों में उनके सलाहकार

रानी गुड्डां : रणजीत सिंह की रानियों में से एक, जो जिन्दां की नज़दीकी सहेली बनी

जवाहर सिंह : जिन्दां का भाई

लाल सिंह : लाहौर दरबार में सरदार

डोगरा बंधु : रणजीत सिंह के अंतर्गत प्रतिष्ठा पाने वाले तीन भाई

गुलाब सिंह : सबसे बड़ा भाई, जो बाद में जम्मू और कश्मीर का शासक बना

ध्यान सिंह : मंझला भाई, जो रणजीत सिंह का वज़ीर था और बाद में खड़क सिंह, चंद कौर, शेर सिंह के वज़ीर भी रहे

सुचेत सिंह : सबसे छोटा भाई

रानी पठानी : ध्यान सिंह की पत्नी, जिसने जिन्दां से दोस्ती की

हीरा सिंह : ध्यान सिंह का पुत्र, जो जिन्दां कौर का पहला वज़ीर बना

पंडित जल्ला : हीरा सिंह का सलाहकार

खड़क सिंह : महाराजा रणजीत सिंह का सबसे बड़ा पुत्र, जो उनके बाद राजा बना

चंद कौर : खड़क सिंह की पत्नी और नौनिहाल की मां

नौनिहाल सिंह : खड़क सिंह का पुत्र

बीबी कौर : नौनिहाल की पत्नी

संधावालिया, अजित सिंह और लहणा सिंह : चंद कौर के रिश्तेदार और शक्तिशाली संधावालिया घराने के सदस्य

माई निकाइन : रणजीत सिंह की प्रमुख रानी और खड़क सिंह की मां

मंगला : जिन्दां की प्रिय सेविका

अवतार : जिन्दां का प्रमुख रक्षक

माही : बाद के वर्षों में जिन्दां की सहायिका

जंग बहादुर : नेपाल के प्रधानमंत्री

अरूर : इंग्लैंड में दिलीप का सहायक

लॉर्ड और लेडी लॉगिन : पंजाब पर क़ब्ज़े के बाद दिलीप सिंह के संरक्षक।

मेजर हेनरी लॉरेंस : अंग्रेज़ों का प्रतिनिधि और बाद में लाहौर दरबार में रेज़िडेंट

प्रारंभ

लाहौर, 1839

जिन्दां दो रात से सोई नहीं और बाक़ी रानियों के साथ महाराजा रणजीत सिंह के बिस्तर के पास ही इंतज़ार में बैठी रही। वे सब तब तक गुरु ग्रंथ साहिब का पाठ करती रहीं, जब तक कि उनके गले बैठ नहीं गये। *जन्म और मृत्यु उसके हाथ में हैं... जो उसके नाम पर आस्था रखता है, वह विजयी होता है।* उन्होंने अपनी बेहतरीन कश्मीरी शॉलें, हीरे-जवाहरात, गाय, घोड़े-हाथी, सोने के सिक्कों भरे थैले, सब कुछ दान कर दिया है। जिन्दां के पास बाक़ी रानियों जितनी दौलत नहीं है। वह शादी में ख़ाली हाथ आयी थी और उसने कभी तोहफ़ों के लिए अपने पति की खुशामद भी नहीं की। उसने भी तीन लड़ियों का सोने का हार जगन्नाथ मंदिर में इस उम्मीद में चढ़ाया है कि सरकार जल्दी ठीक हो जाएं। उनकी प्रजा ने प्यार से उन्हें सरकार नाम दिया है।

वह संगमरमर पर झुकती है, जिसकी ठंडक उसे राहत पहुंचाती है और फिर वह पलंग के सुनहरी नक़्क़ाशी वाले पाये पर सिर टिका लेती है। महाराजा की सबसे छोटी पत्नी और उनकी चहेती होने के कारण उसे कुछ छूट मिली हुई है। बाक़ी औरतें अपनी हथेलियां भींचकर बिलकुल सीधी बैठी हैं। उनमें से कुछ अपने घूंघट से उसे घूरती हैं, लेकिन उसे किसी की कोई परवाह नहीं है। कमरे में घुटन है, इतने सारे लोग और इतनी फुसफुसाहटें। हिंदुस्तानी वैद्य, यूरोपीय डॉक्टर, वरिष्ठ दरबारी, नौकर-चाकर, पुजारी, पंखा खींचने वालों के अलावा परंपरा के मुताबिक़ सिर से पैर तक ढंकी रानियां हैं। उसके सिर पर सोने का बना छत्र तना है। उसे उसका दबाव महसूस हो रहा है, ज़रूर महाराजा को भी घुटन हो रही होगी। वह जानती है कि उन्हें तारों की छांव में छत पर लेटना पसंद है, गर्मियों में वह ऐसा ही किया करते थे।

उन्हें खुले में उस शहर के साथ सांस लेने में आसानी होगी, जिस पर उन्होंने फ़तह पायी थी और उसे अपना बनाया था। लाहौर का पेचीदा और मनभावन तानाबाना, मिथक का वह शहर, जिसे समय से भी पहले राम के पुत्र लव ने आकार दिया था।

वह किसे यह बात कहे? कौन है जो उसकी सुनेगा? कुछ दिन पहले सरकार की सबसे पसंदीदा रानी होने की जो ताक़त उसके पास थी, अब वह भी हल्की पड़ गयी थी।

एक कोने में पतले चेहरे व तीखे नैन-नक़्श वाला वज़ीर ध्यान सिंह दृढ़तापूर्वक चुपचाप खड़ा है, हालांकि वह भी बाक़ी लोगों की तरह ही थककर चूर होगा। उसे हर घंटे में दीवान-ए-ख़ास में इंतज़ार कर रहे सरदारों को ख़बर देनी पड़ती है और खड़क सिंह को भी याद दिलाना पड़ता है कि वह नज़दीक ही रहे, ताकि जब महाराजा अपने सबसे बड़े बेटे और वारिस को बुलाएं तो वह तुरंत पहुंच सके। साथ ही यह भी सुनिश्चित करना कि यदि अंग्रेज़ मौक़े का फ़ायदा उठाकर सतलुज नदी को पार करने का फ़ैसला लें, तो अपनी फ़ौज तैयार रहे। शहर में लोग कह रहे हैं कि ध्यान सिंह नहीं हो, तो उनका राज्य लापरवाह औरत के हाथ से छूटे घड़े की तरह पल में बिखर जाएगा।

दवाएं और पुलटिस लगाते चिकित्सकों पर ध्यान सिंह शक भरी पैनी नज़र रखता है। अपने महाराजा के मामले में वह किसी पर विश्वास नहीं करता। रणजीत सिंह के बुदबुदाने पर वही है जो उनकी आवाज़ों के मतलब को सही ढंग से समझता है और तुरंत पानी के लोटे की तरफ़ बढ़ता है। वह महाराजा के सिर को मां की सी कोमलता से उठाकर सोने के लोटे को उनके होंठों से लगाता है। महाराजा धीरे से घूंट भरते हैं और फुसफुसाकर कुछ कहते हैं। ध्यान की आंखें फैल जाती हैं और वह जिन्दां की ओर बढ़ता है। वह थोड़ा परेशान लगता है, लेकिन फिर महाराजा के हाथ को अपने माथे से छुआता है, जो वफ़ादारी ज़ाहिर करने का तरीक़ा है। वह किस बात पर राज़ी हो रहा है?

जिन्दां की कनपटियां फट रही हैं। दीवार पर लगे शीशे ऐसे चमक रहे हैं, जैसे मज़ाक़ उड़ा रहे हों। उसे अचानक ध्यान की कहानी का ख़याल आता है। कैसे वह सुदूर जम्मू से भूखा-प्यासा बड़े से शहर में पहुंचा था। वह एक मामूली सिपाही था, लेकिन सरकार की नज़र उस पर पड़ी और फिर उसने तेज़ी से तरक़्क़ी की, जबकि वह सिख नहीं होकर हिंदू था। उसके पति खुले दिल-दिमाग़ के थे, वह तुरंत प्रतिभा को पहचानने और उसे इनाम देने में देरी नहीं करते थे। शायद इसी कारण कई लोग जीवन भर उनके वफ़ादार रहे।

जिन्दां चाहती है कि सरकार अपनी आंखें खोलें। *वह चाहती है कि* वह उसे देखें। *केवल एक बार।* फिर उसे लगता है कि वह कितनी स्वार्थी है। आपको मुझे

देखने की ज़रूरत नहीं, बस आप अपनी आंखें खोलें, वही काफ़ी होगा। बिस्तर पर पड़े हुए वह कितने छोटे लग रहे हैं, जैसे कि इन कुछ दिनों में सिकुड़ गये हों। औरतों ने फिर से बोलना शुरू कर दिया है : *सच की राह पर चलने वाले और सेवा करने वाले को उसका इनाम मिलेगा।* वह भी उनके साथ बोलने लगती है, उसके होंठों पर अपने आप वे जाने-पहचाने शब्द आ जाते हैं, लेकिन उसके दिमाग़ में कुछ और चल रहा है : *इनकी मौत हो गयी, तो क्या होगा? मेरे बच्चे, मेरे दलीप का क्या होगा, वह तो अभी साल भर का भी नहीं हुआ?*

वह इस विश्वासघाती सोच को पीछे धकेलती है। महाराज ने इससे भी बुरा समय देखा है। बीमारी, हादसे, चोटें और कई शिकार व लड़ाइयों में इससे भी बदतर वक़्त देखा है, उनकी जांघ पर एक बार बाघ ने पंजे मारे थे, भाले की नोक उनकी छाती में घुस गयी थी। क्या वह उस सबसे निकलने में कामयाब नहीं हुए? बचपन में हुए चेचक ने उनकी बायीं आंख ले ली थी। कुछ साल पहले लक़वा लगने से वह ज़मीन पर आ गिरे थे और फिर कई दिनों तक उनके बदन के बायें हिस्से में कोई हरकत नहीं हुई थी। क्या उन्होंने उस पर भी जीत नहीं पा ली थी और हिंदुस्तान की बची सबसे बड़ी रियासत पर राज नहीं किया था? वही अकेले ऐसे इंसान नहीं, जिनके पास अंग्रेज़ों को रोकने की ताक़त है? फिर से ऐसा ही होगा। कुछ ही हफ़्तों में फिर से उनकी गरजती हँसी सुनाई देने लगेगी, वह अपनी मनपसंद घोड़ी लैला को लाने का हुक्म देंगे, उसकी पीठ पर चढ़ने से पहले उसे गुड़ खिलाएंगे। वह और मदिरा लाने, नर्तकियों को बुलाने, पटाखे छोड़ने, नावें लाने, पहलवानों को बुलाने और लखनऊ से क़व्वालों को बुलाने का हुक्म देंगे। उन सबके चले जाने के बाद, सिर्फ़ वही दोनों होंगे, ग्रीष्म महल के ज़मीन के नीचे बने कमरों में एक-दूसरे से लिपटे हुए, उसके होंठ उनके समूचे बदन को चूमते हुए, जो उन्हें बेहद पसंद है...

ध्यान सिंह की आवाज़ से वह जैसे फिर से वर्तमान में लौट आती है, जो उसे ज़नाना में वापस जाने को कह रहा है। जिन्दां अपनी बची-खुची हिम्मत जुटाकर विरोध करती है। 'बाकियों को जाने दें, मुझे यहीं रहना है। मुझसे किसी को कोई परेशानी नहीं होगी।' वह जानती है कि कैसे ख़ुद को बहुत छोटा और नाचीज़-सा बनाया जा सकता है। उसने अपने गांव में बचपन में अपने भाई से यह सीखा था। यह हुनर डांट से बचने के काफ़ी काम आता था। 'सरकार पुकारेंगे तो मुझे यहां होना चाहिए। वह मुझे ज़रूर पुकारेंगे।' वह कल्पना करती है कि उसके पति का हाथ उसकी तरफ़ बढ़ रहा है और सामने कुछ भी नहीं है। ध्यान सिर हिलाता है, वह शालीनता से पेश आता है, लेकिन साथ ही वह सख़्त भी है।

जिन्दां अपने घूंघट को ठीक कर बाक़ी रानियों के साथ बाहर निकलने लगती है। वे एक-दूसरे की तरफ़ नहीं देखतीं। अगर वे एक-दूसरे की आंखों में अपने डर को देख लेंगी तो वह सच में तब्दील हो जाएगा। सरकार के लिए वह अपशकुन होगा।

सभी सरदार बाहर गलियारे में खड़े हैं। सिंहासन का वारिस कुंवर खड़क सिंह उनमें सबसे आगे है और उसके चेहरे पर घबराहट है। वह दिल का अच्छा है, लेकिन कमज़ोर है और उसने सुना है कि खड़क अफ़ीम का बेहद शौकीन है। उसकी पगड़ी ठीक करते हुए ध्यान सिंह की अंगुलियों से उसकी नापसंदगी साफ़ झलकती है।

एक सेवक सोने के कटोरे में केसर का लेप लेकर तेज़ी से आगे बढ़ता है। जिन्दां जानती है कि वह उसे क्यों ले जा रहा है। सरकार अपने दरबारियों की मौजूदगी में खड़क के माथे पर राजतिलक लगाएंगे और उन्हें अपने राजा के प्रति निष्ठा की शपथ से बांधेंगे, ताकि उनके जाने के बाद उनका प्यारा पंजाब सुरक्षित रह सके।

राजा ने दस महीने पहले दलीप के पैदा होने पर जिन्दां को एक हवेली तोहफ़े में दी थी। यह हवेली उसके लिए दुनिया में सबसे पसंदीदा जगह है। इससे पहले उसका अपना कहने को कोई घर था ही नहीं। उसका बचपन गांव में बने किराये के एक झोंपड़े में बीता था और उसका बदजुबान मालिक हमेशा उन्हें बाहर निकालने की धमकियां देता रहता था। इस हवेली में कुछ छोटे-छोटे कमरे हैं; दीवारें पीले बलुआ पत्थर से बनी हैं, फ़र्श स्लेटी रंग का है और खिड़कियां दीवार पर बनी दरारों जैसी हैं। बाक़ी महत्त्वपूर्ण रानियों के भव्य महलों से यह हवेली अलग है, उन महलों में शानदार मेहराबें और गुंबदें हैं, दीवारों पर क़ीमती पत्थर जड़े हुए हैं और फ़र्श पर मुग़ल नमूने बने हैं। उन महलों में वह असहज हो जाती, सरकार इस बात को समझ चुके थे। उनमें गहरी समझ थी और राजकाज के दायरे से परे वह नर्मदिल इंसान भी थे।

आज की रात यह हवेली उसे सुकून नहीं दे रही है, वह बिना देखे बस चलती चली जा रही है। दलीप की देखरेख करने वाली उसकी सेविका मंगला आगे बढ़कर सरकार के बारे में पूछती है। जिन्दां बस सिर हिलाकर रह जाती है। उसके मुंह से कोई बोल नहीं फूटता।

'दलीप भूखा है,' मंगला उसे याद दिलाती है।

जिन्दां की दूध से भरी छातियों में दर्द हो रहा है। दूध पिलाकर शायद उसे राहत मिले, लेकिन उसके पास बहुत कम समय बचा है। उसे सही ढंग से उसका पूरा इस्तेमाल करना होगा।

'तुम उसे दूध दे दो,' वह मंगला से कहती है। 'तुम उसके साथ लेट जाओ।'

वैसे जिन्दां को दलीप को दूध पिलाना अच्छा लगता है। बांहों पर पड़ता उसका भार, दूध पीता उसका मुंह और छाती पर महसूस होती राहत और नींद आ जाने

पर उसके हाथ-पांवों का ढीला पड़ना, जिन्दां को बहुत अच्छा लगता है। लेकिन आज रात वह खुश है कि उसने कुछ हफ़्ते पहले उसके लिए गाय का दूध लगा दिया था। वह अच्छा बच्चा है। रात भर आराम से सोता है। उठने पर भी उसके लिए नहीं रोता। उसे मंगला के साथ रहने की आदत पड़ गयी है, क्योंकि वह तो ज़्यादातर रातों में सरकार के साथ होती है। यह अच्छा है। दलीप के रोने की आवाज़ आने पर वह ठीक से सोच नहीं पाती। बच्चे की तकलीफ़ उसे आरी की तरह चीर देती है।

'कुछ खा लीजिए। आपने कल से कुछ नहीं खाया है। कम से कम छाछ पी लीजिए। आपकी पसंद की है, नमक और पुदीना डाला हुआ है,' मंगला याचना भरे स्वर में कहती है।

मंगला का यूं चिंता करना जिन्दां को छू जाता है। लेकिन वह अभी कुछ नहीं ले सकती। उसे पूरी तरह अपना ध्यान लगाना है। सरकार के कमरे से बाहर भेजे जाते हुए लिये गये प्रण को उसे पूरा करना होगा।

अपने कमरे में वह अपनी मोटी चोटी को खिड़की की छड़ से बांध देती है। अगर उसे झपकी आ गयी, तो झटके से वह उठ जाएगी। वह सारी रात खिड़की पर झींगर शाह के मकबरे की तरफ़ मुंह करके खड़ी रहेगी। वह महान संत थे और इस क़िले के सरपरस्त थे। उनकी रूह अब भी उनके मकबरे में मौजूद है। दलीप को जब दस्त हुए थे, तो उसने चौबीस घंटे तक व्रत लेकर प्रार्थना की थी और अगली सुबह उसके बच्चे ने आंखें खोली थीं और उसे देखकर मुस्कराया था।

वह दुआ करेगी कि झींगर शाह अपना आशीर्वाद दें। कल ज़रूर सरकार बेहतर महसूस करेंगे।

वह गांठ को इतनी मज़बूती से बांधती है कि वह खुल नहीं जाए। वह समाधि की तरह मुंह करके अपने हाथों को इतनी ज़ोर से भींचती है कि वे सफ़ेद हो जाते हैं। अपने भीतर कहीं गहराई में उसे वह प्रार्थना धड़कती महसूस होती है।

जिन्दां जो पाने का ठान लेती है, उसे पूरा कर सकती है। उसे इस बात पर पूरा भरोसा है। उसकी ज़िंदगी के पूरे इक्कीस सालों में हुई हर बड़ी घटना क्या इस बात को साबित नहीं करती?

वरना एक छोटे-से कस्बे में एक गुमनाम से परिवार की वह मामूली लड़की कैसे शहंशाहों के शहर लाहौर तक पहुंचती? सदियों के इतिहास को संजोये हुए इस किले के बीचोंबीच वह कैसे एक हवेली पर क़ाबिज हो पाती? कुत्तों के प्रशिक्षक की बेटी सरकार की रानी कैसे बनती? कैसे वह उन्हें वह दे पायी, जो बाक़ी रानियां नहीं दे सकीं? उसने उन्हें बुढ़ापे में एक बेटा दिया।

लेकिन जल्दी ही उसे पता लगने वाला था कि वह कितनी ग़लत थी!

I

लड़की

1826-1834

1

अमरूद

मैं सपने में पहाड़ देख रही हूं, बर्फ़ीले और भयावह पहाड़, तभी हल्की-सी आहट से मेरी नींद खुल जाती है। सूरज अभी ठीक से उगा भी नहीं है। मैं बहुत सावधानी से चारपाई पर बैठती हूं, साथ में मेरी मां और बड़ी बहन बलबीर सोयी हुई हैं। मुझे उन्हें उठाये बिना चुपके से निकलना है। उनके उठने के बाद यह सुबह मेरी नहीं रह जाएगी।

हर तरफ़ ख़ामोशी है, बस बीजी के हल्के से खर्राटे सुनाई दे रहे हैं। फिर मैं ध्यान से सुनती हूं, तो मुझे दरवाज़े के चर्राने की आवाज़ सुनायी देती है। मैं बलबीर की टांग को हटाकर उठती हूं। वह बिस्तर पर कब्ज़ा जमाने वालों में से है, गर्मियों में तकिये झपट लेती है और सर्दियों में हमारी साझा रज़ाई अपनी तरफ़ खींच लेती है। मेरी ज़रा-सी हरकत पर चिकोटी काट लेती है और फिर शिकायत करती फिरती है कि सब लोग मेरे साथ अच्छा बर्ताव इसलिए करते हैं कि मैं उससे सुंदर हूं।

मैं जल्दी से आंगन की तरफ़ बढ़ती हूं। मेरे भाई जवाहर की चारपायी ख़ाली है, लेकिन बाहर के दरवाज़े की कुंडी खुली हुई है। मैं रात को पहने सलवार-कमीज़ को बदले बिना बाहर भागती हूं। वैसे भी उसके अलावा मेरे पास दो ही जोड़े हैं और दोनों पाठशाला के हैं। मैं नंगे पैर निकल पड़ती हूं। गुजरांवाला के जिस छोर पर हम रहते हैं, वहां पर वैसे भी इससे कोई फ़र्क़ नहीं पड़ता।

मेरा भाई कोई कारनामा करने वाला है और इस बार मैं उसके साथ शामिल होने वाली हूं।

उसके ये कारनामे ज़्यादातर खाने की चीज़ें चुराने के होते हैं, क्योंकि हमारे लिए कभी खाना पूरा नहीं पड़ता। बाक़ी ग़रीब परिवारों की तरह हम किसी के सामने हाथ भी नहीं फैला सकते। उससे हमारे पिता की साख को बट्टा जो लग जाएगा। हमारे पिता मन्ना सिंह औलख लाहौर के बादशाही क़िले में काम करते और वहीं रहते हैं; उन्होंने हमें बताया है कि महाराजा रणजीत सिंह यानी खुद सरकार उनसे हर रोज़ बात करते हैं। उनके बच्चे भीख मांगेंगे, तो लोग क्या कहेंगे! अपनी मां जैसी मेहनती औरत मैंने कोई और नहीं देखी, वह फुलकारी शाल काढ़ने में माहिर है। लेकिन मुश्किल यह है कि हमारे गांव में कई हुनरमंद औरतें हैं, लेकिन उतना काम नहीं है। यही वजह है कि जवाहर चोरी करता है। वह अक्सर अपनी लूट की दौलत को चूल्हे के पास रखता है, ताकि वह बीजी को आसानी से मिल जाए। उसमें कभी किसी खेत से लाया गया भुट्टा होता है, कभी सूखने को रखा अनाज, तो कभी किसी के बगीचे से चुराये गये आम होते हैं। बीजी उन्हें चुपचाप उठा लेती है, उस वक़्त वह शुक्रगुज़ार होती है और साथ ही शर्मिंदगी से भी भर जाती है। जवाहर उसमें से कुछ न कुछ मेरे लिए ज़रूर बचाकर रखता है, कोई रसीली खुबानी या फिर कुछ मीठे जामुन, जिनसे मेरे होंठ जामुनी रंग के हो जाते हैं। हम अपने झोंपड़े के पीछे बहती धारा के हरियाले किनारे पर बैठते हैं, जो ख़ूबसूरत तो है, लेकिन उसमें कोई मच्छी नहीं होती। मैं दम साधे उसका कारनामा सुनती हूं कि कैसे वह बगीचे में घुसा और रखवाली कर रहे कुत्तों को उसने पीछे छोड़ दिया। ग्यारह साल का जवाहर मुझसे सिर्फ़ दो साल बड़ा है, लेकिन मैं तो जैसे उसकी मुरीद हूं। मैं भी चाहती हूं कि केवल खाना खाने वाली बनकर नहीं रहूं, बल्कि उसकी तरह खाना जुटा भी सकूं।

आज मैं खुद को साबित करूंगी।

मैं धूल भरी पगडंडी पर दौड़ पड़ती हूं, आगे जाकर वह दो राहों में बँट जाती है। एक रास्ता बायीं ओर भुट्टे के खेतों की तरफ़ जाता है और दूसरा बागान की तरफ़। मैं बागान वाले रास्ते पर चल पड़ती हूं, वाहेगुरु से यह प्रार्थना करते हुए कि मैंने सही रास्ता चुना हो। क्या चोरी करने जाते समय प्रार्थना करना सही है? सही ही होगा, क्योंकि सामने मुझे लंबे डग भरता हुआ, दुबला-पतला जवाहर दिखायी देता है। मेरी तरह वह भी नंगे पांव हैं, कुछ महीने पहले उसकी चप्पल का फीता जो टूट गया था। मैं हांफते हुए उस तक पहुंच जाती हूं।

मेरे क़दमों की आहट सुनते ही वह मुट्ठियां तानकर पीछे मुड़ता है। मुझे देखते ही त्योरियां चढ़ाकर कहता है, 'घर जा, जिन्दां। जा!'

मैं मिन्नतें करती हूं, 'वीर, मैं भी चलूंगी।'

आख़िरकार वह मान जाता है, क्योंकि वक़्त ज़्यादा नहीं है। जल्दी ही किसान काम पर आ जाएंगे और हमें उससे पहले निकल जाना होगा। मैं उसका हाथ थाम लेती हूं और हम अमरूद के पेड़ों की तरफ़ चल पड़ते हैं।

ऊंची टहनियों तक पहुंचकर हम पके हुए अमरूदों की तलाश करते हैं। मुझे बड़ा गर्व है कि मैं जवाहर के साथ ही पेड़ पर चढ़ने में कामयाब रही, लेकिन इस दौरान घुटने पर मेरी सलवार फट गयी। अब बीजी से बहुत मार पड़ेगी। अमरूद मेरी उम्मीद से काफ़ी कम हैं।

जवाहर कहता है, 'अभी अमरूद का मौसम नहीं है, लेकिन बाद में हम यहां घुस नहीं सकेंगे, क्योंकि किसान रखवाली के लिए लोगों को रख लेंगे।'

मैं अमरूद काटती हूं, वह अब भी हरा और कसैला है। मुझे पता है कि ज़्यादा अमरूद खाने से मेरा पेट ख़राब हो जाएगा, लेकिन मुझे बहुत भूख लगी है। जवाहर की पारखी अंगुलियां बेहतरीन अमरूद खोज लेती हैं। वह उन्हें अपने थैले में डालता जा रहा है। कुछ उसने मुझे कुर्ते में बांधने के लिए दिये हैं। थैला काफ़ी भर चुका है। वह फुसफुसाकर मुझे बताता है कि वह पड़ोसी से सौदा करेगा और अमरूद के बदले गेहूं लेगा। अच्छी बात यह है कि पड़ोसी को इस बात से फ़र्क़ नहीं पड़ता कि अमरूद कहां से आये। जवाहर को हरी पगड़ी दिखायी देती है और वह चौकन्ना हो जाता है।

जवाहर हौले से कहता है, 'मालिक आ गया, जल्दी से कूदो!'

वह नीचे पहुंच चुका है और भागने के लिए तैयार है। लेकिन मुझे तो ज़मीन बहुत दूर लग रही है।

'जल्दी कर, जिन्दां।'

डर के मारे मेरी हालत ख़राब है। वह पगड़ी और नज़दीक पहुंचने लगी है। मैं रोने लगती हूं। मेरी वजह से हम दोनों पकड़े जाएंगे।

'चढ़ते हुए जैसा किया था, वैसे ही करो। पीछे की तरफ़, एक बार में एक पैर। तुम कर सकती हो,' धीरज भरी उसकी आवाज़ बहुत शांत है।

मैं सुबकते हुए उतरने लगती हूं, लेकिन मेरी रफ़्तार अब भी धीमी है।

जवाहर कहता है, 'मैं उसका ध्यान बँटाता हूं। तुम थैला लेकर भाग जाना। नदी के रास्ते से जाना। घास में तुम छिप जाओगी। टूटी भट्टी के पीछे की हमारी ख़ास जगह पर उसे रख देना। बीजी को कुछ नहीं बताना।'

वह पेड़ से दूर झूमते हुए अपने हाथ में दो अमरूद लिये ज़ोर-ज़ोर से बोलने लगता है। वह आदमी गुस्से से चिल्लाते हुए उसके पीछे भागता है। मेरा घुटना छिल गया है, सलवार और ज़्यादा फट गयी है। लेकिन मेरे पास अमरूद का थैला है। मैं भागते हुए कहती हूं, *वाहेगुरु! मेरे भाई को बचाना!*

घर पर मैं बड़ी शान से बीजी से झूठ बोलती हूं। कई बार यही ठीक होता है कि मांओं को सच का पता नहीं चले।

'मैं नदी पर मछली पकड़ने की कोशिश कर रही थी। मुझे वक़्त का पता नहीं चला। ना, मुझे नहीं मालूम कि जवाहर कहां गया है।'

बीजी मेरे कान उमेठती है, लेकिन ज़्यादा ज़ोर से नहीं, क्योंकि उसकी नज़र अभी मेरी फटी सलवार पर नहीं पड़ी है। बाल्टी में बचे पानी से मैं जल्दी से हाथ-पैर धोती हूं और पाठशाला के सलवार-कमीज़ पहन लेती हूं। कई जगह से बदरंग हो चुकी यह पुरानी सलवार-कमीज़ बलबीर की है और मेरी कद-काठी के हिसाब से थोड़ी बड़ी है। मैं देर नहीं करना चाहती, अपने भाई-बहन के उलट मुझे पढ़ने जाना बहुत पसंद है। मेरी खुशक़िस्मती है कि मेरी मिन्नतों का बीजी पर असर पड़ा और उसने मुझे पढ़ने जाने दिया। यहां के ज़्यादातर लोग अपनी बेटियों को पढ़ाने में यक़ीन नहीं रखते। बीजी मुझे रात की बची पानीदार लस्सी देती है और मैं अपनी तख़्ती और कलम उठा लेती हूं।

कोई दरवाज़ा पीट रहा है। हरी पगड़ीवाला जवाहर को खींचकर ला रहा है। उसकी नाक से ख़ून निकल रहा है और एक आंख सूजी हुई है।

मेरी प्रार्थना में ज़रूरी कोई कमी रह गयी होगी।

हरी पगड़ीवाला बहुत बढ़ा-चढ़ाकर चोरी की कहानी बता रहा है। उसकी बात सुनते हुए लग रहा है कि जैसे हमने अमरूदों का पहाड़ चोरी कर लिया। वह बीजी से कहता है कि लड़के के साथ कोई था, लेकिन बहुत पूछने पर भी उसने नहीं बताया। लड़का तो अपना नाम तक नहीं बता रहा था, लेकिन खेत पर एक आदमी ने उसे पहचान लिया। वह हमें घूरकर देखता है। 'मैं नरमदिल नहीं होता, तो इस हरामी चोर को गांव के सरपंच के पास ले जाता।'

डरपोक और कायदे-क़ानून की पाबंद बलबीर सिसकियां भरने लगती है। मैं भी उसका साथ देती हूं, क्योंकि फ़िलहाल यही सही होगा, लेकिन मेरा मन कर रहा है कि किरपाण लेकर उस मोटे की तोंद चीर दूं।

जैसे ही वह जवाहर को लात मारता है, मेरा धीरज जवाब दे जाता है। मैं उसकी तरफ़ दौड़ते हुए उसे ज़ोर से धक्का मारती हूं और उसे अपने भाई को छोड़ने के लिए कहती हूं। अब हर कोई चिल्ला रहा है, बीजी मुझे वापस आने को कह रही है, जवाहर मुझे *रुकने* को कह रहा है। मैं उस आदमी की टंगड़ी पर ज़ोर से लात मारकर उसका कुर्ता खींचकर उसे फाड़ने की कोशिश करती हूं, लेकिन वह मोटे सूत से बना है। वह मुझे झन्नाटेदार थप्पड़ देता है और मैं ज़मीन पर आ गिरती हूं।

'पागल कुतिया,' वह गुर्राता है। फिर बीजी से कहता है, 'बड़ी अच्छी परवरिश की है, अपने बच्चों की! लड़की किसी जंगली बिल्ली से कम नहीं।'

बीजी का चेहरा काला पड़ जाता है। वह मेरी बांह पकड़कर उसे ज़ोर से मरोड़ देती है, पर मुझे फ़र्क़ नहीं पड़ता। जवाहर चारपाई के नीचे दुबक गया है। मैंने फ़िलहाल तो उसे बचा लिया है।

हरी पगड़ीवाला अपनी मुट्ठियां तानते हुए हमारे पूरे ख़ानदान को गालियां बकता है। सांस फूल जाने पर वह बाहर जाने लगता है। दरवाज़े पर बीजी से कहता है, 'अपने बच्चों को क़ाबू में रखो। अगली बार मैं पंचायत चला जाऊंगा। इस छोकरे को तो मैं जेल करवा दूंगा।'

उसके जाने के बाद बीजी मुझे ज़ोर का तमाचा मारती हैं। 'आज तुम्हारी वजह से मुझे एक अजनबी की गालियां सुननी पड़ीं!'

जवाहर चारपाई के नीचे से बाहर आता है और कहता है, 'मेरी भूल की सज़ा इसे मत दो।'

बीजी लकड़ी का टुकड़ा उठा लेती है। 'तेरी ग़लती है! सही कहा, कमबख़्त! पूरे परिवार को शर्मिंदा कर दिया। अभी बताती हूं, तुझे!'

पीठ पर लकड़ी की चोट पड़ने पर वह दुबककर अपने सिर को बचाने की कोशिश करता है। 'मुझे बता, कौन था तेरे साथ! आजकल किस बदमाश की संगत पकड़ी है, तूने? बता!' बीजी फिर से उसे मारती है। अब हम सब रोने लगते हैं और बीजी का स्वर सबसे तेज़ है। लकड़ी को ज़मीन पर फेंक वह सुबकने लगती है। 'कैसी अभागन मां हूं मैं कि अपने बच्चों का पेट तक नहीं भर सकती?'

जवाहर ऊपर देखते हुए मुझे आंख मारता है। *चतुर लड़की। मुझे तुझ पर नाज़ है।* मुझे पता है कि यह सब बीत जाने पर हम पुरानी भट्टी पर निकल चलेंगे। वह मुझे सबसे अच्छा पका हुआ अमरूद देगा और मेरी चालाकी पर शाबाशी देगा, फिर हम अपने कारनामे पर ख़ूब ठहाके लगाएंगे। रात को बीजी और बलबीर के सो जाने पर वह मेरी सलवार सी देगा, क्योंकि उसे हर काम आता है। शायद मैं उसे अपने पहाड़ के सपने के बारे में बताऊं।

मैं इस पल को हमेशा याद रखूंगी और अपने भाई के चोट खाये मुस्कराते चेहरे को भी, जिसे मैं इतना प्यार करती हूं कि मुझे लगता है कि मेरा दिल ठीक वैसे ही निचुड़ जाता है, जैसे बीजी कपड़े को ज़ोर से निचोड़ती है।

मैं और जवाहर एक तरफ़ और दूसरी तरफ़ हमारे सामने पूरी दुनिया है।

2

मन्ना

मन्ना सिंह। पता नहीं क्यों मैं उसे पिता के रूप में नहीं देख पाती। शायद इसलिए कि वह कभी-कभार ही हमारे पास आता है। वह कोई ख़बर किये बिना अचानक आये तूफ़ान की तरह कभी भी आ धमकता है। वह कहता है, 'मूरख ही हरकारों पर अपना पैसा बरबाद करते हैं।' पर मुझे लगता है कि उसका असली मक़सद अचानक आकर हम पर छापा मारना होता है।

आंगन का दरवाज़ा खोलते हुए आज वह बहुत मस्ती में दिख रहा है। 'अरे मेरी प्यारी, मैं भूख से मर रहा हूं! खाने को क्या है? ज़रूर मक्की की रोटी और साग होगा, लाहौर में तो तेरे जैसा कोई नहीं बना सकता।'

बीजी की आंखों में गुस्से की बिजली कौंधती है। वह उसे अच्छी तरह जानती है और उसकी बातों में नहीं आती; लेकिन वह बड़ी तमीज़ से जवाब देती है, 'घर में अनाज का दाना नहीं है। आपने पिछले महीने पैसा नहीं भेजा।'

मैं यह देखकर हैरान रह जाती हूं कि वह कितनी सफ़ाई से अपने गुस्से को छिपा जाती है। मैं तो ऐसा नहीं कर सकती। बीजी जानती है कि अगर मन्ना को नाराज़ कर दिया, तो उसे कुछ भी नहीं मिलेगा। वह चिल्लाएगा और चीज़ें पटक देगा, फिर गुजरांवाला के बीचोंबीच रहने वाले अपने चचेरे भाई के पास चला जाएगा। दोनों छककर पियेंगे। अगले दिन वह भारी सिर और ख़ाली जेब के साथ लाहौर लौट जाएगा।

बीजी की रणनीति कारगर रही।

'भूल हो गयी होगी,' मन्ना कहता है। उसके चेहरे पर पछतावे का भाव है। 'इतनी ज़िम्मेदारियों के साथ हर चीज़ का ध्यान रखना मुश्किल होता है। जानती हो, सरकार मुझसे सलाह लेते हैं।' अपना कमरबंद खोलकर वह मुट्ठी भर सिक्के निकालता है। उसकी मर्ज़ी हो तो वह काफ़ी दरियादिल हो जाता है। वह दरवाज़े पर चौकस खड़े जवाहर को इशारे से बुलाता है। मन्ना के आस-पास हम सभी चौकन्ने रहते हैं, क्योंकि पता नहीं कब उसकी हँसी अचानक गुर्राहट या चांटे में तब्दील हो जाए। 'ओये, मां जो सामान बोले, जा बाज़ार से ले आ। कसाई को कहना कि कल मुझे बारह लोगों के लायक़ बकरा चाहिए। हम दावत करेंगे!'

जवाहर बीजी की तरफ़ निगाह डालते हुए बाहर निकल जाता है। वह काफ़ी मोलभाव करेगा और ज़्यादा से ज़्यादा पैसा बचाने की कोशिश करेगा। हम बुरे वक़्त के लिए उसे बचाकर रखेंगे।

खाने के बाद मन्ना चारपाई पर आराम करता है। मैं उसके लिए घर भर के तकिये ले आयी हूं। वह बड़ी शान से उन पर टिककर हमें अपने सामने खड़े होने का हुक्म देता है। वह बलबीर से कहता है कि वह बड़ी तेज़ी से बढ़ रही है; वह अभी बेटी के ब्याह का ख़र्चा उठाने के लिए तैयार नहीं है। बलबीर खुद को छोटा दिखाने के लिए कंधे सिकोड़ लेती है और अपने पैरों की तरफ़ नज़रें टिका देती है।

'रब दे वास्ते, सीधी खड़ी हो! कुबड़ी की शादी में तो और मुश्किल होगी। ओये लड़के, पढ़ाई कैसी चल रही है तेरी?'

'बहुत बढ़िया,' मन्ना की आंखों में आंखें डालकर जवाहर जवाब देता है। 'भाईजी कहते हैं कि हिसाब-किताब में मैं अच्छा हूं।'

उसके सफ़ाई से झूठ बोलने के हुनर की मैं क़ायल हूं। सच तो यह है कि वह अक्सर पढ़ने से छुट्टी मार लेता है। मैं उसका सारा काम करती हूं और इम्तहान से पहले उसके साथ उसकी किताबें पढ़ती हूं। फिर भी पिछले साल वह इसी दर्जे में रहते-रहते बचा।

'बहुत अच्छे,' मन्ना कहता है। 'हिसाब-किताब हमेशा ही काम आता है। किसी दिन तुझे लाहौर ले चलूंगा। वही महल में कोई काम दिला दूंगा। सरकार मुझे मना नहीं करेंगे।'

उस रात सबके सो जाने के बाद मैं ज़मीन पर लेटे जवाहर के पास जाती हूं। आज उसकी चारपाई पर मन्ना पसरा हुआ है।

'क्या वह तुम्हें सचमुच महल ले जाएगा?' मैं जवाहर के लिए अच्छा ही चाहती हूं, लेकिन उसके बिना ज़िंदगी की कल्पना नहीं कर सकती।

ज़वाहर कंधे उचकाता है, 'क्या पता? आधी से ज़्यादा बातें वह यूं ही कहता है।'

मैं उसकी आवाज़ में छिपी तड़प को महसूस कर सकती हूं।

आज खाने के बाद मन्ना का ध्यान मुझ पर जाता है। 'मेरी बिटिया कैसी है?'

'मैं ठीक हूं,' जवाब देते हुए मेरे चेहरे पर लाली आ जाती है।

'मुझे बारह तक पहाड़े याद हैं। मैंने अभी आधे साल में ही अपनी सारी किताबें पढ़ ली हैं। भाई साहब कहते हैं कि मेरी लिखाई सब बच्चों से सुंदर है। मैं गुरबानी का पाठ कर सकती हूं। सुनाऊं?'

'हां, हां, क्यों नहीं!' मन्ना बड़े दुलार से कहता है।

मैं झुककर बड़ी श्रद्धा से अपनी आंखें बंद कर लेती हूं। सख़्त ज़मीन मेरे घुटनों पर पर चुभ रही है, लेकिन मुझे कोई फ़र्क़ नहीं पड़ता। मुझे यह पुरातन बाणी अच्छी लगती है। उन्हें गाना मेरे लिए उड़ान भरने जैसा है। उसके हुक्म से आत्माओं ने रूप धरा; *उसके हुक्म से कीर्ति और महानता पायी जा सकती है। उसकी मर्ज़ी से कुछ ऊंचे हैं, कुछ नीचे; उसके हुक्म से पीड़ा और आनंद महसूस हो सकते हैं।*

तभी कोई मेरे कंधे पर थपकी देता है, यह जवाहर है।

'तुम गाना बंद कर सकती हो।'

आंखें खोलने पर पाती हूं कि मन्ना खर्राटे भर रहा है; उसका मुंह खुला हुआ है। *वाहेगुरु, क्या यह सोचना बुरा है कि उसके मुंह में मक्खी घुस जाए?*

शाम को दावत है। हमारे पास बहुत कम बर्तन हैं, इसलिए बीजी मुझे उन आदमियों की बीवियों से बर्तन मांगने भेजती है, जिन्हें दावत पर बुलाया गया है। दिन भर खाना पकाते रहने से उसका चेहरा चूल्हे की गर्मी से लाल हो गया है। कढ़ी, चावल, गोभी, छोले, बकरे के गोश्त का सालन। बलबीर खाना अच्छा बनाती है, इसलिए वह परांठे बेल रही है। मैं उससे मज़बूत हूं, इसलिए लकड़ी और पानी लाने का काम करती हूं। जवाहर को जलेबियां लेने भेजा गया है।

'देखना, कहीं वह बासी जलेबियां नहीं डाल दे,' शर्बत के घूंट भरते हुए मन्ना कहता है। 'और हां, अपने सामने तलवाना।'

मन्ना के दोस्त अपने साथ बैठने के लिए बांस के मोढ़े लाते हैं और पीने का बंदोबस्त भी करते हैं। बीजी थालियों में खाना परोसती है और हम उसे मेहमानों तक

ले जाते हैं। मेरे मुंह में पानी आ रहा है। मर्दों के खाने तक इंतज़ार क्यों करें? मैं एक जलेबी मुंह में डालकर अंगुलियों पर लगी चाशनी चाट लेती हूं।

खाने के बाद सभी आदमी मन्ना को घेर लेते हैं और उससे बड़े शहर और उसके मशहूर मालिक के बारे में पूछते हैं। मैं थालियों को ले जाने में कोई जल्दी नहीं करती, क्योंकि मैं भी सरकार के बारे में सुनना चाहती हूं। वह यहीं गुजरांवाला के धनी और ताक़तवर सुकरचकिया मिस्ल में जन्मे और उनका बचपन हमारी पहुंच से बहुत दूर के दायरों में ही बीता। हमने दरअसल कभी उन्हें देखा भी नहीं, फिर भी हम उनकी गिनती अपनों में ही करते हैं।

'क्या वह लाहौर के बड़े से क़िले में रहते हैं? लोग कहते हैं कि वह क़िला सैकड़ों साल पुराना है।'

'हां, बिलकुल, जब वह लड़ाई के मैदान में उन अफ़गानियों को धूल नहीं चटा रहे होते हैं। सभी क़िलों में उन्हें बादशाही क़िला सबसे ज़्यादा पसंद है। वह इतना बड़ा है कि हमारे गांव जितने बड़े तीन गांव उसमें समा जाएं। हां, मैं भी वही रहता हूं। पता है कि सिर्फ़ एक नौलखा मंडप बनाने में कितना ख़र्चा आया था? नौ लाख! अरे बेवकूफ़, चांदी नहीं, सोने की मोहरें लगी थीं। उसे हमारे सरकार ने नहीं बनवाया था। वह भला उतना पैसा क्यों बरबाद करेंगे? उन्होंने अफ़गानों से उसे छीना था और कोहेनूर को भी। अरे, तुमने कोहेनूर का नाम तक नहीं सुना? दुनिया का सबसे बड़ा हीरा है वह और इसीलिए उसे नूर यानी रोशनी का परबत कहा जाता है। मेरी दो मुट्ठियों के बराबर है वह! आधी रात में अंधेरे कमरे में उसे रख दो तो लालटेन की ज़रूरत नहीं पड़ेगी, इतनी चमक है उसमें। अफ़ग़ान बादशाह उसे अपने ताज में लगाकर पहनता था, लेकिन हमारे सरकार अच्छे सिख हैं, बहुत सादगी पसंद। वह पगड़ी पहनते हैं। कोहेनूर को अपने बाजूबंद में लगा रखा है और किसी विदेशी मेहमान के आने पर ही उसे पहनते हैं, ताकि वे लोग अपने पंजाब की शान देख सकें।'

आग की रोशनी में मैं सरकार की आनबान को बयां करने वाली बाक़ी बातें बताते हुए मन्ना के चेहरे पर झलकते हुए विस्मय को देखती हूं। कैरो कश्मीर की पहाड़ियों से गोरी नर्तकियों को बुलाया जाता है, जो रात भर लाल मंडप में अपना नृत्य दिखाती हैं, कैसे हर लड़ाई में जीत हासिल करने वाले समूचे पंजाब के सबसे बहादुर नौजवानों की घुड़सवार फ़ौज है, सबसे भयंकर शिकारी कुत्तों से भरा कुत्ता घर है, शाही हाथियों के लिए विशाल बाड़े बने हैं और कई मुल्कों के बेहतरीन घोड़ों से भरे शानदार अस्तबल हैं। सरकार को अपने घोड़ों से सबसे ज़्यादा प्यार है। शायद अपनी रानियों से भी कहीं ज़्यादा। क़िले में उनके हज़ार घोड़े हैं और उससे भी ज़्यादा उसके बाहर। उनमें सबसे मशहूर है, लैला।

'लैला के कारनामे और सरकार ने उसे कैसे हासिल किया, ये किस्से बताने में तो मुझे पूरा महीना लग जाएगा,' मन्ना कहता है। 'उसे पाने में उन्होंने साठ लाख रुपये ख़र्च किये और उन्हें एक लड़ाई लड़नी पड़ी। लैला ठंडक भरे हजूरी बाग़ में रहती है। सरकार के सोने के कमरे के साथ उसका अपना एक कमरा है...'

यह सब असलियत है या फिर सुनने वालों पर रौब जमाने की मन्ना की इच्छा है? जो भी हो, मैं तो कुछ दिन तक इन्हीं सपनों में रहूंगी। फ़िलहाल तो मैं हाथों में थालियां लिये वहीं खड़ी हूं और उन्हें ले जाने की बात तक भूल चुकी हूं। काश, मैं उन जादुई चीज़ों को एक बार देख पाती!

मन्ना के एक दोस्त को काफ़ी चढ़ चुकी है, 'अरे तुम्हारी ये कुड़ी, कितने साल की हो गयी? बारह? तेरह? बहुत सोहणी हो गयी है। कुछ ही वर्षों में सरकार के दरबार में नाच करने वालियों जितनी सुंदर हो जाएगी।'

मैं झेंपते हुए मुड़ जाती हूं। चिढ़ा हुआ मन्ना मुझे बीजी के पास जाने को कहता है। वह उस आदमी को डपटते हुए बड़ी सख़्ती से कहता है कि आगे से वह उसके घर की औरतों और नाचनेवालियों का ज़िक्र एक साथ नहीं करे।

अगले दिन बर्तन धोते हुए, बकरी को चारा खिलाते हुए, पढ़ाई करते हुए या बलबीर के साथ खेलते हुए महसूस करती हूं कि मन्ना की निगाहें मुझ पर लगी हैं। खाना परोसते हुए वह मुझे हाथ आगे करने को कहता है। वह उन्हें ध्यान से थोड़ी नाराज़गी भरी निगाहों से देखता है, फिर बीजी से कहता है, 'जिन्दां को धूप में नहीं रहने दिया कर। मैं नहीं चाहता कि यह काली हो जाए। अब इससे बर्तन भी मत घिसवाना। इसके हाथ कितने रूखे हो गये हैं।'

बीजी चिढ़ते हुए कहती है, 'फिर मेरी मदद कौन करेगा?' सुबह बीजी ने मन्ना से किराये के पैसे मांगे थे और उसने टका-सा जवाब दे दिया था कि उसके पास अब पैसे नहीं बचे। इससे बीजी का मिज़ाज बिगड़ा हुआ है। 'पैसे नहीं थे तो तुमने दावत क्यों दी?' मन्ना कोई जवाब नहीं देता और अपने दुखते सिर को सहलाने लगता है।

'अगर लड़की घर का कामकाज नहीं सीखेगी, तो कौन उसे अपने घर की बहू बनाएगा?' बीजी कहती है।

'मेरी जिन्दां? अरे इतनी प्यारी लड़की को तो कोई भी अपने परिवार की बहू बनाकर लाना चाहेगा।' कहते हुए मुझे देखकर मन्ना मुस्कराता है। 'बीबा, लाहौर चलेगी मेरे साथ? देखना चाहती है कि मैं कहां रहता हूं?'

'मैं?'

'हां, तू!'

वाहेगुरु, क्या यह मुझे चिढ़ा रहा है? कभी-कभार ऐसा करता भी है या फिर सचमुच मुझे ले जाना चाहता है?

अचानक आसमान में गहरी लाली दिखायी देती है। क्या सूरज पूरी तरह ढल चुका है? दूर देस के कोई पंछी हैं क्या? आग तो नहीं? मैं इसे एक शगुन मानती हूं, लेकिन किस बात का?

आंगन के कोने में हम बच्चों के लिए खाना परोसती बीजी जैसे किसी सदमे में है।

'ठीक है? क्या कहती है?' मन्ना पूछता है।

मेरी ज़बान जैसे जवाब दे चुकी है। मैं ज़ोर से सिर हिला देती हूं।

मन्ना खीसे निपोरता है। उसके दांत बिलकुल सपाट और सफ़ेद हैं, किसी ग़रीब आदमी के लिहाज़ से वे अनोखे हैं। 'अच्छी तरह रहेगी, तो जल्दी ले जाऊंगा तुझे।'

'जवाहर भी हमारे साथ चलेगा, ठीक है?'

'हां, हां। जा अब खाना खा ले।'

पता नहीं मन्ना ने मेरी बात सुनी या नहीं। उसने आंखें सिकोड़कर मुझे ऐसे देखा, जैसे कि भविष्य देख रहा हो। मुझे लगता है कि उसके दिमाग़ में ज़रूर कोई खिचड़ी पक रही है।

आवाज़ ऊंची करते हुए वह बीजी को आदेश देता है, 'सुन, अपनी जिन्दां को गोश्त ज़रूर देना। मैं ज़रा देर के लिए बाहर जा रहा हूं।'

वह गांव की चौपाल तक जा रहा है। उसके दोस्त जुआ खेलने के लिए वहां जमा हुए हैं। अब वह बहुत देर बाद ही लौटेगा।

गोश्त के दो ही टुकड़े बचे हैं और दोनों ही छोटे हैं। बीजी थोड़ा हिचकिचाती है।

'इसे क्यों हमेशा सबसे अच्छी चीज़ मिलती है?' बलबीर फुफकारती है। 'तुम सब इसे अच्छा मानते हो। यह ठीक नहीं है।'

मुझे अचानक थकान महसूस होने लगती है। 'इसे ही दे दो, गोश्त,' मैं कहती हूं। मैं अपनी थाली लेकर दूसरे कोने में जाकर ज़मीन पर बैठ जाती हूं। अपनी रोटी को दाल में डुबोती हूं, जो अब तक ठंडी होकर जम चुकी है। कुछ ही देर में जवाहर आकर मेरे पास बैठ जाता है। वह अपने हिस्से का गोश्त का टुकड़ा दो हिस्सों में बांटकर हड्डी वाला बड़ा हिस्सा मुझे दे देता है। उसे पता है कि मुझे हड्डी चूसना अच्छा लगता है। हम दोनों साथ बैठकर धीरे-धीरे खाने का मज़ा लेते हैं।

3

लाहौर

मैं अब पढ़ने नहीं जाती। यह मेरे लिए अब तक की ज़िंदगी की यह सबसे बड़ी बदकिस्मती है, लेकिन कोई भी इस बात को नहीं समझता। समझे भी कैसे, बलबीर ने भी तो पिछले साल बीजी से यह कहते हुए पढ़ाई छोड़ दी थी कि बस, बहुत हो गया। मेरे साथ पढ़ने वाली लड़कियों ने भी तो एक-एक करके पढ़ाई से किनारा कर लिया। उनमें से कई का तो ब्याह पक्का हो गया था। जवाहर ने भी पढ़ने जाना बंद कर दिया था और चाय की दुकानों के आस-पास मंडराना शुरू कर दिया था, हालांकि बीजी को यह जानकारी नहीं है।

शायद जवाहर मेरे साथ नहीं होता था, इसीलिए लड़कों ने भी मेरी तरफ़ ज़्यादा ध्यान देना शुरू कर दिया था। हम अलग-अलग कमरों में अपने दर्जे में बैठते थे, फिर भी वे बाद में मुझसे बात करने, मेरे साथ घर तक आने की कोशिश करते। जब मैं मना करती, तो मेरे पीछे भद्दे गाने गाते हुए चले आते। मैंने जवाहर से इसका ज़िक्र नहीं किया, क्योंकि मैं नहीं चाहती थी कि वह किसी से भिड़ जाए। मैंने अपने बस्ते में पत्थर रखने शुरू कर दिये और एक दिन जब लड़कों की फ़ब्तियों से मेरा पारा चढ़ा, तो मैंने उन्हें लड़कों पर दे मारा। पता नहीं अच्छा हुआ कि बुरा, लेकिन एक पत्थर उनके सरगना के सिर पर जा लगा। उसके सिर से बहुत ख़ून निकला और बहुत चीख़-पुकार मची। मैं अपने घर की तरफ़ भागी और उधर बाक़ी लड़के उसके इर्दगिर्द जमा हो गये।

उसके बाद मुझे मालूम था कि मैं पढ़ने नहीं जा सकती थी। जब मैंने जवाहर को वह बात बतायी तो अपनी जांघों पर हाथ मारते हुए ठहाके लगाकर वह बोला, *'काश, मैंने वह नज़ारा देखा होता!'* वह नहीं समझ पाया कि इस तरह अचानक मेरी

पढ़ाई रुक जाने से मुझे कितनी तकलीफ़ हुई थी। हालांकि वह भाई साहब के लिए मेरी चिट्ठी ज़रूर ले गया, जिसमें मैंने सारी बात बतायी थी।

भाई साहब को भी दुःख हुआ था, क्योंकि मैं उनकी सबसे अच्छी शागिर्द थी। यही वजह थी कि पिछले साल पढ़ाई का पैसा नहीं देने के बावजूद उन्होंने मुझे निकाला नहीं था। लेकिन मेरे पढ़ने के लिए ना आने की बात पर वह राज़ी थे। उन्होंने वादा किया कि वह जवाहर के हाथों मुझे सबक़ भिजवाते रहेंगे। उनका हमारे घर आना भी मुश्किल था, क्योंकि जिस घर में दो लड़कियां हों और वहां का मर्द बाहर रहता हो तो लोग बातें बना सकते थे।

भाई साहब के घर जाना और सबक़ लाना-ले जाना, इससे जवाहर जल्दी ही ऊब गया। कभी वह दो हफ़्ते में एक बार जाता, फिर महीने में एक बार और आख़िरकार उसने जाना बंद कर दिया। मेरा बुरा हाल था, लेकिन मैं क्या कर सकती थी? मेरे आस-पास के लोगों को लगता था कि अपने हिसाब से मैंने काफ़ी पढ़ाई कर ली थी। मैं पंद्रह साल की हो चुकी थी। बीजी ने भी कहा कि ज़्यादा पढ़ने से लड़कियों को घमंड हो जाता है।

अब मैं फुलकारी के काम में बीजी की मदद करती हूं। लोगों को मेरा स्वभाव और काढ़ने का मेरा हुनर पसंद आता है, वे अपने शादी के दुपट्टे मुझसे ही बनवाते हैं। इस तरह मैं अपने परिवार के लिए कुछ पैसा जुटा पाती हूं, लेकिन हर दिन मुझे लगता है कि मेरी दुनिया सिकुड़ती जा रही है।

लगभग साल भर बाद मन्ना घर लौटा है, वह पहले से दुबला हो गया है और उसकी भौंहों के बीच एक गहरी शिकन पड़ी हुई है। वह सिक्कों से भरी एक छोटी थैली बीजी को थमाते हुए कहता है कि इसके अलावा और कुछ नहीं है; वह बीजी से नज़रें नहीं मिलाता। वह धम्म से चारपाई पर बैठ जाता है। मैं पानी लाती हूं, लेकिन वह कुछ घूंट भरकर गिलास को ताकने लगता है। रात को खाने के बाद वह चौपाल पर नहीं जाकर बस चूल्हे की लपटों को देखता रहता है, बीजी आकर पूछती है कि कहीं उसे बुख़ार तो नहीं।

उसे बुख़ार नहीं है, लेकिन कुछ गड़बड़ ज़रूर है।

सुबह वह मुझे बुलाकर अपने पास बिठाता है और बनावटी ख़ुशमिज़ाजी से पूछता है, 'और मेरी बिटिया रानी कैसी है? आजकल क्या पढ़ाई हो रही है?'

'मैं अब पढ़ने नहीं जाती,' मैं जवाब देती हूं।

'अच्छा है। वैसे भी उस चीज़ पर वक़्त और पैसा क्यों बरबाद करना, जिसका कोई इस्तेमाल नहीं हो।'

मैं सोचने लगती हूं कि अगर उसे बता दूं कि मैंने पढ़ाई क्यों छोड़ी और मुझे कैसा लगता है, तो वह क्या करेगा। लेकिन तब तक तो वह कुछ और बात करने लगता है।

'तू अच्छी लग रही है, हालांकि अब भी बहुत दुबली है। तेरी मां तुझे खाने को नहीं देती!' मज़ाकिया अंदाज़ में वह कहता है।

बर्तन धोती बीजी उसे पटक देती है। 'ज़्यादा तब खिलाऊंगी, जब ज़्यादा पैसे दोगे। यह तो नहीं हो सकता कि सिर्फ़ इसके लिए तो ख़ास चीज़ें बनाऊं और बाक़ी दोनों इसका मुंह तकते रहें। इसे भी वह अच्छा नहीं लगेगा। यह उस तरह की लड़की नहीं है।'

मन्ना को बुरा लगता है। 'जितना भेज सकता हूं, भेजता हूं। शहर में सब कुछ बहुत महंगा है, लेकिन तुम्हें कहां समझ आएगा? ठीक है, इस बार मैं जिन्दां को अपने साथ लाहौर ले जाऊंगा। एक खानेवाला कम हो जाएगा।'

मेरा दिल ज़ोरों से धड़कने लगता है, मुझे थोड़ा रोमांच महसूस होता है और थोड़ी हैरानी भी। 'क्या जवाहर भी चलेगा मेरे साथ?'

'ज़रूर!' मन्ना लापरवाही से कहता है। 'क्या मुझे कोई नाश्ता देगा या फिर भूखा ही रहूं?'

बीजी उसके सामने रोटी और आलू की सब्ज़ी रखती है। 'बलबीर को भी ले जाओ। वह कभी यहां से बाहर नहीं गयी। उसके लिए भी अच्छा रहेगा।'

मन्ना बीजी के गाल पर थपकी देता है। वह जब चाहे दिलकश अंदाज़ अपना लेता है। 'मैं तुम्हें यहां बिलकुल अकेला तो नहीं छोड़ सकता?'

अंदर मुझे बिस्तर पर उल्टी लेटी रोती हुई बलबीर दिखायी देती है। मुझे उसके लिए बुरा लगता है। मैं उसके कंधे पर हौले से हाथ रखकर कहती हूं, 'मैं तुम्हारे लिए तोहफ़ा लाऊंगी।'

बलबीर मेरा हाथ झटककर ज़ोर से कहती है, 'वह तुम्हें ही पसंद करते हैं, तुम ख़ूबसूरत जो हो।'

मुझे गुस्सा आ जाता है। 'क्या यह मेरी ग़लती है कि तुम सोहणी नहीं हो?'

यह कहकर मैं शर्मिंदा हो जाती हूं। *वाहेगुरु, मैं किस तरह की लड़की हूं?*

सुबह मन्ना कहता है, 'दो बच्चों को लाहौर ले जाने का ख़र्चा बहुत आएगा। अभी मैं जिन्दां को ले जा रहा हूं।'

बीजी परेशान है, लेकिन यह आम परेशानी नहीं लगती। उसके चेहरे पर डर है। वह मिन्नत करती है और फिर चीख़ती है, लेकिन मन्ना अपनी बात पर अड़ा रहता है।

बीजी मुझे कसकर पकड़ते हुए कहती है, 'जवाहर को ले जाओ।'

मन्ना मेरे बाजू को झटकते हुए कहता है, 'चल बिटिया, चलने का समय हो गया है।'

मैं अपने भाई की तरफ़ देखती हूं, उसकी आंखों में चोट खाये जानवर जैसा दर्द है। 'मैं नहीं आ रही।'

'क्या हुआ, लड़की?' मन्ना गुस्से में पूछता है।

डर के मारे मेरे पेट में मरोड़ उठने लगती है। मन्ना का हाथ बहुत भारी है और गुस्सा आने पर वह उसे छोड़ने से नहीं चूकता। फिर भी मैं कहती हूं, 'जवाहर को नहीं ले जाओगे, तो मैं भी नहीं जाऊंगी।'

वह ज़ोर से मेरे कान उमेठता है। 'बेअदब, अहसानफ़रामोश, बदतमीज़ लड़की! तुझे चलना होगा।'

मुझे बहुत तकलीफ़ होती है, लेकिन मैं ज़रा भी नहीं रोती। बीजी कोसते हुए मुझे खींचना चाहती है। मन्ना का हाथ पकड़कर जवाहर उसे रोकने की कोशिश करता है। मन्ना उसे धकेलकर मुझे कंधों से पकड़कर ज़ोर से झकझोरता है। मेरी आंखों के सामने तारे दिखने लगते हैं। मैं धम्म से ज़मीन पर गिर जाती हूं। 'मुझे लाहौर ले जाना है, तो घसीटकर ले जाना होगा।'

मन्ना अपने क़दम पीछे कर लेता है, उसका चेहरा गुस्से तमतमा जाता है। वह मेरे पेट पर लात मारना चाहता है, जवाहर के साथ पहले वह ऐसा कर चुका है।

'रुक जाओ!' बीजी चीख़ती है। 'यह अब सयानी हो गयी है। यहां-वहां चोट लग गयी तो मां नहीं बन सकेगी।'

अचानक मन्ना हँसने लगता है।

'मान गया, कुड़िए, दम है तुझमें! मिज़ाज मेरे जैसा है। शायद कभी तेरे काम आ जाए। ठीक है, तुम दोनों मेरे साथ चलोगे। अपना सामान ले लो। इस नाटकबाज़ी के कारण अब हमें बाज़ार तक दौड़ लगानी होगी।'

बैलगाड़ी में पीछे की तरफ़ बैठकर मैं और जवाहर लाहौर तक के ऊबड़-खाबड़ रास्ते का सफ़र झटके खाते हुए तय करते हैं। मन्ना ने कटहलों के टोकरों के बीच हमें किसी तरह बिठाकर सस्ते में किराये का सौदा कर लिया। वह खुद गाड़ीवान के साथ बैठा है और हमेशा की तरह बाहरवालों के साथ अपने बड़े अच्छे मिलनसार अंदाज़ में है।

जवाहर कुछ नहीं कहता है। जब हम पर किसी की नज़र नहीं होती, तो वह मेरे कंधे पर अपना बाजू डालकर मुझे गले से लगा लेता है।

हर जोड़ को हिला देने वाले कई घंटों के सफ़र के बाद हम लाहौर पहुंचते हैं और मन्ना तुरंत एक बढ़िया पगड़ी पहनकर अपनी दाढ़ी संवार लेता है। यहां पर उसकी चाल ही अलग है, बड़ी शान से चलता है; अब वह अपने आंगन में जहां-तहां थूकने वाला और पादने-डकारने वाला गंवार नहीं है।

हम पत्थर के एक बड़े से आलीशान फाटक से शाम को शहर में पहुंचते हैं। मैंने उतना शानदार फाटक ज़िंदगी में नहीं देखा।

मन्ना बताता है, 'यह मस्ती दरवाज़ा है। लाहौर में ऐसे बारह दरवाज़े हैं और सभी सैकड़ों साल पुराने हैं। परकोटों पर खड़े सिपाहियों को देखो, अपनी पोशाक में कितने शानदार लग रहे हैं! उनकी तोड़ेदार बंदूकें देखो। सरकार अपनी फ़ौज में आने वाले हर आदमी को हथियार देते हैं। इसलिए यह सबसे सुरक्षित शहर है। मैं पहली बार यहां आया तो फ़ौज में शामिल होने ही वाला था।'

मुझे उसकी अफ़सोस भरी गहरी सांस सुनाई देती है। एक पल के लिए मैं उसे ऐसे नौजवान के रूप में देखती हूं, जो कभी आंखों में सपने लिये इस शहर में पहुंचा होगा।

हम मोती बाज़ार से गुज़रते हैं। संकरी सड़क के दोनों तरफ़ इमारतें हैं जिन पर छज्जे हैं और सबसे नीचे दुकानें हैं। लोगों का हुजूम है, कुर्ता-पायजामा, पगड़ियां और तुर्की टोपी लगाये लोगों का। कुछ लाल चेहरे वाले विलायती कोट-पैंट पहने लोग भी हैं।

मन्ना बताता है, 'ये फ्रांसीसी सिपाही हैं। छोटी-छोटी आंखों वाले ये पहाड़ों के गुरखा हैं। सरकार की फ़ौज में अंग्रेज़ों को छोड़कर सब आ सकते हैं। अंग्रेज़ों पर सरकार को भरोसा नहीं है, जो कि सही भी है।'

लाहौर देखकर मुझे समझ आता है कि मैंने ज़िंदगी को कितना कम देखा है। मैं दुकानों में रखी चीज़ों को आंखें फाड़कर देखती हूं। ख़ूबसूरत नक़ाब और चटख रंगों वाली कमीज़ें, कढ़ाईदार जूतियां, जिन्हें देख मैं ललचाती हूं, क्योंकि मेरे पैरों के लिहाज़ से छोटी मेरी चप्पलें मुझे काट रही हैं। शाल, रजाइयां, साटन के थान, दीवारों पर लटकाने वाली सजावटी चीज़ें, गोटे-किनारियां, बादलों जैसे तकिये, गहने, मसाले, इत्र, चमकीले नगीने लगे प्याले, हुक्कों की चमकती नलियां और मखमली कालीन, जो इतने नर्म-मुलायम हैं कि उन पर क़दम रखने पर मेरे पैर टखनों तक धंस जाएं। खाने की चीज़ों के क्या कहने! समोसों और भटूरों के ढेर, आलू और मसालेदार छोलों से खदबदाते देग, बड़े-बड़े थालों में सजी रंग-बिरंगी मिठाइयां कि मेरे जितना बड़ा कोई उनमें समा जाए, आग पर सीख़ों में भुनते कबाब। मेरे मुंह में पानी भर आता है। मैं मन्ना को बताना चाहती हूं कि मुझे ज़ोरों की भूख लगी है, लेकिन सुबह की ज़िद के बाद मैं किस मुंह से ऐसा कहूं।

मुझे परवाह नहीं, मैं जवाहर के लिए फिर से वैसा कर सकती हूं। मैं अपने भाई का हाथ पकड़ती हूं और हम दोनों ही चकाचौंध भरे इस जादुई शहर को घूरने लगते हैं।

अचानक चमकीले नीले रेशमी लिबास में एक मूंछोंवाला घुड़सवार किसी मोड़ से सामने आ जाता है, मैं बाल-बाल बचती हूं।

'दिखायी नहीं देता?' वह चिल्लाता है। 'रास्ते से हटना नहीं आता? अल्लाह! बेवकूफ़, गंवार कहीं की!'

अचकचाया हुआ जवाहर पीछे की तरफ़ छलांग लगाता है, लेकिन मुझे बहुत गुस्सा आ रहा है।

'तुम होगे बेवकूफ़!' गुज़रते हुए घुड़सवार की तरफ़ अपनी मुट्ठियां ताने मैं चिल्लाती हूं। 'इस तरह सड़क पर अचानक से आ गये, परवाह नहीं कि कोई कुचला जाएगा।'

मन्ना डपटता है, 'चुप हो जाओ, इस तरह बात करोगी तो मुश्किल में फंस जाओगी।' पर वह सचमुच का गुस्सा नहीं है। लाहौर आकर उसका मिज़ाज बदल गया है। 'चलो, तुम्हारे लिए बिरयानी ख़रीद देता हूं।'

मैं जवाहर के साथ एक छोटी-सी दुकान पर खड़े होकर दोने में रखी गयी मसालेदार बिरयानी का मज़ा लेती हूं। मैं मन्ना को शर्मिंदा नहीं करना चाहती, इसलिए उसे ध्यान से देखते हुए उसकी तरह खाने की कोशिश कर रही हूं। गोश्त के टुकड़े इतने नर्म हैं कि मेरे मुंह में घुल जाते हैं। इतना लज़ीज़ खाना मैंने आज तक नहीं खाया। मैं इस बात पर जवाहर की राय जानना चाहती हूं, लेकिन उसका पूरा ध्यान खाने पर लगा है। उसका मुंह बड़े सलीके से चल रहा है। उसकी आंखों में मज़ा लेने का अहसास है। अभी उसे टोकना गुनाह होगा।

मन्ना बहुत तमीज़ से खाता है और ध्यान रखता है कि उसकी दाढ़ी पर जूठा नहीं लगे। यहां पर उसकी दाढ़ी भी बहुत ख़ास लग रही है, घर से बिलकुल अलग। वह बिरयानी वाले से हँसी-मज़ाक़ करता है और लगता है कि दोनों में अच्छी जान-पहचान है।

'अच्छा, तो अपने गांव से बेटा-बेटी को लेकर आये हो।'

'हां, ज़रा ये भी तो दुनिया को देखें।'

'बिलकुल, हमारे ख़ूबसूरत लाहौर से बेहतर और कौन-सी जगह हो सकती है! बेटे को किसी काम पर लगाओगे?'

'सोचा तो यही है। तुम तो जानते ही हो कि ख़ाली दिमाग़ शैतान का घर होता है।'

'वो तो है। बेटी के बारे में क्या सोचा है?'

'ना, हमारे ख़ानदान की बेटियां काम नहीं करतीं।'

वह आदमी अपना सिर हिलाता है। 'और कुत्तों के क्या हालचाल हैं?'

'अभी पता लगेगा। मेरे आदमियों ने उनका ख़याल रखा होगा, वरना उनकी ज़रा भी ख़ैर नहीं।'

'अगले जनम में मैं कुत्ता ही बनना चाहूंगा। क्या ऐश है उनकी!'

यह जानकर मैं हैरान रह जाती हूं कि मेरे पिता के पास कुत्ते हैं, जो बड़ी शान से रहते हैं और साथ में काम करने वाले लोग हैं जिन्हें कोड़े मारे जा सकते हैं। लाहौर के बारे में सुनाई गई अनगिनत कहानियों में उसने कभी इस बात का ज़िक्र तक नहीं किया। क्यों नहीं किया होगा?

मैं जवाहर की तरफ़ देखती हूं, वह भी फ़िक्रमंद दिखायी देता है।

मन्ना सड़क किनारे रखे मटके से पानी पीकर जवाहर और मुझे भी पीने और हाथ धोने के लिए पानी देता है। लाहौर में वह गुजरांवाला के मुक़ाबले ज़्यादा रहमदिल लगता है।

'हमारे सरकार हर सड़क पर मटके रखवाते हैं। वह चाहते हैं कि शहर में कोई भी प्यासा नहीं रहे।'

मैं अहसानमंद होकर पानी के घूंट भरती हूं। लगता है कि सरकार बहुत अच्छे राजा हैं।

'काश, इनमें पानी की जगह शराब भरी होती!' ठहाके लगाते हुए मन्ना कहता है।

हम पैदल आगे बढ़ते हैं। मन्ना कहता है कि हमने कुछ ज़्यादा ही खा लिया और अब बैलगाड़ी के किराये के लिए पैसे नहीं बचे हैं। मुझे हर क़दम के साथ अपनी गठरी और भारी होती लगती है। मेरी चप्पलें मेरे पैरों को बेरहमी से काट रही हैं, पर मुझे परवाह नहीं। मुझे तो यह शहर सपने जैसा लग रहा है, जिसमें सैकड़ों सालों तक यूं ही घूमा जा सकता है और मन्ना यहां पर हमारा रहनुमा है।

'यह बारूदख़ाना मस्जिद है। तुम्हें लगेगा कि यह मस्जिद है, लेकिन दरअसल यह हथियारघर है। लाहौर ऐसा ही है, यहां जो जैसा दिखता है, वह वाकई वैसा नहीं

होता। इन दीवारों के पीछे शालीमार बाग़, चार सौ फ़व्वारे और एक लाख फूल हैं। आम लोग अंदर नहीं जा सकते, लेकिन मैं तुम दोनों को कभी ले जाऊंगा।'

मैं उसकी बात पर यक़ीन कर लेती हूं, हालांकि मुझे करना नहीं चाहिए।

'जवाहरात की रंगत वाली उन छज्जेदार इमारतों को देख रहे हो, जिनकी दीवारों पर नोकदार लोहा लगा है? वे दरबारियों की हवेलियां हैं। बेल-बूटेदार खंबों और शानदार नक़्क़ाशीदार छत वाली वह हवेली वज़ीर ध्यान सिंह की है, सरकार के बाद यहां के सबसे ताक़तवर इंसान की। वो देखो, शेरांवाला दरवाज़ा! दोनों तरफ़ गश्त लगाते शेर लोगों को याद दिलाते हैं कि हमारे सरकार शेरे पंजाब हैं।'

हमारे सामने एक विशाल क़िला है, जो शाम की डूबती रोशनी में गुलाबी दिख रहा है। यह बहुत बड़ा, आलीशान और ज़बरदस्त है। सैकड़ों दियों की झिलमिलाती रोशनी में वह स्वर्ग जैसा चमक रहा है। चांद के ताज को पहने एक पतली-सी मीनार खड़ी है। पता नहीं क्यों, पर मेरे दिल में एक हूक-सी उठती है।

मन्ना बताता है कि यह बादशाही क़िला है।

उत्साहित होकर जवाहर पूछता है, 'जहां तुम रहते हो?'

मन्ना सिर हिलाता है। वह अजीब ढंग से ख़ामोश है।

हमारे सामने बहुत चौड़ी सीढ़ियों वाला एक फाटक है, इतनी बड़ी सीढ़ियां कि कोई अगर मुझे उनके बारे में बताता तो मैं सोचती कि वह झूठ बोल रहा होगा।

'हाथी पैर दरवाज़ा,' मन्ना बताता है।

'यह इतना बड़ा क्यों है?'

मेरी नादानी पर मन्ना भौंहें चढ़ा लेता है। 'दावत वाले दिनों में शाही लोग हाथी पर बैठकर इस दरवाज़े से निकलते हैं।'

मैं इन सीढ़ियों से कुमकुम से रंगे और रेशम से ढंके हाथियों के उतरने की कल्पना करती हूं, जिनके साथ ढोल वाले हैं और फूल बरसाती लड़कियां भी। महल के बाहर इंतज़ार करती भीड़ जय-जयकार कर रही है। सबसे आगे वाले हाथी पर सरकार बैठे हैं। मैंने कभी उनकी कोई तसवीर नहीं देखी है, तो मैं खुद ही ख़यालों में उसे बना लेती हूं : लंबे और गठीले, काली लहराती मूंछों वाले, सुनहरी कढ़ाई वाली पगड़ी पहने और नंगी तलवार, जो उनके सिर से भी ऊपर उठी हो… अरे नहीं, यह तो शांतिपूर्ण जुलूस है; तलवार की जगह मणियों से जड़ा राजदंड होगा।

'बहुत हो गया घूरना। अब हमें किनारे के दरवाज़े से अंदर घुस जाना होगा, वरना क़िला रात के लिए बंद हो जाएगा।'

मैं जैसे किसी तिलिस्म में बंधी हुई आगे बढ़ती हूं। फाटक पर बंदूकें ताने कड़क दाढ़ी और बड़ी पगड़ियों वाले पहरेदार खड़े हैं। वे जवाहर और मेरी तरफ़

इशारा कर त्योरियां चढ़ा लेते हैं। मन्ना चापलूसी भरे अंदाज़ में उन्हें हमारे बारे में बताता है। आख़िरकार हमें जाने दिया जाता है।

एक तरफ़ मुझे लाल फूलों से भरा बड़ा-सा बगीचा दिखायी देता है। एक मीठी, अनजानी-सी खुशबू मुझे घेर लेती है। मुझे डर है कि मन्ना चिढ़ नहीं जाए, पर फिर भी मैं फूलों का नाम पूछती हूं।

'गुलाब हैं। हमारे सरकार को बेहद पसंद हैं, ठीक जैसे मुग़ल बादशाहों को भी पसंद थे। बहुत सवाल हो गये अब!'

मन्ना इतना चिढ़ क्यों रहा है? मैं जवाहर पर नज़र डालती हूं। उसके चेहरे पर भी नापसंदगी का भाव है, जिससे मुझे फ़िकर होती है।

हमारे सामने शानदार इमारतें हैं। मन्ना जल्दी से उनके नाम गिनवाता है। तीन गुंबदों वाली मोती मस्जिद। दीवान-ए-आम, जहां सरकार आम लोगों से मिलते हैं। दीवान-ए-ख़ास, जहां आम लोग नहीं जा सकते। अनगिनत शीशों से बना शीश महल। बंद खिड़कियों वाला ज़नाना, जहां रानियां और रखैलें रहती हैं।

मैं इस जल्दबाज़ी से चकरा जाती हूं। पर कोई बात नहीं, मुझे कौन-सा इनमें कभी घुसना है।

इन इमारतों से गुज़रते हुए हम एक बड़ी-सी घास भरी जगह में पहुंचते हैं। यहां पर किनारों पर जलती आग की लपटों की ही रोशनी है। एक तरह की जानी-पहचानी गंध, गोबर की गंध हर जगह फैली है। अस्तबलों की लंबी कतार है और हाथीखाना है, जिससे हाथियों की हल्की-सी आवाज़ें आ रही हैं। उनके ऊपर साईसों और महावतों के रहने की जगह है।

हम जा कहां रहे हैं?

जानवरों के अहाते से परे एक छोर पर हम एक गली में घुसते हैं, जहां पर भौंकने की आवाज़ें गूंज रही हैं। कुत्ते अपने बाड़ों पर इतनी ज़ोर से टकराते हैं कि लकड़ी की दीवारें कांपने लगती हैं। वे ज़रूर बहुत बड़े और खूंखार होंगे। मैं अपने क़दम पीछे खींचती हूं, लेकिन मन्ना ज़ोर से सीटी मारता है और कुत्ते ख़ामोश हो जाते हैं।

हम एक छोटी-सी झोपड़ी के बाहर रुक जाते हैं। टूटी-फूटी, कालिख पुती यह झोपड़ी गुजरांवाला के हमारे घर से भी छोटी है। तो यह यहां रहता है?

मुझे अब समझ में आता है कि मन्ना इतना क्यों चिड़चिड़ा रहा था। हमारे सामने उसने जो ख़याली किले बनाये थे, वे अब ताश के ढेर की तरह ढहने वाले थे।

मन्ना के दरवाज़ा खोलते ही बदबू का झोंका हमारा स्वागत करता है।

'आख़िर घर पहुंच गये,' वह बनावटी हंसी के साथ कहता है।

4

झोपड़ी

एक आले में कई तरह की चीज़ें जमा हैं, मैं वहीं ज़मीन पर एक पतली-सी दरी बिछाकर लेट जाती हूं। दरी इतनी पतली है कि ऊबड़-खाबड़ ज़मीन मेरी पीठ पर चुभ रही है। अंधेरे में भी मैं अंदाज़ा लगा सकती हूं कि जवाहर बहुत गुस्से में है। गर्मी के बावजूद उसने सिर तक कंबल ओढ़ा हुआ है, क्योंकि मन्ना ने इशारा किया था कि वहां पर तिलचट्टे हो सकते हैं। हमें घर से जुड़ी ज़रूरी बातें बताकर वह तेज़ी से निकल गया था। वहां पर एक कमरे में एक ही चारपाई थी, जिस पर वह सोता था, उसके अलावा एक बाहरी हिस्सा था और आंगन में खाना बनाने की जगह थी। उसने कहा कि उसे कुत्तों को देखने जाना था।

'वह शायद जानवरों की देखरेख करने वाले बाक़ी लोगों के साथ पीने में लगा होगा,' कंबल के नीचे से जवाहर बोलता है। 'ज़रूर उसकी सारी आमदनी वहीं ख़र्च होती होगी और इसीलिए वह इस घटिया जगह में रहता है। इतने सालों से गप्पें हांकता रहा है कि वह सरकार का ख़ास आदमी है, जबकि वह तो उनके कुत्तों का गू साफ़ करता है। हम गांव में ही ठीक थे। कम से कम सोने के लिए एक चारपाई और सांस लेने के लिए साफ़ हवा तो थी।'

मैं इतनी जल्दी लाहौर को इस तरह नकारना नहीं चाहती। मन्ना के झूठ से मुझे धक्का ज़रूर पहुंचा है, लेकिन मुझे अपने आस-पास कुछ रहस्य-रोमांच से भरा लगता है। अस्तबलों के पास मौजूद कुंए पर जाना और वहां से पानी भरकर लाना भी रोमांचक लगता है। घोड़ों की हिनहिनाहटों और हाथियों के चिंघाड़ने की आवाज़ों के बीच अंधेरे से गुज़रना कुछ अलग, अनोखा-सा लगता है। कल मैं घोड़ों के पास

जाने की सोच रही हूं। शायद साईस मुझे उनमें से किसी की पीठ पर हाथ फिराने दे। मेरे पास कोई याद रहेगी कि मैंने सरकार के किसी घोड़े को छुआ था।

मन्ना की सीटी की आवाज़ से मैं जग जाती हूं। उसका मिज़ाज अच्छा है और वह बताता है कि रात को उसने जुए में पैसे जीते हैं। कुत्तों के पास जाने से पहले वह जवाहर की तरफ़ कुछ सिक्के उछाल देता है। वह उसे बताता है कि बाज़ार कहां पर है और उसे क्या लाना है।

'ठगे मत जाना। उन्हें बता देना कि तुम किसके बेटे हो।'

'दुकानदारों को कुत्तों के साथ काम करने वाले की क्या कोई परवाह होगी?' मन्ना के जाते ही जवाहर उसका मज़ाक़ उड़ाते हुए कहता है। मैं उसके साथ जाना चाहती हूं, लेकिन वह कहता है कि 'पहले मुझे जाकर देखने दो।'

मुझे सफ़ाई करनी है, मैं खिड़की पर पड़े टाट को ऊपर उठाती हूं, ताकि थोड़ी साफ़ हवा अंदर आ सके और फिर जवाहर के इंतज़ार में फ़िकरमंद होकर चहलक़दमी करने लगती हूं। थोड़ी दूरी पर मोरों की आवाज़ ऐसी लग रही है, जैसे कोई सवाल पूछ रहा हो : *क्या, क्या, क्या?*

पसीने से तरबतर जवाहर जैसे कोई क़िला फ़तह करके लौटा है, उसके हाथों में थैले और गठरियां हैं। सिर पर उसने तरबूज़ रखा हुआ है। वह ख़ुशी से बताता है कि बाज़ार कितना बड़ा है और वहां पर कितनी तरह की खाने की चीज़ें हैं, जो उसने कभी देखी तक नहीं। वह मेरे लिए गुड़ की बड़ी-सी डली तोड़ता है; उसे मालूम है कि मुझे मीठा कितना पसंद है। हम तरबूज़ को पानी से भरी बाल्टी में डाल देते हैं, ताकि खाने तक वह ठंडा हो जाए। जवाहर चूल्हा जलाता है और सब्ज़ियां काटने में मेरी मदद करता है, जबकि गांव में इसी काम को वह औरतों का काम बताकर उससे चिढ़ता था।

हम दोनों मिलकर इतना अच्छा खाना बनाते हैं कि बीजी को हम पर नाज़ होता। कढ़ी-चावल और आलू की सब्ज़ी खाते हुए मन्ना संतोष से सिर हिलाता है। तरबूज़ को मीठा और रसीला बताकर वह जवाहर की पारखी नज़र की तारीफ़ करता है। पर मैं जब पूछती हूं कि क्या मैं जानवरों को देखने जा सकती हूं, तो वह मना कर देता है।

'वहां सब गुंडे-बदमाश हैं। उनके आस-पास जाना तुम्हारे लिए ठीक नहीं होगा। मैं नहीं चाहता कि तुम्हें देखकर वे कोई फ़ब्ती कसें या फिर जवाहर उनसे कोई बुरी आदत सीख ले। मेरी ग़ैरमौजूदगी में तुम दोनों इस आंगन से बाहर क़दम नहीं रखोगे और ना ही पानी लेने जाओगे। कोई आ जाए, तो दरवाज़ा लगा लेना।'

आंखें तरेरते हुए वह कहता है, 'अगर मुझे भनक भी लगी कि तुमने मेरी बात नहीं मानी है, तो इतना पीटूंगा कि याद रखोगे।'

अपनी भड़ास निकालकर मन्ना फिर से ख़ुशमिज़ाज हो जाता है। वह हमें कुछ हफ़्ते बाद होने वाले बड़े शिकार के बारे में बताता है। पंजाब की तीन मिस्लों के लोग उसमें भाग लेने वाले हैं। सरकार के जानवरों को बाकियों से बेहतर काम करना होगा। उनके कुत्तों को भी अच्छी तरह सिखाना होगा।

'मुझे आने में देर हो जाएगी। मैं बाक़ी लोगों के साथ खा लूंगा। तुम दोनों फटाफट अपना खाना ख़त्म करके सो जाना। काश, मैं भी घर में तुम्हारी निठल्ला बैठ सकता! खाना खाते ही दिया बुझा देना। तेल कोई आसमान से नहीं बरसता।'

मन्ना के जाने के बाद जवाहर उसकी नक़ल उतारता है। *'मुझे भनक भी लगी कि तुमने मेरी बात नहीं मानी...* उसे पता नहीं चलेगा। मैं तो चला, शहर देखने!'

मैं उसकी बांह पकड़ लेती हूं। मैं यह रोमांचक मौक़ा खोना नहीं चाहती। 'मैं भी तुम्हारे साथ चलूंगी।'

जवाहर मना करता है। 'लड़के के लिए बच निकलना आसान है, क्योंकि क़िले में काफ़ी लड़के काम करते हैं। मैं उनके साथ घुलमिल जाऊंगा। लेकिन लड़की पर तो हर किसी का ध्यान जाएगा।'

'दो लड़कों पर कोई ध्यान नहीं देगा,' मैं कहती हूं।

जवाहर तुरंत समझ जाता है। उसके चेहरे पर मुस्कान फैल जाती है। 'जल्दी करो। अच्छा है कि तुम दुबली-पतली हो। मैंने तो मन्ना के दिए सिक्कों में से मैंने कुछ बचा लिये थे। तुम्हारे लिए कुछ ख़रीद दूंगा।'

मैं अंदर जाकर तुरंत अपनी छाती पर कसकर दुपट्टा बांध लेती हूं और जवाहर का छोटा हो चुका कुर्ता-पायजामा पहन लेती हूं। वह मेरे बालों का जूड़ा बना देता है और उस पर पगड़ी बांधकर कहता है कि मैं वाकई लड़का लग रही हूं। किसी का ध्यान हमारी तरफ़ नहीं जाता और हम चुपचाप क़िले से निकल जाते हैं।

इस ख़ुशी में कई घंटे गुज़र जाते हैं। जवाहर ने बाज़ार से पहले ही कुछ जगहों की जानकारी ले ली थी। वह मुझे वहीं ले जाता है। बंदरों के तमाशे वाले मैदान में, गहनों की दमकती दुकानों वाले अनारकली बाज़ार में और विशाल ज़म-ज़मेह तोप पर, जो कई सालों से अपनी जगह पर होने के बावजूद नयी जैसी चमकती है। जलेबी बेचने वाला बताता है कि 'ब्रिटिश लाट भी इसे देखने आते हैं। अफ़ग़ान बादशाह ने इसे हम पंजाबियों से लड़ने के लिए ख़ास तौर पर बनवाया था। उसने हम पर हमला भी किया, लेकिन हमारे सरकार ने उसे ऐसे हरा दिया।' वह चुटकी बजाकर बताता है।

जलेबी खाते हुए मैं बहुत शान से *अपने सरकार* के बारे में सोचती हूं। मैं कल्पना करती हूं कि कैसे अपनी चमकीली काली मूंछें मरोड़ते हुए वह लड़ाई की योजनाएं बनाते होंगे।

गुरुद्वारा लाल खूही जैसे मेरे दिल में बस गया है, जहां पर बहुत समय पहले जहांगीर के आदमियों ने गुरु अर्जन देव की हत्या कर दी थी। वहां की निगरानी करने वाला हमें कहानी बताता है : 'उन्होंने जलती रेत डालकर गुरु साहिब को ख़ूब सताया, लेकिन उन्होंने अपना सिख धर्म छोड़कर मुसलमान बनने से इनकार कर दिया। उन्होंने कहा कि मैंने अपना तन-मन अपने मालिक पर न्योछावर कर दिया है। मैंने डर को छोड़ दिया है। आधी रात को कुंए के पास बैठकर ध्यान दोगे, तो तुम्हें आख़िरी सांस तक गुरु अपने लोगों के लिए अरदास करते सुनाई देंगे।'

किसी चीज़ को, किसी इंसान को इस हद तक चाहना कि तुम अपनी मर्ज़ी से उसके लिए कुर्बान हो जाओ। मैं भी उतनी बहादुर बनना चाहती हूं।

अगले दिन दोपहर के खाने के लिए घर लौटने पर मन्ना बहुत खुश दिखाई देता है, 'ओये लड़के, वाहे गुरुजी दी मेहर, तेरे लिए काम मिल गया है।' वह जवाहर से शुक्रिया सुनना चाहता है और जब वह उसे घूरते हुए देखता है तो उसके कान उमेठ देता है, लेकिन हौले से, क्योंकि आज उसका मिज़ाज अच्छा है।

लोहार की दुकान में काम है और वह क़िले से ज़्यादा भी दूर नहीं है। वे सब कुछ करते हैं : औज़ार, घोड़े की नाल बनाना, तलवारों की मरम्मत और नये ढंग की संगीनों को पैना करना, जिनका इस्तेमाल अभी फ़ौज में शुरू हुआ है। खाना खाते ही मन्ना जवाहर को अपने साथ ले जाएगा, अच्छे काम में देरी ठीक नहीं है। लोहार सुलेमान, मन्ना का दोस्त है। कितनी अच्छी क़िस्मत है कि वह सरकार के एक मनपसंद घोड़े की नाल ठोकने क़िले में आया था और मन्ना से उसकी मुलाक़ात हो गयी।

'सुलेमान सख़्त, लेकिन साफ़ दिल का है। वह तुमसे अच्छी तरह पेश आएगा। उससे काफ़ी कुछ सीख सकते हो। लड़ाई हो या अमन, लोहार के पास कभी काम की कमी नहीं होती। वह तुम्हारी वाजिब तनख़्वाह मेरे हाथ में देगा और मैं हर हफ़्ते तुम्हें जेबख़र्च दे दिया करूंगा।'

जाते हुए मन्ना बाहर का ताला लगा देता है। 'तुम हिफ़ाज़त से रहोगी। रात का खाना अंदर के चूल्हे पर बना लेना।'

मैं दरवाज़ा पीटते हुए अपना विरोध दर्ज करती हूं, लेकिन वह अनसुना कर देता है।

उस रात मैं और जवाहर बड़ी कोफ़्त के साथ कानाफूसी करते हैं।

'मैं तो इसके लिए बस पैसे कमाना वाला गुलाम हूं। आज पहले दिन के काम से ही कैसे मेरी हथेलियों पर छाले पड़ गये हैं।'

'और मैं इसकी क़ैद में बंद नौकरानी हूं।'

'इसने लाहौर के बारे में, यहां पर हमारी ज़िंदगी के बारे में सफ़ेद झूठ बोला था।'

'तुम ठीक कहते थे। इस पर भरोसा नहीं किया जा सकता। चल वीरे, हम यहां से भाग चलें।'

'कल सुबह भागेंगे। मैं काम पर जाने का नाटक करूंगा और मन्ना के निकलते ही जल्दी से वापस आ जाऊंगा। तुम तैयार रहना। मैं पत्थर से ताला तोड़ दूंगा। मेरे पास अब भी कुछ सिक्के बचे हैं। उनसे हम गुजरांवाला के आस-पास पहुंच जाएंगे। फिर आगे पैदल चल पड़ेंगे।'

लेकिन मन्ना हमसे कहीं ज़्यादा चालाक है। सुबह वह मन्ना के कंधों पर बांहें डालकर कहता है कि वह उसे काम पर छोड़ आएगा। वह उसकी एक नहीं सुनता। 'पुत्तर, मैं नहीं चाहता कि तुम कहीं खो जाओ। जिन्दां, जा इसके लिए कुछ खाना बांध दे, नहीं तो बेचारे लड़के को खाने के लिए घर वापस आना पड़ेगा।'

पूरे हफ़्ते मन्ना चालाकी से यही करता है। तब तक हालात बदलने लगते हैं।

जब मैं जवाहर से पूछती हूं कि हम कब निकल सकते हैं, तो वह थोड़ा अटकते हुए कहता है कि 'हमें कुछ हफ़्ते और रुक जाना चाहिए।'

'क्या कह रहा है, वीर?'

थोड़े अपराधबोध के साथ वह मान लेता है कि उसका काम इतना भी बुरा नहीं, जितना कि वह समझता था। वह काफ़ी कुछ सीख रहा है। दुकान में पहले से काम कर रहे बड़े लड़के उसे दिखाते हैं कि कैसे भट्टी को ठीक से गरम करते हैं, कैसे धातुओं को आकार दिया जाता है। अगले हफ़्ते छुट्टी के दिन वे उसे लाहौर घुमाने ले जाएंगे। उसे ख़ासकर बड़ी-सी तोंद वाला सुलेमान बहुत अच्छा लगता है, वह भले स्वभाव का है और अपने कामगारों से रहमदिली से पेश आता है। भट्टी के पास हमेशा चाय मौजूद रहती है और अक्सर खाने की चीज़ें भी। कल ही सुलेमान सबके लिए टोकरी भर पकौड़े लाया था और सबने मज़े से पकौड़े उड़ाये।

जवाहर के लिए मैं ख़ुशी महसूस करती हूं, लेकिन कहीं किसी कोने में मुझे लगता है कि जैसे मेरे साथ धोखा हुआ है।

अगले हफ़्ते जवाहर मुझे बताता है कि सुलेमान ने मन्ना से बात की कि किस तरह नौजवानों को थोड़ी आज़ादी भी देनी चाहिए। अब एक-तिहाई तनख़्वाह वह सीधे जवाहर के हाथों में देगा।

मेरी तरफ़ कुछ बढ़ाते हुए वह कहता है, 'ये लो।' उसे खोलती हूं तो मुझे फूलों वाली चमड़े की लाल जूतियां दिखती हैं, जिन पर मोतियों की सजावट है।

मैं जबरन मुस्कराती हूं, क्योंकि जवाहर ने अपनी कमाई का बड़ा हिस्सा इस तोहफ़े पर ख़र्च कर दिया होगा। कोई और समय होता, तो मैं उन जूतियों को थामे हवा में उड़ रही होती, लेकिन अभी रोने को जी चाहता है। इस क़ैद में जूतियों का क्या फ़ायदा! मैं उन्हें रख देती हूं।

कई हफ़्ते जैसे रेंगते हुए गुज़र जाते हैं। शिकार का समय पास आते-आते मन्ना परेशान हो जाता है और ख़ामोश रहने लगता है। सूरज उगते ही घर से निकल जाता है और अंधेरा होने पर ही लौटता है। मैं सुबह ही जवाहर और उसके लिए दोपहर का खाना बांध देती हूं। मैं उससे विनती करती हूं कि मुझे ताले में बंद नहीं करे, लेकिन वह आंखें तरेरते हुए कहता है, 'तेरे लिए भी कुछ सोचकर रखा है। जल्दी ही तुझे बता दूंगा। फ़िलहाल मुझे ज़्यादा परेशान नहीं कर। सरकार किसी भी दिन देखने आ सकते हैं कि कुत्तों ने क्या कुछ सीखा है और मुझे एकदम तैयार रहना होगा। उन्होंने कुछ अंग्रेज़ लाटों को भी न्योता भेजा है। हमारे कुत्तों को उनके कुत्तों से आगे निकलना ही होगा!'

हमारे साधारण से खाने को पकाने में सिर्फ़ एक घंटा लगता है और बाक़ी दिन जैसे ख़त्म ही नहीं होता। बीजी के नहीं होने से मेरे दिल में टीस-सी उठती है। उसे अगर पता चले कि मन्ना मुझे यहां कैसे रख रहा है, तो वह आगबबूला हो जाए। यहां कुछ भी पढ़ने को नहीं है, कोई पोथी-पत्रा तक नहीं। छोटी-सी खिड़की से देखने को भी कुछ नहीं, गली के इस छोर तक कोई नहीं आता-जाता। काश, मैं अपना सुंदर गुटका ले आती, कम से कम उसे तो पढ़ती। पर मुझे भी कहां मालूम था कि लाहौर ऐसा होगा? मैं इतनी चहलक़दमी करती हूं कि घर के बीचोंबीच रास्ता-सा बन गया है। कभी-कभार आने वाली आवाज़ों के बीच मैं पानी में डूबते इंसान की तरह उन आहटों को थामे रखती हूं। हमारे साथ वाले खेत में मन्ना कुत्तों को सिखा रहा है। वह अपने मातहत लड़कों पर चिल्लाता है और कई बार उन पर हाथ भी चलाता है। पर मानना पड़ेगा कि कुत्तों के साथ उसका बर्ताव हमेशा अच्छा रहता है।

कुत्तों से बात करते हुए उसकी आवाज़ में ख़ास तरह की नरमी होती है। उन्हें डांटते हुए भी उसका लहजे में प्यार होता है। जब वे बढ़िया करते हैं, तो वह

उनकी तारीफ़ में कसीदे पढ़ने लगता है। मेरा जानू, मेरा सोणा, मेरी सोणी कुड़ी... हमारे लिए तो फूटे मुंह कुछ नहीं बोलता। मैं बेचैन होकर खिड़की की सलाखों पर गाल लगाकर बाहर देखती हूं। अब मेरी समझ में आ रहा है कि बलबीर को कैसा लगता होगा।

रात को मैं जवाहर को बताने की कोशिश करती हूं कि मेरे दिन कितने मुश्किल भरे हैं, लेकिन वह बहुत थका हुआ और बात नहीं करना चाहता। कई बार उसने पी होती है और उसके मुंह से बू आती है। मैं जानती हूं कि वह क्या सोच रहा होगा, यही कि *तुम्हारी शिकायत क्या है? सारा दिन ख़ाली तो बैठी रहती हो।*

आख़िरकार मैं मन्ना से मिन्नत करती हूं कि मुझे घर भेज दे। 'मुझे बीजी की याद आती है।'

वह मेरे सिर पर हौले से मारता है। 'पहले तू यहां आना चाहती थी। अब तुझे वापस जाने की पड़ी है। कौन ले जाएगा तुझे? जानती भी है कि कितना ख़रचा आता है? मैं क्या वज़ीर ध्यान सिंह हूं, जिसके पास पैसों का अंबार लगा है या फिर सेवा के लिए सैकड़ों नौकर-चाकर हैं? तेरी मां ने तुझे बिगाड़ रखा है।'

शायद उसे मेरी हताशा का अंदाज़ा हो गया है, इसलिए अगली रात खाने के बाद मेरे सिर पर प्यार से हाथ फेरते हुए कहता है, 'थोड़ा धीरज रख, कुड़िये। मैंने कहा ना, तेरे लिए भी कुछ सोचा है। फ़िलहाल शिकार की तैयारी में काम का बहुत बोझ है। एक बार वह निबटे तो...'

अंधेरे में आंखें खोले पड़ी मैं निराशा से भरी हूं। मेरे आस-पास दो मर्दों के खर्राटे गूंज रहे हैं। मेरी पलकों की कोरों से आंसू ढलककर मेरे कान में भर जाते हैं। मुझे मन्ना की बातों का कोई भरोसा नहीं है।

वाहेगुरु, किसी को भेजो, मेरी मदद के लिए!

5

घोड़ी

खिड़की पर पड़े टाट की कोर से मैं घोड़ी से उतरते आदमी को देखती हूं। लंबी सफ़ेद दाढ़ी वाला दुबला-पतला, जिसकी वेशभूषा साधारण, लेकिन बहुत शालीन है और वह हल्का-सा लंगड़ाकर चलता है। मन्ना अपना नाश्ता छोड़ बाहर दौड़ जाता है। उसके सामने अपना सिर झुकाता है, वह ज़रूर कोई बड़ा आदमी होगा। पर मैं उस पर ज़्यादा ध्यान नहीं देती, मेरा सारा ध्यान तो घोड़ी पर लगा हुआ है।

उससे सुंदर जानवर मैंने आज तक नहीं देखा। लंबा, छरहरा, चिकनी चमकती पीठ वाला। शान से थोड़ी टेढ़ी गरदन और आयाल तो इतनी रेशमी कि किसी रानी तक को जलन हो जाए। दोनों आदमी आगे बढ़ जाते हैं, घुड़सवार घोड़ी को हौले से आदेश देता है, उसे बांधता नहीं है। घोड़ी इतने अच्छे तरह से सीखी हुई है कि अपनी जगह से हिलती तक नहीं, सामने दीवार पर चढ़ी बेल तक को मुंह नहीं लगाती।

मन्ना और वह घुड़सवार कब के जा चुके हैं। धूप में खड़ी घोड़ी ज़रूर प्यासी होगी। मर्द होते ही ऐसे हैं, उन्होंने उसके बारे में ज़रा भी नहीं सोचा! मैं बाल्टी में ठंडा पानी लाती हूं और वैसी ही आवाज़ निकालती हूं, जैसी कि घर में चूज़ों के लिए निकालती थी, लेकिन घोड़ी मेरी तरफ़ ध्यान नहीं देती। उसके और नज़दीक जाने पर वह अपने कान पीछे करती है और चेतावनी के तौर पर ज़मीन पर खुर मारती है।

मैं उससे दोस्ती करने पर आमादा हूं और उसकी चमकती आयाल पर हाथ फेरना चाहती हूं। तभी मुझे गांव में सुनी एक बात अचानक याद आती है। मैं

दौड़कर अंदर से गुड़ की एक डली ले आती हूं। उसे घोड़ी को दिखाती हूं। घोड़ी अपने कान आगे की ओर कर मुझे अपने पास आने देती है। नज़दीक पहुंचने पर वह मेरे हाथ से गुड़ ले लेती है। अपनी हथेली पर उसके बड़े, मखमली होंठों की छुअन मुझे अच्छी लगती है। वह मेरे कंधों को छूती है।

मेरी खुशी का ठिकाना नहीं है। 'और चाहिए? मैं तुम्हें दे देती, लेकिन पता नहीं वह तुम्हारे लिए अच्छा है कि नहीं। तुम्हारा मालिक आएगा, तो उससे पूछूंगी। तब तक यह पानी लो।' मैं बाल्टी को घोड़ी के पास ले जाती हूं। वह झुककर पानी पीने लगती है। मैं बड़ी हिम्मत के साथ धीरे से उसके चेहरे को चूमती हूं और उसकी तनी हुई, चमकदार गर्दन पर हाथ फिराते हुए उसकी ख़ूबसूरती की तारीफ़ करती हूं। वह हिनहिनाती है जैसे कि मुझे जवाब दे रही हो और मेरे भीतर जमी हुई उदासी थोड़ी पिघलने लगती है।

अचानक मुझे दूर से किसी के चिल्लाने की आवाज़ सुनाई देती है। 'कमबख़्त, बेवकूफ़ लड़की, क्या कर रही है? दूर हट उस घोड़ी से!' यह मन्ना की आवाज़ है। उसकी आवाज़ में ख़ौफ़ है। 'बहरी हो गयी है क्या? मेरी बात सुनाई नहीं देती?'

इस शोर से घोड़ी नाराज़ हो जाती है। उसके कान फिर से पीछे की ओर मुड़ जाते हैं और उसकी सफ़ेद पुतलियां दिखने लगती हैं। मैं थोड़ा सहम जाती हूं। इतना बड़ा जानवर मुझे आसानी से कुचल सकता है। पर मैं उसकी गरदन थपथपाती हूं, उसकी आयाल को सहलाती हूं और वह शांत होने लगती है।

घुड़सवार अपना हाथ उठाता है और मन्ना ख़ामोश हो जाता है। वह आदमी आराम से घोड़ी तक आता है, जो अब खुशी से हिनहिना रही है।

'मेरी प्रिये, मैंने तुम्हें ज़्यादा देर के लिए अकेला छोड़ दिया, है ना? माफ़ कर दो। मुझे देखना था कि कुत्ते शिकार के लिए पूरी तरह तैयार हैं या नहीं। वैसे लगता है कि तुम्हें अच्छा साथ मिल गया था।' वह मेरी तरफ़ देखकर मुस्कराता है, उसकी आंखों में रहम और नेकदिली दिखायी देती है। 'आंख' कहना ज़्यादा सही होगा, क्योंकि उसकी बायीं आंख में रोशनी नहीं है। किसी और आदमी की ऐसी आंख होती तो वह बहुत भौंडा दिखता, लेकिन इस आदमी में वह बहादुर होने की निशानी जैसी है। उसकी लंबी सफ़ेद दाढ़ी है, जो उसकी मोतियों की माला जितनी लंबी है। सीधे खड़े होने के कारण वह काफ़ी लंबा दिखायी दे रहा है। उसमें एक ख़ास क़िस्म का तेज है और लगता है कि जैसे वह बिलकुल बेख़ौफ़ है।

मन्ना हाथ मसोसते हुए चुपचाप खड़ा है और अब भी बहुत भयभीत लग रहा है। 'इसे माफ़ कर दें, हुजूर। यह बेवकूफ़ गंवार लड़की है। इसे ज़रा भी अकल नहीं है।'

मन्ना को अनसुना करते हुए वह आदमी मुझसे बात करता है। 'मेरी घोड़ी अजनबियों को पसंद नहीं करती और अपने साईस के सिवा किसी और से पानी भी नहीं पीती। तुमने ऐसा क्या किया?'

अब मुझे भी डर लग रहा है। दोस्ती करने की जल्दबाज़ी में घोड़ी को गुड़ देकर कहीं मैंने उसे नुक़सान तो नहीं पहुंचा दिया? साफ़ दिख रहा है कि वह बहुत क़ीमती है। *मैं कहना चाहती हूं* कि मैंने कुछ भी नहीं किया। पर घोड़ी अपनी पूंछ हिलाती है और बड़े भरोसे के साथ मुझ पर अपना सिर लगाती है। अब मुझसे झूठ नहीं बोला जाएगा। मैं उस आदमी से नज़रें मिलाकर बात करती हूं।

'मैंने उसे गुड़ का टुकड़ा दिया था।'

'गुड़?'

अपराधबोध के साथ मैं कहती हूं, 'हमारे गांव में भैंसों को कभी-कभार ख़ास चीज़ के रूप में गुड़ देते हैं।'

'मूरख,' मन्ना माथा पीटते हुए चिल्लाता है। 'यह कोई भैंस है? तुझे दिखता नहीं कि यह पूरे हिंदुस्तान में सबसे क़ीमती घोड़ी है। हुज़ूर, मैं इसकी इतनी पिटाई करूंगा कि ज़िंदगी भर याद रखेगी।'

पर वह आदमी हँस रहा है। 'देसी गुड़? कौन सोच सकता है! मैं तो इसे ख़ास फ़ारस से मंगवायी गयी चीनी खिलाता हूं, यह वहीं से जो आयी है। उसमें बहुत ख़र्च आता है। यह है कि उसे पसंद तक नहीं करती। मुझे दिखाओ, कैसे खिलाती हो।'

मैं गुड़ की आख़िरी डली लाती हूं, थोड़ी शर्मिंदा भी हूं कि वह बहुत छोटी-सी है और उस आदमी को देने लगती हूं।

'नहीं, तुम देकर दिखाओ।'

मैं डली को आगे बढ़ाती हूं और घोड़ी के खुले मुंह तक ले जाती हूं। ऐसा करते हुए मेरे चेहरे पर मुस्कान है। घोड़ी मुझसे सट जाती है और मैं शर्माते हुए उसकी गरदन पर अपने गाल लगाती हूं।

वह आदमी हैरत में है, 'ग़ज़ब की बात है! मैंने इसे कभी किसी अनजान इंसान से इतनी दोस्ती करते हुए नहीं देखा। क्या तुम बचपन से घोड़ों के आस-पास रही हो?'

मन्ना जवाब देता है, 'कहां, जनाब! हम तो ग़रीब किसान हैं। बच्ची ने आज तक किसी घोड़े को इतना नज़दीक से नहीं देखा।'

मुझे अपनी बेवकूफ़ी पर शर्म आती है। यह घुड़सवार अब मेरे बारे में क्या सोचेगा? अचानक उसकी राय जानना मुझे अहम लगने लगता है।

'फिर तो तुम्हें ज़रूर कोई जादू आता होगा।'

उस आदमी की नज़रों के बीच मैं शर्माने लगती हूं। कुछ तो है उसमें, एक ख़ास तरह का सम्मोहन। उसके चेहरे पर मुस्कान फैल जाती है। मैं हैरत से देखती हूं कि मुस्कराते हुए वह कितना अच्छा लगता है।

अच्छा शायद बहुत हल्का शब्द है। यह जो आदमी है, इसमें एक ख़ास तरह की ताक़त है और इसका आकर्षण इसमें मौजूद सहज ताक़त में छिपा है।

'इसकी सवारी करोगी?'

वाहेगुरु, क्या सचमुच ऐसा हो रहा है?

वह बड़े धीरज से मेरे जवाब का इंतज़ार करता है और मैं सिर हिला देती हूं।

'कुछ समय लगेगा। फ़िलहाल तो इसे शिकार के लिए तैयार किया जा रहा है। शिकार हो जाए और मेहमान चले जाएं, तो मैं इसे फिर लाऊंगा।' कहकर वह घोड़ी पर सवार हो जाता है।

मैं पूरी हिम्मत जुटाकर पूछती हूं, 'इसका नाम क्या है?'

'लैला।'

यह शब्द मेरी यादों में घूमने लगता है... मन्ना गांव में रात को कहानियां सुना रहा है। *अरे, हमारे सरकार, क्या इंसान हैं! एक बार उन्होंने किसी चीज़ को लेने की ठान ली तो फिर उन्हें कोई रोक नहीं सकता। लैला के लिए उन्होंने साठ लाख रुपये...*

अचानक जैसे मुझे ताज्जुब और घबराहट घेर लेती है। 'फिर तो आप...'

'रणजीत सिंह,' वह कहता है। मेरे चेहरे के भाव देखकर मज़े से वह अपनी आंख सिकोड़ता है।

मैं घोड़े और घुड़सवार को तेज़ी से एक साथ जाता देखती हूं। नज़रों से ओझल होने के बावजूद मैं उसी दिशा में देखे जा रही हूं। ऊंचा क़द, मांसल, काली दाढ़ी, हीरे-जवाहरात से जड़ा मुकुट, मैंने सरकार की जो छवि बनायी हुई थी, वह जैसे छूमंतर हो गयी। इस आदमी के पास कुछ ज्यादा अनमोल है और वह है, इसका आकर्षण। हैरत की बात नहीं कि उसने पूरे पंजाब को एक कर दिया। अगर मैं सिपाही होती, तो मौत की परवाह किये बिना इसके पीछे चल पड़ती।

अपने सिर पर मन्ना की थपकी से मैं जैसे वापस होश में आती हूं। 'बड़ी सयानी है तू तो! तुझे कैसे पता लगा कि वह सरकार की घोड़ी है?'

थके स्वर में मैं कहती हूं, 'मुझे पता नहीं था।'

'तुझे नहीं पता रहा होगा! तूने गुड़ खिलाकर बड़ा जोखिम लिया, लेकिन वह काम कर गया। मुझे लगता है कि घोड़ी की तरह सरकार को भी तू अच्छी लगी।' आंखें झपकाते हुए मन्ना कहता है। 'तेरी योजना मुझसे बेहतर है!'

मुझे बहुत गुस्सा आता है। इसकी अपनी घटिया सोच है, जबकि मैं तो एक पल के लिए बस ज़िंदगी की ख़ूबसूरती को छूना चाहती थी।

मन्ना ऊपर से नीचे तक मेरा मुआयना करता है। 'जवाहर से कहूंगा कि तेरे लिए मीठा खोया ले आया करे। थोड़ा भर जाएगी तू। सरकार के आने तक तेरे लिए सुंदर-सी कमीज़ भी ला दूंगा।'

बीजी का डर मुझे अब जाकर समझ में आया। मन्ना आगे बढ़ने के लिए किसी भी तरह से मेरा इस्तेमाल कर सकता है। मैं बड़ी उलझन में हूं। मैं चाहती हूं कि सरकार मुझे पसंद करें, लेकिन उस घटिया ढंग से नहीं जैसा कि मन्ना सोचता है।

ठीक है, मैं मन्ना की बात मान लूंगी। सरकार के ज़नाना में बहुत-सी हसीन, दिलकश औरतें होंगी और मुमकिन है कि वह शायद यहां फिर कभी नहीं आएं। पर उनकी बातों ने मुझे कुछ समय के लिए ही सही, थोड़ी ताक़त तो दी है और मैं उसका इस्तेमाल करने वाली हूं।

मैं आंगन की मिट्टी में अपने पैर जमाती हूं और अपनी मुट्ठियां तान लेती हूं।

'मुझे खोये से नफ़रत है। मैं जवाहर के साथ बाज़ार जाना चाहती हूं। कुरते की मुझे कोई परवाह नहीं, जो ठीक लगे ले आना। मुझे किताबें चाहिए और मैं चाहती हूं कि घर से निकलते हुए दरवाज़े पर ताला लगाकर मुझे जानवरों की तरह क़ैद नहीं करो।'

मन्ना का चेहरा तमतमाने लगता है। मुझे मारने को उसका हाथ उठ गया है।

'मुझे मारोगे तो सरकार से कह दूंगी।'

'सरकार भी मानेंगे कि ढीठ बच्चों को सुधारना बाप का ही काम होता है,' गुर्राते हुए मन्ना अपना हाथ नीचे कर लेता है। 'पुरानी किताबों की दुकान से एक किताब ही मिलेगी। पर किसी और आदमी ने तुम्हें आंगन से बाहर देखा, तो फिर तुम्हें बहुत अफ़सोस होगा, सरकार को उससे कोई मतलब नहीं होगा।'

मैं उसे उसके ख़ास अंदाज़ में निकलते हुए देखती हूं। हम दोनों ही जानते हैं कि फ़िलहाल जीत मेरी हुई है।

6
शालीमार

मैं रात के खाने की तैयारी करने के लिए चूल्हा जलाने की भरपूर कोशिश में जुटी हूं, लेकिन कमबख़्त जलने का नाम नहीं ले रहा, तभी मन्ना आ धमकता है। 'रुक जा! आंख में अंगारा चला गया तो आंख बुरी तरह से लाल हो जाएगी।'

मैं उसके इस तरह फ़िकरमंद होने से हैरत में पड़ जाती हूं।

'तैयार हो जा। क्या बाल्टी में पानी है? जा, नहा ले। अच्छा नहा चुकी है? कोई नहीं, फिर से नहा ले। सारा पानी ले ले। चंदन का टुकड़ा कहां है, जो मैं तेरे लिए लाया था? उसका लेप बनाकर मल लेना। नयी गुलाबी कमीज़ पहन लेना। जल्दी कर! सरकार तुझे घुड़सवारी के लिए ले जाने वाले हैं।'

मुझे यक़ीन नहीं आ रहा, मैं घबरायी हुई हूं, लेकिन मेरी ख़ुशी का भी ठिकाना नहीं है! एक महीना पहले मैंने सरकार को देखा था। मुझे पक्का पता था कि पत्ते पर से पानी की बूंद की तरह मेरा ख़याल उनके दिमाग़ से फिसल जाएगा।

'ख़ूब चंदन मलना,' मन्ना हिदायत देता है। 'हमारी ख़ुशक़िस्मती का दिन है। इसका पूरा फ़ायदा उठाना!'

मैंने बस कुर्ता पहना ही है और अपने बालों की ढीली-सी चोटी बनायी है कि घोड़ी पर सवार सरकार पहुंच जाते हैं। चकाचौंध भरे सफ़ेद कपड़े पहने वह बहुत दृढ़ और निष्पाप लग रहे हैं। मैं सिर झुकाकर धीमे स्वर में उनका अभिवादन करती हूं। लैला मुझे सहलाती है और मैं हैरत में पड़ मुस्कराने लगती हूं। अपनी

मुट्ठी खोलकर मैं उसकी तरफ़ गुड़ की डली बढ़ाती हूं और वह खुशी से हिनहिनाने लगती है। अब सरकार भी मुस्करा रहे हैं। मुस्कराते हुए वह ज़्यादा जवान लगते हैं।

'चलो, चलते हैं!'

मन्ना मेरी मदद के लिए तेज़ी से आगे बढ़ता है, लेकिन सरकार उसे काम पर जाने का हुक्म देते हैं। वह मुझे कुंडे पर रखे अपने पैर पर पैर रख ऊपर चढ़ने को कहते हैं, ताकि मैं उनके आगे बैठ सकूं। मैं दो बार आधी दूरी पर पहुंचकर फिसल जाती हूं। मैं बुरी तरह से शर्मिंदा हूं, लेकिन वह मेरी हिम्मत बढ़ाते हुए कहते हैं कि मैं कर सकती हूं और मैं कर दिखाती हूं।

हम क़िले के पीछे के रास्ते से कुछ संकरी, ख़ाली गलियों से गुज़रते हैं। जल्द ही हम खेतों के पार पहुंच जाते हैं। मैंने जितनी कल्पना की थी, लैला उससे तेज़ चलती है। मैंने सोचा नहीं था कि मुझे डर लगेगा, लेकिन मैं डरी हुई हूं। मैं उसकी आयाल पकड़ लेती हूं; वह अपना सिर झटककर नाराज़गी जताती है।

सरकार हँसने लगते हैं। 'उसे यह सख़्त नापसंद है! मैं तुम्हें पकड़ लेता हूं, तुम गिरोगी नहीं।' वह मेरी कमर में अपना बाजू डाल देते हैं। मेरा दिल ज़ोरों से धड़कने लगता है और चेहरा लाल हो जाता है। मैं कभी किसी आदमी के इतना नज़दीक नहीं रही और वह भी जो इतना बड़ा और ताक़तवर हो। मेरी ढीलीढाली चोटी खुल जाती है और मेरे बाल उनके चेहरे पर उड़ने लगते हैं। माफ़ी मांगते हुए मैं बालों को बांधने की कोशिश करती हूं, लेकिन वह कहते हैं, 'कोई बात नहीं। बस सवारी का मज़ा लो। खुद को छोड़ दो, घोड़ी के साथ बढ़ने दो, मेरी तरह।'

मैं समझ नहीं पाती कि वह कैसे करूं। मैं बार-बार बोरे की तरह ऊपर-नीचे ढलक जाती हूं।

'पहली बार घुड़सवारी के लिहाज़ से अच्छा है। बस आराम से रहो। खुद को और घोड़ी को एक समझो।'

मैं अपनी आंखें बंद कर अपनी कमर पर उनकी पकड़ को महसूस करती हूं। मुझे उसमें कुछ भी ग़लत नहीं लगता। मैं शांत होकर उनके दिल की धड़कन को अपनी पीठ पर महसूस करती हूं। एकाकार। अचानक हम सब जैसे एक साथ आगे बढ़ रहे हैं। सरकार की छाती किले की दीवार की तरह मज़बूत है। मैंने अपनी ज़िंदगी में कभी खुद को इतना महफ़ूज़ महसूस नहीं किया।

मैं हमेशा के लिए ऐसे ही रह सकती हूं। 'चलो, हम शालीमार पहुंच गये,' सरकार की आवाज़ आती है।

हम गुलाबों के बगीचे में एक सुनहरे तंबू में बिछे कालीन पर बैठते हैं, जो मोती बाज़ार के उस कालीन से कहीं ज़्यादा ख़ूबसूरत है जिसे मैं छूना चाहती थी। बाग़ फ़व्वारों की रुपहली सरसराहट से सराबोर है। गुलाबों की तेज़ खुशबू से मेरा सिर चकरा रहा है। या फिर सरकार की आंख में आंखें डालने की वजह से मुझे ऐसा महसूस हो रहा है। या फिर लाहौर की हर औरत को अभी मुझसे जलन हो रही होगी?

सरकार के आने के ठीक पहले मन्ना ने मुझसे कहा था, 'इस मौक़े को हाथ से मत जाने देना। परिवार का दारोमदार तुम पर है।' उसकी आंखों में तैरते मिन्नत के उस भाव ने मुझे किसी भी संकट से कहीं ज़्यादा डराकर रख दिया था।

हमारे सामने बड़े सलीके से खाने की चीज़ें पेश की गयी हैं। काश, मैं इनमें से कुछ जवाहर के लिए ले जा पाती! ज़ाफ़रानी पुलाव, समोसे, कबाब, छोले, गोश्त का सालन और मेरे सिर जितने बड़े भटूरे। चांदी के पात्र में सफ़ेद चमकदार टुकड़े हैं, सरकार बताते हैं कि यह बर्फ़ है। उस पात्र में दो सुराहियां हैं। एक में अनार का रस है। मैं उनसे पूछती हूं कि वह अनार का रस लेंगे, तो वह दूसरी सुराही की तरफ़ इशारा करते हैं। 'मेरे लिए यह है। मदिरा, जिसमें मोतियों की भस्म मिलायी गयी है। इससे आदमी की ताक़त बढ़ती है।' मेरी उत्सुकता देखकर वह हँस देते हैं, 'तुम्हारे लिए नहीं है। अभी नहीं।'

वह एक बड़ा-सा नर्म, चमकदार संतरी रंग का फल उठाकर उसे आधा कर मुझे देते हैं। 'यह काबुल से आयी खुबानी है।'

काबुल। कितनी दूर से यह फल मुझ तक पहुंचा है! उतनी दूर मैं शायद ही कभी जा सकूं। उसका रस मेरी ठुड्ढी से होते हुए मेरे कुर्ते पर गिरने लगता है। मैं घबराकर उसे साफ़ करने के लिए कोई कपड़ा खोजती हूं, लेकिन उन्हें कोई फ़र्क़ नहीं पड़ता। वह बड़े मज़े से उसे चबाते हैं और हाथ से अपना चेहरा पोंछते हैं।

'तुम्हें अच्छा लगा?'

मैं कोई समझदारी और तारीफ़ भरी बात कहना चाहती हूं, लेकिन सिर्फ़ सिर हिलाकर रह जाती हूं।

'तुम्हें लैला की सवारी पसंद आयी?'

'जी!' उत्साहित होकर मैं भूल जाती हूं कि मुझे एक पल पहले ही अटपटा महसूस हो रहा था। 'यक़ीन नहीं आता कि वह इतनी तेज़ी से दौड़ सकती है!' *या यह कि मैं यहां पर गुलाबों के बीच आपके साथ हूं।* पर शर्म से मैं ऐसा कह नहीं पाती।

'बहुत मज़बूत घोड़ी है,' सरकार कहते हैं। 'यह हथियारबंद शूरवीरों को लड़ाई पर ले जा सकती है। वैसे मैं इसे लड़ाई में भेजूंगा तो नहीं। तुम्हारा वज़न तो कुछ भी नहीं है।'

क्या इन्हें लगता है कि मैं बिलकुल ही सूखी हुई हूं? शायद मुझे खोया खाना चाहिए था। मैं बात बदल देती हूं। 'मुझे यह देखकर अच्छा लगा कि लैला ने मुझे याद रखा।'

'घोड़े बहुत बुद्धिमान होते हैं, इंसानों से भी ज़्यादा। वैसे तुम्हारे जैसी ख़ूबसूरत लड़की को कोई भी याद रखेगा।'

अपनी तारीफ़ सुनकर मैं फूली नहीं समाती, लेकिन साथ ही सोच में भी पड़ जाती हूं। मैं चाहती हूं कि सरकार मुझे पसंद करें, लेकिन उस तरह से नहीं जैसा मन्ना चाहता है।

मैं लैला के बारे में जानने की बात कहकर फिर से बातचीत का रुख़ मोड़ देती हूं। वह ख़ुशी से बताने लगते हैं। उन्होंने किसी चारण से घोड़ी की ख़ूबसूरती और रफ़्तार के बारे में सुना था। उन्होंने उसके मालिक काबुल के सुल्तान यार मोहम्मद को संदेश भेजा कि वह घोड़ी उन्हें नज़राने में दी जाए। यार मोहम्मद ने एक सुंदर घोड़ी भेजी, लेकिन सरकार समझ गये कि वह लैला नहीं थी। गुस्से में आकर उन्होंने काबुल पर चढ़ाई कर दी। ख़ूनी संग्राम हुआ और कई लोग मारे गये। एक घोड़ी के लिए बाक़ी लोगों की जान को जोखिम में डालने के कारण यार मोहम्मद को उसके ही लोगों ने मार दिया। सरकार की विजयी सेना लैला को लेकर आ गयी।

'जिस दिन यह लाहौर पहुंची, उस दिन अकबरी दरवाज़े से लेकर क़िले तक हमने इतनी सफ़ाई करवायी कि लैला के पैर पर ज़रा-सी भी धूल नहीं लगने पाए।' थोड़ा रुककर मेरी तरफ़ देखते हुए उन्होंने कहा, 'कुछ लोगों का कहना है कि एक घोड़ी के लिए इतनी मुसीबत मोल नहीं लेनी चाहिए थी। पर मुझे लगता है कि दुनिया की सबसे ख़ूबसूरत और अब सबसे मशहूर हो चुकी घोड़ी के आगे वह सब कुछ भी नहीं। तुम क्या कहती हो?'

मुझे उनकी बात से राज़ी होना चाहिए, लेकिन मैं दूर देश लड़ाई के मैदान में मारे गये सिखों के बारे में सोचने लगती हूं, जिन्होंने एक शाही सनक को पूरा करने के लिए अपनी जान गंवा दी और जो शायद मरते दम तक अपने वतन लौटने की चाहत रखते होंगे।

मैं सिर झुका लेती हूं। 'लैला सभी घोड़ों की शान है। फिर भी मुझे दुःख है कि उसके लिए इतने लोगों को कुर्बानी देनी पड़ी।'

मैं मन ही मन मन्ना की ऐसी प्रतिक्रिया की कल्पना कर रही थी कि *मूर्ख, गधी! तू परिवार की ख़ातिर थोड़ा-सा झूठ भी नहीं बोल सकी।* मैं तो अच्छे से झूठ बोल लेती हूं। मैंने जवाहर को बचाने के लिए सैकड़ों बार इसका सहारा लिया है। लेकिन मैं सरदार को धोखा नहीं देना चाहती। कहीं इसके लिए मुझे कोई बड़ी क़ीमत तो नहीं चुकानी होगी?

मैं उनकी नाराज़गी भरे जवाब के इंतज़ार में हूं, लेकिन वह बिलकुल ख़ामोश हैं। नज़र उठाती हूं तो उनके चेहरे पर एक अजीब-सा भाव पाती हूं। 'बहुत कम लोग हैं, जो मुझसे असहमत होने की हिम्मत रखते हैं। तुम बहादुर हो और मुझे यह बात अच्छी लगी। चलो, बाग़ की सैर करते हैं।'

चहलक़दमी करते हुए गुलाबी रंग का गुलाब तोड़कर वह मुझे दे देते हैं। मैं उसे अपने बालों में सजा देती हूं। वह मुझे शिकार के बारे में बताते हैं : ढोल-नगाड़े बजाकर शिकार को हांकने वाले; हथियार; कांटेदार झाड़ियों से भरे घने जंगल जहां दिन के समय भी अंधेरा छाया रहता है। अंग्रेज़ अपने हाथियों पर महफ़ूज़ रहकर बंदूक से शिकार करते रहे, जबकि वह लैला पर सवार होकर शिकार दल की अगुवाई कर रहे थे। उन्होंने एक जंगली सूअर को अपने भाले से मार गिराया था।

'इसके बावजूद उन्हें लगता है कि उन्हें हिंदुस्तान का मालिक होना चाहिए।'

उनका कड़वाहट भरा लहजा मेरे दिल को चीर जाता है। फ़िरंगियों की इतनी जुर्रत कि खुद को मेरे सरकार से बेहतर समझें!

सरकार मुझे किस्से सुनाने में लगे हैं। वह बताते हैं कि दस साल की उम्र में उन्होंने पहली बार लड़ाई लड़ी थी। अपने पिता के साथ वह सोधरन क़िले में साहिब सिंह की घेराबंदी करने गये थे।

'मेरे पिता बुरी तरह से घायल हुए थे। उनका घाव पकने लगा था और उन्हें मजबूर होकर गुजरांवाला लौटना पड़ा। चटाई पर पड़े आख़िरी सांसें गिनते हुए उन्होंने मेरे माथे पर टीका लगाया था और मुझे अपना वारिस बनाकर हुक्म दिया था कि मैं अपनी फ़ौज की अगुवाई करूं। जब साहिब के साथियों को यह जानकारी मिली तो वह तुरंत हम पर हमला करने पहुंच गये।'

मैं सोचने लगी कि वह लड़का कैसा रहा होगा : छोटा, दुबला-पतला और सामने से अपनी तरफ़ बढ़ती फ़ौज के क़दमों से उठते गुबार को देखता। अचानक पड़ी ज़िम्मेदारी से वह ज़रूर डर गया होगा। पर जब उसने अपनी फ़ौज को हुक्म दिया, तो उसकी आवाज़ बहुत शांत और सधी हुई थी। जब तक वह गुबार छंटता, दुश्मन की फ़ौज को रौंदा जा चुका था। फ़ौज की अगुवाई करते रणजीत सिंह ने तलवार उठाकर अपनी जीत का ऐलान किया।

'मेरे पिता ने जो आख़िरी बात सुनी, वह यही थी कि मैं जीत गया था। जब मैं उनके अंतिम संस्कार के लिए घर पहुंचा तो उनके बेजान चेहरे पर मुस्कराहट थी। उससे उनके नहीं होने के दुःख को झेल पाने की हिम्मत मिली।'

'क्या आपको डर नहीं लगा?'

'मैं बहुत डरा हुआ था,' उन्होंने असलियत ज़ाहिर करते हुए माना। 'लेकिन लड़ाई शुरू होते ही, मेरे वजूद पर जैसे कोई चीज़ छा गयी। अब डर जैसी बेकार

चीज़ के लिए कोई जगह नहीं थी। वैसे भी अपने वफ़ादार लोगों के साथ आख़िरी सांस "सत श्री अकाल" की पुकार के बीच जान देने से बेहतर और क्या हो सकता था?'

सही बात है, और क्या बेहतर हो सकता था, जीने-मरने के सिवा?

मैं थोड़ा सकुचाते हुए पूछती हूं, 'क्या, उसी... लड़ाई में आपको अपनी आंख खोनी पड़ी?' यह कहते हुए मुझे तलवार भोंके जाने और बहते ख़ून का ध्यान आता है। भयानक दर्द के बावजूद वह बहादुर लड़का लड़ रहा होगा।

वह हँस देते हैं। 'नहीं, नहीं। बचपन में चेचक हो जाने की वजह से ऐसा हुआ।'

मुझे आज तक कोई ऐसा इंसान नही मिला जो किसी सच को लेकर इतना सहज हो। मैं इस कदर सम्मोहित थी कि शिष्टाचार तक भूल गयी। 'और बताएं!'

हँसते हुए वह बाक़ी कारनामों की बात शुरू कर देते हैं। जब वह शिकार पर बिलकुल अकेले निकले थे और उनका सामना ग़द्दार हशमत ख़ान से हुआ था। वह अपने भाले पर हशमत का सिर टांगकर लौटे थे। उस समय वह तेरह साल के थे। बाद में उन्होंने अपनी पांच हज़ार सिपाहियों की फ़ौज से शाह ज़मान की पैंतीस हज़ार अफ़ग़ानों की फ़ौज को बुरी तरह से हराया था। उन्होंने एक भी गोली दाग़े बिना भ्रष्ट भंगी सरदारों से लाहौर को छीन लिया था।

वह हँसते हुए रुक जाते हैं। 'मुझे अपने बारे में बात करने की आदत नहीं है, लेकिन तुम्हारे सुनने के तरीक़े में कोई बात है, तुम अपने पूरे तन-मन के साथ सुनती हो, बस इसीलिए मैं बोलता चला गया...'

उनकी बात मेरी समझ में नहीं आयी। फिर भी मुझे अच्छा लगा कि उन्होंने मुझ पर इतना भरोसा किया कि यह सब मुझे बताया। 'एक और सुनाएं!'

वह मुड़ते हुए कुछ बुदबुदाते हैं, जो कुछ-कुछ बेवकूफ़ी जैसा सुनायी देता है। सीटी बजाकर वह लैला को बुलाते हैं और उसके आते ही उस पर सवार हो जाते हैं।

'अब तुम्हारे पिता के पास जाने का वक़्त हो गया है,' उनकी आवाज़ में रूखापन है।

अपनी निराशा को छिपाते हुए मैं सरकार के पैर पर अपना पैर रखकर चढ़ने की कोशिश करती हूं और पहली बार में ही कामयाब हो जाती हूं। मैं इतनी ख़ुश हूं कि उनसे तारीफ़ सुनना चाहती हूं, लेकिन उनका ध्यान कहीं और है। क्या मैंने इन्हें इतना परेशान कर दिया? हमारे पीछे अब तक बिलकुल ग़ायब रहे मुलाज़िम सुनहरे तंबू को समेट रहे हैं और उनकी निगाहें हम पर नहीं हैं। मैं अपने बालों में लगे गुलाब को छूने की कोशिश करती हूं, लेकिन लगता है कि वह चहलक़दमी करते समय कहीं गिर गया होगा।

हम ख़ामोशी से क़िले में पहुंचते हैं। मैं अपनी कमर में उनके बाजू को महसूस करती हूं, लेकिन शायद उन्हें इस बात से कोई फ़र्क़ नहीं पड़ता। नहीं जानती कि इन्हें लेकर मैं कैसा महसूस कर रही हूं, इनकी उम्र मेरे पिता जितनी होगी, फिर भी ये कितने दिलकश हैं। मैं यह जानती हूं कि हम यूं ही घोड़ी पर सवार रहें। जाते हुए और आते हुए भी हमें रास्ते में कोई नहीं दिखायी देता। ज़रूर सरकार ने हुक्म दिया होगा। वह नहीं चाहते कि कोई मुझे उनके साथ देखे। मेरी इज़्ज़त के लिए ऐसा किया गया या फिर खुद की?

हम बहुत जल्द झोंपड़े पर वापस पहुंच जाते हैं, जिससे मैं बड़ी निराश हूं। टाट के परदे के पीछे थोड़ी हलचल होती है। ज़रूर मन्ना होगा, अब मुझे इसके सवाल-जवाब का डर है।

मैं लैला से उतरती हूं और बड़े अजीबोगरीब ढंग से एक तरह की दीवानगी महसूस करती हूं।

‘उम्मीद है कि तुम्हें अच्छा लगा होगा।’ सरकार का अंदाज़ उस आदमी की तरह है, जिसने जल्दबाज़ी में कोई वादा कर दिया हो और अब उससे उसे छुटकारा मिल गया हो।

मैं जानती हूं कि मुझे भी उतनी ही औपचारिकता से जवाब देना चाहिए। *जी, सरकार! आपकी बहुत-बहुत मेहरबानी।* पर मैं अपनी सारी हिम्मत जुटाकर जीन पकड़ लेती हूं। हो सकता है कि वह सोचें कि मैं कितनी गुस्ताख़ हूं और वह इसके लिए मुझे सज़ा भी दें। पर मुझे ऐसा करना ही है, मन्ना के लिए नहीं...अपने लिए।

‘क्या मैं आपसे फिर मिल सकती हूं?’

त्योरी चढ़ाकर वह कहते हैं, ‘लैला की सवारी के लिए?’

‘नहीं, बरा आपके साथ लिए।’

मैं उनके हावभाव नहीं समझ पा रही। आख़िरकार वह कहते हैं, ‘तो ज़रूर मिलेंगे।’

मन्ना को खाना परोसते हुए वह मुझसे पूछता है, ‘तुम दोनों ने क्या-क्या किया?’

उसे सरकार के साथ बिताये जादुई लम्हों के बारे में बताकर मैं उनकी ख़ूबसूरती नहीं गंवाना चाहती।

पर मन्ना तो निवाला मुंह में डालने से पहले जैसे जवाब सुनना चाहता है और झेंपा हुआ जवाहर ज़मीन को ताकने लगता है।

'हमने घोड़े की सवारी की, खाना खाया। शालीमार में घूमे और फिर वापस आ गये।'

'साफ़-साफ़ बता, लड़की! क्या उन्होंने कहा कि वह फिर आएंगे?'

मैं जाते समय बोले गये सरकार के शब्दों को, उनमें छिपी उम्मीद को हाथ से नहीं जाने देना चाहती। मैं मन्ना को नहीं बता सकती।

'क्या उन्होंने तुझमें कोई दिलचस्पी दिखायी? क्या तुम्हें चूमा? क्या...तुम्हें छुआ?'

'नहीं,' कहते हुए मुझे घिन आ रही है।

अपना खाना एक तरफ़ सरकाकर वह खड़ा हो जाता है। 'अरे, बेदिमाग़ लड़की! तूने उन्हें बढ़ावा क्यों नहीं दिया? क्या मैं तुझे हर बात बताऊं? दुनिया में आगे बढ़ने का एक मौक़ा था और वो भी तुमने गंवा दिया!'

वह मुझे मारने के लिए बढ़ता है। मैंने पीछे नहीं हटने की हिम्मत जुटा ली है।

तमतमाते हुए जवाहर उठ खड़ा होता है। क्या इसे भी हताशा हुई है?

'इसे छोड़ दो,' कहते हुए वह मन्ना के कंधे पकड़ लेता है। 'तुम्हें शर्म आनी चाहिए।'

मैं पहली बार गौर करती हूं कि वह लगभग मन्ना जितना लंबा हो गया है। उसकी बांह की मांसपेशियां उभरी हुई हैं। वह मन्ना को तब तक घूरता है, जब तक कि वह गाली देते हुए बाहर नहीं चला जाए।

जवाहर मेरी तरफ़ मुड़ता है, 'मैंने सुना है कि जुए में काफ़ी पैसा हार गया है। पर उसे बेवकूफ़ी से बचाने का काम तेरा नहीं है। और उस तरह से तो बिलकुल...'

'तू धीरज रख, बहन। मैं पाई-पाई बचा रहा हूं। जैसे ही कुछ पैसे जमा होंगे, मैं तुम्हें गुजरांवाला भेज दूंगा।'

उसकी इस नेकदिली से मेरी आंखों में आंसू आ जाते हैं। अजीब बात यह है कि अब मैं गांव नहीं जाना चाहती। मैं ऐसा कुछ चाहती हूं, जिसके बारे मैं जवाहर को नहीं बता सकती।

मैं चाहती हूं कि सरकार को मुझसे प्यार हो जाए। ऐसा इसलिए कि वह इतने ताक़तवर और इतने क़रिश्माई हैं, फिर भी उन्होंने मेरा कोई फ़ायदा नहीं उठाया। वह चाहते तो ऐसा कर सकते थे। इसलिए भी कि वह बहुत मनमोहक कहानियां सुनाते हैं।

और यह भी कि शायद अपनी बेवकूफ़ी में मैं उनके प्यार में पड़ने लगी हूं।

7

बिच्छू

तीन हफ़्ते गुज़र जाते हैं। ना सरकार आते हैं और ना ही कोई संदेशा भेजते हैं। मेरी उम्मीद ख़ाली दिये में बाती की तरह फड़फड़ाती है। दिन में मुझे मन्ना की फटकार सुननी पड़ती है और रात को मैं सपने में सरकार की बांह को अपनी कमर में और उनकी मदिरा में डूबी सांसों को महसूस करती हूं। जल्दी ही जवाहर के पास इतने पैसे हो जाएंगे कि वह मुझे गुजरांवाला भेज सके।

जब मैं अपने दिल से उम्मीद का कांटा निकाल चुकी होती हूं, तो अचानक सरकार सामने आ जाते हैं। इस बार उनका घोड़ा बिलकुल अलग है, लंबा, लाल-भूरा। जैसे ही मैं उसकी तरफ़ खुशी से बढ़ती हूं, वह मेरी अनेदखी करता है। सरकार थके हुए लग रहे हैं। वह मुझे बताते हैं कि अंग्रेज़ों के साथ मुलाक़ात के लिए वह अपनी सोलह हज़ार घुड़सवारों की फ़ौज की तैयारी में लगे थे। सतलज नदी के पास रोपड़ में उन्होंने गवर्नर-जनरल बेंटिक से मुलाक़ात की।

वह पहले नहीं आ पाने पर कोई अफ़सोस नहीं जताते। आख़िर वह राजा हैं। मुझे शुक्रगुज़ार होना चाहिए कि वह कम से कम मुझे इस देरी के पीछे मौजूद कारणों की जानकारी तो दे रहे हैं। मुझे लगता है कि आम तौर पर वह ऐसा नहीं करते होंगे।

वह हमारी बड़ी पांच नदियों में से एक सतलज के पास खड़ी विशाल फ़ौज के विस्तार के बारे में बताते हैं। कैसे रेशम का कोट पहने गवर्नर-जनरल के सामने उसे पेश किया गया।

क्या गोरा लाट मेरे सरकार के दुबले-पतले शरीर में मौजूद महानता को पहचान सका? क्या उसने उन्हें वाजिब ढंग से सम्मान दिया। मुझे इस बात पर शक है।

मैं पूछती हूं कि सब कुछ कैसा रहा, तो सरकार अनमने ढंग से मुस्करा देते हैं। 'मेरी खालसा फ़ौज ने कई तरह की लड़ाकू रणनीतियां दिखायीं। बेंटिक इतना प्रभावित हुआ कि उसे कहना पड़ा कि प्रदर्शन शानदार रहा।'

'तो आपका मक़सद पूरा हुआ या नहीं? वह समझ पाया कि हम कितने मज़बूत हैं?'

वह अचरज में पड़ जाते हैं। 'तुम पहली लड़की हो, जिसने यह बात समझी है। मेरी रानियां, यहां तक कि उनमें सबसे चतुर माई निकाइन भी यही सोचती है कि मैं अंग्रेज़ों के मनबहलाव में इतना पैसा इसलिए ख़र्च कर रहा हूं, क्योंकि मुझे तड़क-भड़क पसंद है। पर तुमने मेरे असली इरादे को समझ लिया। अब मेरे इलाक़े में घुसने से पहले अंग्रेज़ सौ बार सोचेंगे।'

'मुझे ख़ुशी है कि आपकी रणनीति कामयाब रही।'

'फ़िलहाल तो रही। लेकिन जिस गठबंधन की मुझे उम्मीद थी और जो साझेदारी शांति ला सकती है... अंग्रेज़ उसे नहीं चाहते।' अपना सिर हिलाते हुए दुःख के साथ वह कहते हैं। 'फिर भी मुझे इस खेल को खेलते रहना होगा। कल बेंटिक लाहौर आ रहा है। मैं उसके स्वागत में एक दावत रख रहा हूं। मैं उसे कई तोहफ़े दूंगा। वह भी देगा, लेकिन काफ़ी कम, क्योंकि ये अंग्रेज़ बड़े कंजूस होते हैं। इस देश में वो व्यापारी बनकर आये थे। अब उनका मक़सद यही है कि जितना छीन सको, छीन लो। आख़िर में वह खुद को मेरा ज़िंदगी भर का दोस्त बताएगा, इन खोखले शब्दों का कोई मतलब नहीं।'

मैं उनके चेहरे पर छायी मायूसी हटाने के लिए कुछ भी कर सकती हूं। गोरों के लिए नफ़रत मेरे भीतर किसी कोयले की तरह सुलगने लगती है।

'अंग्रेज़ों का एक ही मक़सद है : पूरे हिंदुस्तान पर क़ब्ज़ा करना। उसे पूरा करने से पहले वे नहीं रुकेंगे। पर मेरा पंजाब उनके हाथ नहीं आएगा, कम से कम मेरे जीतेजी तो नहीं।' लंबी सांस छोड़ते हुए वह कहते हैं। 'बहुत हो गयी, ये उदासी भरी बातें।' अपने घोड़े की गरदन थपथपाते हुए उसके बारे में बताते हैं, 'ये दिलदार है, बहुत बहादुर और सधा हुआ। मैं चाहता हूं कि इस पर तुम्हें सवारी कराऊं। पर उससे पहले मुझे पीने के लिए कुछ मिल सकता है क्या?'

क़िस्मत से मैंने थोड़ी देर पहले काला नामक और कुटा हुआ जीरा डालकर लस्सी बनायी थी, जैसे हम गुजरांवाला में बनाते हैं। मैं लोटा भरकर लस्सी ले आती हूं और वह उसे ख़त्म कर देते हैं।

'वाह! ऐसी लस्सी मैंने अपनी मां का घर छोड़ने के बाद नहीं चखी।'

मेरे चेहरे की मुस्कान ज़रा भी कम नहीं होती, क्योंकि मैं जब घोड़े पर चढ़ती हूं, तो सरकार कहते हैं, 'बहुत अच्छे! मुझे लगता है कि तुम पैदाइशी घुड़सवार हो।'

दिलदार बहुत तेज़ी से आगे बढ़ता है, लेकिन सरकार की बांह के घेरे में मेरा आत्मविश्वास बना हुआ है। हम पत्थर की एक दीवार के पार जाते हैं और मैं हँसने लगती हूं, मेरे साथ सरकार भी हँस रहे हैं। रोशनी के हल्के हो जाने पर घोड़े से उतरकर एक किनारे के साथ चलने लगते हैं।

'इस बार किसी दावत का इंतज़ाम नहीं है। मैंने अचानक ही आने की बात सोची।'

'मैंने साग और रोटी बनायी है। अगर आपको एतराज़ नहीं हो तो वापस जाकर आप उसका स्वाद ले सकते हैं,' हिम्मत जुटाकर मैं कहती हूं।

'ज़रूर!'

नीचे एक बड़ी-सी नदी हिलारें ले रही है। मैं उसकी उछलती लहरों को सम्मोहित-सी देख रही हूं।

'यह रावी है। ख़ूबसूरत और ख़तरनाक, बिलकुल किसी ज़िद्दी औरत की तरह। कई बार यह मुझे बिलकुल मतवाला कर देती है। एक बार मैं किसी अभियान से लौट रहा था। हमने रेगिस्तान में एक लंबी, मुश्किल लड़ाई के बाद अफ़ग़ानों को हराया था। जब मैंने अपने प्यारे शहर पहुंचने से पहले इसके पानी को देखा, तो मैं पुल का इंतज़ार नहीं कर पाया। मेरे आदमी पीछे से चेतावनी देते रहे, लेकिन अपने घोड़े को लेकर इसमें कूद गया। मैं तैरकर पार जाना चाहता था, लेकिन रावी ने कुछ और ही सोच रखा था। उसने मुझे अपनी लहरों से घेर लिया और नीचे ले जाने लगी। घोड़ा तो तैरकर निकल गया, लेकिन मैं बस डूबते-डूबते बचा! मेरे चार घुड़सवारों ने मुझे सुरक्षित बाहर निकाला। जब वे मुझे क़िले तक ले गये, तो मैं किसी विजेता की तरह नहीं दिखकर डूबता हुआ चूहा लग रहा था। वज़ीर ध्यान चंद ने मुझे बुरी तरह से डांटा कि अपनी बेवकूफ़ी से मैंने पूरे पंजाब को जोखिम में डाल दिया था।

'मुझे आज भी अच्छी तरह याद है कि इसके गहरे पानी में पूरी तरह से डूबते हुए मुझे कैसा महसूस हुआ था, मेरे फेफड़ों में जलन महसूस हो रही थी। वह हज़ारों घुड़सवार सैनिकों से जूझने से भी बुरा था।'

मैं जैसे सिर से पांव तक कांप उठी हूं। ऐसा क्यों है कि इस आदमी के दर्द को, इसकी तकलीफ़ को मैं अपनी देह में महसूस करती हूं?

'फिर भी बीमार होकर एड़ियां घिसते हुए मरने से ऐसे मरना कहीं बेहतर है,' वह कहते हैं।

बड़ी बहादुरी से मैं उनकी बांह को छूती हूं। 'मुझे ख़ुशी है कि आप बच गए। ना केवल पंजाब की ख़ातिर, बल्कि मेरे लिए भी।'

उनकी हैरानी साफ़ झलकती है। कुछ देर बार वह मेरे हाथ पर अपना हाथ रख देते हैं। केवल उनकी छोटी अंगुली पर एक अंगूठी है, उसमें छोटा-सा लाल नगीना जड़ा है। जवाहर को पता चला था और उसने मुझे भी बताया था कि दरबार में वह बहुत सादे कपड़े पहनते हैं और किसी विदेशी मेहमान के आने पर भी साधारण-सी कुर्सी पर बैठते हैं। उनके सिंहासन पर गुरु ग्रंथ साहिब को रखा गया है।

'मैं भी खुश हूं,' सरकार कहते हैं।

एक अजब-सा खिंचाव बना हुआ है। उनकी अंगुलियों के छोर जैसे दहक रहे हैं। मैं उनकी तरफ़ झुकती हूं।

वह अपना सिर हिलाते हैं, जैसे उससे पानी को दूर छिटक रहे हों। 'सूरज डूब रहा है, तुम्हें छोड़ने का वक़्त हो गया है।'

घर लौटते हुए मैं उन्हें कसकर पकड़े हुए उनके पीछे बैठी हूं। मैं उनकी पीठ से अपने गाल सटा लेती हूं और उनकी ख़ुशबू को सांसों में भर लेती हूं, उनके पसीने, मदिरा, धातु और एक जंगली सुगंध का मेल, उन्होंने बताया था कि वह कस्तूरी है उनका पसंदीदा इत्र। लगता है जैसे वह भी नहीं चाहते कि घुड़सवारी का समय जल्दी पूरा हो, क्योंकि वह दिलदार को धीमा करने का इशारा करते हैं। घर पहुंचने तक आसमान में तारे टिमटिमाने लगे हैं।

इससे पहले कि मैं पूछूं कि उनके पास रात के खाने के लिए रुकने का समय है, मन्ना सामने खड़ा दिखायी देता है।

'सरकार! उम्मीद है कि मेरी बेटी ने अपनी बेवकूफ़ाना बातों से आपको परेशान नहीं किया हो। आ बेटी, नीचे उतरने में तेरी मदद कर दूं।'

मैं कहती हूं कि मैं उतर सकती हूं, लेकिन वह मुझे नीचे खींच लेता है, मेरा संतुलन बिगड़ जाता है और मैं घोड़े से फिसलता महसूस करती हूं। वह मुझे पकड़ लेता है और लड़खड़ा जाता है, हम दोनों गिरते-गिरते बचते हैं।

'हुजूर, ज़रा देखिए इस लड़की को! भारी होती जा रही है। मेरे जैसे ग़रीब बाप के लिए बहुत मुश्किल है। इसकी ज़िम्मेदारी ले लीजिए, हुज़ूर! आप बहुत मज़बूत हैं, इसके वज़न को संभाल सकेंगे!'

क्या मन्ना ने आंख मारी? महाराजा रणजीत सिंह को देखकर? जवाहर कहां है? मैं चाहती हूं कि इससे पहले मन्ना कुछ और बुरा कहे, वह इसे घसीटकर यहां से ले जाए।

'गांव की हट्टी-कट्टी कुड़ी है। मज़बूत और चुस्त, आप समझ गये होंगे मैं क्या कह रहा हूं। कुंवारी भी है। आपको लंबे वक़्त तक जवान रखेगी।'

मैं चाहती हूं कि इसी पल धरती फटे और मैं उसमें समा जाऊं। वाहेगुरु, अब सरकार को लगेगा कि हम दोनों ने मिलकर यह साज़िश रची होगी। मैं उन्हें लुभाने की कोशिश कर रही थी। मैं वहां से जाने लगती हूं, मेरे क़दमों को जैसे शर्मिंदगी ने जकड़ लिया है, मेरे आंसुओं से रात धुंधला गयी है। वह मुझसे फिर कभी नहीं मिलना चाहेंगे।

कोड़े की फटकार जैसी सरकार की आवाज़ से मैं रुक जाती हूं।

'तुम्हें ज़रा भी शर्म नहीं, मन्ना? अपनी बेटी के बारे में ऐसे बात कर रहे हो, जैसे वह कोई बाज़ारू लड़की हो?'

उन्होंने ज़रूर मन्ना को जाने का इशारा किया होगा, तभी वह चुपचाप अंदर चला गया। मैं भी उसके पीछे चली जाना चाहती हूं, लेकिन तभी सरकार मेरा नाम पुकारते हैं।

सब कुछ बर्बाद हो चुका है और मैं अब उनसे निगाहें मिलाने की जुर्रत नहीं कर सकती। पर वह राजा हैं और उनका हुक्म मुझे मानना ही होगा।

वह नीचे झुककर अपने अंगूठे से मेरे आंसू पोंछते हैं। उनकी छुअन बहुत नरम है। मैं क्यों रोये जा रही हूं? मन्ना शायद ठीक कहता है, मैं वाकई बहुत बेवकूफ़ हूं।

'अपने पिता की बात को भूल जाओ। कल महल में दावत है। याद है, बेंटिंक के स्वागत में। क्या तुम आना चाहोगी? हम साथ नहीं बैठ सकते। तुम्हें बाक़ी औरतों के साथ बैठना होगा। पर तुम्हें वहां अच्छा लगेगा।'

मेरा दिल इतनी तेज़ी से धड़कने लगता है कि वह भी सुन सकते हैं। मैं, कुत्तों को सिखाने वाले की बेटी और वह भी शाही दावत में? क्या ऐसा हो सकता है, ख़ासकर मन्ना की घटिया बातों के बाद? मैं किसी तरह सिर हिला देती हूं।

अब मुश्किल यह है कि मेरे जैसी लड़की राजा को कैसे बताए कि उसके पास तो पहनने के लिए कुछ भी नहीं है?

वह मुस्करा देते हैं। उनकी दाढ़ी चांदनी में हल्की रेशमी लगती है। 'मैं गुड्डां को बता दूंगा। वह मेरी रानियों में सबसे रहमदिल है। वह तुम्हारे लिए कपड़ों का बंदोबस्त कर देगी।'

इन्हें कैसे पता चल जाता है कि मैं क्या सोच रही हूं? इससे पहले कि मेरी हिम्मत जवाब दे जाए, मैं उनके हाथों को चूम लेती हूं।

एक पल के लिए वह बिलकुल ख़ामोश हो जाते हैं और फिर कहते हैं, 'अंदर जाओ, जिन्दां। सावधानी से आगे बढ़ना। कई बार क़िले के अंदर भी रात को बिच्छू आ जाते हैं।'

मेरे दरवाज़ा बंद करने तक वह चांदनी में किसी नक़्क़ाशीदार संगमरमर की तरह इंतज़ार करते हैं।

8

दावत

पूरी दोपहर खिड़की के पास खड़े रहकर राह तकते हुए मेरे पैर थक गये हैं। मैंने बेवकूफ़ों की तरह बड़ी तेज़ी से खाना पकाने और सफ़ाई का काम निपटा लिया। जवाहर से भी कहा कि वह अपने खाने के समय मेरे बाल धोने के लिए रीठा ले आए।

रात को मैंने मन्ना के सो जाने के बाद जवाहर को यह बात बता दी। 'क्या तुम मन्ना की वजह से यह सब कर रही हो?'

मैंने कहा, 'जानती हूं यह नादानी है, लेकिन मुझे प्यार हो गया है।'

उसने त्योरी चढ़ाते हुए कहा, 'ध्यान से मेरी बहन। याद रखना कि वह कौन हैं और तू क्या है।'

शाम के साये बढ़ने के साथ ही मैं दुखी होकर ज़मीन पर आ पड़ती हूं, जो सफ़ाई के बावजूद गंदी ही रहती है। मेरी गुलाबी कमीज़ ख़राब हो गयी है, लेकिन क्या फ़र्क़ पड़ता है? शाही दावत में जा सकने की बात सोचना कितनी बड़ी नादानी है। मैंने यह कैसे सोच लिया कि सरकार के लिए मैं थोड़ी देर के मनबहलाव से कुछ ज़्यादा हो सकती हूं। मुझे उनके हाथ चूमने जैसी हरकत करने पर भी गुस्सा आ रहा है।

तभी दरवाज़े पर हुई खटखटाहट से मैं चौंक जाती हूं। मन्ना आ गया क्या? मैं कैसे उसका सामना कर पाऊंगी?

नहीं, यह तो कोई औरत है। मोटी और रईस, उसके कपड़े काफ़ी महंगे लगते हैं, लेकिन उतने ज़्यादा भी नहीं। मेरे ख़याल से वह किसी अहम इंसान की मुलाज़िम है। वह मुझे ऊपर से नीचे तक घूरती है और अपने होंठ सिकोड़ लेती है। अपनी पोटली खोलकर उसमें से एक काला महीन रेशमी बुरक़ा देती है।

मैं उसे पहन लेती हूं। उसकी जाली से दुनिया थोड़ी धुंधली दिखायी देती है। मैं खंबे वाले फाटकों और भूलभुलैया जैसे बगीचों से होते हुए उसके पीछे चलती हूं और आख़िरकार हम एक संगमरमर के कमरे में पहुंच जाते हैं, जिसमें अनजाने फूलों की ख़ुशबू भरी है।

हल्की भूरी ख़ूबसूरत आंखों वाली एक जवान औरत मेरा नक़ाब उठाती है। 'तुम्हारा स्वागत है। मैं गुड्डां हूं।'

मैं अब तक जितनी औरतों से मिली हूं, उनमें से रानी गुड्डां सबसे दयालु हैं। वह मुझे एक गहरे लाल रंग का लहंगा पहनाती हैं, जो मेरे पैरों तक फैला हुआ है। 'देखो, यह तुम्हें कितनी अच्छी तरह आ गया,' वह बड़े संतोष से कहती हैं। उन्होंने खुद आसमानी रंग की घाघरा-चोली पहनी है, जिस पर सितारों की कशीदाकारी की गयी है। उनकी चमकदार चोटी कूल्हों से नीचे तक लहरा रही है। वह ख़ुशबू के किसी बादल से घिरी हुई हैं, जैसे आसमान से उतरी कोई परी हो। उनकी दासियां लहंगे से मिलती-जुलती सलमे-सितारों से जड़ी कुर्ती मुझे पहनाती हैं, गहरा गला होने के कारण मुझे थोड़ी शर्म आती है। वे मेरी चोटी को सजाती हैं, मेरे चेहरे पर कोई ख़ुशबूदार लेप लगाती हैं और मेरी आंखों में सुरमा लगाती हैं। अपने गहनों के डब्बे से गुड्डां मेरे लिए झुमके, चूड़ियां और दो लड़ियों वाली एक माला निकालती हैं। एक औरत मुझे आईना दिखाती है। मुझे यक़ीन नहीं आता कि उसमें दिखने वाली ख़ूबसूरत औरत मैं ही हूं।

'मुझसे अगर कुछ खो गया तो?' मैं हकलाते हुए पूछती हूं।

'बेहतर होगा कि ऐसा नहीं हो, वरना तुम्हें अफ़सोस होगा,' मुझे यहां तक लाने वाली औरत तुरंत बोलती है। वह गुड्डां की मुख्य सेविका है और अपनी राजकुमारी को लेकर काफ़ी चौकस रहती है। वह कांगड़ा से उनके साथ लाहौर आयी थी। गुड्डां शाही ख़ानदान से हैं और मुझे यह जानकर निराशा हुई है कि सरकार की लगभग सभी रानियां ऊंचे कुल की ही हैं।

गुड्डां मेरे हाथ को थपथपाते हुए कहती हैं, 'मैं जानती हूं कि तुम ध्यान रखोगी।'

दासियां हम पर सुनहरे झीने घूंघट डाल देती हैं। 'हमें चलना चाहिए,' गुड्डां कहती हैं। 'नहीं तो महिलाओं के हिस्से वाली सभी अच्छी जगहें भर जाएंगी। वैसे भी हमें पीछे ही बैठना होगा। आगे तो सबसे बड़े अहम ख़ानदानों से आयी रानियां बैठेंगी या फिर वे जो फ़िलहाल महाराजा के साथ आजकल उनके सोने के कमरे

में होती हैं। मैं उन दोनों में ही नहीं हूं।' वह व्यंग्यपूर्ण ढंग से मुस्कराती हैं। 'तुम्हें गर्दन आगे करके देखना पड़ेगा। अच्छा है कि तुम लंबी हो। फिर भी ध्यान रखना। तुम्हें देखते ही हर किसी को तुम्हारे बारे में जानने की बेताबी होगी। रखैलें तो चुप रहेंगी, लेकिन रानियां तो हर तरह के सवाल पूछेंगी। बस मुस्करा देना और शर्माती हुई दिखना। सरकार नहीं चाहते कि लोगों जानें कि तुम कौन हो। जो कुछ कहना होगा, मैं कहूंगी।'

दीवान-ए-ख़ास बहुत बड़ा है और उसमें मेहराबदार संगमरमर के खंबे और दमकता हुआ पच्चीकारी वाला फ़र्श है। अंदर साजिंदे शाम की दावत के लिए अपने साज तैयार कर रहे हैं। हम वहां से होते हुए एक चौड़े बरामदे में पहुंचते हैं, जहां पर कालीन बिछाये गये हैं। सामने लकड़ी की महीन जालीदार आड़ है, ताकि सरकार की औरतें किसी के सामने पड़े बिना सब कुछ देख सकें। बाहर सावधान खड़े द्वारपाल और दोनों तरफ़ लटके पंखों को झलने वाले सभी महिलाएं हैं। मुझे फुसफुसाने, खिलखिलाने की आवाज़ें और चूड़ियों व पायलों की झंकार सुनाई देती है। जब मैं गुड्डां के पीछे-पीछे वहां पहुंचती हूं, तो जैसे सन्नाटा छा जाता है। मैं औरतों की पैनी निगाहों को महसूस कर सकती हूं। *कौन है यह? कोई अहम औरत है? क्या यह हमारे मुक़ाबले में आने वाली है?*

'मेरी मौसेरी बहन जया है, कांगड़ा से आयी है,' अपनी मख़मली नर्म आवाज़ में गुड्डां सबको बताती हैं।

जल्दी ही दावत शुरू हो जाएगी। इस बीच, दासियां फलों के ठंडे रस और सूखे मेवे लेकर आ जाती हैं और उन्हें सबसे पहले आगे की कतार में खुशामद मंडली से घिरकर बैठी एक औरत के सामने पेश करती हैं। सोने और मोती से जड़ी उसकी दमकती पोशाक एकदम कड़क है, हालांकि वह खुद सुंदर नहीं है और उसके होने का दिखावा भी नहीं कर रही। उसके सफ़ेद बालों के ऊंचे बने जूड़े पर ताज दमक रहा है और वह बड़ी ठसक के साथ अपनी उम्र, अपनी झुर्रियों को लेकर बहुत सहज है।

गुड्डां फुसफुसाते हुए बताती हैं, 'वह माई निकाइन हैं। महारानी, सभी रानियों में सबसे बड़ी। गद्दी के वारिस राजकुमार खड़क की मां। उनका घराना सरकार का शक्तिशाली सहयोगी था और उसने महाराजा बनने से पहले के शुरुआती दिनों में ताक़त पाने में उनकी मदद की थी। सरकार कभी इस बात को नहीं भूले।'

मैं बहुत सावधानी से सरकार के बारे में मिली जानकारी को सहेजती रही हूं। मैंने उसमें इस बात को भी जोड़ लिया है कि सरकार कभी अपने दोस्त को नहीं भूलते। क्या वह अपने दुश्मनों को भी उतनी ही अच्छी तरह याद रखते हैं?

दासियां एक और ख़ूबसूरत औरत के सामने पहुंचती हैं। चांदी जैसी उजली कमीज़ पहने उसकी सादगी मायावी लगती है। मेरे जैसी अनाड़ी भी बता सकती है कि उनके बदन से लिपटा वह बढ़िया मुलायम कपड़ा काफ़ी महंगा होगा। उसने बस एक बड़ा-सा हीरे का ताज पहना हुआ है। वह बाक़ी रानियों से हटकर बिलकुल चुपचाप बैठी है। समय-समय पर बस एक प्याले से घूंट भरती है।

गुड्डां फुसफुसाते हुए उसके बारे में बताती हैं, 'वह गुल बहार बेगम है। उसकी शहर में अपनी हवेली है और वह दावत में तभी आती है, जब कोई नाच होना हो। वह सरकार की वेशभूषा से मेल खाते कपड़े पहनती है। वह कभी इस शहर की सबसे अच्छी नाचनेवाली थी। उसके नाच को देखते ही सरकार को उससे प्यार हो गया था। वह दिन-रात उसके साथ रहते थे और उसे सिर्फ़ अपने लिए नाचने को कहते थे। दोनों साथ ही हाथी की सवारी करते और बाज़ार में होली खेलते। लोग अपने सरकार को चाहते थे, इसलिए उन पर फ़िदा थे और वैसे भी उन्हें उनकी दीवानगी की आदत थी।'

सरकार की कई औरतों के बारे में सुनकर मेरा सिर चकराने लगा है। सभी ख़ूबसूरत या ऊंचे घरानों की हैं, जो ढेर सारा दहेज़ लायी होंगी। यह कैसे मुमकिन है कि वह कुत्तों के प्रशिक्षक की बेटी में दिलचस्पी लें?

सिर्फ़ एक चीज़ शायद मेरी मदद करे। 'क्या उन्हें अक्सर मोहब्बत हो जाती है?'

गुड्डां हँसने लगती है। 'हां! क्या तुमने दरबार में नाचने वाली मोरां के बारे में सुना है, जो उत्तर-पश्चिमी हिंदुस्तान की सबसे ख़ूबसूरत औरत के रूप में जानी जाती है? राजा बनते ही सरकार उसके प्यार में पड़ गये। जब उन्होंने उससे शादी करने की इच्छा ज़ाहिर की, तो उनके रिश्तेदार व सलाहकार काफ़ी सदमे में आ गये और नाराज़ भी हुए कि वह नीच परिवार की थी, उसका पेशा भी बदनाम था और वह मुसलमान भी थी। उनकी ख़ास मददगार रहीं उनकी सास सदा कौर ने भी उन्हें डांट लगायी, पर सरकार नहीं माने। लड़ाई के मामले में वह काफ़ी चतुर हैं, लेकिन शायद औरतों के मामले में नहीं। हर किसी के ख़िलाफ़ जाकर उन्होंने मोरां से शादी की और इस बात की परवाह नहीं की कि कौन उनसे दूर हो सकता है। शादी के बाद वह सीधे स्वर्ण मंदिर में खालसा के सामने गये, अपना सिर झुकाकर अपने गुनाह के लिए सौ कोड़े की सज़ा अपने लिए मांगी।'

सरकार की पीठ पर पड़ते कोड़ों की कल्पना करके मैं सिहर-सी गयी हूं। 'उन्होंने सरकार को कोड़े मारे?'

मुस्कराते हुए गुड्डां कहती हैं, 'नहीं। जब उन्होंने सरकार की विनम्रता देखी, तो वे पिघल गये। इसके अलावा वे जानते थे कि वही पंजाब की एक अकेली आस

हैं, भेड़ियों को दूर रखने वाले अकेले शेर। क्या पता, प्रेम कहानी को लेकर खालसा का दिल भी नरम हो आया हो। गुल बहार के समय सरकार ज़्यादा समझदार और ज़्यादा ताक़तवर भी थे। वह पहले ही सीधे स्वर्ण मंदिर गये और उससे शादी की अनुमति ले ली।'

'मोरां का क्या हुआ? वह आज यहां पर हैं?'

'नहीं, कुछ सालों तक तो सब कुछ ठीक रहा। फिर कोई नहीं जानता कि क्यों सरकार ने उसे देश निकाला देकर पठानकोट क़िले में भेज दिया। हमारे महाराजा चाहें तो बहुत बेरहम हो सकते हैं। वह बेचारी आज भी वहीं पर है।'

सरकार की कठोरता के बारे में सुनकर मैं हैरान हूं, मैंने आज तक उनके इस पहलू को नहीं जाना।

गुड्डां अपनी बात जारी रखते हुए कहती हैं, 'राजाओं की नज़र कब बदल जाए, कोई नहीं जानता। मोरां उनकी इतनी प्रिय रही थी कि शादी के तुरंत बाद सरकार ने उसके सम्मान में मोर की छवि वाला सिक्का जारी किया। उसके पीछे वह इतने पागल थे। खुद के लिए भी उन्होंने ऐसा कुछ नहीं किया। अपनी ताज़पोशी के समय उन्होंने यह कहते हुए गुरु नानक के सम्मान में सिक्का ढलवाया था कि केवल उन्हीं का इस पर हक़ है।'

मैं गुड्डां से कहती हूं कि इतनी विनम्रता बहुत बड़ी बात है। वह हामी भरती हैं।

'सरकार से पहले के राजा बस अपनी शान की परवाह करते थे और मुझे डर है कि उनके बाद के राजा भी...' कहते हुए गुड्डां की आवाज़ अचानक थम जाती है और मैं अपने आस-पास छायी ख़ामोशी को महसूस कर सकती हूं।

'किस बात का डर है तुम्हें, प्यारी गुड्डां?' हमारी तरफ़ देखती हुई माई निकाइन पूछती हैं। उनकी आंखों में फ़ौलाद की चमक है। मुझे ध्यान आता है कि उनका बेटा पंजाब का अगला शासक होगा।

'किसी बात का नहीं, माई,' बहुत नरमी से गुड्डां जवाब देती हैं। 'हमारे सरकार के राज में किस बात का डर हो सकता है?'

माई निकाइन अच्छी तरह मेरा मुआयना करती हैं। 'लड़की, तुम तो हमारी गुड्डां जैसी कहीं से नहीं लगती। तुम्हारा रंग गोरा है और नाक भी तीखी है। कौन से रिश्ते की बहन हो?'

मेरा कलेजा मुंह को आने को है। मैं शर्माने का नाटक करते हुए अपना सिर झुका लेती हूं।

'मेरी दूसरी मौसी की बेटी, अपने पिता पर गयी है।' गुड्डां जवाब देती हैं।

'कांगड़ा में कहां से हो? मैंने कई साल वहां बिताये हैं,' माई निकाइन की मंडली की एक औरत पूछती है।

गुड्डां जैसे ही बोलने को होती हैं, माई निकाइन उन्हें रोक देती हैं। 'यह गूंगी-बहरी है क्या? इसे बोलने दो।'

सबकी निगाहें मुझ पर जमी हैं। क्या इन्हें मालूम है कि मैं पसीना-पसीना हो रही हूं? मैं कांगड़ा के बारे में बस इतना जानती हूं कि वहां के सेब मशहूर हैं और कुछ भी मुझे नहीं पता।

दीवान-ए-ख़ास के दरवाज़े पर हलचल-सी दिखायी देती है।

राहत की सांस लेते हुए गुड्डां कहती हैं, 'देखो, हमारे सरकार पधार गये।'

इतने जमघट के बीच भी मैं दूर से उन्हें पहचान लेती हूं। अपनी सादा सफ़ेद पगड़ी व कुर्ते और उस पर हल्के सुनहरे चोगे में वह अपने आस-पास चल रहे आदमियों के सामने भले वह क़द में छोटे लग रहे हों, लेकिन उन्हें देख एक तरह की ताक़त का अहसास होता है। मोतियों की लंबी-सी माला पहने सरकार का बाजूबंद मशालों की रोशनी में कौंध जाता है। तो यही है, मशहूर कोहेनूर! सरकार के साथ चल रहे लोगों की चमकीली वेशभूषा उनकी शालीनता के सामने भड़कीली लग रही है।

उनके साथ चल रहा आदमी भी बहुत सादा कपड़ों में है। सरकार की बात पर वह सिर हिलाता है और जब वह कुछ कह रहा होता है, तो सरकार उसकी बात ध्यान से सुनते हैं।

'वह फ़कीर अज़ीज़ुद्दीन हैं,' गुड्डां फुसफुसाकर बताती है। 'सरकार के भरोसेमंद आदमी और उनके राजूदत। सरकार इन पर सबसे ज़्यादा भरोसा करते हैं।'

मैं हैरान हूं। 'अपने सिख सरदारों से भी ज़्यादा भरोसा?'

'सरकार को किसी के धर्म से फ़र्क़ नहीं पड़ता। वह किसी आदमी की बस क़ाबिलियत और वफ़ादारी की क़द्र करते हैं।'

'मुझे लगा कि ध्यान सिंह उनके पसंदीदा वज़ीर हैं।'

'वह तो हैं ही, पर अज़ीज़ुद्दीन इसलिए ख़ास हैं क्योंकि वह सरकार से कुछ नहीं चाहते। उन्होंने ख़िताब, तोहफ़े, ज़मीन... कुछ भी लेने से इनकार कर दिया। वह फ़कीर हैं और फ़कीर की तरह रहते हैं। सरकार को यह बात अच्छी लगती है।'

मैं और भी उत्सुकता के साथ अज़ीज़ुद्दीन को देखती हूं। कुछ भी नहीं चाहना, कितनी अनोखी बात है। मैं तो उसकी कल्पना भी नहीं कर सकती। हालांकि इस

बात को मैं याद रखूंगी कि सरकार उन लोगों पर सबसे ज़्यादा भरोसा करते हैं, जो उनसे कुछ नहीं चाहते। मैं उन्हें फ़कीर की बांह पर बड़े प्यार से अपना हाथ रखते देखती हूं।

शायद भरोसे के साथ-साथ सरकार ऐसे लोगों से प्यार भी सबसे ज़्यादा करते हैं।

सरकार के गद्दी पर बैठने के साथ ही नगाड़ों की आवाज़ तेज़ हो जाती है। दरबारियों के पास आने पर वह उनमें से हरेक से बात करते हैं, हँसते हैं और कभी-कभार किसी के कंधे पर अपना हाथ भी रखते हैं। ऐसे इंसान किसे प्यार नहीं होगा, यह जानने के बावजूद कि वह पल भर में आपकी ज़िंदगी भी छीन सकता है।

लाट साहब बेंटिंक के आने की घोषणा की जाती है। वह अपने लोगों के साथ अंदर आते हैं, सबने मखमली कोट पहने हुए हैं और सबके गले कसकर बंधे हुए हैं। वे इस जगह में अलग से लगते हैं। मैं गरदन आगे कर उन्हें गौर से देखती हूं। सरकार ने बताया था कि उनका मानना है कि वे ख़तरनाक हैं और भरोसे के लायक़ नहीं हैं। हालांकि अभी सरकार को देखते हुए इस बात का पता नहीं लगाया जा सकता। वह बड़े सम्मान के साथ उनका अभिवादन करते हैं, जबकि वह चाहें तो ऐसा नहीं भी करें। साफ़ झलक रहा है कि दरबार किसकी हुकूमत है। वह बेंटिंक को अपने साथ बिठाकर इशारा करते हैं। पंखेवाले आकर गवर्नर-जनरल को पंखा झलते हैं। ठंडे पेय लाये जाते हैं, चांदी की बड़ी सुराहियों में ठंडी मदिरा लायी जाती है। खाने से भरे थाल लाये जाते हैं। गोश्त, पुलाव, कबाब और बैंगन का भर्ता जैसे मुझ पर छा जाते हैं। मुझे भूख लगी है। बेचैनी में आज मैंने दिन भर कुछ भी नहीं खाया। बेंटिंक ज़्यादातर चीज़ों को ले जाने का इशारा करते हैं। मैं सरकार की ओर से उनके प्रति गुस्से से भरी हुई हूं। ये अंग्रेज़ इस मेज़बानी के लायक़ नहीं हैं। मौक़ा मिलते ही उनसे ज़रूर यह बात कहूंगी।

संगीत तेज़ होता चला जाता है। नर्तकियां फिरकियां लेते हुए नाच रही हैं और उनके घुंघरुओं की आवाज़ रात के सन्नाटे को तोड़ तेज़ी से गूंज रही है। गुल बहार तड़पती निगाहों से उन औरतों को चकरी की तरह घूमते, नाचते देख रही है, उनकी लंबी चोटियां हवा में लहरा रही हैं। जब उसे मदिरा पेश की जाती है, तो वह बड़े रूखे ढंग से उन्हें मना कर देती है। मैं गौर करती हूं कि उसके होंठ सभी गीतों की तर्ज़ पर हिल रहे हैं, उसे सब याद हैं और मुझे महसूस होता है कि गुल बहार को नाचने वाली की अपनी पुरानी ज़िंदगी में लौट जाने की हसरत है।

सरकार से शादी होने के बावजूद किसी को और किस चीज़ की इच्छा कैसे हो सकती है?

अहमियत के हिसाब से औरतों को खाना परोसा जाने लगा है। माई निकाइन को सबसे पहले परोसा जाता है। गुड्डां का दर्जा बाकियों से बहुत नीचे है, इसलिए उनकी बारी कुछ देर में आती है। उन्हें खाना पेश कर दासी जाने लगती है।

'रुको! मेरी बहन का खाना?' गुड्डां पूछती हैं।

वह औरत माफ़ी मांगने की मुद्रा में झुकती है। 'मुझे यही हिदायत दी गयी थी। इन्हें रखैलों के बाद खाना परोसा जाएगा।'

गुड्डां गुस्से से पूछती हैं, 'ऐसा क्यों? किसने कहा?'

नज़रें नीची करते हुए वह कहती है, 'माफ़ करें, रानीजी। मैं जो कहा जाए, वही करती हूं।'

'कोई बात नहीं,' मैं फुसफुसाकर गुड्डां से कहती हूं। मैं नहीं चाहती कि मेरी वजह से उन्हें कोई परेशानी हो।

'ठीक है, फिर। मुझे कोरमा, पुलाव थोड़ा और दो, परांठे भी रखो। बैंगन और गोश्त भी। कटोरा पूरा खीर से भर दो। सही सुना तुमने, और भर दो!' फिर चमकती आंखों से मेरी तरफ़ देखते हुए गुड्डां कहती हैं, 'आओ बहन, हम आज एक ही थाली से खाना खाएंगे, जैसे बचपन में खाते थे।'

यहां मेरे लिए सीखने को कुछ है : कितनी चतुराई से गुड्डां ने माई को मात दे दी, ज़ाहिर है इस बेइज़्ज़ती के पीछे उनका ही हाथ है। मैं बुदबुदाकर शुक्रिया कहती हूं और गुड्डां की हूबहू नक़ल करती हूं। मैं माई को कोई अपमानजनक टिप्पणी करने का मौक़ा नहीं दूंगी। मैं गोश्त के छोटे-छोटे निवाले लेती हूं और पुलाव भी बहुत सावधानी से खाती हूं ताकि मेरा ख़ूबसूरत लहंगा गंदा नहीं हो। पर मैं इतने तनाव में हूं कि मुझे हर चीज़ बिलकुल फीकी लगती है।

दीवान-ए-ख़ास में संगीत अपने चरम पर है। तलवार हाथ में लिए नर्तकियां लड़ाई का स्वांग कर रही हैं। वे इतनी तेज़ी से उछलती-कूदती, चक्कर खाती हैं कि सब कुछ धुंधला जाता है और सिर्फ़ चमक दिखायी देती है। दर्शक हक्के-बक्के होकर वाहवाही कर रहे हैं। गवर्नर-जनरल की निगाहें भी उन पर जमी हैं। चांद भी सांस थामे इस पल का गवाह बन रहा है।

कार्यक्रम पूरा हुआ और सरकार लड़कियों को इनाम देते हैं, गुड्डां फुसफुसाते हुए बताती है कि थैलियों में सोना है। वे झुककर उन्हें लेती हैं और मैं उनकी हैरत भरी ख़ुशी को देख पा रही हूं। गुड्डां बताती हैं कि महाराजा और उनके मेहमानों के चले जाने तक औरतों को इंतज़ार करना होगा। मैं चाहती हूं कि इसमें वक़्त लगे। मैं इस जादुई शाम को गुज़रने नहीं होने देना चाहती।

कोई कहता है, 'ए लड़की, इससे पहले कि गुड्डां तुझे झट से ले जाए, बता कि कांगड़ा में तू कौन-सी जगह से है?'

यह वही औरत है, जिसने पहले भी पूछा था। उसके साथ ही माई निकाइन हैं, जो सबसे बड़े तकिये पर टिकी हुई मुझे देख रही हैं। पान खाने के बाद उनके होंठ बिलकुल ख़ून की तरह लाल हो चुके हैं। मैं सकते में हूं। सिखों के लिए तो पान की मनाही है, पर हो सकता है कि दरबार के नियम अलग हों।

गुड्डां बीच बचाव करने की कोशिश करती है, लेकिन माई उन्हें नज़रों से चुप करा देती हैं।

मैं शर्माने का नाटक करते हुए अपना सिर झुका लेती हूं। पर सवाल पूछने वाली तो पीछे ही पड़ गयी है। 'सांप सूंघ गया, तुम्हें? रानी साहिबा, मुझे नहीं लगता कि यह कांगड़ा से है या फिर गुड्डां से इसका कोई नाता भी है।'

'क्या यह सच है, प्यारी गुड्डां?' माई पूछती हैं। 'तुमने मुझसे झूठ बोला? मैं रात भर देखती रही हूं, तुम दोनों को फुसफुसाते और साज़िश रचते हुए। क्या तुम इस लड़की को इसलिए यहां लाई हो, ताकि सरकार की नज़र इस पर पड़े और वह इस पर लट्टू हो जाएं? इसे अपने कपड़े भी पहनाए हैं, हां, मैं इन कपड़ों को पहचान गयी हूं। उनके लिए ख़ूबसूरत कुंवारी लड़की लाकर तुम्हारी अहमियत भी बढ़ जाएगी। तुम्हारे मां-बाप ने यही सिखाकर भेजा था तुम्हें?'

मैं भौंचक खड़ी हूं। सभी इल्ज़ाम बहुत ही घटिया हैं, लेकिन किसी के परिवार की इस तरह बेइज़्ज़ती करना सबसे बड़ा अपमान है। इस बात पर गुजरांवाला में चाकू चल जाएं; औरतें एक-दूसरे के बाल नोच डालें। गुड्डां के गाल इस अनादर से तमतमा गये हैं, लेकिन वह ख़ामोश रहती हैं। वह किसी भी क़ीमत पर मेरे राज़ को बनाये रखना चाहती हैं।

मुझे भी चुप रहना चाहिए, लेकिन मेरा गुस्सा मेरे भीतर कोबरा की तरह फन उठा लेता है।

'मैं सरकार के बुलावे पर यहां आयी हूं,' मुझसे रहा नहीं जाता और मेरी आवाज़ उस ख़ामोशी पर छा जाती है। 'अगर आपको मेरे बारे में जानने की इतनी बेताबी है, तो रानी गुड्डां को परेशान करने की बजाय आप सीधे सरकार से ही क्यों नहीं पूछ लेतीं? रानी तो सिर्फ़ उनके आदेश को पालन कर रही हैं।'

गुड्डां हताशा भरी सांस लेती हैं।

माई सीधे बैठ जाती हैं। 'तुम्हारी इतनी मजाल कि मुझसे ऐसे बात करो? तुम हो कौन? सरकार के बुलाने पर आयी हो? देखते हैं,' कहकर ताली बजाकर अपनी सेविकाओं को बुलाती हैं। 'ज़नाना रखवालों को कहो कि इस झूठी रंडी को क़िले से बाहर फेंक दें और देखें कि यह वापस नहीं आने पाये। लाहौर की गलियों

में वैसे ही रात भर के बाद इसके जिस्म में कुछ नहीं बचेगा।' गुड्डां की मिन्नतों की वह अनदेखी करती हैं।

पल भर में सिपाहियों की वर्दी पहने औरतें अंदर आ जाती हैं। लंबी-तगड़ी इन औरतों की पोशाक चमड़े की है। सख़्त चेहरे वाली उनकी मुखिया मुझे पकड़ लेती है, लेकिन गुजरांवाला में गुस्साये किसानों के चंगुल से निकल भागने के तजुर्बे ने मुझे थोड़े हुनर सिखाये हैं। इस पूरे दस्ते से बच निकलना नामुमकिन है, लेकिन मैं आसानी से तो उनकी पकड़ में नहीं आऊंगी। मैं तेज़ी से दौड़ लगाकर बरामदे के पिछले हिस्से में पहुंच जाती हूं, जहां पर रखैलें साथ बैठी हुई हैं। उनमें से एक मुझे अड़ंगी लगाकर गिरा देती है। दो औरतें मुझे घसीटकर माई के सामने ले जाती हैं।

गुड्डां रोते हुए कहती हैं, 'इसे जाने दें! यह सरकार की मेहमान है। सच कह रही हूं!'

'और मैं नूरजहां हूं!' माई ताना मारती हैं। वह मुझे इतनी ज़ोर से तमाचा मारती हैं कि मेरा सिर घूम जाता है। मेरा गाल जलने लगता है, उनकी अंगूठियों का कोई नगीना मेरी चमड़ी को काट गया होगा। 'भागो, इसे ज़नाना क़ैदख़ाने में ले जाओ,' प्रमुख को वह आदेश देती हैं। 'मार-मारकर इससे सच उगलवाओ।' भागो बहुत बुरी तरह से मेरी बांह पकड़ती है; ज़रूर उस पर नील पड़ जाएगा। मैं गालियां बकते हुए हाथ-पैर झटकती हूं। मेरे साथ, क्या होने वाला है और माई को जब मेरे बारे में पता चलेगा तो मेरे परिवार के साथ क्या होगा, मैं इस ख़ौफ़ को परे धकेलती हूं। मेरा ध्यान बस एक ही बात पर है और वह है कि मैं माई के सामने रोऊंगी नहीं, यह सुख मैं उन्हें नहीं देने वाली।

वे मुझे बाहर दरवाज़े पर ले जाती हैं। रात की ठंडी हवा मुझे महसूस होती है। भागो मुझे ऐसा चांटा मारती है कि मेरे कान झनझना जाते हैं। 'क़ैदख़ाने ले जाकर तेरी वो हालत करेंगे कि कभी बाहर की रोशनी नसीब नहीं होगी,' वह फुफकारती है।

मैं अपनी आंखें मूंद लेती हूं। मैं हार चुकी हूं।

अचानक मेरे आस-पास का शोर जैसे थम जाता है और मौत जैसा सन्नाटा पसर जाता है। आंखें खोलने पर मैं देखती हूं कि सभी घुटनों के बल बैठे हैं। मेरे सामने सफ़ेद पोशाक में एक व्यक्ति है, जिसके बाजूबंद में बड़ा-सा हीरा आकाशदीप की तरह चमक रहा है। मेरे पीछे माई निकाइन समेत सभी रानियां हाथ जोड़े, सिर झुकाए खड़ी हैं। मैं भी तेज़ी से वैसा ही करती हूं।

'यहां क्या हो रहा है?' सरकार जानना चाहते हैं। उनकी आवाज़ धीमी ज़रूर है, लेकिन उसमें नाराज़गी साफ़ झलक रही है।

माई ही इतनी बहादुर हैं कि कुछ कह सकें। 'हमें एक बहुरूपिया मिली, सरकार। मैं उसे यहां से निकलवा रही थी। मेरा ख़याल है कि यह कोई जासूस है। हमारे सवालों का जवाब नहीं दे रही।'

'यह मेरी मेहमान है, गुड्डां ने तुम्हें बताया होगा।' सरकार का अंदाज़ बिलकुल उदासीन है। 'आपकी इतनी जुर्रत कि आप इसके साथ ऐसा बर्ताव करें!'

माई नज़रें नीची कर लेती हैं। सभी पहरेदार वहां से चली जाती हैं। मैं अहसानमंद होकर सरकार को देखती हूं। उनके माथे पर त्योरियां हैं, लेकिन वह मेरे गाल पर लगी चोट को हौले से छूते हैं।

'तुम्हारे साथ अपने घर में हुए इस बर्ताव के लिए मैं माफ़ी चाहता हूं।'

'इस जादुई शाम की खुशियों के आगे यह कुछ भी नहीं, सरकार,' मैं कहती हूं।

वह मुस्करा देते हैं। 'तो तुम्हें अपनी पहली शाही महफ़िल में मज़ा आया?'

'इसे मैं हमेशा याद रखूंगी।'

मेरा देसी लहजा गुड्डां और माई के नफ़ासत भरे लहजे से बहुत अलग है। मैं शर्मिंदगी महसूस करते हुए अपनी नज़रें उनकी जूतियों पर जमा देती हूं।

वह मेरा दुपट्टा सीधा करते हैं, जो इस हलचल में एक तरफ़ गिर गया था। उनके छूने से मेरी कंपकंपी छूट जाती है।

'यह रंग तुम पर ख़ूब फब रहा है। उम्मीद है कि तुम इसे अक्सर पहनोगी।'

मैं नहीं समझ पाती कि क्या करूं और अपना सिर नीचे झुका लेती हूं। मेरे सिर उठाने तक वह आगे बढ़ चुके होते हैं। वह अपने हरम की सभी औरतों से बड़ी तमीज़ से पेश आते हैं, जैसे कि एक पल पहले वह बिलकुल भी नाराज़ नहीं रहे हों। वह माई की सेहत के बारे में पूछते हैं, गुल बहार से नाचनेवालियों के बारे में राय लेते हैं और मदद के लिए गुड्डां का शुक्रिया अदा करते हैं। वह मुझसे दोबारा बात नहीं करते, उसकी ज़रूरत भी नहीं, क्योंकि वह मुझे पहले ही मुसीबत से उबार चुके हैं।

सरकार के जाने के बाद सभी रानियां आपस में बड़ी उत्सुकता से धीमी आवाज़ में बातें करती हैं। मुझे लगता है कि माई की हार से वे मन ही मन ख़ुश हुई हैं।

हम सबको अनदेखा करते हुए माई अपनी मंडली के साथ बाहर निकल जाती हैं। वह ज़रूर आगबबूला होंगी, लेकिन उनके चेहरे पर एक शिकन तक नहीं दिखती। मुझे मानना पड़ेगा कि उनका अंदाज़ वाकई शाही है।

गुड्डां की हवेली में मैं अपनी सस्ती सूती सलवार-कमीज़ पहन लेती हूं, जो अब मुझे चुभती हुई महसूस हो रही हैं। हम कितनी जल्दी ऐशोआराम का आदी होना सीख जाते हैं।

मुझे यह देखकर हैरानी होती है कि गुड्डां अदिति से मेरे लिए लहंगा रखने को कहती हैं। मैं मना करती हूं, लेकिन वह ज़ोर देकर कहती हैं, 'तुम्हें लेना ही होगा। सरकार को तुम इसमें अच्छी लगीं। उन्होंने आज हमें वाकई हैरान कर दिया। मैं नहीं जानती कि कभी वह पहले किसी महफ़िल के बाद इस तरह ज़नाना में आए हों। शुक्र है कि वह आये!' मेरे लाल होते चेहरे को देखकर वह कहती हैं, 'उनकी तारीफ़ पर ज़्यादा ध्यान मत दो। वह ऐसे ही आवेग में आ जाते हैं।' मैं जानती हूं कि वह दयालु हैं, इसलिए ऐसा कह रही हैं। 'याद रखो, जब भी संभव हो, अपने दुश्मन के साथ खुले तौर पर लड़ने से बचना। उन्हें सोचने दो कि वह जीत गये और फिर जब सबसे कम आशंका हो, तब उन पर चोट करो।'

सलाह अच्छी है, लेकिन मेरे मामले में शायद देर हो चुकी है। मुझे नहीं लगता कि माई अपने इस अपमान को कभी भूलेंगी या फिर इसके लिए मुझे कभी माफ़ करेंगी।

9

गुरुद्वारा

महफ़िल के बाद का पूरा हफ़्ता जैसे गुलाबों की ख़ुशबू से सराबोर है। बार-बार मन्ना किसी बच्चे की सी उत्सुकता से मुझसे उस पल के बारे में पूछता है, जब ज़नाना हिस्से में सरकार मेरे सामने खड़े थे।

'फिर से बताओ, उन्होंने क्या कहा, कैसे तुम्हारी ख़ूबसूरती की तारीफ़ की, कैसे तुम्हें उस बूढ़ी खूसट रानी के गुस्से से बचाया?'

शुरू में मुझे भी मज़ा आता है। वह परियों की कहानी के किसी पल को फिर से जीने की तरह है। पर वक़्त गुज़रने के साथ सरकार की तरफ़ से कोई संदेशा नहीं आने के कारण अब उस पल की बात करना मेरे लिए मुश्किल होता जा रहा है।

मैं मन्ना के कड़वे बोलों के लिए खुद को तैयार करती हूं, पर वह अपना माथा ठोकते हुए कहता है, 'क्या करें धीये, हमारा नसीब ही खोटा है। हमारी बेवकूफ़ी थी कि हमने इतना बड़ा सपना देखा।' किसी चीज़ को वह दीवार पर दे मारता, तो शायद मुझे उतना बुरा नहीं लगता, पर उसकी उदासी की वजह से मुझे बहुत बुरा लगता है।

अब मन्ना अपनी शामें बाक़ी साईसों के साथ पीने-पिलाने में नहीं बिताता। पता नहीं, वह कहां जाता है। वह बहुत देर से लौटता है और कहता है कि उसे भूख नहीं है। अपने कुत्तों के साथ भी वह अपने पुराने जोशीले अंदाज़ में नहीं होता। बाड़े की पट्टियों के बीच से झांकने पर वह मुझे सिर को हाथों पर टिकाये दिखायी देता है और कुत्ते उसके चारों और घूम रहे होते हैं।

'मैंने परिवार की उम्मीदों पर पानी फेर दिया है,' रात को मैं हौले से जवाहर से कहती हूं।

'बेवकूफ़ी की बात मत कर,' अंधेरे में मेरी तरफ़ हाथ बढ़ाकर वह कहता है। 'जुए में बहुत सारा पैसा हारने के कारण मन्ना परेशान है। बाक़ी लोगों ने उसे अपनी मंडली से निकाल दिया है और उसे क़र्ज़ चुकाने के लिए एक महीने का समय दिया है। उसकी परेशानियों की वजह तू नहीं है।'

जवाहर सही कह रहा है, फिर भी कई बार मेरी आंखों में आंसू आ जाते हैं। क्या जवाहर की रहमदिली की वजह से? मन्ना की टूटी आस के कारण? या फ़िर मेरी नादान ख़्वाहिश इसकी वजह है?

जवाहर पता लगाने की कोशिश करता है कि सरकार कहां हो सकते हैं। अलग तरह की कई ख़बरें मिलती हैं। *वह अंग्रेज़ों से मिल रहे हैं, जो एक समझौता तैयार कर रहे हैं और उससे वे पंजाब की नदियों का इस्तेमाल कर सकेंगे। वह शिकार पर गये हैं और उन्होंने छह जंगली सुअरों को मार गिराया है। वह उत्तर में अफ़गानों से लड़ रहे हैं और साथ में उनका भरोसेमंद सिपहसालार हरि सिंह नलवा है।*

पर एक बात बिलकुल साफ़ है : मुझसे मिलने के लिए ना तो उनके पास वक़्त है और ना ही उनकी इच्छा है।

अनोखी बात यह है कि आज मन्ना थोड़ा ख़ुश दिखायी देता है। शायद अपनी मंडली में उसकी वापसी हो गयी हो और उसने कुछ पैसा भी जीत लिया हो। वह मुझसे कहता है कि उसने एक मेहमान को रात को खाने पर बुलाया है। मैं हैरान हूं, क्योंकि उसने पहले कभी ऐसा नहीं किया। वह तांज़ा गोश्त और सब्ज़ियां लेकर आता है और रोटियों पर चुपड़ने के लिए घी भी।

'बढ़िया खाना पकाना, बहुत बड़ा मेहमान है।' वह मेरे कपड़ों को उलट-पुलट करते हुए मुझे गहरा लाल लहंगा पहनने को कहता है। उसे देखकर मेरे दिल में टीस उठती है, लेकिन मैं उसकी बात मान लेती हूं, ताकि उसे पहले जो निराशा हुई, उसकी भरपाई कर सकूं।

मेहमान नज़दीक के किसी शहर का कारोबारी है। वह ज़्यादा नहीं बोलता, बस मेरे खाने की तारीफ़ करता है और खाने की फ़रमाइश करता है। खाने के बाद दोनों बातें करने के लिए बाहर निकल जाते हैं और जवाहर दबे पांव जाकर चुपचाप उनकी बातें सुनता है। बाद में वह मुझे बताता है कि मन्ना मेरी शादी की बात कर रहा है।

मैं आसमान से नीचे आ गिरती हूं। 'उस आदमी के साथ?'

'हां। उसकी बीवी पिछले साल मर गयी और उसके दो बच्चे हैं, जिन्हें देखभाल की ज़रूरत है। वह दहेज नहीं चाहता। शादी का ख़र्च भी वही उठाएगा। मैं बस यही सुन पाया।'

मैं भीतर तक दहल जाती हूं। 'मैं उससे शादी नहीं करूंगी! मैं नहीं कर सकती।'

मेरी हां में हां मिलाते हुए जवाहर कहता है, 'कितनी बुरी बात है! मन्ना को उस बुड्ढे के सिवाय कोई और नहीं मिला?'

अपने भाई को कैसे बताऊं कि उस दिन महफ़िल के बाद से सरकार को छोड़कर मुझे सभी आदमी बुरे लगते हैं, वे चाहे बूढ़े हों या फिर जवान।

'मैं उसे तुझे इस तरह बेचने नहीं दूंगा,' जवाहर गुस्से में कहता है। 'मैंने तुझे गुजरांवाला भेजने लायक़ पैसे जमा कर लिये हैं। कल जाना चाहेगी? मैं सुलेमान से कुछ देर की छुट्टी ले लूंगा और तुझे बैलगाड़ी तक छोड़ आऊंगा। मन्ना को जब तक पता चलेगा, तब तक तू घर पहुंच चुकी होगी।'

उसकी इस मदद के लिए मैं बहुत शुक्रगुज़ार हूं। फिर भी मैं कहती हूं, 'मैं थोड़ा इंतज़ार करूंगी।'

वह मुझे दुख भरी नज़रों से देखता है। वह जानता है कि मैं बेकार ही उम्मीद रखने की नादानी कर रही हूं।

अगली रात मन्ना मुझे बताता है कि दस दिन में मेरी शादी हो जाएगी।

'मैंने ऐसा नहीं चाहा था,' शर्मिंदगी से भरा मन्ना कहता है। 'हमारे लिए यही अच्छा मौक़ा है। सरकार ने जब तुझे महफ़िल में बुलाया था, तो मैंने कुछ बेहतर की उम्मीद की थी। पर ऐसा हुआ नहीं, है ना? तुम्हारी मां मुझे संदेशे पर संदेशा भेजती रहती है कि बलबीर बीस पार कर चुकी है और गांव वाले बातें बनाने लगे हैं। मुझे उसका ब्याह करना होगा, लेकिन मेरे पास पैसे नहीं हैं। तू अब तक जान ही चुकी होगी कि बचत करने के मामले में मैं बिलकुल अनाड़ी हूं। बलबीर इतनी सुंदर भी नहीं कि कोई बिना दहेज के उससे शादी कर ले। यह व्यापारी बहुत बड़े दिल का है। तेरी और बलबीर, दोनों की शादी का पैसा दे देगा। तेरी शादी होते ही मैं बलबीर के लिए लड़का देखना शुरू कर दूंगा।'

मुझे मन्ना और बलबीर, दोनों के लिए बहुत बुरा लगता है। पर मैं खुद को इस तरह कुर्बान नहीं कर सकती। व्यापारी मुझे चूमेगा, यह बात सोचते ही मुझे मतली आने लगती है। मैं सिर्फ़ और सिर्फ़ एक आदमी की छुअन के बारे में सोच सकती हूं।

मैंने अपना मन बना लिया है। जैसे ही जवाहर सारा इंतज़ाम कर लेगा, मैं गुजरांवाला भाग जाऊंगी और मुझे उम्मीद है कि बीजी मुझे बचा लेंगी। मैं सिर झुकाकर रोने लगती हूं, ताकि मन्ना को कोई शक नहीं हो और फिर राज़ी होने का दिखावा करती हूं।

मेरे सरकार, आप कहां हैं?

मुझे राहत और अफ़सोस दोनों हो रहे हैं। जवाहर ने कल सवेरे मेरे गुजरांवाला निकलने का इंतज़ाम कर लिया है। जैसे ही मन्ना काम पर जाएगा, वह मुझे मस्ती दरवाज़ा ले जाकर बैलगाड़ी में बिठा देगा। मुझे अपने भाई के लिए बुरा लगता है। उसने ना सिर्फ़ अपनी सारी बचत मेरे किराये के लिए दे दी है, बल्कि मेरे जाने के बाद उसे मन्ना के गुस्से को भी झेलना होगा।

'कोई बात नहीं। तेरे लिए ऐसा कर रहा हूं,' जवाहर कहता है। 'वैसे भी मैं उसे लड़ाई में धूल चटा सकता हूं,' अपने मज़बूत बाजू दिखाकर वह मुस्कराता है।

'मैं यह अहसान कभी नहीं भूलूंगी,' कहते हुए मैं उसे गले लगा लेती हूं।

अगले दिन की तैयारी करते हुए मैं लहंगे को निकालती हूं, इस जगह के लिहाज़ से वह बिलकुल अलग दिखायी देता है और मैं अचानक गुस्से से भर उठती हूं। सरकार ने मुझे दावत में क्यों बुलाया? उन्होंने क्यों जताया कि उन्हें मैं ख़ूबसूरत लगी, जबकि यह साफ़ है कि मैं उनके लिए कोई मायने नहीं रखती? फिर मुझे खुद पर गुस्सा आता है। मैं ही बेवकूफ़ हूं, जिसने दावत में मुझे बुलाने की उनकी दरियादिली को कुछ ज़्यादा ही समझ लिया। उन्होंने जो कुछ कहा, वह उनका तमीज़दार बर्ताव था। मैं लहंगे को झटके से अपने से दूर फेंक देती हूं।

बाहर क़दमों की आहट सुनाई देती है। मैं धड़कते दिल से अपनी पोटली को ऊपर छिपा देती हूं। क्या मन्ना को हमारी योजना की भनक लग गयी होगी?

यह तो जवाहर है, जो बाज़ार से दौड़ते हुए आ रहा है। हांफते हुए वह चिल्लाता है, 'सरकार शहर में हैं। वह क़िले के बाहर गुरुद्वारा डेरा साहिब में मत्था टेक रहे हैं।'

मैं अपने बालों पर कंघी भी नहीं फिराती और जवाहर के साथ निकल पड़ती हूं। हम दोनों दौड़ते हुए गुरुद्वारे पहुंचते हैं, हमारे आस-पास लोग हमें घूरते हुए आपस में कुछ कह रहे हैं।

'पर इस वक़्त तो सरकार को दरबार में होना चाहिए, वह दोपहर में गुरुद्वारे में क्या कर रहे हैं?' हांफते हुए मैं पूछती हूं।

जवाहर कंधे उचकाते हुए कहता है, 'राजाओं के दिल की बात कौन जान सका है? किसकी हिम्मत है कि उनसे यह सवाल करे?'

अपनी सफ़ेद, सुनहरी शान में गुरुद्वारा हमारे सामने खड़ा है। मैं थोड़ा घबरायी हुई हूं, लेकिन फिर भी मैं जवाहर को जाने को कहती हूं। अपना सिर ढंककर मैं लोगों की नज़रों और सवालों के लिए खुद को तैयार कर धुंधली-सी ठंडक की तरफ़ क़दम बढ़ाती हूं। पर वह जगह बिलकुल ख़ाली है।

आंसुओं से मेरी नज़र धुंधला गयी है। मैं ठोकर खाते हुए छत्र वाली ऊंची जगह पर पहुंचती हूं, जहां पर गुरु ग्रंथ साहिब रखे हुए हैं और घुटनों के बल बैठ जाती हूं। मेरी आख़िरी उम्मीद भी नहीं बची। गुजरांवाला जाने से मेरी परेशानी हल नहीं होगी। कभी न कभी मन्ना किसी और आदमी को ले आएगा। वह चाहे बांका जवान ही क्यों नहीं हो, मुझे उससे नफ़रत होगी।

'क्या हुआ, बेटी?' गुरु ग्रंथ साहिब की बगल में अपनी जगह से उठकर सफ़ेद दाढ़ी वाले ग्रंथी पूछते हैं। अपनी बेख़याली में मेरा ध्यान उनकी तरफ़ नहीं गया। मैंने उन्हें नहीं देखा।

उनकी नर्म आवाज़ सुनकर मैं और रोने लगती हूं। 'मैं सरकार को खोजने आयी थी, लेकिन वह तो जा चुके हैं।'

'उनसे क्यों मिलना है?'

'क्योंकि मैं उन्हें ज़िंदगी से भी ज़्यादा चाहती हूं।' मेरे बोल उस जगह में गूंजने लगते हैं और मैं खुद हैरत में पड़ जाती हूं। मैंने सोचा तक नहीं था कि ऐसा कुछ कहूंगी; मुझे अब तक यह महसूस भी नहीं हुआ था कि यही सच है।

शायद ग्रंथी जी को मेरी नेकनीयती का अहसास हो गया है। 'सरकार ने अपने आदमियों को जाने को कहा और खुद छत पर चले गये। वह कुछ वक़्त अकेले रहना चाहते थे।'

मैं उम्मीद की इस हल्की-सी डोर को कसकर पकड़ लेती हूं। 'क्या मैं ऊपर जा सकती हूं? मैं उन्हें परेशान नहीं करूंगी, मैं सच कहती हूं। अगर उन्हें मेरा आना अच्छा नहीं लगा, तो मैं तुरंत चली जाऊंगी।'

वक़्त जैसे सांस रोककर खड़ा था। ग्रंथी जी ने सिर हिलाते हुए संकरी सीढ़ियों की तरफ़ इशारा किया।

ऊपर चमकते पत्थर पर पड़ती सूरज की रोशनी से मेरी आंखें चौंधिया जाती हैं। मैं घूमकर उन्हें खोजती हूं, लेकिन कोई नहीं दिखायी देता। मैं गर्म फ़र्श पर धम्म से बैठ जाती हूं।

वाहेगुरु, मुझे देर हो गयी।

तभी मुझे दूर जंगले पर कुछ नज़र आता है, सफ़ेद दीवारों के पास सफ़ेद कुर्ता फड़फड़ाता है। सरकार बिलकुल चुपचाप खड़े होकर शहर को ऐसे देख रहे हैं, जैसे पहले कभी नहीं देखा हो। मैं दौड़कर उन तक पहुंचना चाहती हूं, पर धीरे-धीरे चलती हूं, जैसे गुरु के द्वारे में चलना चाहिए। उनकी वेशभूषा आज पहले से भी ज़्यादा सादा है। बहुत साधारण-सी पगड़ी और सूती कुर्ता। उनकी दाढ़ी भी बिखरी हुई है। वह इतने दुःखी दिखायी दे रहे हैं कि अगर वह राजा नहीं होते, तो मैं उन्हें अपनी बांहों में भर लेती।

मैं दबे पांव जाती हूं, लेकिन वह तेज़ी से हाथ में किरपाण लिए मुड़ते हैं। वह राजा ज़रूर हैं, लेकिन सबसे पहले वह योद्धा हैं।

'जिन्दां! तुम यहां क्या कर रही हो?' वह बड़ी सख़्ती से पूछते हैं।

यह मेरा भोलापन ही था जो मैंने सोचा कि वह मुझे देखकर ख़ुश होंगे? कुछ नहीं, तो मैं इज़्ज़त के साथ यहां से निकलूंगी।

'मैं अलविदा कहने आयी थी। अगर मैंने आपकी प्रार्थना में रुकावट डाली हो, तो मुझे माफ़ करें।'

अगर आज इन्होंने अलविदा कह दिया तो मेरी सारी उम्मीदें चकनाचूर हो जाएंगी।

पर वह कहते हैं, 'आज मेरी आत्मा पर अपराधबोध का इतना बड़ा बोझ है कि मैं प्रार्थना भी नहीं कर सकता। मैं उस औरत से माफ़ी मांग रहा था, जो आज के दिन इस दुनिया से चली गयी थी। वह नहीं होती, मैं राजा नहीं बन सकता था। मेरी वजह से दिल टूटने के कारण उनकी मौत हो गयी।'

'आपकी रानी, सरकार?'

'मेरी सास।'

मैं इंतज़ार करती हूं। ख़ामोशी चुपचाप अपना काम करती है।

वह खुद ही फिर से बात शुरू करते हैं। 'उनका नाम सदा कौर था। उनकी बेटी महताब मेरी पहली पत्नी थी, यह दुःखद राजनीतिक गठबंधन था। मुझे महताब से कभी मोहब्बत नहीं रही, लेकिन सदा कौर मेरी अपनी मां से मेरे ज़्यादा क़रीब थीं। उन्होंने मुझमें ऐसा कुछ देखा, जो और किसी ने नहीं देखा था। उन्होंने मुझे यक़ीन दिलाया कि मैं कुछ बड़ा करने की क़ाबिलियत रखता हूं, मैं सिखों को मज़बूत ताक़त के रूप में एक कर सकता हूं। वह खुद बड़ी योद्धा थीं! क्या रणनीति बनाती थीं! वह जानती थीं कि लाहौर पर क़ब्ज़ा करने वाला ही पंजाब पर क़ाबू कर सकता है। उन्होंने मेरी तरफ़ से बातचीत की और मेरे साथ इस शहर में आयीं। उनकी वजह से लोगों ने इस शहर के दरवाज़े खोले। इसमें ना के बराबर ख़ून बहा और हमने लाहौर को जीत लिया।'

'औरत और वह भी लड़ने वाली!' मैं जैसे अपनी सारी परेशानियां भूल गयी हूं।

'हां, वह लाखों में एक थीं। वक़्त बीतने के साथ उन्हें ज़्यादा ताक़त चाहिए थी; वह राजकाज से जुड़े फ़ैसले लेना चाहती थीं। वह चाहती थीं कि मैं महताब के बच्चों को जागीरें दूं। उन्होंने मुझे नासमझी में की गयी मेरी शादियों के लिए फटकार भी लगायी। कौन आदमी यह सब पसंद करेगा? मैंने उन्हें काम छोड़कर आराम करने को कहा और यह भी कि वह अपनी जागीरें अपने नाती-पोतों को सौंप दें। इससे वह नाराज़ हो गयीं। मेरे जासूसों ने पता लगाया कि वह अंग्रेज़ों के साथ मिलकर साज़िश रच रही थीं। मैंने उन्हें लाहौर बुलाया और मुझ पर भरोसा करते हुए वह आ भी गयीं, लेकिन मैंने उन्हें क़ैद में डाल दिया।'

मैं सरकार के इस बिलकुल नये पहलू को देख रही हूं।

'मुझे लगता है कि इस तरह धोखा दिये जाने के सदमे से वह बीमार पड़ गयीं और उनकी मौत हो गयी।'

'बड़ा बुरा अंत था,' मेरे मुंह से निकलता है।

सरकार झुककर वहीं लगे एक तख़्त पर बैठ जाते हैं। 'वह बार-बार मिन्नतें करती रहीं कि मैं उनसे मिलूं, लेकिन मैंने मना कर दिया। हर किसी ने सोचा कि मैं बहुत बेरहमी से पेश आ रहा था। तुम्हारा क्या ख़याल है?'

मैं झुककर उनके हाथ को अपने हाथ में ले लेती हूं। मैं उन्हें दिलासा देना चाहती हूं, लेकिन मैं झूठ भी नहीं बोलूंगी। मेरे दिल में सदा के लिए टीस उठती है। आख़िरकार मैं कहती हूं, 'आपने जो किया, वह भले ही बेरहमी भरा हो पर आपने पंजाब के भले के लिए वैसा किया। आप सदा कौर को अंग्रेज़ों का साथी बनते नहीं देख सकते थे। आपने जिस चीज़ के लिए इतनी बड़ी लड़ाई लड़ी, वह पूरी तरह ख़त्म हो जाती। उन्हें क़ैद करने के बाद आप उनके पास इसलिए नहीं गये, क्योंकि आप उन्हें बहुत चाहते थे। हो सकता है कि आमने-सामने मुलाक़ात होने पर वह आपसे किसी भी तरह से अपनी बात मनवा लेतीं।'

वह हैरान हैं। 'तुम तो अपनी उम्र से कहीं ज़्यादा सयानी हो। तुम्हें कैसे पता कि मेरे मन में क्या चल रहा है? मेरे अपने वज़ीर तक यह बात नहीं समझ पाये। उन्हें लगा कि मैं ज़्यादा ताक़त चाहता हूं।'

मैं जानती हूं, क्योंकि मैं आपसे प्यार करती हूं। पर मैं यह बोल नहीं पाती।

वह मुझे उठाकर अपनी बगल में बिठा देते हैं। हम दोनों लाहौर की छतों को देखते हैं, बारिश के घने बादलों के नीचे वे धुंधली और हल्की लगती हैं।

सरकार कहते हैं, 'करम का पहिया कभी न कभी लौटकर आता है। मैं यह बात जानता हूं। यह मेरे काले कारनामों में से एक है। अपनी तकलीफ़ की मुझे कोई

परवाह नहीं। बस *मैं वाहेगुरु से यही प्रार्थना करता* हूं कि पंजाब को मेरे इन पापों का ख़ामियाज़ा नहीं भुगतना पड़े।'

उनकी बातों में कुछ न कुछ अशुभ है। पर इससे पहले कि मैं कहूं कि वाहेगुरु आपकी हिफ़ाज़त करें, वह आगे बढ़ जाते हैं। 'पुरानी बातें बहुत हो गयीं। तुमने कहा कि तुम मुझसे विदा लेने आयी हो?' उनका लहजा बहुत नर्म और बेपरवाह-सा है।

मुझे आख़िरी बार कोशिश ज़रूर करनी होगी। 'जी, मैं आपसे मिले बिना नहीं जा सकती थी।'

'कहां जा रही हो?'

'वापस अपने गांव। मैं यहां से भाग रही हूं।' फिर मैं बातों की पोटली खोल देती हूं। मन्ना की योजना और पिछले हफ़्ते शादी के लिए आया आदमी, उन्हें मैं सब कुछ बता देती हूं।

उनकी आंख में हल्का-सा मज़े का भाव है। 'तो तुम्हें कैसा दूल्हा चाहिए, जिन्दां? लंबा, तगड़ा और ख़ूबसूरत? शायद मेरे घुड़सवारों जैसा कोई? मैं देखूं तुम्हारे लिए कोई दूल्हा?'

गुस्से में मेरी समझ मेरा साथ छोड़ देती है। 'आप मेरे साथ मज़ाक़ कर रहे हैं? आपको लगता है कि मैं कोई बच्ची हूं? व्यापारी बुरा आदमी नहीं था। बहुत से लोगों को वह पसंद आ जाता। पर मेरा दिल अब बर्बाद हो चुका है। वह बस आपको चाहता है, सिर्फ़ आपको।'

एक पल के लिए उनकी आंख में कुछ धधक-सा जाता है। नाराज़गी है, हैरत या फिर कुछ और, मैं नहीं जान पाती।

जब इतनी दूर आ ही चुकी हूं, तो आगे भी सकती हूं। 'मुझे अपने साथ रखें,' मैं विनती करती हूं। 'मैं आपकी रानियों की तरह किसी बड़े ख़ानदान की नहीं हूं। जानती हूं कि आप मुझसे शादी नहीं कर सकते। पर मैं आपकी रखैल की तरह तो रह ही सकती हूं। मैं...'

'चुप हो जाओ!' वह हुक्म देते हैं। अब उनके चेहरे पर नाराज़गी साफ़ दिखायी दे रही है।

मेरा दिल बैठ जाता है।

'तुम्हारे पिता ने तो बताया था कि तुम्हारी उम्र महज़ सोलह साल है?'

मैं सीधी खड़ी हो जाती हूं, अब मैं लगभग सरकार के बराबर पहुंच रही हूं। 'उम्र का मतलब सिर्फ़ यही नहीं कि किसी को इस धरती पर आये हुए कितने साल हुए हैं।'

'मैं तुम्हारे लिहाज़ से बहुत बूढ़ा हूं,' वह सपाट स्वर में कहते हैं।

किसी रखैल से ऐसी बात करना थोड़ा अटपटा लगता है।

'मुझे नहीं लगता। और अगर आप हैं भी तो, मुझे कोई फ़र्क़ नहीं पड़ता। मुझे आपसे प्यार है।'

मैं अब खुद को पूरी तरह नीचे गिरा चुकी हूं। पर अगर मैं उन्हें यह बात बताये बिना चली जाती तो शायद ज़िंदगी भर मुझे इसका पछतावा रहता।

वह मेरी ठोढ़ी पकड़कर मेरा चेहरा उठाते हैं। वह क्या देख रहे हैं? फिर वह कहते हैं, 'घर जाओ, जिन्दां कौर। मैं इन मामलों को अच्छी तरह समझने वाले अपने सलाहकार फ़कीर अज़ीज़ुद्दीन को तुम्हारे पिता के पास यह बताने के लिए भेजूंगा कि मैं तुम्हें शाही हिफ़ाज़त में गुजरांवाला भेज रहा हूं। मैं दो साल बाद तुम्हें वापस बुलवा लूंगा।'

किसी रखैल के लिए वह इतना सब क्यों करेंगे?

मैं विरोध करती हूं, लेकिन मुझे चुप कराते हुए वह अपनी लाल नगीने की सादा अंगूठी मेरे हाथ में पहना देते हैं। उनकी अंगुली थोड़ी मुड़ी हुई है, देखने से लगता है कि वह टूट गयी होगी और फिर अपने आप ठीक हो गयी होगी। उसे देखकर मेरा दिल भर आता है। *मेरे सरकार, मैं आपका ख़याल रखूंगी।*

अंगूठी मेरी अंगुली में बहुत ढीली है, लेकिन मैं उनसे कहती हूं कि मैं उसके इर्दगिर्द धागा बांधकर उसे संभालकर रखूंगी।

मैं अपने हाथों पर उनके होंठों की गर्मी महसूस करती हूं। उनकी दाढ़ी रेशम की तरह मुलायम है, ठीक वैसी ही जैसा मैंने सोचा था, बस थोड़ी गुदगुदाती है। 'बेहतर वही होगा! यह काबुल से आया माणिक है, मुझे नज़राने में मिला था। पर उससे भी बढ़कर यह तुम्हारी सगाई की अंगूठी है।'

मेरा मुंह खुला का खुला रहा जाता है।

ज़ोर से हँसते हुए वह घोषणा करते हैं, 'यहां गुरुद्वारा डेरा साहिब में खड़ा होकर मैं रणजीत सिंह यह वादा करता हूं कि दो साल बाद अगर मैं ज़िंदा रहा, तो तुमसे शादी करूंगा।'

शादी?

मैं खुशी के मारे झूमने लगती हूं, मुझे यक़ीन नहीं आता। फिर उनकी बाक़ी बात सीधे मेरे दिल पर चोट करती है। 'ऐसा नहीं कहें! आप बिलकुल अच्छे रहेंगे। मैं हर रोज़ आपकी सलामती की प्रार्थना करूंगी।'

वह मुझे अपने नज़दीक खींच लेते हैं। उनके होंठ मेरे होंठों पर आ लगते हैं। अपने पहले चुंबन से मेरा पूरा शरीर सिहर उठता है।

'शायद यह काम कर जाए,' मुस्कराते हुए वह कहते हैं, 'तुम हो बहुत ज़िद्दी!'

II

दुल्हन

1835-1839

10

तलवार

दिन भर मैं बेचैनी से घर और आंगन के बीच चहलक़दमी करती रही हूं और बार-बार दरवाज़ा खोलकर देखती हूं कि लाहौर से कोई आया तो नहीं। फिर सुनसान गली को देखकर दरवाज़े पर लात मारकर उसे बंद कर देती हूं। आज मेरी अठारहवीं सालगिरह है, वह दिन जिसका मैं बेसब्री से इंतज़ार करती रही थी, लेकिन लगता है कि इस चारदीवारी के बाहर किसी को भी यह बात याद नहीं।

सुबह की शुरुआत अच्छी रही। बीजी ने मुझे दुआओं के साथ-साथ गुलाबी फुलकारी का दुपट्टा दिया, जिसे उसने किसी को बताये बिना मेरे लिए तैयार किया था। उसने कुछ कहा नहीं, क्योंकि वह थोड़ी अंधविश्वासी है, पर मैं जानती हूं कि उसने मेरे ब्याह के लिए बनाया था। उस महंगे कपड़े की रेशमी चमक मेरी गोद में पसर गयी थी। यह तो अच्छा शगुन है। अब तो रात हो चुकी है और कोई आया भी नहीं। ना सरकार की तरफ़ से पिछले साल की तरह कोई तोहफ़ा आया और ना ही फ़कीर अज़ीज़ुद्दीन से कोई चिट्ठी, जिन्हें सरकार ने मेरा जिम्मा सौंपा था।

फ़कीर की ख़ामोशी से ख़ास तौर पर मुझे तकलीफ़ हुई है। पिछले दो सालों में वह मेरे लिए मन्ना से भी बढ़कर पिता की तरह रहे। हर महीने मैं बेसब्री से उनकी चिट्ठी का इंतज़ार करती हूं। उनमें दरबार की ख़बरें और ज़नानख़ाने में चल रही साज़िशों की जानकारी होती है। उनमें सरकार की तरफ़ से भी संदेश होता है, जबकि अचरज की बात यह है कि सरकार ने कभी पढ़ना-लिखना नहीं सीखा। फ़कीर मेरे नाम से पैसे भी भेजते हैं। सरकार की दरियादिली और मेरे हिसाब-किताब के हुनर की वजह से अब हमें खाने या कपड़े की कोई फ़िक्र नहीं। बलबीर की शादी

नज़दीकी गांव के एक सिपाही से हुई है। हमने अपने चिड़चिड़े मकान-मालिक से यह घर ख़रीद लिया है और एक छोटा-सा कमरा और बना लिया है। मैंने यह सब बिलकुल चुपचाप किया, क्योंकि मुझे यह महसूस हो गया था कि सरकार नहीं चाहते कि हमारे रिश्ते की किसी को कानोंकान ख़बर हो।

फ़कीर के बिना शायद यह सब मुमकिन नहीं हो पाता, क्योंकि बड़े-बड़े कामों में मसरूफ़ राजाओं को छोटे-मोटे काम याद भी नहीं रहते। यही वजह है कि उनकी इस अजीब-सी ख़ामोशी से मैं हैरान-परेशान हूं।

बीजी ने रात के खाने में मेरी पसंद का शाही पनीर बनाया है, पर मैं बीजी से कहती हूं कि मुझे भूख नहीं और मैं सोना चाहती हूं।

बिस्तर पर भी मैं करवटें बदलती रहती हूं। कम से कम अब मेरा अपना कमरा है, वरना बीजी जाग जाती और मुझे उसके सवालों को टालना पड़ता, क्योंकि मेरे पास उन सवालों के कोई जवाब नहीं हैं। उसका चेहरा वैसे भी मेरी फ़िकर में उतरा हुआ था। मैं जानती हूं कि हम दोनों एक ही बात सोच रहे थे : *किसी आदमी के लिए शादी का वादा भूल जाना नामुमकिन नहीं है, ख़ासकर जब वह आदमी कोई राजा हो और लड़की बहुत मामूली से परिवार की हो।*

थोड़ी राहत पाने के लिए मैं अपनी सगाई की अंगूठी को कसकर पकड़ लेती हूं। उसे मैंने कुर्ते के नीचे छिपाकर पहनी गयी एक माला में पिरोकर रखा है, ताकि वह किसी को नज़र नहीं आये। उससे मुझे गुरुद्वारे की छत की वह दोपहर याद आ जाती है, जब मैंने सरकार से कहा था कि मुझे उनसे प्यार है। साथ ही मेरे ज़हन में उनके रेशमी चुंबन की याद भी उभर आती है।

उसी शाम सरकार ने मन्ना से बात करने के लिए फ़कीर को भेजा था।

फ़कीर के पहुंचने पर मैं बहुत परेशान रही थी। गहरे रंग की शाल ओढ़े गंभीर हावभाव वाले फ़कीर की पैनी निगाहें हर चीज़ को परख रही थीं, उन्होंने मन्ना को बाहर आंगन में आने को कहा। ऐसे इंसान को आसानी से बेवकूफ़ नहीं बनाया जा सकता था। क्या वह वापस जाकर कह सकते थे, *सरकार, मेरी मानें तो उस परिवार से नाता नहीं रखें।* पर मन्ना जब वापस आया तो वह खुशी से फूला नहीं समा रहा था।

'मेरी कुड़ी रानी बनने वाली है! मैं जानता था कि ऐसा होगा! फ़कीर को प्यास लगी है। वह चाहते हैं कि तू उनके लिए पानी ले जाए। जल्दी कर, कुड़िये!'

बाहर फ़कीर ने बस एक घूंट पानी पिया। उन्हें प्यास तो नहीं लगी थी, पर उनके पास ढेर सारे सवाल ज़रूर थे। शुरू में मैं थोड़ी घबरायी हुई थी, पर उनमें

एक सहजता थी और मैं उन्हें एक के बाद एक अपनी मनपसंद चीज़ों के बारे में बताने लगी : तूफ़ान, जलेबी, किताबें और लैला। मैंने उन्हें बताया कि मुझे कितना गुस्सा आया था, जब सरकार ने उन्हें मारने की कोशिश करने वाले लोगों के बारे में मुझे बताया था।

फ़कीर ने तेज़ी से अपने सिर को घुमाते हुए कहा, 'यह बात सरकार ने तुम्हें बतायी?'

'जी। सदा कौर के बारे में भी बताया। उनकी कहानी सुनकर मुझे बहुत बुरा लगा। उनके लिए भी और सरकार के लिए भी।'

'उन्होंने तुमसे सदा कौर की बात की?'

मैंने सिर हिला दिया। उनके ताज्जुब भरे अंदाज़ से मैं हैरत में पड़ गयी।

'वह कभी उनके बारे में बात नहीं करते। मुझसे भी नहीं। अच्छा बताओ, उनके दुश्मनों पर तुम्हें गुस्सा क्यों आया?'

'क्योंकि मुझे उनसे प्यार है।' मैं खुद हैरान थी कि कैसे मैंने फ़कीर के सामने बेझिझक यह बात कह दी। 'इसलिए भी कि वे लोग यह नहीं समझ पाये कि सिर्फ़ सरकार ही पंजाब को एक साथ रख सकते थे। वे लोग अपनी खुदगर्ज़ी की वजह से पूरे सूबे को तबाह कर देना चाहते थे। इसी वजह से सरकार ने सदा कौर को भी क़ैद में डाला। वह पंजाब के भले की बात नहीं सोच रही थीं।'

फ़कीर की आंखें चमक उठीं। 'ज़िंदगी भर सरकार एक ऐसी औरत की तलाश में रहे, जो उन्हें समझ सके, जो पंजाब से उतनी ही मोहब्बत कर सके, जितनी कि वह करते हैं। जिसमें वह जज़्बा हो और साथ ही वह ख़ूबसूरत भी हो, क्योंकि उन्हें उसकी चाह रहती है। उन्होंने कई शादियां कीं, पर उनके हाथ हमेशा मायूसी ही लगी। शायद आख़िरकार उन्हें तुम मिल ही गयीं।'

'मैं बाक़ी रानियों की तरह बड़े घराने की नहीं हूं। वे तो अपने साथ धन-दौलत और फ़ौजें लेकर आयी थीं। मैं दरबार के कायदे-क़ानून भी नहीं जानती।'

'जनम से ज़्यादा अहमियत किरदार की होती है। तुम तेज़ दिमाग़, वफ़ादार, ईमानदार हो और बातों को गौर से सुनती हो। अभी तुम्हारे रानी बनने में दो साल हैं। मैं तुम्हें अख़बार और किताबें भेजता रहूंगा। कल तुम्हारे जाने से पहले मैं तुम्हें एक कूट-भाषा सिखा दूंगा। दरबार में जो कुछ होगा, उसकी जानकारी मैं तुम्हें भेजता रहूंगा। जब तक सरकार तुमसे शादी करेंगे, तब तक तुम इतना तो सीख ही जाओगी कि तुम्हारी जान सलामत रहे। बाक़ी तुम बाद में सीधे उनसे सीख लोगी।'

जाने से पहले फ़कीर ने कहा था, 'यह सगाई राज़ ही रहनी चाहिए, ख़ासकर तुम्हारी हिफ़ाज़त के लिए। तुम्हारे पिता को मैं इसके बारे में पहले ही बता चुका हूं।'

'मुझे लगता है कि उसे यह बात पसंद नहीं आयी होगी!' राजा का ससुर बनने की डींगें मन्ना नहीं हांक पाएगा!

हम दोनों मुस्कराए। अब हम एक-दूसरे के राज़दार थे।

अगले दो सालों तक फ़कीर मेरे भरोसेमंद रहनुमा रहे। वह मुझे किताबें और नक़्शे भेजते, पंजाब के इतिहास के बारे में, उसकी मिस्लों के बारे में पढ़ाते और दरबार में चल रही साज़िशों और अंग्रेज़ों के बढ़ते ख़तरे की जानकारी देते। उन्होंने मुझे बढ़ावा दिया कि मैं सवाल करूं और हालात को खुद ही समझूं। सबसे बढ़कर वह मुझे सरकार द्वारा लिखवायी गयी थोड़ी कठोर, लेकिन दिल को छूने वाली चिट्ठियां भेजते और उन्हें मेरे शर्मीले प्यार से भरे संदेशे भेजते।

आज उन्होंने कुछ क्यों नहीं भेजा?

आधी रात के बाद दरवाज़े पर आहट होती है। मैं अचकचाकर उठती हूं और रोशनी करती हूं। सर्दियों के कोहरे के बीच से आते मन्ना और जवाहर दिखायी देते हैं। ये दोनों यहां क्या कर रहे हैं? मन्ना लगभग पहले जैसा ही दिख रहा है, बस दाढ़ी थोड़ी सफ़ेद हो गयी है। जवाहर को मैंने साल भर से नहीं देखा, वह मन्ना से लंबा हो गया है, लोहे का काम करते रहने से उसकी उसकी छाती चौड़ी और मांसल हो गयी है। मैं दौड़कर उसके पास जाती हूं और चाहती हूं कि पहले की तरह वह मुझे उठाकर ज़ोर से घुमा दे, पर उसके चेहरे पर नाराज़गी है। क्या वह गुस्सा है? लेकिन किससे?

लाहौर से निकलने में देरी हो गयी थी, बची-खुची सब्ज़ी-रोटी खाते हुए मन्ना ने बताया। यह भी कि सुबह कुछ सिपाही पहुंच जाएंगे। उनके साथ ग्रंथी होंगे और सरकार की तलवार भी।

'तलवार?'

'राजकाज के पचड़ों में फंसे सरकार आ नहीं सकेंगे। तलवार आते ही उसके साथ तेरा ब्याह कर देंगे।'

'इतनी जल्दी?' बीजी कहती हैं। 'जिन्दां के पास ब्याह लायक़ कपड़े भी नहीं हैं। इतनी जल्दी हम मेहमानों को कैसे बुलाएंगे?'

'कोई मेहमान नहीं आएगा,' मन्ना जवाब देता है। 'सरकार का हुक्म है। रस्म के पूरा होते ही जिन्दां लाहौर के लिए निकल पड़ेगी।' मन्ना मायूसी से कहता है। बेचारा, मन्ना! दो साल में वह जब भी घर आया, बस यही बात करता था कि वह कैसे पूरे गांव को न्योता देगा, अपने दुश्मनों को भी बुलायेगा और ऐसी दावत देगा कि लोगों को बरसों तक याद रहे।

निराशा मुझे भी हुई है। मुझे शादी की चहल-पहल की कोई परवाह नहीं है। बस मैं सरकार की आंखों में उस ख़ास अहसास को देखना चाहती थी, जैसा मैंने उस रोज़ गुरुद्वारे की छत पर देखा था। मैं उनके हाथ में अपना हाथ रख प्यार की सौगंध खाते हुए गुरु ग्रंथ साहिब के फेरे लेना चाहती थी।

ख़ैर, सबसे अहम बात यह है कि सरकार अपना वादा निभा रहे हैं। लंबी जुदाई के बाद कल रात हम एक साथ होंगे। हमारे पास एक-दूसरे की आंखों में देखने के लिए बहुत वक़्त होगा। मैं रात के बारे में सोचने लगती हूं, क्या कुछ होगा... मेरा चेहरा लाल होने लगता है और मैं उसे दूसरी तरफ़ कर लेती हूं, ताकि कोई और नहीं देख ले।

पर जवाहर क्यों परेशान है? शादी में शोर-शराबा नहीं होना तो इसकी वजह नहीं हो सकती। उसे तो इन चीज़ों की कभी भी परवाह नहीं रही।

मैं उसके बाजू पर अपना हाथ रख देती हूं। 'वीरे, मेरे साथ तू भी लाहौर चलेगा ना? मेरे साथ कुछ दिन क़िले में बिताकर वापस अपने काम पर चले जाना। मुझे अच्छा लगेगा।'

जवाहर हाथ झटक देता है, उसका जबड़ा कसा हुआ है।

मन्ना सारी बात साफ़ करता है। सरकार का हुक्म है कि वे दोनों गुजरांवाला लौट जाएं। उन्हें इतना पैसा दे दिया जाएगा कि वे कोई कारोबार शुरू कर सकें या खेत ख़रीदकर खेती-बाड़ी कर सकें। वह नहीं चाहते कि लाहौर के लोग लोहार का या फिर कुत्तों का काम करते हुए उन्हें देखें और फिर आपस में कानाफूसी करें कि ये सरकार के नये ससुरालवाले हैं।

अब मुझे जवाहर की नाराज़गी की वजह समझ में आती है। उसे सुलेमान के यहां काम करना पसंद है और अपने दोस्त भी। हाल ही में उसे काम की निगरानी की ज़िम्मेदारी सौंपी गयी थी। अब मेरी वजह से उसे वह सब छोड़ने पर मजबूर होना पड़ रहा है।

मैं माफ़ी मांगने की कोशिश करती हूं, पर समय कम है। सैनिक दरवाज़े पर पहुंच चुके हैं। रेशम में लिपटे गुरु ग्रंथ साहिब को सुनहरे छत्र के नीचे आंगन में ले जाया जा रहा है, उसके पीछे नगीने के मूठ वाली लंबी तलवार है। ग्रंथी आते हैं। मैं सोच रही थी कि शायद गुरुद्वारा डेरा साहिब के नेकदिल बूढ़े ग्रंथी आएं, लेकिन यह तो कोई अजनबी है।

'मैं इन लोगों को क्या खिलाऊंगी?' हाथ मलते हुए बीजी कहती है। 'ब्याह से अगर ये लोग भूखे गये, तो अपशकुन होगा।'

तभी धुंध को चीरकर एक जाना-पहचाना आदमी सामने आता है। गहरे रंग की पगड़ी, काली शाल और ऐसी शांत निगाहें, जिनकी पकड़ से कुछ भी नहीं छूटता।

मैं ख़ुशी से पुकारती हूं, 'फ़कीर जी, आप आ गये!'

'मैं किसी भी हाल में तुम्हारी शादी नहीं छोड़ सकता था,' वह मुस्कराकर कहते हैं। वह बीजी को कहते हैं कि जल्दी ही सबके लिए खाना पहुंच जाएगा। वह बस दुल्हन को तैयार कर लें।

बहुत तेज़ी से सब कुछ होता है। जल्दी से नहाकर मैं कपड़े पहनती हूं। बीजी मुझ पर चंदन का लेप लगाती है, अपनी कुछ चूड़ियां उतारकर मेरी कलाई पर पहनाती है। मेरे सिर पर फुलकारी का दुपट्टा ओढ़ा देती है। रागी शबद गाने लगते हैं।

मैं गुरु ग्रंथ साहिब के सामने बैठी हूं, बगल में एक तकिये पर तलवार रखी गयी है। पाठ पूरा होने पर उसे मेरे दुपट्टे से बांध दिया जाता है। तलवार काफ़ी भारी है, पर मैं गुरु ग्रंथ साहिब के फेरे लेते हुए उसे बहुत शान से पकड़े हुए हूं। रागी लावां गा रहे हैं, बता रहे हैं कि कैसे दूल्हा-दुल्हन की आत्माएं एक हो गयी हैं।

रस्म के पूरा हो जाने के बाद मैं जवाहर के पास खड़ी हूं।

'तू फ़िकर ना कर वीर, मैं सरकार से बात करूंगी। शायद दरबार में कोई ओहदा हो...' मैं फुसफुसाते हुए कहती हूं।

'सच्ची?' अचानक जैसे उसका चेहरा उस लड़के जैसा हो जाता है, जिसे मैं चाहती हूं और जो ख़ुशी और उम्मीद से भरा है। 'तू मेरे लिए ऐसा करेगी? अब तू तो बहुत बड़ी हो गयी है, अपने वीर को तो नहीं भूल जाएगी?' वह थोड़ी असहजता से अपने सख़्त हाथों से मेरी बांह छूता है, क्योंकि मैं अब रानी हूं और वह एक मामूली आदमी। मेरे दिल में बड़ी तेज़ टीस उठती है।

मैं उसे गले लगाना चाहती हूं, पर मेरे हाथों में तो तलवार है। जब तक ग्रंथी नहीं कहते, मैं बैठ नहीं सकती।

भूल जाऊंगी? तुमने जो मेरे लिए किया है, उसके बाद भी? मेरा तो सरकार से ब्याह भी नहीं होता, अगर तुम उस दिन मुझे गुरुद्वारे नहीं ले जाते...

पर मेरे पास उसे यह सब कहने का समय ही नहीं है। खाना आ गया है और उसे उतारा जा रहा है। मन्ना यहां से वहां फ़िज़ूल की हिदायतें दे रहा है। फ़कीर मुझे बधाई देते हैं और मुझे रानी जिन्दां कहते हैं, जो मुझे इतना अजीब लगता है कि मुझे अपनी हँसी रोकने की कोशिश करनी पड़ती है। उनकी आंखों में चमक है; वह जानते हैं कि मैं क्या सोच रही हूं। सरदार कहते हैं कि हमें जल्दी ही निकलना होगा, काफ़ी लंबा सफ़र तय करना है। बीजी ज़ोर देती है कि मुझे कुछ खा लेना चाहिए। रागी आख़िरी शबद गा रहे हैं। *पूरी आसा जी मनसा मेरे राम। (मेरी सारी उम्मीदें पूरी हो गयी हैं।)* उनकी आवाज़ हैरतअंगेज़ रूप से ख़ूबसूरत है और मुझ पर गहरा असर करती है।

मेरी पुरानी ज़िंदगी ख़त्म हो रही है।

'मेरा वादा है,' मैं फुसफुसाकर जवाहर से कहती हूं और फिर बीजी मुझे उससे अलग कर देती है।

11

ज़नाना

सफ़र अच्छी तरह शुरू हुआ। मैं ढंकी हुई बग्घी में सफ़र करती हूं और मेरे साथ घोड़े पर सवार फ़कीर चल रहे हैं, वह मुझे दरबार की जानकारियां देकर मेरा मन बहला रहे हैं। तभी एक घुड़सवार संदेशा लेकर आता है।

फ़कीर की माथे पर चिंता की लकीरें उभर आती है। 'मुझे जाना होगा। सरकार को मेरी ज़रूरत है।'

मैं विनती करना चाहती हूं कि मुझे अकेला नहीं छोड़ें। पर उनका पहला फ़र्ज अपने महाराजा की सेवा करना है। मुझे भी वही करना चाहिए। मैं अपनी आवाज़ की थरथराहट को रोकने की कोशिश करती हूं। 'वह लाहौर में नहीं हैं?'

'नहीं, वह किसी के अंतिम संस्कार के लिए फ़िरोज़पुरा गये थे। इसी वजह से वह गुजरांवाला नहीं आ सके। उन्हें आज लाहौर लौटना था। पर उन्हें देरी हो रही है।'

अकेले पड़ जाने की बेचैनी मुझे गुस्ताख़ बना देती है। 'ऐसा कौन ख़ास आदमी है, जिसके अंतिम संस्कार में जाने के लिए राजा अपनी शादी में भी नहीं आ सके? मेरे क़िले पर पहुंचने पर भी वह वहां नहीं होंगे!'

'सरकार को बहुत अफ़सोस था कि वह शादी के लिए खुद नहीं आ सके, लेकिन उन्होंने ऐसा इसलिए किया कि उन्हें लगा कि तुम इंतज़ार नहीं कर सकोगी,' फ़कीर बड़े धीरज से सारी बात बताते हैं। 'उनका नाम लछमन कौर था और वह वाकई बहुत ख़ास थीं। सरहद पर मौजूद रणनीतिक रूप से अहम फ़िरोज़पुर पर उनका कई सालों से राज था और वह सरकार की पक्की हिमायती थीं। उन्हें पूरा

मान देने के लिए सरकार को वहां होना ही चाहिए था। साथ ही अंग्रेज़ों को रोकने के लिए भी, जो वहां कब्ज़ा जमाने की कोशिश में लगे हुए हैं। तुम गुरबख़्श के साथ महफ़ूज़ रहोगी, वह तुम्हें ज़नाना ले जाएंगे। सरकार जल्द से जल्द लौटने की कोशिश करेंगे।'

उनकी अनकही बात को मैं समझ गयी हूं। *यही है रानी का जीवन। तुम्हारा दर्जा पंजाब के बाद ही रहेगा। इसकी आदत डाल लो।*

'कम से कम रानी गुड्डां तो वहां पर होंगी,' दावत में मेरे साथ नर्मदिली से पेश आने वाली ख़ूबसूरत रानी को याद करते हुए मैं कहती हूं। मैं उनसे मिलना चाहती थी, लेकिन सरकार ने मुझे इंतज़ार करने को कहा।

फ़कीर नाखुश लगते हैं। 'गुड्डां की मां आख़िरी पल गिन रही हैं। वह उनसे मिलने कांगड़ा गयी हैं।'

क़िले में मैं बिलकुल अकेली पड़ जाऊंगी।

फ़कीर के इशारा करते ही सभी सिपाही दूर हट जाते हैं। मेरी घबराहट बढ़ गयी है। ऐसी क्या बात होगी कि सबसे छिपाकर करना चाहते हैं?

'मैं यह बात बाद में बताना चाहता था। मैं तुम्हारी शादी की रात इस तरह बर्बाद नहीं करना चाहता था। क़िले में बातें उड़ती रहती हैं। मैं नहीं चाहता कि किसी बुरे इंसान के मुंह से तुम कुछ सुनो, तो मैं ही बताये देता हूं। कुछ महीने पहले सरकार के साथ हादसा हो गया था। दरबार में दो मिस्लों के बीच झगड़े को निपटाने का काफ़ी तनाव था। अपने कमरे में आते ही वह गिर पड़े। वह ना तो बोल पा रहे थे और ना ही हिलडुल पा रहे थे। खुशक़िस्मती से मैं वहीं पर था। मैंने उनके अपने रखवालों को तुरंत बुलावा लिया, ताकि किसी को कानोंकान कोई ख़बर नहीं हो। वे सरकार को बिस्तर पर ले गये। वैद्य ने आकर बताया कि सरकार को दौरा पड़ा था।'

फ़कीर जब बीमारी का पूरा मतलब समझा रहे हैं, तो जैसे घबराहट में मुझे खुद भी लकवा-सा मार गया है।

'आम लोगों और खालसा फ़ौज से किसी तरह यह बात छिपाकर रखने में हम कामयाब रहे, वरना दंगे भड़क जाते। गीदड़ की खाल में छिपे भेड़िये हमला कर देते। सिर्फ़ माई निकाइन और उनके बहुत क़रीबी नौकर-चाकरों ने सरकार का ख़याल रखा। मुझे बहुत फ़िक्र थी और मैं रोज़ उनके लिए दुआ मांगता था। सरकार में ग़ज़ब की अंदरूनी ताक़त है। कुछ ही हफ़्तों में वैद्यों की सलाह के उलट वह दरबार में थे, हालांकि वह कम बात करते थे और शुक्र है कि उन्होंने पीना भी कम कर दिया।'

'मैं तुम्हें इसलिए बता रहा हूं कि फ़िलहाल वह अपना ज़्यादातर ख़ाली वक़्त तुम्हारे साथ बिताएंगे। उन्हें ज़्यादा पीने मत देना और उनके साथ बहस भी मत

करना। यह भी ख़याल रखना कि वह तुम्हें ख़ुश करने में कहीं खुद को ज़्यादा थका नहीं दें।'

फ़कीर की बात समझते ही मेरा चेहरा सुर्ख़ हो जाता है। पर मुझे उनका खुले तौर पर बात करना अच्छा लगता है। हालांकि मुझे नहीं पता कि मेरे ज़िद्दी राजा मेरी कितनी बात मानेंगे।

मेरे सवालों को जैसे वह समझ जाते हैं और मुस्करा देते हैं। 'तुम्हारा सबसे बड़ा हथियार मोहब्बत है।'

मेरे पास सैकड़ों सवाल हैं और हज़ारों चिंताएं हैं। पर फ़कीर मुझे सलाम कर निकल जाते हैं।

गुरबख़्श बंद फाटक पर हाथ मारकर संतरियों से उसे खोलने के लिए कहते हैं और मैं इस दौरान क़िले के बाहर अंधेरे में इंतज़ार करती हूं। हमें पहुंचने में देर हो गयी है, क्योंकि रास्ते में एक पहिया निकल गया और गुरबख़्श को लोहार की तलाश करनी पड़ी। मेरी गोद में पड़ी रत्नजड़ित तलवार भारी है, पर मैं उसे नीचे नहीं रखना चाहती। इस हलचल के बीच उसका होना मुझे दिलासा देता है।

'मैं ऊपर से हुक्म के बिना फाटक नहीं खोल सकता, मुझे काम से हाथ धोना पड़ सकता है,' संतरी कहता है।

'मेरे साथ महाराजा की नयी रानी हैं,' गुरबख़्श चिल्लाकर कहता है। 'तुम चाहते हो कि वह रात यहीं बाहर सोएं? सरकार को पता चला तो सिर्फ़ काम नहीं और कुछ और भी हाथ से चला जाएगा।'

थकान और भूख-प्यास से बेहाल अब मुझसे रहा नहीं जाता। मैं अपना घूंघट ठीक कर तलवार को हाथों में लेकर बाहर आ जाती हूं। तलवार की मूठ पर जड़े हीरे-मोती मशाल की रोशनी में चमक उठते हैं। संतरी के हावभाव बदल जाते हैं।

'मैं रानी जिन्दां हूं,' बड़ी शान से मैं घोषणा करती हूं। 'मेरे लिए पैदल जाने का रास्ता खोल दो, तो सरकार ज़रूर तुम्हें इनाम देंगे। गुरबख़्श मुझे हवेली तक ले जाएंगे। तुम चाहो तो कल तक मेरा बक्सा अपने पास रख सकते हो।'

पता नहीं मेरा आत्मविश्वास है या फिर चमकती तलवार की शान, संतरी सिर झुका लेता है। दरवाज़ा खुलता है। गुरबख़्श मुझसे तलवार और बीजी की दी हुई पोटली देने को कहता है, लेकिन मैं तलवार को खुद ले जाने का फ़ैसला करती हूं। वह बहुत भारी है और सीढ़ियों पर चलते हुए दम लेने के लिए मुझे रुकना पड़ता है।

सोते हुए राजमहल के भूतल से होते हुए हम आगे बढ़ते हैं। रात की चादर ने हर चीज़ का रूप बदल दिया है और अब सब मेरी यादों से बिलकुल अलग दिख

रहा है। रुपहले बुर्ज अभी उदासीन, डरावने लग रहे हैं और फ़व्वारों में टूटी हुई चांदनी भरी है। अकेलेपन से मेरा दिल जैसे ऐंठने लगता है।

पर क्या अकेलापन पिछले दो सालों से लगातार मेरा साथी नहीं रहा है?

अचानक अंधेरे से निकलकर कोई सामने आ खड़ा होता है और हमारा रास्ता रोक लेता है। उसके हाथ में तलवार है ओर वह हमें रुकने के लिए कहता है। यह कोई हथियारबंद औरत है! उसके पीछे और लोग हैं। ये ज़नाना संतरी हैं। उनमें से एक फ़ौलादी हाथों से मेरी बांह पकड़ लेती है। दूसरी गुरबख़्श की गरदन से अपना खंजर सटा देती है।

महल के इस हिस्से में किसी आदमी का होना ऐसा गुनाह है, जिसके लिए उसे फांसी की सज़ा दी जा सकती है। मुझे याद आया, मन्ना ने बताया था।

संतरियों की सरदार गुरबख़्श को घूरती है। 'इस तरह अंधेरे में यहां घुसकर क्या करना चाहते हो?'

अचानक पड़ी इस मुश्किल से गुरबख़्श जैसे सदमे में है। ख़ंजर हाथ में लिए औरत कहती है, 'यह गुनहगार है। अभी इसे...'

मुझे उसे रोकना होगा! 'जाने दो, उसे,' मैं चीख़ती हूं।

वह मेरी तरफ़ मुड़ती है। 'तुम कौन हो? इसकी साथी?'

अचानक मुझे याद आता है कि इसे मैंने पहले कहां देखा था। दावत के दिन औरतों के बीच, जब माई निकाइन ने इसे हुक्म दिया था कि मुझे क़ैद में डाल दे। गेरी धुंधली सी यादों से एक नाग उभरकर आता है।

'भागो कौर, मैं रानी जिन्दां हूं। महाराजा की नयी पत्नी। आज सुबह ही मेरा ब्याह इस तलवार से हुआ है।' कहते हुए मैं तलवार को ऊपर उठा देती हूं। सारी पहरेदार कुछ बुदबुदाते हुए पीछे हट जाती हैं। 'इस आदमी को सरकार ने हुक्म दिया था कि मुझे मेरे मायके से यहां महल में ले आये।' मैं अपनी आवाज़ को मज़बूत बनाने की कोशिश करती हूं, हालांकि अंदर से मैं काफ़ी डरी हुई हूं। 'तुम्हें जानकारी तो होगी कि मैं आज पहुंचने वाली हूं!'

उसके बाद सब कुछ बहुत तेज़ी से होता है। गुरबख़्श को क़िले से बाहर छोड़ दिया जाता है। भागो एक लंबी-सी, निचली इमारत के दरवाज़े को खटखटाते हुए कुछ बुदबुदाती है और रोशनी लिए एक बूढ़ी औरत उसे खोलती है। वह मुझे एक छोटे, नम से कमरे में ले जाती है, जिसमें एक भी खिड़की नहीं है। अंदर लगा बिस्तर सख़्त और संकरा है, उस पर एक मैली चादर बिछी है और उस कमरे का फ़र्श भी बहुत गंदा है। चूहों के मल पर मेरा पैर पड़ता है। कमरे में एक अलमारी, एक बदरंग आईना, एक चौकी एक सीध में रखे हैं ऐसे रखे हैं, जैसे इस कमरे का

इस्तेमाल भंडारघर के तौर पर किया जाता हो। कोने में एक पेटी पर एक बर्तन ढंक कर रखा गया है, साथ में पानी का घड़ा है और एक दीपक है।

'क्या तुम्हें पक्का पता है कि यह मेरा कमरा है? रानी जिन्दां का कमरा?' मुझे यक़ीन नहीं आता।

'यह आपका कमरा है। मुझे यही हुक्म मिला है।' बर्तन की तरफ़ इशारा करके वह कहती है, 'आपका खाना।'

इस तरह बड़बड़ाने से कुछ नहीं होगा। मुझे कोई और तरकीब अपनानी होगी। मैं अपनी पोटली से एक सिक्का निकालकर उसकी तरफ़ बढ़ा देती हूं। 'इतनी रात को मेरी मदद के लिए शुक्रिया।'

वह औरत अचंभे में पड़ जाती है, मेरे बात करने के सलीके से और बख़्शीश से भी। वह तुरंत सिक्के को झपट लेती है और कहती है, 'गलियारे के आख़िर में शौचालय है।' अपने दिये से मेरा दिया जला देती है। फिर धीरे से कहती है, 'आपको शायद यह खाना नहीं खाना चाहिए।'

मेरी धड़कन जैसे रुक जाती है। 'क्यों?'

वह मुझसे नज़र नहीं मिलाती। 'काफ़ी देर से वहां पर पड़ा है। शायद ख़राब हो गया होगा।'

'तुम्हारी सलाह तो सही है।'

'पानी पी सकती हैं,' कहकर वह लंगड़ाते हुए दरवाज़े तक पहुंचती है।

मैं पूछती हूं, 'यह कमरा किसने मेरे लिए तय किया?'

'ज़नाना में सारे फ़ैसले माई निकाइन लेती हैं।'

अकेली रह जाने पर मैं दरवाज़े को गौर से देखती हूं। उसकी कुंडी कमज़ोर है, एक लात मारकर उसे तोड़ा सकता है। मैं बिस्तर पर बैठ जाती हूं, मेरा सिर घूम रहा है। क्या खाने में ज़हर हो सकता है? उस बुढ़िया का इशारा किस तरफ़ था? माई निकाइन सरकार की नयी दुल्हन को मारने की जुर्रत तो नहीं करेंगी?

हां, वह कर सकती हैं।

कितनी मुश्किलें हैं। सरकार की गिरती सेहत, जवाहर को किया गया मेरा वादा और अब माई की दुश्मनी। मैं कैसे इन सबसे निपटूंगी?

मैं अपनी पोटली खोलती हूं। बीजी ने मेरे लिए कुछ लड्डू बांध दिये थे। मैंने बस उसे ख़ुश करने के लिए उन्हें रख लिया था, मुझे तो यक़ीन था कि उनकी ज़रूरत नहीं पड़ेगी। सारे लड्डू खाकर मैं सावधानी से पानी का घूंट भरती हूं। उसका स्वाद ठीक है। मेरा गला सूखा हुआ है, फिर भी मैं बस दो ही घूंट भरती हूं। मैं नहीं चाहती कि शौचालय खोजने बाहर जाना पड़े।

खाने के बाद मुझमें थोड़ी उम्मीद जगती है। कल मैं सरकार के लिए संदेशा भेजूंगी। वह सब कुछ ठीक कर देंगे।

बाहर गलियारे में क़दमों की आहट सुनायी देती है, जो बाद में थम जाती है। क्या मेरे कमरे के बाहर कोई है? मैं बर्तन को ज़मीन पर रखकर भारी-भरकम पेटी को दरवाज़े से लगा देती हूं। मैं दिये को जलता छोड़ देती हूं। फिर चूहों से बचने के लिए बिस्तर पर सिर तक चादर ओढ़कर लेट जाती हूं।

वाहेगुरु, मेरी मदद के लिए किसी को भेजो...

प्रार्थना करते हुए थकान मुझे जैसे सब कुछ भुला देती है।

सुबह उठने पर फ़र्श पर मेरा खाना बिखरा हुआ मिलता है। कमरे में रहने वाले मेरे साथियों की दावत बढ़िया रही होगी।

मुझे यहां आये हुए तीन दिन हो चुके हैं। मैंने उस बुढ़िया के पास सरकार के लिए संदेशा लिखकर भेजा था और साथ ही अपने घटते ख़ज़ाने में से कुछ सिक्के भी। पर उनकी तरफ़ से कोई जवाब नहीं आया। वह तो कहती है कि उसने उनके सेवकों को दे दिया था, लेकिन हो सकता है कि वह झूठ बोल रही हो। हर दिन मेरी चिंता बढ़ती जाती है। क्या सरकार को आने में और देरी हो चुकी है? क्या वह बीमार हैं। क्या वह मुझे भूल चुके हैं?

दिन के समय मैं खाने के कमरे के फटे-पुराने कालीन पर भुला दी गयी रानियों और रखैलों को बीच अपनी जगह पर बैठ जाती हूं, वे सब मुझे घूर रही होती हैं। मुझे नहीं पता कि किस पर भरोसा किया जाए, इसलिए मैं किसी से बात नहीं करती। मेरी इस सावधानी को वे मेरा घमंड समझती हैं। मुझे उनकी फुसफुसाहटें सुनायी देती हैं : *यह गंवार खुद को क्या समझती है? ख़ूबसूरत है तो क्या हमें बात करने लायक़ भी नहीं समझेगी?*

सुबह एक दासी मेरे कमरे में ढेर सारे व्यंजनों से भरा थाल लेकर आयी थी और उसने कहा था कि नयी रानी होने के नाते मुझे ज़नाना की कमतर औरतों के साथ खाना खाने की ज़रूरत नहीं है। पर मैंने मना कर दिया। खाने के कमरे में मिलने वाला खाना घटिया और लापरवाही से तैयार किया जाता है, पर कम से कम वह सुरक्षित तो है। हम रोटी, दाल, साग जैसा मामूली खाना खाते हैं। अब तक केवल एक बार ही गोश्त मिला था। शायद माई यह इंतज़ाम देखती हैं, पर वह जो कोई भी हो, ख़र्च पर लगाम रखता है।

पिछले दो सालों में मैंने रानी की ऐशोआराम की ज़िंदगी के बारे में क्या-क्या सपने देखे थे!

हमने खाना शुरू ही किया है कि तभी दरवाज़े पर हलचल होती है और कोई चिढ़ भरा स्वर सुनाई देता है। सभी औरतें झट से खड़ी होकर निगाहें नीची कर लेती हैं। पता नहीं क्या हो रहा है, पर समझदारी इसी में है कि वही किया जाए जो सब कर रहे हैं। फिर मैं उस आवाज़ को पहचान लेती हूं और चुपचाप अपने चेहरे पर घूंघट डाल लेती हूं, ताकि किसी का ध्यान मुझ पर नहीं जाए। पर माई निकाइन मेरे सामने आकर रुक जाती हैं।

ज़ाहिर है कि मेरी वजह से ही वह यहां आयी हैं।

'तो तुम यहां हो,' माई की आवाज़ बड़े मायावी ढंग से हल्की है। 'मेरा ख़याल था कि तुम्हें अपने कमरे में होना चाहिए। नयी रानी होने के नाते तुम्हें वहीं पर अपना भोजन करना चाहिए। पर तुम्हें राजमहल के क़ायदे-क़ानून कहां से मालूम होंगे, तुम तो कुत्तों के रखवाले की बेटी हो।'

मैं अपने चेहरे पर कोई भाव नहीं लाती। मैं नहीं चाहती कि वह मुझे परेशान देखें।

'ज़रा, देखूं तो सही,' वह कहती हैं।

एक औरत झट से मेरा घूंघट हटा देती है, यह इतना अपमानजनक है कि बाक़ी औरतें भी सकते में आ जाती हैं। मैं खुद पर पूरी तरह क़ाबू पाकर एकदम ख़ामोश रहती हूं और अपना सिर झुकाये रखती हूं। माई इतनी ताक़तवर हैं कि सरकार से मिलने से पहले ही मुझे चुटकियों में ग़ायब कर सकती हैं। वह दावा कर सकती हैं कि मैं क़िले में पहुंची ही नहीं। वह चाहें तो मुझे यहां लाने वाले सिपाहियों को रिश्वत देकर या फिर डरा-धमकाकर बुलवा दें कि रास्ते में हादसा हो गया था। ज़नाना में ऐसा कोई नहीं जो माई के ख़िलाफ़ जाकर मेरी हिमायत करे। काश, गुड्डां यहां होतीं! फ़िलहाल मुझे अपनी अक्ल से ही काम लेना होगा।

मैं खुद पर माई की पैनी नज़र को महसूस करती हूं। शुक्र है कि मैंने अपने बालों पर तेल लगाकर उन्हें सीधे-सादे जूड़े में बांध लिया था। सरकार ने जो भी गहने तोहफ़े में भिजवाये थे, उन्हें भी अपनी सलवार के इज़ारबंद में बांधकर रख दिया था।

'तुम्हारी सारी साज़िशें आख़िर काम कर गयीं, है ना? पर याद रखो तुम सरकार को कुछ हफ़्तों से ज़्यादा बांधकर नहीं रख पाओगी। उन पर किसी का ज़ोर नहीं।'

मैं बूढ़ी रानी पर नज़र दौड़ाती हूं। वक़्त उनके साथ बेरहमी से पेश आया है। उनके बाल कम हो चुके हैं और उनकी आंखों के नीचे सूजन है।

'एक बार तुम्हारे रसीलें होंठों और नर्म उभारों से उकताने के बाद वह कुछ और फ़तह करने निकल पड़ेंगे। तुम्हें फिर कभी उनका बिस्तर नसीब नहीं होगा। तुम फिर उनसे तभी बात कर सकोगी, जब उन्हें ठीक लगेगा।'

एक पल के लिए मुझे उनकी आवाज़ में गहरा दर्द सुनायी देता है। क्या वह उस पल को याद कर रही हैं, जब सरकार उनमें अपनी दिलचस्पी खो बैठे थे? मेरे मन में उनके लिए अजीब ढंग से तरस भरी टीस उठती है।

लगता है, जैसे वह मेरे मन की बात समझ सकती हैं। वह बड़ी बेदर्दी से कहती हैं, 'इस थोड़े से वक़्त का ज़्यादा से ज़्यादा फ़ायदा उठा लो। हो सकता है, उनसे तुम कुछ गहने हासिल कर लो। बाद में जब वह तुम्हें तुम्हारे गांव भेज देंगे, तब उनसे गुजर-बसर कर सकती हो।'

अगर आपको सचमुच लगता है कि मैं यहां से भेज दी जाऊंगी तो फिर आपको डर किस बात का है? इस नफ़रत के नीचे मुझे वही डर दिखायी दे रहा है। क्या उसी डर की वजह से आपने मेरे खाने में ज़हर मिलवाया था?

किसी दिन मैं माई से इस पर सीधी बात ज़रूर करूंगी, पर फ़िलहाल तो वह विजयी भाव से अपने गहने खनकाती हुई आगे बढ़ जाती हैं।

तीन दिन और बीत जाते हैं, कोई ख़बर नहीं आती। माई के ताने मेरे दिमाग़ में गूंजते रहते हैं। क्या सरकार किसी और ज़्यादा समझदार, ज़्यादा ख़ूबसूरत और सबसे अहम बात कि शाही गठबंधन के लिए सही परिवार की तलाश में लगे हैं? क्या मेरी क़िस्मत में ज़नाना के अंदरूनी हिस्से में इसी तरह बिसराकर सड़ना ही लिखा है?

मैं अपने भीतर उठते शक के गुबार को दूर करने के लिए एक काम करती हूं। एक साल पहले, फ़कीर ने मुझे एक किताब भेजी थी, जिसमें बताया गया था कि किस तरह वर्जिश करने और गहरी सांस लेने से मन शांत होता है। उसमें अलग-अलग आसनों में योगियों की तसवीरें थीं। मैं अपने कमरे में सामान के बीच वही करती हूं। मैं भी बाक़ी रानियों की तरह क़िले के आस-पास टहलना चाहती हूं, पर शागो उसकी इजाज़त नहीं देती। कोई है नहीं, जिससे मैं फ़रियाद कर सकूं, इसलिए मैं अंधेरे गलियारे में पिंजरे में क़ैद जानवर की तरह चहलक़दमी करती रहती हूं।

शाम को जब ज़नाना की औरतों को छत पर जाने की इजाज़त होती है, वह समय मेरे दिल को चीर जाता है। मैं लाहौर की रोशनी देखती हूं और उसकी चहल-पहल भरी आवाज़ों को जैसे अपने भीतर बसाने की कोशिश करती हूं। काश, जवाहर यहां पर होता! मैं किसी तरह उसके पास पहुंच जाती और फिर वह सरकार को ढूंढ़ने में मेरी मदद करता। यह ख़याल मुझे और भी अकेलेपन से भर देता है।

मैं एक और संदेशा भेजती हूं, इस बार किसी दूसरी औरत के हाथ। पर कोई जवाब नहीं आता। यह भी नहीं पता चलता कि सरकार लाहौर में हैं या नहीं।

रात को मैं अपना ग्रंथ साहिब पढ़ती हूं। *मन, तुम इतने डरे हुए क्यों हो? पंछी सैकड़ों मील तक उड़ते हैं, पीछे अपने बच्चों को छोड़ जाते हैं। कौन उन्हें दाना देता है और कौन उन्हें उड़ना सिखाता है?* क्या तुमने कभी विचार किया? यह बात मुझे दिलासा देने में नाकाम रहती है। पढ़ते-पढ़ते दिया बुझ जाता है, क्योंकि उन्हें अच्छी तरह नहीं भरा जाता, ज़ाहिर है कि उन्हें ऐसा करने की हिदायत दी गयी होगी।

वाहेगुरु, मैं तो बहुत दूर उड़ आयी हूं, कुत्तों को सिखाने वाले के झोंपड़े से शाही महल में। यहां मेरी हैसियत क़ैदी जैसी है। अब आप ही मेरी मदद कर सकते हो।

12

शीश महल

एक और हफ़्ता बीत जाता है। रात के खाने के वक़्त औरतें दबे मुंह बात करती हैं कि आम से आम मेहमान की अगवानी के लिए सरकार मेवों के थाल भिजवाते हैं, पर मेरे लिए उन्होंने कुछ नहीं भेजा। अपने कमरे में मुझे तेज़ गंध आती है, जैसे वहां कुछ मरा पड़ा हो। ऐसे में प्रार्थना करने का मन नहीं करता।

अचानक कोई ज़ोर से मेरे कमरे का दरवाज़ा खोल देता है। भागो है और वह गुस्से से कहती है, 'सरकार एक घंटे में तुमसे मिलना चाहते हैं।'

मैं ख़ुशी से ऐसी बौराई हुई हूं कि अपना बक्सा खंगालने लगती हूं। उसमें वैसे भी बहुत कम कपड़े हैं। जब बक्सा जब मेरे पास पहुंचा था, तो उसका ताला टूटा हुआ था और मेरे अच्छे कपड़े ग़ायब थे। जब मैंने उसे लाने वाली औरतों से पूछा तो उन्होंने कंधे उचका दिये।

एक ने कहा, 'हमें तो ऐसी ही हालत में मिला था,' जबकि दूसरी अपनी मुस्कराहट छिपा रही थी। 'आपको भागो से पूछना चाहिए।'

उन्हें मेरे गुस्से की कोई परवाह नहीं थी। हर कोई जानता था कि माई निकाइन मुझसे नफ़रत करती हैं। मेरे साथ कुछ भी हो सकता है। मैंने भागो से कुछ नहीं पूछा। मैं जानती थी कि ना तो मुझे कोई जवाब मिलेगा और ना ही कोई मुझसे माफ़ी मांगेगा। पर मैंने गांठ बांध ली थी कि मैं यह सब याद रखूंगी।

ख़ुशक़िस्मती से गुड्डां का दिया लहंगा बक्से में है। क्या सरकार को याद होगा कि उन्हें मुझ पर वह अच्छा लगा था? कुर्ती जो पहले थोड़ी ढीली थी, अब मुझ पर बिलकुल ठीक आ रही है। मैं काजल लगाती हूं और गालों पर सुर्ख़ी लाने के लिए

उन पर चिकोटी काट देती हूं। काश, मेरे पास चंदन का तेल होता! ख़ैर, मेरे बाल ठीक हालत में हैं और मैं चोटी बांध लेती हूं।

भागो जल्दी लौट आती है, ताकि मुझे असावधानी की हालत में पकड़ ले, लेकिन मुझे यही उम्मीद थी और मैं बिलकुल तैयार हूं।

मैं उत्साहित होकर कहती हूं, 'चलो, चलते हैं। तुम यह तो नहीं चाहोगी कि सरकार को इंतज़ार करना पड़े?' मैं अब तक बिस्तर के नीचे छिपाकर रखी गयी सरकार की तलवार को दोनों हाथों से कसकर पकड़ लेंती हूं, ताकि मेरे हाथ नहीं कांपें।

रात अंधेरी है और चांद बादलों के बीच कहीं छिपा है। मैं भागो के साथ क़दम मिलाने की कोशिश करती हूं। उसने लालटेन पकड़ रखी है, पर उसे मुझसे दूर रखा है, ताकि मैं रास्ता नहीं देख सकूं। वह ज़रूर चाहेगी कि मैं किसी ऊबड़-खाबड़ पत्थर पर गिर पड़ूं, मेरा दुपट्टा फट जाए और मैं मिट्टी में सन जाऊं। पर मैं ऐसा होने नहीं दूंगी। आख़िरकार हम एक दीवार तक पहुंच जाते हैं, जो ऊपर से नीचे तक चमक रही है, जैसे कि वह किसी तिलिस्मी कहानी का हिस्सा हो। भागो सीटी बजाती है और दीवार के पीछे से एक औरत निकलकर आती है।

'आपका स्वागत है,' सिर झुकाकर मुस्कराते हुए वह कहती है। यह क़िले में पहुंचने के बाद पहली बार मुझसे किसी ने इस तरह बात की है। 'मैं सरकार की सेवा में हूं। वह आपका इंतज़ार कर रहे हैं।'

सुनते ही मुझे राहत का अहसास होता है और एक तरह की तड़प मुझमें जाग जाती है। पर उससे पहले मुझे एक और मामला देखना है। भागो की तरफ़ मुड़कर मैं कहती हूं, 'तुमने मेरी जो ख़िदमत की है, उसके बारे में सरकार को ज़रूर बताऊंगी।'

उसकी आंखें डर के मारे फैल जाती हैं, मुझे कम से कम यही सोचने में मज़ा आता है। वह भी तो सोचे और परेशान हो कि मैं क्या करने वाली हूं। हालात बदलने लगे हैं, मेरा वक़्त आ गया है।

'मुझे मेरे सरकार के पास ले जाओ,' मैं कहती हूं।

मेरे आस-पास मौजूद दीवारों पर चमकते कांच लगे हैं और चिराग़ों की रोशनी उनमें हज़ारों गुना बढ़कर झिलमिला रही है। मुझे अहसास हो गया है कि मैं शीश महल में हूं, जिसे कई सदियों पहले शहंशाह शाहजहां ने बनवाया था। हम सीढ़ियां चढ़कर जालीदार खिड़कियों वाले बड़े कमरे में पहुंचते हैं। हवा के हल्के से झोंकों से झीने परदे लहरा रहे हैं। चांदी के गुलदानों में गुलाब रखे हैं और बिस्तर पर गुलाब की पंखुड़ियां बिछायी गयी हैं। मुझे वहां पर छोड़कर वह ग़ायब हो जाती है।

सफ़ेद कपड़ों में शानदार दिख रहे मेरे सरकार एक तकिये के सहारे बैठे हैं। आख़िरकार, महाराजा रणजीत सिंह मेरे सामने हैं। इस धरती के महाराजा। मेरे क़दम जैसे जम गये हैं। मैं होशोहवास खोकर अपनी तमीज़-तहज़ीब भी भूल गयी हूं। पर फिर वह मुस्कराकर अपनी बांहें फैला देते हैं। मैं तलवार नीचे रखकर दौड़कर उनके पास जाकर अपना सिर झुका लेती हूं। वह पहले से बूढ़े लग रहे हैं। उनकी आंखों के आस-पास बने काले घेरे देखकर मुझे बहुत बुरा लगता है। क्या वह मेरे प्यार को महसूस कर सकते हैं? मैं तो शायद उन्हें कभी नहीं बता सकूंगी कि मुझे कैसा महसूस होता है।

'रो मत, मेरी जान। मेरे पास बैठो। मुझे अफ़सोस है कि तुम्हें इतना लंबा इंतज़ार करना पड़ा। फ़िरोज़पुर में हालात कुछ ऐसे थे। मैं आज ही लाहौर लौटा हूं।'

वह एक नर्म रूमाल से मेरा चेहरा पोंछते हैं। उनकी इस नर्मी से मेरी रुलाई और बढ़ जाती है। अब मैं भद्दी दिखूंगी, आंखें भी सूज जाएंगी।

लगता है जैसे उन्होंने मेरे ख़यालों को पढ़ लिया है, मेरा चेहरा अपने हाथों में लिए वह कहते हैं, 'पिछली बार से कहीं ज़्यादा ख़ूबसूरत हो गयी हो। मुझे नहीं लगता था कि यह दिन कभी आएगा।'

अपनी तारीफ़ सुनने के बाद कौन-सी औरत होगी, जो मुस्करा नहीं देगी?

हम बिस्तर पर आलथी-पालथी मारकर बैठ जाते हैं और सोने के थाल में सजी मिठाइयां, खजूर, काजू, सेब वगैरह खाने लगते हैं। उन्हें लगता होगा कि मैंने रात का खाना-खा लिया होगा, इसलिए मैं बहुत तमीज़ से थोड़ा-सा खाती हूं। ऐसा करना बहुत मुश्किल है, क्योंकि लाहौर पहुंचने के बाद मैंने इससे ज़्यादा लज़ीज़ चीज़ें नहीं खायी और मुझे तेज़ भूख भी लगी है। पर फ़िलहाल मुझे अपने लालच को दबाना होगा।

एक कांच के बर्तन में गहरे भूरे रंग की कुछ चौकोर चीज़ें रखी हैं, जिन पर सोने का वर्क चढ़ा है। वह बताते हैं कि यह समंदर पार से आयी चॉकलेट है, जिसे उनके एक फ़्रांसीसी जरनैल ने तोहफ़े में दिया है। वह एक टुकड़ा मेरे मुंह में रखते हैं, उसके कड़वाहट भरे मीठे स्वाद से मेरा मुंह बन जाता है। वह हँसने लगते हैं। 'कुछ दिन बाद तुम इसकी आदी हो जाओगी और हो सकता है कि इसकी चाह भी पैदा होने लगे।' उनकी आंख में उत्तेजना दिखती है। मुझे लगता है कि वह और चीज़ों की तरफ़ भी इशारा कर रहे हैं। वह शराब का प्याला भरते हैं, वह गहरी सुर्ख़ है, कुछ घूंट लेकर वह बाक़ी मेरी तरफ़ बढ़ा देते हैं। 'तुम अब बड़ी हो गयी हो।' उसकी गहरी मिठास से मुझे बेचैनी होने लगती है, पर ज़ाहिर है कि उन्हें वह बहुत पसंद है। वह एक और प्याला लेते हैं और फिर मुझे अपनी तरफ़ खींच लेते हैं। मेरा बदन जैसे अकड़ने लगता है। शादी की रात को लेकर मुझे बस बीजी की

झेंप और सावधानी भरी फुसफुसाहटें याद आती हैं। *ध्यान रखना... मर्दों को अच्छा नहीं लगता... थोड़ा दर्द होगा... शिकायत नहीं करना... औरतों को मज़ा नहीं आता... शायद बच्चा हो जाए...* मुझे फ़कीर की हिदायत भी याद आती है। *उन्हें ज़रूरत से ज़्यादा थकने मत देना।*

पर सरकार बहुत आराम से, आहिस्ता से पहल करते हैं। मोहब्बत भरे बोल, जिन्हें सुनने के लिए मैं तरसी हुई हूं, बोलते हुए वह मुझे चूमते हैं। जब वह अपना कुर्ता उतारते हैं तो उनकी बांहों और छाती पर ज़ख़्मों के निशान दिखायी देते हैं। कितने निडर योद्धा रहे होंगे! मैं उनके बदन पर हाथ फेरती हूं और उत्तेजना महसूस करती हूं।

वह ऐसे मुस्कराते हैं मानो समझ रहे हों कि मुझे कैसा महसूस हो रहा है। मेरे कपड़े उतारकर वह मुझे अपने नीचे ले लेते हैं। मुझे इस तरह से छूते हैं कि मेरे शरीर का रोम-रोम जैसे ज़िंदा हो जाता है। वह पहले कई बार यह सब कर चुके हैं, यह बात मुझमें डाह पैदा करती है, पर साथ ही मुझे फ़तह का भी अहसास होता है क्योंकि अभी वह मेरे साथ हैं। रात की हवा में जलती हुई रोशनी फड़फड़ाने लगती है। मसले जाने पर गुलाब की पंखुड़ियां अपनी मीठी खुशबू बिखेर देती हैं। मैं फ़कीर और बीजी को भूल जाती हूं। अपनी छाती उनके मुंह में देकर मैं उनका सख़्त होना महसूस करती हूं। अपने कूल्हे उठाकर मैं उस तेज़ दर्द के लिए तैयार होती हूं, जिसके बारे में मुझे चेतावनी मिलती रही थी। पर कुछ भी नहीं होता। बस उनका बार-बार धकेलना और गहरी सांसें महसूस होती हैं। आख़िरकार दबे हुए स्वर में कुछ बुदबुदाते हुए वह हट जाते हैं और मुझे पता लग जाता है कि मैं नाकाम रही।

मैं अपना चेहरा छिपा लेती हूं। क्या मेरे सपने चूर-चूर हो गये हैं?

वह मुझे आहिस्ता से गले लगा लेते हैं। 'तुम्हारी कोई ग़लती नहीं है। मैं बूढ़ा हूं और हर बार ऐसा नहीं हो पाता। आजकल तो बहुत कम। पर हम उसके बारे में नहीं सोचेंगे।' मेरे कंधे को चूमते हुए वह मुझे रेशमी चादर ओढ़ा देते हैं। 'चलो, बाहर जाकर रात की ठंडी हवा का मज़ा लेते हैं। शीश महल में सोने की यही सबसे अच्छी बात है।' सरकार ने मेरी कमर में हाथ डाला हुआ है ओर हम दोनों ऊंघते, रहस्यमय शहर को देखते हैं, जो अब मेरे लिए फिर से ख़ूबसूरत हो उठा है। सरकार आस-पास की इमारतों के बारे में, उनके इतिहास के बारे में बताने लगते हैं। 'आठ सिरों वाला वह बुर्ज, मुसम्मन बुर्ज कहलाता है। मुझे याद है कि लाहौर में मैंने इसे ही पहली बार देखा था। अफ़ग़ानों ने शहर पर कब्ज़ा कर लिया था और देहाती इलाक़ों में लूटपाट मचायी थी, हमारे लोगों के लिए बड़ा बुरा वक़्त था। अफ़ग़ानों से लड़ने के लिए सरबत खालसा ने मुझे चुना था। शायद और कोई यह काम नहीं करना चाहता होगा! मेरी उम्र तब अठारह बरस थी। बुर्ज तक पहुंचकर मैंने शाह ज़मान को लड़ने के लिए ललकारा था।'

अपने राजा का यह दुस्साहस मुझे रोमांचित कर देता है। 'आपने बहुत बहादुरी दिखायी!'

वह हँसने लगते हैं। 'लड़कपन की बेवकूफ़ी थी! वह चाहता तो अपने तीरंदाज़ों को मुझ पर निशाना लगाने को कह सकता था, पर उसने ऐसा नहीं किया। शायद मेरी बेवकूफ़ी भरी बहादुरी पर उसे भी हँसी आयी होगी। या शायद गुरुओं का आशीष मुझ पर रहा होगा। हमने शहर को तब तक अपने घेरे में रखा, जब तक कि उसके पास अपनी फ़ौज को देने के लिए पैसा ख़त्म नहीं हो गया। लड़ाई में यह बात मायने रखती है कि आप अपनी फ़ौज को खुश रख पाते हैं या नहीं। शाह ज़मान काबुल भाग गया। मैंने और मेरे घुड़सवारों ने झेलम से लेकर सिंधु तक उसका पीछा किया। उसके बाद हमारे लोगों ने मुझसे लाहौर की गद्दी संभालने को कहा।'

'मुझे वह कहानी भी सुनाइए।'

'फिर कभी। अब हमें सो जाना चाहिए। क्या तुम्हें और चॉकलेट चाहिए।'

मैं सिर हिलाकर मना करती हूं। 'पर मैं लड्डू ज़रूर खा सकती हूं।'

'मेरी सोहणी पंजाबी कुड़ी! मुझे भी लड्डू ज़्यादा पसंद हैं।' हम एक बड़ा-सा लड्डू तोड़कर एक-दूसरे को खिलाते हैं। मैं उनकी अंगुलियों पर लगी चाशनी चाटने लगती हूं और फिर अचानक हम बिस्तर पर जाकर एक-दूसरे को चूमने लगते हैं, एक-दूसरे के बदन से चादरें खींच लेते हैं। इस बार सब कुछ सही रहता है। वह मेरी गरदन पर अपना चेहरा सटाकर मेरे भीतर समाकर ज़ोर से आवाज़ करते हैं। मैं खुशी से लाल होकर उन्हें थामे रखती हूं। बाद में जब हम साथ लेटे होते हैं, तो वह मुझे बादल जितनी हल्की रज़ाई ओढ़ाकर पूछते हैं, तुम्हें मज़ा आया? मैं हामी भरती हूं, क्योंकि इसके अलावा मैंने कभी कुछ जाना भी नहीं है।

नींद के आगोश में जाते हुए मुझे उनकी बुदबुदाहट सुनायी देती है, 'मेरी जिंद, मेरी ज़िंदगी, मुझे इतनी खुशी देने के बदले मैं तुम्हें क्या तोहफ़ा दूं? सोने की चूड़ियां? मोतियों का सतलड़ा हार? महल? तुम चाहो, तो मैं ये सब तुम्हें दे दूंगा।'

मुझे माई निकाइन की भद्दी हँसी याद आती है। *हो सकता है, उनसे तुम कुछ गहने हासिल कर लो। बाद में जब वह तुम्हें तुम्हारे गांव भेज देंगे, तब तुम उनसे गुजर-बसर कर सकती हो।*

मैं कभी इतनी लालची नहीं हो सकती।

सरकार कहते हैं, 'तुम्हें शादी का तोहफ़ा भी देना है। आज नहीं, तो कल रात मुझे बता देना।'

उनकी बात से मैं झूम उठती हूं। वह फिर से मेरा साथ चाहते हैं! मेरे लिए तो यही सबसे बड़ा तोहफ़ा है।

फिर मुझे कुछ याद आता है। 'मुझे एक मुलाज़िम चाहिए, जो समझदार और भरोसेमंद हो।'

सरकार रात के अंधेरे पर गौर करते हुए इतनी देर तक ख़ामोश रहते हैं कि मैं डर जाती हूं कि कहीं मैंने उन्हें नाराज़ तो नहीं कर दिया। क्या इस तरह की घरेलू-सी बात उनसे करना सही था?

'तुम दुनियादार हो। मुझे तुम्हारी यह बात बहुत पसंद आयी। मुझे लगता है कि मैं तुम्हें बिलकुल सही समझता हूं।'

13

बदलाव

दोपहर के खाने के लिए खाने की जगह पर जाते हुए मैं खुद को मोटे से शाल से ढंक लेती हूं, ताकि किसी को मोतियों का हार नहीं दिख जाए, जो आज सुबह मुझे सरकार ने अपनी गरदन से निकालकर दे दिया था। मैं नहीं चाहती कि बाक़ी औरतें उसे देखें और फिर अपनी जलन से मेरी ज़िंदगी में ज़हर घोल दें। वे तो पहले से ही जलीभुनी बैठी हैं; बरसात के मौसम में मच्छरों का बुखार जितनी तेज़ी से फैलता है, उससे भी ज़्यादा तेज़ी से ज़नाना में ख़बरें फैलती हैं। मेरे बैठते ही चिढ़ी हुई फुसफुसाहटों से माहौल भर जाता है और मैं भौंहें चढ़ाये रखती हूं, ताकि कोई मुझसे सवाल करने की हिम्मत नहीं कर सके। मैं खाने की कोशिश करती हूं, लेकिन रात की जादुई दावत के बाद रूखी रोटी और जमी हुई दाल मुझसे बर्दाश्त नहीं होती। मैं फ़िकर में डूब जाती हूं कि यह कैसे पक्का करूं कि सरकार फिर से मेरा साथ चाहते हैं? कहीं वह मुझ पर सिर्फ़ मेहरबानी तो नहीं कर रहे थे?

पसीने से तरबतर, चिढ़ी हुई और भूखे पेट वापस लौटते हुए मैं देखती हूं कि जिस कमरे को मैं सावधानी से बंद करके आयी थी, वह पूरी तरह खुला हुआ है। मुझे अंदर घूमते हुए किसी के बुदबुदाने की आवाज़ सुनायी दे रही है। शायद कोई मेरी बची-खुची चीज़ों पर हाथ साफ़ करने आया होगा।

मैं झटके से दरवाज़ा खोल देती हूं। वहां पर मुझसे उम्र में थोड़ी ही बड़ी एक ठिगनी, काली, मज़बूत औरत खड़ी है।

'तुम्हारी इतनी जुर्रत कि मेरे कमरे में घुस आयी!' मैं चिल्लाती हूं।

दाग़-धब्बों से भरा उसका मुंह हँसी की मुद्रा में खुल जाता है; उसके दांत बिलकुल सफ़ेद हैं। 'माफ़ी चाहती हूं, रानी साहिबा। मेरा नाम मंगला है। मुझे सरकार ने आपकी ख़िदमत में भेजा है। मुझे लगा कि अच्छा काम करने में देरी करना ठीक नहीं। आप बस आराम से बिस्तर पर बैठकर देखिये।'

मैं हैरत से भरी अपने बिस्तर पर बैठ जाती हूं। मंगला कमरे में हलचल मचा देती है। वह एक औरत को ले आयी है उससे सफ़ाई करवा रही है। यह वही औरत है जो किसी दूसरी के साथ मेरा खुला हुआ बक्सा लेकर आयी थी।

'बिस्तर के नीचे क्यों छोड़ दिया? तेरी सास आकर वहां साफ़ करेगी क्या?' बिस्तर के नीचे से निकले बालों के गुच्छे और धूल को देखकर मंगला मुंह बना लेती है और फिर बाहर निकलते तिलचट्टों को बड़ी तसल्ली से अपने क़दमों से कुचल देती है। 'यहां किसी चीज़ से बदबू आ रही है और उसका पता लगने पर ही तुझे छुट्टी मिलेगी।' वह उससे अलमारी आगे करवाती है और उसके पीछे एक मरा हुआ चूहा मिलता है। 'मुझे पता था!' मंगला जीत के अहसास से भरी है।

मैं भयभीत होकर उसे देखती हूं। मुझे यक़ीन है कि पहली रात को ही मेरा खाना खाकर उसकी मौत हो गयी होगी। फिर तो ज़रूर किसी ने मेरे खाने में ज़हर मिलाया होगा, यह सोचकर मुझे कंपकंपी होने लगती है।

मंगला बिस्तर को ख़ाली कर सभी चादरें नीचे फेंक देती है। 'ये चिथड़े यहां क्या कर रहे हैं? रानी साहिबा के बिस्तर के लिए सब कुछ नया लेकर आओ और नया मतलब बिलकुल नया। ज़नाना की देखभाल करने वाली से कहो कि यह सरकार का हुक्म है। अगर वह ना-नुकुर करती है तो उसे मेरे पास भेजो। वहां दिये में तेल ज़्यादा डालो। कंजूसी तो ऐसे कर रही है जैसे अपने मायके से लायी है। घड़े को हाथ नहीं लगा, कमबख़्त! अपनी रानी के लिए पानी मैं खुद लेकर आऊंगी और खाना भी। शुक्र मना कि मैंने सरकार को नहीं कहा कि तूने उनकी प्यारी रानी के साथ कैसा बर्ताव किया है।'

उस डरी हुई औरत को वह कमरे से बाहर भगा देती है और फिर मेरी तरफ़ मुड़ती है। 'अरे, सरकार के कुत्तों तक से इससे अच्छा बर्ताव किया जाता है।'

मैं तनाव में आ जाती हूं। क्या यह मेरे ख़ानदान का मखौल उड़ा रही है?

मंगला मुझे हमदर्दी भरी भरी कठोर नज़र से देखती है। 'मैंने जानबूझकर ऐसा कहा, रानी साहिबा। मैं आपके परिवार के बारे में जानती हूं। दरअसल हर कोई जानता है। लोग आपको इस मामले में शर्मिंदा करने की कोशिश करेंगे और आपको उनकी बातों के लिए तैयार रहना होगा। आपको खुद पर ग़रूर होना चाहिए। और क्यों ना हो! कोई राजकुमारी अगर राजा से शादी करे, तो इसमें कोई बड़ी बात नहीं है। पर लोग जब आपको देखें तो आप चाहेंगी कि वह सोचें कि यह थी तो

कुत्तों को सिखाने वाले की बेटी, पर फिर भी सरकार ने इसे चुना। ज़रूर इसमें कोई बात होगी! इसके लिए आपको रानी की तरह बर्ताव करना होगा, जो कि आप हैं।'

मैंने कभी ऐसा नहीं सोचा था, लेकिन यह सही कह रही है।

मंगला की दायीं भौंह के ऊपर चोट का निशान है। क्या यह पियक्कड़ बाप की मार की निशानी है? क्या कोई गुस्सैल मालिक रहा होगा? यह सोचते हुए मुझे अजब-सा दिलासा मिलता है कि अगर मंगला यहां तक पहुंचने में कामयाब रही है, तो फिर मैं भी अपनी चुनौतियों पर पार सकती हूं ख़ासकर जब यह मेरे साथ खड़ी है।

जैसे ही वह मुझसे पूछती है कि लाहौर पहुंचने के बाद मेरे साथ क्या कुछ हुआ, मैं अपना दिल उसके सामने खोलकर रख देती हूं। बक्से के टूटे हुए ताले से लेकर, कमज़ोर कुंडी, रात को कमरे के बाहर से आती आहटें, माई के बेइज़्ज़ती भरे बोल, भागो का बुरा रवैया, क़ैदख़ाने जैसा कमरा, बेस्वाद खाना, बाक़ी रानियों की नफ़रत तक मैं उसे सब कुछ बता देती हूं और यह भी कि मुझे सबसे बड़ी आशंका यह थी कि सरकार मुझे भूल गये होंगे।

मंगला मेरे साथ हमदर्दी दिखाने में वक़्त नहीं गंवाती। वह सख़्त, हक़ीक़त बयां करने वाली आवाज़ में मुझसे कहती है, 'पर सरकार आपको भूले नहीं। मेरे लौटने तक इस बात को ध्यान में रखना।'

वह अपने साथ एक बड़ा-सा थाल लेकर लौटती है। उसमें पूरियां, गरमागरम चावल, दाल, सब्ज़ियां, गोश्त, दही, अचार और लड्डू भरे हैं। मैं थाल पर टूट पड़ती हूं, मंगला तसल्ली भरी नज़रों से मुझे देखती रहती है।

'माफ़ करें, मुझे आने में देर हो गयी। काफ़ी काम था और लोग काम करने को तैयार ही नहीं थे, आख़िर मुझे उन्हें धमकाना पड़ा। मैंने आपके लिए ख़िलवत ख़ाना में इससे बेहतर कमरा खोजा है, आपको शुरू में वही कमरा दिया जाना चाहिए था। कल तक तैयार हो जाएगा। तब तक मैं आपके लिए खाना-पानी लाती रहूंगी। आपको फिर से सबके साथ खाना खाने की ज़रूरत नहीं है। मुझे और भी काम हैं, पर आप फ़िकर नहीं करें।' उसके हाथ में लोहे का मज़बूत ताला है। 'बस मेरे पीछे से दरवाज़े पर ताला लगा लें।'

मैं मंगला का हाथ थाम लेती हूं। 'मुझे तुमसे बढ़िया साथी नहीं मिल सकती थी।'

मेरी बात उसके दिल को छूती हुई लगती है; मुझे नहीं लगता कि बहुत-से लोगों ने इस तरह उससे कभी दो मीठे बोल कहे होंगे। वह थोड़ी नरमी भरी आवाज़ में कहती है, 'आप आराम करें। आपको अच्छा दिखना है। सरकार फिर से आपके साथ रात बिताना चाहते हैं। मैं आपके लिए थोड़े बढ़िया कपड़े ले आती हूं।' मैं

अपने कमरबंद में सिक्के तलाशने की कोशिश करती हूं, पर मंगला एक अच्छी-ख़ासी रेशमी थैली निकालती है। 'हमारे सरकार हर चीज़ के बारे में सोचते हैं। आपको क्या लगा कि ख़िलवत ख़ाना का कमरा ऐसे ही मिल गया? मेरे ख़ूबसूरत चेहरे की वजह से तो नहीं ही मिला होगा!'

मंगला के जाने से ठीक पहले मैं उसे खाने में मिले ज़हर के अपने शक के बारे में बताती हूं, जिसकी वजह से चूहा मरा होगा। मुझे डर है कि कहीं वह इसे मेरा वहम कहकर नहीं नकार दे, पर उसके चेहरे पर डर झलकने लगता है। 'अच्छा है, आपने मुझे बता दिया। मैं ज़्यादा चौकन्नी रहूंगी। जब तक मैं आपके आस-पास हूं, आपको कोई नुक़सान नहीं पहुंचा सकता।'

मंगला के जाते ही मैं दरवाज़े पर ताला लगा लेती हूं और यहां आने के बाद पहली बार आराम से गहरी नींद में सो जाती हूं। मंगला की बातें मेरे दिमाग़ में गूंजने लगती हैं। 'सरकार ने कहा था, मंगला, मेरी जिन्दां का ख़ास ख़याल रखना। उसमें महान रानी बनने की क़ाबिलियत है।'

क्या मंगला ने ऐसा ही कहा था या फिर मैं सपना देख रही हूं? अब जो भी हो।

मेरे सरकार, आपको मुझ पर फ़ख़्र होगा।

मेरी ज़िंदगी जैसे परियों की कहानी में तब्दील हो गयी है। हर रात मैं शीश महल में सरकार के साथ सोती हूं और उनकी बांहों में ही मेरी सुबह होती है। हमारे बीच का जिस्मानी रिश्ता उतार-चढ़ाव भरा है, पर मैंने उसे लेकर परेशान होना छोड़ दिया है और इसकी बड़ी वजह यह है कि खुद उसे लेकर सरकार का रवैया हल्का-फुल्का रहता है। क्या मैं शादीशुदा ज़िंदगी का लुत्फ़ उठाने के मामले में कमी महसूस करती हूं? इस सवाल को मैं परे धकेल देती हूं। मेरे पति को मेरा साथ अच्छा लगता है और वह मुझसे प्यार करते हैं। मैं भी उन्हें बेहद चाहती हूं। क्या यह काफ़ी नहीं है? एक और कमाल मैंने कर दिखाया है, मैंने सरकार को मना लिया है कि वह कम पियें। रात के खाने के वक़्त भी मैं शराब की जगह फलों का रस या पानी रख देती हूं, वह थोड़ी शिकायत ज़रूरत करते हैं पर फिर मेरी बात मान लेते हैं।

ख़ासकर देर रात को सूबे में क्या कुछ चल रहा है, उसके बारे में बात करने में मुझे बहुत मज़ा आता है।

'चीज़ों की जानने की तुम्हारी ललक और समझदारी का मैं कायल हो गया हूं,' वह कहते हैं। 'मेरी कोई भी रानी क़िले के बाहर की बातें जानने में कोई दिलचस्पी नहीं रखती।'

कभी-कभी जब शीश महल में उनसे मिलने कोई दरबारी आता है, तो वह मुझे पीछे के कमरे में बैठकर सारी बातें सुनने को कहते हैं। बाद में हम उस पर बातचीत करते हैं। वक़्त के साथ मैंने काफ़ी कुछ सीखा है, ख़ासकर अंग्रेज़ों के बढ़ते ख़तरे के बारे में।

आज वज़ीर ध्यान सिंह का छोटा भाई सुचेत सिंह यह ख़बर लेकर आया था कि अंग्रेज़ों ने कुर्ग पर कब्ज़ा कर लिया। वह काफ़ी गुस्से में है, 'अंग्रेज़ों ने वीर राजा को गद्दी से उतार दिया, क्योंकि वह उनकी दख़लअंदाज़ी से परेशान हो गये थे और उनके ख़िलाफ़ उठ खड़े हुए थे। उन्हें किसने यह अधिकार दिया? कुछ साल पहले मैसूर में भी उन्होंने वही किया था। हमसे थोड़ी ही दूरी पर मौजूद बहावलपुर में भी यही किया गया।'

लाल कुर्ता पहने लंबे, गठीले सुचेत सिंह में सूरज का तेज है। महाराजा दिखने में सामान्य हैं, फिर भी उन्हें अपने आस-पास सजीले आदमियों को रखना पसंद है। मुझे उनके इस आत्मविश्वास की तारीफ़ करनी होगी।

सुचेत के कंधों पर हाथ रखते हुए सरकार कहते हैं, 'ऐसा इसलिए हुआ, क्योंकि हमने उन्हें ऐसा करने दिया। हम हिंदुस्तानी एक होना नहीं जानते, तब भी नहीं जब बाहरी आदमी ख़तरनाक हो।' उनकी आवाज़ अजीब ढंग से दुःखभरी है, मुझे अपना गला भी रुंधता लगता है। 'मराठों के साथ भी यही हुआ, जो हिंदुस्तान की एक बड़ी हुकूमत थे। तुम बहुत छोटे हो, पर मुझे वह वक़्त अच्छी तरह याद है, जब मुझे यह ख़बर मिली थी। उस वक़्त मैं मुल्तान में मसरूफ़ था। अंग्रेज़ों ने अपने जासूसों की मदद से हर मराठा सरदार की कमज़ोरियों की जानकारी हासिल कर ली थी। उनमें से कुछ के साथ उन्होंने समझौते किये, फिर बाकियों पर हमले किये। एक-एक करके फ़िरंगियों ने उन्हें हरा दिया। पेशवाओं को बचने का मौक़ा ही नहीं मिला। हम पंजाब में उन्हें ऐसा नहीं करने दे सकते। मुझे वचन दो।' वह तब सुचेत पर अपनी नज़र जमाये रखते हैं, जब तक कि वह अपने दिल पर हाथ रखकर सिर नहीं झुका ले। परदे के पीछे मैं भी ख़ामोशी से वचन लेती हूं।

सरकार ने दीवार पर हिंदुस्तान का नक़्शा लगवा रखा है, जिसमें अंग्रेज़ों के कब्ज़े वाले इलाक़े पर लाल रंग के निशान हैं। हर बार मुझे दिखायी देता है कि वे लाल धब्बे पंजाब के और नज़दीक आ गये हैं।

'जल्दी ही सब कुछ लाल हो जाएगा,' वह कहते हैं।

मैं उनकी बात का विरोध करती हूं। 'आप इतने चतुर और मज़बूत हैं कि कोई फ़िरंगी आपसे चालबाज़ी नहीं कर सकता।'

'मेरे जीतेजी तो ऐसा नहीं होगा, पर मुझे डर है कि तुम्हें वह वक़्त देखना पड़ सकता है।'

मैं गौर करती हूं कि उनकी महानता की चकाचौंध में मैं यह नहीं देख पायी कि दुश्मनों से पंजाब की हिफ़ाज़त करते-करते मेरे पति थककर चूर हो गये हैं। मेरे नसीब में आख़िर उनका साथ कितना लिखा है?

मेरे दिल में बच्चे की चाहत जाग जाती है। *मेरे महबूब का एक अंश, जो उनके बाद भी ज़िंदा रहेगा।* कुछ ऐसा, जो मुझे जीते रहने की वजह दे।

सरकार को अपने दरबार के अहम लोगों के बारे में मुझे बताना पसंद है। बाद में वह इसे खेल बनाकर मेरा इम्तहान लेते हैं। हर बार सही जवाब देने पर वह मेरी तरफ़ एक सिक्का उछाल देते हैं।

इस तरह मैं तीन हिंदू भाइयों के बारे में जानकारी हासिल करती हूं : सुचेत, गुलाब और ध्यान सिंह डोगरा, जिन्होंने सिर्फ़ अपनी मेहनत के बल पर दरबार में अपनी जगह बनायी और जो जम्मू के शासक हैं। यह भी कि किस तरह सिख सरदार, संधावालिया और अट्टारीवालों को उनसे जलन होती है और वे उनसे नफ़रत करते हैं।

'उनका कोई कसूर नहीं है,' सरकार कहते हैं। 'उन्होंने शुरुआती लड़ाइयां जीतने में मेरी मदद की, मेरे साथ लड़े और अपनी जान तक जोखिम में डाली। उन्होंने अपनी बहनों-बेटियों की शादी मुझसे की और मेरी मिस्ल को मज़बूत किया। उसके लिए मैं उनका हमेशा शुक्रगुज़ार रहूंगा। पर सिख रणनीति बनाने के मामले में अच्छे नहीं हैं। मुझे योद्धाओं की ज़रूरत है, पर मुझे लड़ाइयों को टालने के लिए अच्छे राजनीतिकारों की भी ज़रूरत है। लड़ाइयां होती रहेंगी तो मेरी सरज़मीं को तकलीफ़ होती रहेगी।'

किसी दिन वह कहते हैं, 'मेरे जाने के बाद ध्यान तुम्हारी मदद करेगा। पर मुझे सबसे ज़्यादा भरोसा हमारी खालसा फ़ौज के सिपहसालार हरि सिंह नलवा पर है। तुमने नलवा को नहीं देखा, क्योंकि वह हमेशा पंजाब की सरहदों की हिफ़ाज़त में चौकियों पर तैनात रहता है। तुम्हारा संदेश मिलते ही वह तुरंत मदद के लिए चला आएगा। नेपाल के राणा को भी याद रखना। हमारे सिपाहियों ने साथ-साथ लड़ाइयां लड़ी हैं। उन्होंने ज़रूरत पड़ने पर हमारी मदद करने की कसम खायी थी। पर उनका इलाक़ा कई पहाड़ों के पार बहुत दूर है। तुम्हें उतनी दूर जाने की ज़रूरत नहीं पड़ेगी।'

मेरे चेहरे पर परेशानी दिखते ही वह बात बदल देते हैं। 'चलो, देखते हैं कि विदेशियों के बारे में तुम क्या जानती हो?'

मैंने दूर से कुछ फ़िरंगियों को देखा है; बाक़ी तो मैंने उनके बारे में सिर्फ़ सुना ही है। पर मैं लगातार काम पर लगी रहती हूं। मैं उन्हें अंगुलियों पर गिन सकती हूं। 'अमेरिकी हारलन जो आपके यहां काम करता था, पर उसने आपको धोखा देने की कोशिश की; फ़्रांसीसी ऐलर्ड, वह जरनैल जिसे आप अपने भाई की तरह प्यार करते हो; इटली का आविताबिले जो मुश्किल हालात में बाघ की तरह लड़ता है; डॉक्टर होनिगबर्गर जिसकी नरमदिली ने आपका भरोसा जीत लिया है; डॉक्टर मैकग्रेगर जिन पर आपको भरोसा तो कम है, पर जिनके इलाज आपको मोहित कर लेते हैं। आख़िर में अंग्रेज़ राजनेता : बर्न्स, ब्रैडफ़ोर्ड, वेड, फ़ेन और वह चतुर लोमड़ बेंटिक।'

वह सिर हिलाते हैं और फिर मुझसे सवाल करते हैं। 'अंग्रेज़ों के बारे में क्या याद रखा जाना ज़रूरी है?'

'उनकी मेज़बानी अच्छी तरह करनी चाहिए, पर उन पर भरोसा नहीं किया जा सकता। वह अपनी बात के पक्के हैं, पर सिर्फ़ बाक़ी अंग्रेज़ों के मामले में। उनका मक़सद किसी सूबे के सरदारों के बीच फूट डालना है। जब तक आप एक को समझना, उससे निपटना सीखते हैं, तब तक वह वापस चला जाता है और उसकी जगह दूसरे बाक़ी लोग आ जाते हैं, उनके दिमाग़ में नयी खुराफ़ातें भरी होती हैं।'

खुश होकर वह मेरी तरफ़ सोने का सिक्का उछाल देते हैं। 'इन अंग्रेज़ों को तुमने ज़्यादातर लोगों से बेहतर समझा है।'

'शुकर है वाहेगुरु का। मुझे कभी उनसे निपटना नहीं पड़ेगा।'

'मैं भी यही कामना करता हूं। पर मैं आख़िर तुम्हें यह सब सिखा क्यों रहा हूं?'

मेरे पास कोई जवाब नहीं है। सरकार के नहीं रहने पर माई निकाइन से जन्मा उनका बेटा खड़क सिंह गद्दी संभालेगा। मुझे पक्का पता है कि राजा बनते ही वह मुझे हमेशा-हमेशा के लिए गुजरांवाला भेज देगा।

फिर भी मुझे क्यों लगता है कि यह सारी जानकारी मेरे लिए अहमियत रखती है?

अपने परिवार से सरकार का रिश्ता दरबार से उनके रिश्ते से भी कहीं ज़्यादा पेचीदा है। उनकी कई पत्नियां और बेटे हैं, जिनमें से कुछ को उन्होंने अपनी संतानों के रूप में मान्यता दी है। उनके वारिस राजकुमार खड़क लाहौर में रहते हैं और खड़क के बेटे नौनिहाल भी, हालांकि दोनों की अपनी अलग हवेलियां हैं। शीश महल में सरकार से मिलने आते हुए मैंने उन्हें देखा है।

कभी खड़क बहुत अच्छे योद्धा हुआ करते थे, लेकिन अब उनका वज़न बढ़ गया है और चाल में सुस्ती आ गयी है। उनकी आंखों के आस-पास काले घेरे हैं, मंगला बताती है कि अफ़ीम लेने की वजह से ऐसा होता है। ऐसा बहुत कम ही होता है कि हम एक साथ एक ही कमरे में मौजूद हों, पर जब भी ऐसा हुआ है, वह मुझे शक भरी तिरछी निगाहों से देखते हैं। मुझे हैरानी नहीं होती, क्योंकि माई ने ज़रूर मेरे ख़िलाफ़ उनके कान भरे होंगे। क्या उनके जाने के बाद मां-बेटा मेरे बारे में बात करते होंगे, जैसे मैंने क्या पहना था, मैंने क्या कहा या फिर क्या सरकार ने मेरे प्रति प्यार ज़ाहिर किया?

सरकार का सबसे पसंदीदा पोता नौनिहाल अपने नाखुश रहने वाले बाप से बिलकुल अलग है। वह सुडौल, सुंदर और इतनी ऊर्जा से भरा है कि शायद ही कभी चुपचाप बैठे। मुझे नौनिहाल अच्छा लगता है। उमर में मुझसे थोड़ा ही छोटा नौनिहाल मुझसे खुलकर हँसी-मज़ाक़ भी करता है। वह अपने दादा की बात ध्यान से सुनता है और अपने से दोगुनी बड़े उम्र के दरबारियों के मुक़ाबले नीतियों पर ज़्यादा समझदारी से बात करता है। बहुत अच्छा योद्धा है और फ़ौज में भी सब उसे पसंद करते हैं।

'काश, मैं नौनिहाल को अपना वारिस बना सकता!' सरकार मुझसे कहते हैं, पर वह ऐसा कर नहीं सकते। उन्होंने खड़क को अपना वारिस ज़रूर बनाया है, लेकिन वह फ़ैसले लेने के मामले में नौनिहाल को भी शामिल करते हैं।

अफ़सोस की बात यह है कि खड़क और नौनिहाल में आपस में ज़रा भी नहीं बनती। जब भी सरकार के कहने पर वे दोनों साथ आते हैं, तो मुझे ख़तरे की घंटी साफ़ सुनायी देती है। जब सरकार का कोई राजनीतिक नुक्ता खड़क की समझ से छूट जाता है, तो नौनिहाल के चेहरे पर हिकारत साफ़ दिखायी देती है। उनके जाने के बाद सरकार खिड़की पर खड़े होकर चुपचाप लाहौर को देखने लगते हैं। मैं उन्हें अपनी बांहों के घेरे में ले लेती हूं और चाहती हूं कि उनकी सारी परेशानियां अपने सिर ले लूं। जब वह पूछते हैं कि क्या तुम्हें लगता है कि *ये दोनों मिलकर राजकाज संभालने में कामयाब हो सकेंगे,* *तो मैं ख़ामोश रहती हूं।* मैं उनसे झूठ नहीं बोल सकती।

जवाहर ने मुझसे कुछ करने को कहा था, पर मैं उसमें नाकाम रही हूं। वह एक के बाद एक चिट्ठी में यही लिखता है, *प्यारी बहन, तुम मुझे लाहौर कब बुला रही हो? इन अनपढ़ किसानों के साथ मेरा दम घुट रहा है।*

रात पूरी तरह तृप्त हो जाने के बाद जब सरकार मेरे गले में मानिक का हार पहनाने वाले होते हैं तो मैं उनका हाथ पकड़ लेती हूं।

'रहने दें, मेरे पास काफ़ी गहने हैं।'

उन्हें हैरानी होती है और हँसी भी आ जाती है। 'मैंने कभी नहीं सोचा था कि कोई औरत ऐसा भी कह सकती है! तो फिर मैं तुम्हें क्या दे सकता हूं? और नौकर-चाकर?'

'नहीं, मंगला काफ़ी है मेरे लिए।'

'तुम्हारी अपनी हवेली? क़िले के किनारे थोड़ी जगह है... तुम चाहो तो वहां पर तुम्हारे लिए तुम्हारी पसंद का महल...'

अपना खुद का घर, सोचकर मुझे लालच आने लगता है। मैंने कभी सोचा भी नहीं कि ऐसा कुछ हो सकता है। पर मैं मना कर देती हूं।

'मुझे अपने भाई के लिए कुछ चाहिए। जवाहर को लाहौर बहुत याद आता है और उसे गुजरांवाला में रहना ज़रा भी पसंद नहीं। उसे पिता के कारोबार में भी कोई दिलचस्पी नहीं। साथ काम करते ही दोनों लड़ने लगते हैं। बीजी से पता चला कि वह बुरी सोहबत में भी पड़ गया है। क्या आप उसे दरबार में किसी काम पर नहीं रख सकते, छोटा-मोटा काम भी चलेगा।'

सरकार का चेहरा सख़्त हो जाता है। 'मुझे तुमसे प्यार है, जिन्दां। पर मैं अपनी रानियों के किसी भी रिश्तेदार को लाहौर में रहने की इजाज़त नहीं देता, यहां उनका पुश्तैनी घर हो तो और बात है। मैं दरबार में भी उन्हें ज़्यादा तरजीह नहीं देता, उससे उलझनें बढ़ सकती हैं। सारे पंजाब में मैं इस बात के लिए मशहूर हूं कि मैं सिर्फ़ उन्हीं लोगों को इनाम देता हूं, जो वाकई उसके हक़दार होते हैं। यह मेरी ताक़त का एक बड़ा हिस्सा है और यह मेरे दरबारियों की वफ़ादारी की भी एक बड़ी वजह है। मैं तुम्हारे लिए भी दस्तूर को नहीं बदल सकता।'

उनकी बात पत्थर पर लकीर की तरह है। मैं उम्र भर उस पर सिर फोड़ती रह सकती हूं, पर उससे कुछ भी हासिल नहीं होगा। रानी होने के नाते मैं देख सकती हूं कि वह सही हैं। उनका इंसाफ़ ही शेर-ए-पंजाब के दरबार को उन बाक़ी दरबारों से अलग करता है, जिनमें चापलूस भरे पड़े रहते हैं। बीवी के तौर पर अपनी बात ठुकराये जाने से मुझे चोट पहुंची है और मैं नाराज़ भी हूं। उनके प्यार भरे बोलों का फिर क्या मोल रह जाता है?

अपने कमरे में मैं यह समझकर रोने लगती हूं कि मैं अपने परिवार को यानी अपनी बीजी और जवाहर को आराम की ज़िंदगी बिताने के लिए कभी भी लाहौर नहीं बुला सकूंगी। बीजी दुःखी होंगी, लेकिन वह समझ जाएंगी। जवाहर ज़रूर

आगबबूला हो जाएगा। वह शराब की लत और उदासी में गहरे डूब जाएगा। मैं उसकी इस हालत की वजह बनना बर्दाश्त नहीं कर सकती।

मैं उसे जवाब में लिखती हूं, *मेरे भाई, धीरज रखो। मैं कोशिश में लगी हूं। अभी मेरा उतना ज़ोर नहीं है। पर मैं तुम्हें जल्द ही यहां बुलाऊंगी।*

चिट्ठी भिजवाते ही मुझे अपराधबोध होने लगने लगता है। सरकार हमेशा अपनी बात पर क़ायम रहेंगे। मुझे जवाहर को सच बता देना चाहिए था। फिर शायद वह अपने लिए कहीं और कामयाबी की तलाश कर लेता।

अब मैं सरकार की पसंदीदा रानी हूं। मुझ पर तोहफ़ों की बरसात होने लगी है। कई रानियां मेरे दायरे में शामिल होना चाहती हैं, दरबारियों की बीवियां चाहती हैं कि मैं उनके पतियों की तरफ़ से सिफ़ारिश करूं। मैं बड़ी तमीज़ से सब कुछ क़बूल कर लेती हूं, लेकिन किसी से कोई वादा नहीं करती।

'अरे, आप तो पैदायशी रानी हैं!' मंगला हँसते हुए कहती है।

रात को मेरे दरवाज़े के बाहर चोरी-छिपे बहुत से तोहफ़े रखे जाते हैं। रेशम, चांदी की पायज़ेबें, फ़ारस से आया इत्र और उनके साथ कुछ शायरी भी लिखी होती है। *ओ मेरी चांद, जन्नत से भी बुलावा आये और तुम्हारे बगैर वहां जाना पड़े तो मैं साफ़ मना कर दूंगा, तुम्हारे बिना वह जन्नत भी क़ैद जैसी नहीं होगी?*

'इतनी बुरी शायरी लिखने वालों को सज़ा देने का भी कोई क़ानून होना चाहिए,' मैं मंगला से कहती हूं।

मुझे पसंद करने वालों में से एक सबसे ख़ूबसूरत नौजवान है, गुल्लू। वह ज़नाना में पानी लाने का काम करता है। वह हर सुबह ख़ामोशी से मेरी खिड़की के नीचे खड़ा रहता है, जैसे किसी इबादत में हो।

मंगला बड़ी हसरत से आह भरते हुए मुझे बताती है, 'उसने मुझसे कहा है कि आपको एक पल के लिए देखने के लिए वह अपनी महीने भर की तनख़्वाह मुझे दे देगा। आपका हाथ छूने भर के लिए साल भर की तनख़्वाह लुटा देगा। मैं तो उसकी बात मानने से रही, पर वह बहुत दिलकश है, मोहब्बत के जुनून में डूबा हुआ।'

गुल्लू मुझे चमकीली मैना भेजता है, जिसे उसने मेरा नाम बोलना सिखाया है। मेरी खिड़की के नीचे गायकों को प्यार में नाकाम रहे हीर-रांझा की दास्तान गाने को कहता है। मुझे लगता है कि मंगला ने उसे बताया होगा कि यह मेरा पसंदीदा गाना है।

मंगला फुसफुसाते हुए पूछती है, 'आपकी उससे मुलाक़ात करा दूं? उस वक़्त, जब वह हमारा हौज़ भरने आता है? किसी को भी शक नहीं होगा। ऐसे भी वह

हवेलियों में आता-जाता रहता है...' उसकी आंखों में हमदर्दी का भाव है। वह मेरी बेहद निजी ज़िंदगी की कमियों से वाकिफ़ है।

मंगला के सुझाव से मैं हैरान रह जाती हूं, हालांकि यह मानना पड़ेगा कि मुझे थोड़ा लालच तो आता है। गुल्लू के हसीन होने की वजह से नहीं, बल्कि इस कारण से कि किसी की दुनिया की धुरी होना कितना रोमांचक हो सकता है। सरकार मुझसे प्यार करते हैं, पर मैं इस तरह से तो उन्हें अपने क़ाबू में नहीं कर सकती। फिर मैं अपनी इस नादानी को एक तरफ़ झटक देती हूं।

'इस तरह की बातें सोचने से पहले भी तुम्हें ध्यान रखना चाहिए,' मैं बड़ी सख़्ती से उसे कहती हूं। 'गुल्लू से कहो कि इस तरह की बेवकूफ़ी भरी हरकत छोड़ दे। इससे मुझे परेशानी ही होगी और उसकी जान तक जा सकती है। आगे से कोई भी आदमी मेरे लिए तोहफ़ा लाए, उसे सबके सामने सीधे बाहर फेंक देना।'

मंगला घबराकर अपना सिर झुका लेती है।

मैं कतई नहीं चाहती कि सरकार को मुझ पर किसी तरह का कोई शक हो। सिर्फ़ इसलिए नहीं कि मैं उन्हें चाहती हूं, बल्कि इसलिए भी कि मैं बच्चा चाहती हूं, जिसके कुल, ख़ानदान पर कभी कोई सवाल नहीं खड़ा कर सके।

जब मंगला गाने वाली मैना को ले जाती है, तो क्या मेरे दिल में कोई टीस उठती है? जब बांके जवान घुड़सवार मेरी खिड़की के नीचे से गुज़रते हैं, तो क्या मैं वहां यह सोचती हुई थोड़ी देर और खड़ी रहती हूं कि क्या उनमें से किसी ने मुझे कल अपने ख़्वाब में देखा होगा? *मुझे माफ़ करें, वाहेगुरु!* तारीफ़ दरअसल बहुत ज़बरदस्त नशा है।

फ़कीर और गुड्डां ही ऐसे हैं, जिनके आने का मैं बेसब्री से इंतज़ार करती हूं। फ़कीर मेरे पिता जैसे हैं, ठीक जैसे पिता की मुझे हसरत रही और गुड्डां मेरी सबसे प्यारी दोस्त और बहन। एक मेरे लिए ज़रूरी राजनीतिक जानकारी लाता है; दूसरी मुझे ज़नाना के शिष्टाचार के बीच बचते-बचाते आगे बढ़ना सिखाती है। इनसे बेहतर तोहफ़े और क्या हो सकते हैं?

लाहौर आने के बाद कुछ समय तक मुझे फ़कीर नहीं दिखे। आख़िरकार जब मेरी उनसे मुलाक़ात हुई, तो वह काफ़ी बूढ़े और कमज़ोर लग रहे थे। रोते हुए मैंने अपनी बांहें उनके गले में डाल दीं।

'आपने इतनी देर क्यों की? मैं बिलकुल अकेली थी और हर कोई बहुत ज़्यादा बेरहम।'

'चुप हो जा, मेरी बच्ची। मैं भी मजबूर था। सरकार ने मुझे अफ़गान बादशाह दोस्त मोहम्मद के पास भेजा था कि वह हमारे इलाक़े में घुसपैठ करना बंद करे। जवाब में उसने हर तरह के क़ायदे को तोड़कर मुझे क़ैद में डाल दिया!'

मैं भयभीत हूं। 'आपकी जान जा सकती थी!'

'हर किसी को कभी न कभी मरना ही है,' वह बड़ी नरमी से जवाब देते हैं।

फ़कीर दरबार की सबसे नयी परेशानियों का ज़िक्र करते हैं। अंग्रेज़ों से शह पाकर उत्तर-पश्चिम के अमीरों ने सिंधु के साथ बसी पंजाबी बस्तियों पर हमला कर दिया था। हमारी फ़ौजों ने जब उन्हें पीछे धकेला, तो अंग्रेज़ों ने अमीरों का साथ दिया और सरकार को चेताया कि उनके इलाक़े वापस कर दें। वरना उन्हें हमसे लड़ाई करने पर मजबूर होना पड़ेगा।

'मैंने कभी अपने दरबार में इस तरह की नाराज़गी और मतभेद नहीं देखे,' फ़कीर कहते हैं। 'ज़्यादातर वज़ीर दख़ल नहीं देने के समझौते को तोड़ने और हमारे बाहरी इलाक़ों पर कब्ज़ा करने की वजह से अंग्रेज़ों के ख़िलाफ़ लड़ाई चाहते हैं।'

'पर अंग्रेज़ तो यही चाहते हैं!' मैं कहती हूं। 'इससे तो उन्हें हम पर पूरी ताक़त से हमला करने का बहाना मिल जाएगा।'

मेरी इस गहरी बात को सुनकर उनके चेहरे पर संतोष का भाव है। 'हमारे सरकार भी बहुत नाराज़ थे, पर वह भी इस बात को समझ गये। उन्होंने भी इस जाल में नहीं फंसने का फ़ैसला किया। पर नौजवान सरदार नाख़ुश थे। कुछ में तो कानाफूसी तक शुरू हो गयी कि लड़ने के लिहाज़ से सरकार अब बूढ़े हो गये हैं।' फिर वह दूसरी बात करने लगते हैं। 'अंग्रेज़ों का ख़तरा अभी फिर भी दूर है; एक तो ठीक तुम्हारे सामने है। तुम्हारी तरक़्क़ी से माई निकाइन काफ़ी रोष में हैं।'

इस बात को सुनकर मेरे रोंगटे खड़े हो जाते हैं। मैंने फ़कीर को मरे हुए चूहे के बारे में नहीं बताया। इससे उन्हें फ़िकर होगी और वैसे भी उनके सामने कई मुश्किलें हैं। वैसे माई फ़िलहाल मेरा कुछ नहीं बिगाड़ सकतीं। 'इस वक़्त जबकि मैं सीधे सरकार की हिफ़ाज़त में हूं, उनकी हिम्मत नहीं होगी, कुछ करने की।' मैं पुरज़ोर ढंग से अपनी बात रखती हूं।

'उन्हें कम मत आंको,' फ़कीर चेताते हैं, 'वह बेहद चालाक हैं।'

गुड्डां इस बात के लिए कई बार माफ़ी मांग चुकी हैं कि मेरे आने के समय वह लाहौर में नहीं थीं। उनके भेदियों ने ज़रूर उन्हें बताया होगा कि माई ने मेरे साथ कितनी बदसलूकी की थी। मैं उनसे कहती हूं कि मैं सब कुछ समझती हूं। उनकी मां मौत के कगार पर थीं, ऐसे में उनका फ़र्ज़ था कि वह उनके पास रहें।

'वह तो है। मेरी मां मुझ पर ही आश्रित थीं और मेरी बहन बंसो के जाने के बाद ज़्यादा हो गयीं।' उनकी आंखों में दर्द उभर आता है। 'तुम्हें देखकर मुझे उसकी याद आती है।'

शायद यही वजह है कि वह मुझे तोहफ़ों से लाद देती हैं। आज उन्होंने अपना मोतियों जड़ा दुपट्टा मेरे कंधों पर डाल दिया। 'सरकार से मिलने जाओ, तो इसे ओढ़ लेना।'

'क्या आपको बुरा नहीं लगता?'

'यह कि तुम उनके साथ सोती हो? लग सकता था, अगर मैं भी उन नकचढ़ी रानियों जैसी होती। पर तुम तो मेरी बहन जैसी हो।' कहीं दूर देखते हुए वह कहती हैं। 'मैं तुम्हें बंसो की कहानी सुनाती हूं।'

गुड्डां और उनकी छोटी बहन के पिता संसार चंद ने राजनीतिक गठबंधन के तहत सरकार से दोनों की शादी करवा दी थी, शाही शादियों में यह आम बात थी। गुड्डां तो यह बात समझ गयीं, पर बंसो नहीं समझ पायी। उसे सरकार से मोहब्बत हो गयी। थोड़े समय तक सब कुछ ठीक रहा। वह बहुत हसीन थी और सरकार ने उसे पूरी तवज्जो दी। फिर बाद में वह बाक़ी कामों, जैसे शिकार, दावतों, युद्ध अभियानों, स्वर्ण मंदिर की अपनी यात्राओं में व्यस्त हो गये। आख़िरकार वह राजा थे। उनकी ज़िंदगी में और औरतें भी आ गयीं।

'मैंने पूरी कोशिश की कि बंसो यह समझ जाए कि रानी की यही ज़िंदगी थी। सरकार कभी सिर्फ़ उसके होकर नहीं रह सकते थे। बंसो इसे बर्दाश्त नहीं कर सकी और एक सुबह उसकी लाश मिली। उसके होंठ काले पड़ चुके थे, उसने ज़हर खा लिया था।'

मैं समझ गयी कि गुड्डां ने मुझसे प्यार के कारण यह दर्दनाक कहानी मुझे सुनायी। यह एक चेतावनी है। *वह तुमसे भी उकता सकते हैं। इसके लिए तैयार रहना।*

रात सरकार की बगल में लेटे हुए मेरे आंखों से नींद ग़ायब हो गयी। यह बात पक्की है कि मैं ख़ूबसूरत होने के अलावा भी बाक़ी हुनर रखती हूं। क्या वह मुझसे उन सब चीज़ों पर बात नहीं करते, जिन पर वह किसी और से बात नहीं करते? क्या मैं अकेली रानी नहीं हूं, जो पंजाब के लिए देखे गये उनके सपनों को समझती हूं?

अगर मैं ग़लत साबित हुई तो? अगर कोई नयी औरत उनकी ज़िंदगी में आ गयी, तो मैं क्या करूंगी?

मेरा दिल टूट जाएगा, पर मैं उसके लिए अपनी जान नहीं दूंगी। मौक़ा मिलने पर मुमकिन है कि मैं उस औरत की जान ले लूं?

क्यों मैं माई निकाइन की तरह सोच रही हूं, क्या मैं अपनी सोच से कहीं ज़्यादा उनके जैसी हूं!

14

नौनिहाल का विवाह

शाही परिवार से लेकर आम आदमी तक, सभी बहुत खुश हैं, क्योंकि हम सब मिलनसार, दरियादिल और पंजाब की उम्मीद नौनिहाल को बहुत चाहते हैं। यह वही नौजवान है, जिसने दोस्त मोहम्मद को धूल चटायी थी और जिसने अंग्रेज़ों की साज़िश के बारे में खुलकर बात भी की थी। अब वह हमारी एक मज़बूत मिस्ल अट्टारीवालों की बेटी के साथ विवाह के बंधन में बंधने जा रहा है।

'मैं लाहौर के हर इंसान को बुलाना चाहता हूं,' सरकार मुझसे कहते हैं। 'दुल्हन के आने पर उसके स्वागत में खड़े हर आदमी को इस मौक़े पर ख़ास तौर ढाली गयी चांदी की मोहर दी जाएगी। मैं इस शादी को यादगार बना दूंगा।'

दूल्हे की दादी होने के नाते माई निकाइन का ओहदा तो पहले से काफ़ी बड़ा हो गया है। अब उन्हें लगता है कि वह और भी ज़्यादा इज़्ज़त की हकदार हैं।

गुड्डां बताती हैं, 'वह रानियों द्वारा दिये गये हर तोहफ़े को देखना चाहती हैं। उनकी मंजूरी मिलने पर ही तोहफ़े बारात के साथ भेजे जा सकते हैं। उनकी बेचारी बहू चंद कौर को तो इतनी भी इजाज़त नहीं कि वह खुद फ़ैसला करें कि अपने बेटे और उसकी दुल्हन के स्वागत में वह क्या पहनेंगी।'

जैसा कि रिवाज है, सरकार, खड़क और नौनिहाल के साथ सिर्फ़ मर्द ही जाएंगे। इस बारात में तकरीबन दो सौ की तादाद में मुख्य सरदार, दरबार के बड़े ओहदेदार और पूरी शाही घुड़सवार फ़ौज जाएगी। सरकार की पहली पत्नी मेहताब से उनके तथाकथित बेटे शेर सिंह ने भी अपने पिता के साथ रिश्ते ठीक कर लिये

हैं। वह विदेशी मेहमानों के साथ होंगे, क्योंकि वह अंग्रेज़ी बोल सकते हैं और अपने बेशक़ीमती घोड़ों की वजह से भी मशहूर हैं।

फ़कीर उनके बारे में बताते हैं, 'वह काली दाढ़ी रखने वाले शेर सिंह लंबे-चौड़े, ख़ूबसूरत हैं और ज़री की शेरवानी पहनना पसंद करते हैं। उन्हें ख़ासकर पन्ना बहुत पसंद है और विदेशी खुशबुएं भी। फ़्रांसीसी जरनैल उन्हें लाकर देते हैं, ज़ाहिर उनके लिए वे अच्छी-ख़ासी क़ीमत लेते हैं।'

'क्या सरकार अपनी जवानी में वैसे ही दिखते थे?' मैं पूछती हूं। कई बार अपने अंतरंग पलों में मैं आंखें बंद कर कल्पना करती हूं कि मेरे पति बीस-पच्चीस साल के नौजवान हैं और यह भी कि काश, मैं उन्हें उस वक़्त मिली होती।

फ़कीर की हँसी छूट जाती है। 'नहीं, बिलकुल नहीं। यही वजह है कि बातें भी बनती रही हैं कि शेर सिंह का असली पिता कौन हो सकता है। हालांकि अपनी रियासत के भले के लिए सरकार ने उन्हें अपना बेटा मान लिया है। हमारे सरकार ने तो कभी बाहरी दिखावे पर ध्यान ही नहीं दिया। वह तो हमेशा पंजाब को एकजुट करने में लगे रहे। दरबार में भी वह बहुत ही सादे लिबास में होते हैं।'

शेर सिंह को इस तरह अहमियत दिया जाना खड़क को नागवार गुज़रा है, लेकिन सरकार ने अपने सभी बेटों से, यहां तक कि कश्मीरा और पिशौरा जैसे सीधे-सादे बेटों से भी सख़्ती से बात की है और उनसे वादा लिया है कि वे सभी एक-दूसरे से अच्छी तरह पेश आएंगे। उनके बीच किसी तरह की कड़वाहट बाहर ज़ाहिर नहीं होनी चाहिए, ख़ासकर विदेशियों के सामने।

***

माई ने सभी सरदारों और ज़नाना की अपनी पसंदीदा रानियों को कई दावतें दी हैं। वे शादी की रस्मों, दूल्हे की हल्दी, मेंहदी, दुल्हन के लिए सगन और शादी मौक़े पर ख़ास तौर पर चुलहबाज़ी भरे संगीत में शामिल होंगी। उन्होंने सबसे अच्छे गाने, नाचनेवालों और ख़ानसामों को बुलाया है। माई मेहमानों की हैसियत और अहमियत के मुताबिक़ यह तय करेंगी कि उन्हें कहां पर बिठाया जाए और क्या तोहफ़े दिये जाएं।

रानियों में सिर्फ़ मुझे ही नहीं बुलाया गया है।

'अच्छा ही है,' मैं मज़ाक़िया लहजे में गुड्डां से कहती हूं। 'माई मुझे सबसे आख़िरी पांत में बिठातीं और घटिया तोहफ़ा देतीं। कम से कम मुझे दो सौ औरतों की नज़रों के सामने ज़िल्लत का सामना तो नहीं करना पड़ेगा।'

'ऐसा कुछ ख़ास नहीं होने वाला,' गुड्डां मुझे ढांढस बंधाती हैं। 'बेकार का मनबहलाव होता है और माई बस अपने ख़ानदान की बड़ाई करती रहती हैं, कम

से कम तुम्हें वह सब नहीं झेलना होगा।' पर मैं जानती हूं कि वह मुझसे झूठ कह रही हैं, ताकि मुझे ज़्यादा बुरा नहीं लगे।

बाहर निकलते हुए वह कहती हैं, 'तुम्हें शायद सरकार से बात करनी चाहिए। पक्की बात है कि उन्हें मालूम नहीं होगा कि माई क्या कर रही हैं।'

'नहीं!' मेरा जवाब है। मुझे माई से चाहे जितनी नफ़रत हो, पर मैं चुगलखोरी नहीं कर सकती। इसके अलावा मैं यह भी जानती हूं कि सरकार कई हफ़्तों से मेरे लिए वक़्त नहीं निकाल पाये हैं और उनके पास पहले ही अपने बहुत से मसले हैं। फ़कीर ने मुझे बताया कि शादी के ख़र्च के लिए वह ज़मींदारों से नज़राने वसूलने में मसरूफ़ हैं और साथ ही अपने ख़ज़ाने से भी पैसे का बंदोबस्त कर रहे हैं। उन्होंने समूचे पंजाब से सुरक्षा के लिए फ़ौज को बुला लिया है या फिर ईमानदारी से कहें तो शादी के लिए ख़ास तौर पर ऐसा किया है। वे बारात का हिस्सा होंगे। दुश्मन इसका फ़ायदा उठाने की फ़िराक में हैं। उत्तर-पश्चिमी सरहद पर परेशानी सिर उठा रही है। हरि सिंह नलवा को उसका बंदोबस्त करना होगा और वह शादी में नहीं आ सकेंगे।

फ़कीर ने यह भी बताया कि 'सरकार को हर अहम मेहमान को यह महसूस करवाना है कि उसे भरपूर इज़्ज़त दी जा रही है। मिस्लों के सरदार बहुत जल्दी नाराज़ होकर लड़ना शुरू कर देते हैं, ख़ासकर पीने-पिलाने के बाद। मेरा काम उन्हें शांत रखना है। अंग्रेज़ों के सामने ध्यान रखना बहुत ज़रूरी है, क्योंकि वे इन सब कमज़ोरियों को बाद में फ़ायदा उठा सकते हैं।'

'हम उन्हें बुला ही क्यों रहे हैं?' मैं गुस्से में पूछती हूं। 'वे सरकार की इज़्ज़त नहीं करते। मुझे याद है जब आपके जासूसों के हाथ उनकी चिट्ठियां लगी थीं। उन्होंने सरकार को बूढ़ा लोमड़ कहा था और उनके दरबार को अय्याशी का अड्डा तक कहा था। सरकार को भी यह बात मालूम है।'

'वह सब कुछ जानते हैं, पर उनसे सीधी दुश्मनी करना पंजाब के लिए अच्छा नहीं है और सरकार सबसे पहले पंजाब की भलाई के बारे में सोचते हैं। यह तुम्हें भी अब तक मालूम हो जाना चाहिए। अंग्रेज़ों ने दोस्ती का दावा करते हुए दस्तावेज़ों पर दस्तख़त किये हैं। यह ज़रूरी है कि हम उनके साथ उसी हिसाब से पेश आएं।'

मैंने मुंह बिचका दिया। मैं अंग्रेज़ों पर भरोसा नहीं कर सकती।

ऐसे हालात में मैं माई की शिकायत कर अपने पति की तकलीफ़ें और नहीं बढ़ा सकती। उनके लिए मेरी चाहत के सामने यह कुछ भी नहीं।

लगता है कि किसी ने सरकार से ज़रूर कुछ कहा होगा या फिर जितना मैंने सोचा था उससे कहीं ज़्यादा सरकार खुद ज़नाना के दांवपेंच से वाकिफ़ हों। तभी तो गुड्डां

के यहां से लौटते ही वह मुझे शीश महल बुलवा लेते हैं। मैं बड़े जतन से तैयार होती हूं। अपनी आंखों में फ़ारस का चमकीला सुरमा लगाती हूं, जो मंगला मेरे लिए चोर बाज़ार से लायी थी। उसे बेचने वाले का कहना था कि उसमें जादुई ताक़त है। शादियों के जलसे में सरकार को बहुत-सी ख़ूबसूरत औरतें दिखने वाली हैं, जिनमें वे नर्तकियां भी होंगी जो सरकार को तोहफ़े में दी जाएंगी; ऐसे में मुझे अपनी तैयारी में कोई कसर नहीं छोड़नी है।

सुरमेवाले की बात में कोई सच्चाई तो ज़रूर रही होगी, क्योंकि मेरे शीश महल पहुंचते ही सरकार बड़ी बेसब्री से मुझे चूमने लगते हैं, मेरी चोली की डोरियों से उलझने लगते हैं। वह मेरे क़रीब आने के लिए बाक़ी दिनों की तरह खाने का इंतज़ार भी नहीं करते। मुझे बिस्तर पर ले जाने की बजाय वह वहीं कालीन पर मुझसे लिपट जाते हैं। मुझे भी कोई परेशानी नहीं होती, उनकी यह बेसब्री मुझे अच्छी लगती है। मैं अपनी टांगें उनकी कमर पर बांध लेती हूं और हम दोनों साथ ही अपने चरम पर पहुंचते हैं। ऐसा अक्सर बहुत कम होता है और मैं अपना पूरा ध्यान अपनी कोख पर लगाती हूं। *वाहे गुरु, मैं आपसे भीख मांगती हूं।*

बाद में हम दोनों लाहौर की रोशनी देखते हैं, जो हमेशा की तरह मुझे ख़ूबसूरत लगती है। वह अपनी नाक मेरी गरदन पर लगाकर कहते हैं, 'मुझे तुम्हारी बहुत याद आयी। यह शादी हो जाए, तो हम जंगल में चलेंगे, तुम, मैं और लैला। तुम चलोगी?'

उनके नज़दीक अकेले रहने का सुख, लैला पर बैठकर आगे बढ़ते जाना जैसे दुनिया का कोई ओर-छोर नहीं हो।

'बिलकुल!' मैं फुसफुसाकर कहती हूं।

'हम जंगलों के बीच से गुज़रेंगे और पेड़ों के नीचे खाना खाएंगे, ठीक वैसे जैसे शादी से पहले किया था। इस बार हालात बेहतर होंगे, क्योंकि मुझे खुद पर क़ाबू नहीं करना पड़ेगा और तुम्हें तुम्हारे पिता के पास अनछुआ नहीं भेजना होगा। तुम्हें मालूम है कि वह मेरे लिए कितना मुश्किल था? मुझे खुद पर कितना क़ाबू करना पड़ा था?'

क्या उन्हें सचमुच वैसा लगा था? तब मुझे ज़रा भी भनक नहीं लगी थी। 'मुझे बस इतना याद है कि आप अपनी रहमदिली के बावजूद मुझे कितने अलग-थलग और ताक़तवर लगते थे। मेरी क्या जुर्रत थी कि उम्मीद करूं कि आप मुझे बाद में याद रखेंगे, प्यार करना तो बहुत दूर की बात थी।'

वह मुझे अपने और क़रीब ले आते हैं। 'और अब देखो, हमेशा के लिए साथ हैं। वाहे गुरुजी दी मेहर है! पर तुम बताओ कि शादी की चहल-पहल का मज़ा ले रही हो या नहीं?'

माई की शिकायत करने का यह सबसे अच्छा मौक़ा है।

मैं कहती हूं, 'बिलकुल! यह तो ऐसा मौक़ा है, कई पीढ़ियों तक लोग जिसकी बातें करेंगे। मुझे नौनिहाल के ब्याह की बहुत ख़ुशी है। वह अच्छा लड़का है और आपसे बहुत प्यार भी करता है।'

सरकार मुझे भेदती निगाह से देखते हैं, 'नौनिहाल भी तुम्हें पसंद करता है। एक बार उसने कहा था कि मेरी सभी रानियों में से तुम सबसे नेकदिल हो। उसने सही कहा है। चलो, फ़िलहाल तुम्हें बताता हूं कि बारात के लिए मैंने क्या कुछ सोचा है।'

मैं उनके कंधे पर अपना सिर रखकर बड़ी तसल्ली से उनकी बात सुनती हूं। सबसे पहले सरकार आशीष लेने अमृतसर में हरमंदर साहिब जाएंगे, जिसे उन्होंने सोने से सजाया है। फिर बारात अट्टारी जाएगी। उनके जुलूस में एक सौ हाथी होंगे; सरकार और अंग्रेज़ों के कमांडर फ़ेन पहले हाथी पर होंगे। हमारे सबसे अच्छे छह सौ घुड़सवार उनके पीछे होंगे। ध्यान सिंह अपने बेटे हीरा के साथ घुड़सवारों की अगुवाई करेगा। सरकार भी हीरा को बहुत चाहते हैं। ध्यान और हीरा ने इस मौक़े के लिए अपने लिए सोने से मढ़ी जीन मंगाई हैं।

सरकार हँसते हुए कहते हैं, 'शादी की तैयारी करना कोई इन डोगरा राजाओं से सीखे!'

सरकार ने आम लोगों का भी पूरा ध्यान रखा है। वह बारात के दोनों ओर खड़े लोगों को सोने की मोहरें देंगे, इतने ख़ास मौक़े पर चांदी बहुत मामूली लगेगी। पूरे पंजाब से हज़ारों लोग इस मौक़े पर लाहौर आ रहे हैं। सरकार ने उनके ठहरने और खाने-पीने के इंतज़ाम के लिए तंबू लगवाए हैं। हिफ़ाज़त मुहैया कराने के लिए लगभग पूरी फ़ौज को राजधानी बुलवाया गया है।

'अच्छा है कि अंग्रेज़ हमारी ताक़त, हमारी दौलत और मेरे लिए हमारे अपने लोगों का प्यार देख लें।' उनकी मुस्कराहट ख़ंजर की तरह दमकती है। फिर वह शरारती अंदाज़ से कहते हैं, 'फ़ेन और उसकी टुकड़ी बाद में होली खेलने के लिए भी रुकेगी। मैं इन फ़िरंगियों पर रंगों की बौछार कर दूंगा और दिखा दूंगा कि असल में यह त्योहार कैसा लगता है!'

उनकी हँसी मुझे भी छू जाती है और मैं भी उनके साथ खिलखिला पड़ती हूं।

'फ़ेन ने मेरी तोपों और हमारी लड़ाई के कौशल को भी देखने की ख़्वाहिश ज़ाहिर की है,' वह बड़े सीधे-सादे ढंग से कह देते हैं।

'क्या ऐसा करना सही रहेगा?' मैं असहज होकर पूछती हूं। 'वह आपकी ताक़त के बारे में जान लेगा, लेकिन आपको उसकी ताक़त का अंदाज़ नहीं होगा। फिर जब वे शादी की आनबान देखेंगे, तो क्या उन्हें जलन नहीं होगी? क्या उनमें पंजाब पर कब्ज़ा करने की लालसा पैदा नहीं होगी?'

‘मुझे लगता है कि वे देख पाएंगे कि हम कितने ज़बरदस्त दुश्मन और कितने अच्छे सहयोगी हो सकते हैं। मेरी मर्ज़ी कि मैं अपने पोते की शादी कितने भी शानदार ढंग से करूं, कोई और मुझे कैसे रोक सकता है? हो सकता है कि यह मेरी ज़िंदगी का आख़िरी पारिवारिक मौक़ा हो?’

मैं बहस छोड़कर उन्हें बांहों में ले लेती हूं। ‘वाहेगुरु आपकी हिफ़ाज़त करें! उनकी मेहर से आप ऐसे कई मौक़े देखेंगे। हो सकता है कि नौनिहाल के बच्चे को भी देखें। आपकी बात भी सही है। इन फ़िरंगियों का हमारी शाही शादी के जश्न पर असर क्यों पड़े? वे इतने भी अहम नहीं हैं।’

फिर भी मुझे कहीं न कहीं यह अहसास होता है कि वह बहुत बड़ी ग़लती करने जा रहे हैं।

अगली सुबह मैं गुरुद्वारे जाकर सरकार और शादी की कामयाबी की अरदास करती हूं। मेरे भीतर से कोई आवाज़ फुसफुसाती है, *अच्छा नहीं होगा कि माई निकाइन ने जो कुछ तय किया है, उसमें चाहे छोटी-सी ही सही, पर कोई चूक हो जाए?* पर मैं ऐसे ओछे ख़याल को दरकिनार कर पछतावे के तौर पर जपुजी साहिब का पाठ दो बार और करती हूं।

मैं अपने कमरे में लौटी ही हूं कि कोई दरवाज़ा खटखटाता है। मुझे हैरानी होती है, क्योंकि ज़नाना का यह नियम है कि कोई भी दोपहर के समय कहीं जा सकता है और वह भी पहले अपने आने की ख़बर भिजवानी होती है।

‘माई निकाइन की दासी आपके लिए कुछ लेकर आयी है’, मंगला बताती है।

वह औरत मुझे सुनहरे शब्दों में लिखा संदेशा देती है। शादी की दो अहम रस्मों का बुलावा है, जिसमें औरतें हिस्सा ले सकती हैं : एक तो दूल्हे के निकलते समय और दूसरा एक हफ़्ते बाद नयी दुल्हन के स्वागत की रस्म। मैं अपने अचंभे को छिपाते हुए बड़े शाही अंदाज़ में अपना सिर हिलाती हूं, साथ ही उम्मीद करती हूं कि मेरा हावभाव वाक़ई शाही रहा हो।

‘सभी रानियां एक जैसे रंग की पोशाक पहन रही हैं : बारात के निकलते समय गहरे नीले रंग की और दुल्हन के स्वागत के लिए गुलाबी रंग की। मौक़े के मुताबिक़ आप भी रंगों का ख़याल रखिएगा।’ वह औरत कहती है।

उसके जाते ही मंगला ख़ुशी से नाचने लगती है। ‘ज़रूर सरकार ने माई से कहा होगा कि आपको भी शामिल करें। पक्की बात है कि उनके मुंह का तो स्वाद ही बिगड़ गया होगा। यह हमारी जीत है! मैं आपके कपड़ों में से नीली पोशाक खोजती

हूं, अब तो नयी बनाने का वक़्त ही नहीं है। दूसरे मौक़े के लिए दर्ज़ी गुलाबी रंग के कपड़े तैयार कर सकता है।'

मुझे खुशी है कि सरकार ने मेरे लिए इतनी ज़हमत उठायी। इससे भी ज़्यादा मुझे यह सोचकर मज़ा आ रहा है कि माई की नाक तो नीची हुई। बाद में गुड्डां के यहां जाकर यह बात बताते हुए मैं फूली नहीं समाती।

गुड्डां भी झूमते हुए तालियां बजाती हैं। 'तुम्हारे साथ बुरे बर्ताव करने के बदले उस बुढ़िया डायन के साथ यही होना चाहिए था। यह तुम्हारे हाथ में क्या है?'

'मैं नौनिहाल के जाने के वक़्त यही पहनने का सोच रही हूं। मैं आपको दिखाना चाहती थी।'

नीले रंग की घाघरा-चोली देखते हुए गुड्डां के चेहरे पर अजीब-सा भाव आता है। 'तुमने यही रंग क्यों चुना?'

'माई की दासी ने मुझे कहा कि बाक़ी रानियां भी यही रंग पहन रही हैं।' अचानक मुझे सारी बात समझ में आ जाती है। 'तो रानियां नीला रंग नहीं पहन रही हैं, है ना?'

'नहीं, हम तो पीला रंग पहनेंगे। नीला तो रखैलों के लिए है।'

मैं आगबबूला हो उठती हूं। 'माई पूरे ज़नाना के सामने मुझे बेइज़्ज़त करना चाहती थीं। उन्हें मुझे बुलाने पर मजबूर होना पड़ा, पर अगर मैं नीला रंग पहनकर जाती तो उनकी जीत तय थी। अगर आप नहीं होतीं, वही होता।'

गुड्डां मेरे लिए पीले रंग की सलवार-कमीज़ का इंतज़ाम करती हैं। उस पर मैं पीला दुपट्टा लूंगी, अपने मोती पहनूंगी और वह मुझे अपनी हीरे की लौंग पहनने को देती हैं। यह सब मौक़े के मुताबिक़ है। दुल्हन के स्वागत के समय रानियों के लिए सही रंग पन्ने जैसा हरा है। मेरा दर्ज़ी मेरे लिए उसी रंग की घाघरा-चोली तैयार कर देगा।

मैं मंगला को नीली पोशाक के साथ माई के पास यह पूछने के लिए भेजती हूं कि क्या वह सही रंग की है।

'माई ने कहा कि यह सही है,' मंगला वापस आकर बताती है। 'वह चाहती हैं कि कल आपको इसी पोशाक में देखें।'

'इस बार कम से कम उन्होंने सच्ची बात कही है!'

सरकार आज रात मेहमानों के साथ व्यस्त रहेंगे और इसलिए मैं आज उनसे नहीं मिल पाऊंगी। मैं अपने होंठ लाल कर गुलाब के इत्र से महकते हुए एक काग़ज़ को चूमकर मंगला के हाथों उनके लिए भिजवाती हूं। वह जवाब में भेजे गये अपने संदेश में कहते हैं : *मैं इसे अपने दिल के क़रीब रखूंगा।*

अगली सुबह मैं बाक़ी रानियों के साथ नौनिहाल पर फूल बरसाकर बारात को शुभकामनाएं देती हूं। मुझे पीले कपड़ों में देखकर माई के चेहरे पर आये भाव को मैं काफ़ी समय तक याद रखने वाली हूं। पर जो बात मुझे हमेशा याद रहेगी, वह यह कि उस दौरान सरकार ने नज़रें मिलने पर कैसे अपने कुर्ते की जेब पर हाथ रखा और फिर अपनी अंगुलियों को अपने होंठों तक ले गये। उन्होंने मेरी चिट्ठी को ज़रूर वहीं रखा होगा।

15

शाही खेल

शादी का जलसा ठीक वैसा ही रहा, जैसा कि सरकार ने चाहा था। क़िले में ज़िंदगी अपने ढर्रे पर लौट आयी है। मुझे यह अच्छा लग रहा है, क्योंकि सरकार ने मुझे फिर से रात को अपने पास बुलाया है। शादी की तैयारियों ने उन्हें बुरी तरह से थका दिया है, हालांकि वह इसे मानने को तैयार नहीं हैं। पर वह मुझे अपनी दुखती पीठ पर जड़ी-बूटियों का तेल लगाने देते हैं, जिसे डाक्टर होनिगबर्गर ने उनके लिए तैयार किया है।

हम ज़्यादातर वक़्त बात करते रहते हैं और मुझे उसमें कोई परेशानी नहीं है। मैंने सोच लिया है कि मैं जिस्मानी रिश्ते के बारे में ज़्यादा नहीं सोचूंगी, लेकिन अगर सरकार मेरे क़रीब आना चाहें तो उन्हें मना भी नहीं करूंगी। मुझे अपना बच्चा चाहिए, हालांकि दिन बीतने के साथ मेरी आस बुझने लगी है।

आजकल सरकार को नौनिहाल की शादी की बातें करना अच्छा लगता है। वह मुझे बारात, उसकी दावत, महंगे तोहफ़े, रात भर चली आतिशबाज़ी, दोनों पक्षों के पहलवानों के बीच चले कुश्ती के मुक़ाबले, हीरे-जवाहरात और दूल्हा-दुल्हन की ख़ास मौक़ों पर पहनी गयीं बेशक़ीमती पोशाकों के बारे में बताते हैं।

पर एक दिन मैं देखती हूं कि वह लेटे हुए हैं और उन्होंने सिर से पांव तक एक सफ़ेद चादर लपेट रखी है। मैं डर के मारे सहम जाती हूं। कुछ देर मिन्नतें करने के बाद मुझे पता चलता है कि उनका प्यारा नलवा भगवान को प्यारा हो गया।

'मेरी ग़लती है,' सरकार बुदबुदाते हैं। 'मैंने उसे उत्तर-पश्चिमी सरहद पर कम फ़ौजों के साथ छोड़ दिया था, क्योंकि मैं शादी के मौक़े पर अपनी फ़ौजी ताक़त

दिखाना चाहता था। नलवा इतना वफ़ादार था कि उसने कोई शिकायत नहीं की। पर अफ़ग़ानों को ख़बर हो गयी और उन्होंने हमला कर दिया। उसे गंभीर चोटें आयीं, जिन्होंने उसकी जान ले ली। अगर वह पीछे हटकर शहर आ जाता, तो शायद उसे सही इलाज मिल जाता और उसकी जान भी बच जाती। पर उसने ऐसा नहीं किया, वरना अफ़ग़ान हमारे किले पर कब्ज़ा कर लेते। मरते वक़्त भी उसने अपने मातहत सरदार के साथ मिलकर रणनीति बनायी और उसे अपनी पगड़ी पहनाकर अपनी ख़ास नलवा शैली में फ़ौज को तैयार कर अगुवाई करने को कहा। हमारी फ़ौज ने अफ़ग़ानों को धूल चटा दी, पर मेरा दायां हाथ उस लड़ाई की भेंट चढ़ गया।'

मुझे उनकी तकलीफ़ महसूस होती है। अब तक अंग्रेज़ों को भी नलवा की ख़बर मिल गयी होगी। वे अब क्या सोच रहे होंगे? मुझे याद है कि कैसे सरकार ने मुझे भरोसा दिया था कि अगर मुझ पर कभी कोई परेशानी पड़ी तो नलवा मेरी मदद के लिए आ सकते हैं और अब निराशा महसूस हो रही है।

बाद में सरकार कहते हैं, 'मुझे तुम्हारी यह बात भी बहुत पसंद है कि तुम जानती हो कि कब ख़ामोश रहना सही है।'

एक दिन सरकार मुझे अपनी बाक़ी शादियों के बारे में बताते हैं। उन्हें माई निकाइन के साथ अपनी शादी की हर बात अच्छी तरह याद है, जबकि उस वक़्त उनकी उमर सिर्फ़ अठारह साल थी। बारात के घोड़े, ढोलक बजाने वाले, सड़कों के किनारे लगी मशालें, जिनका ख़र्च दुल्हन के भाई ने उठाया था, क्योंकि उनकी मिस्ल सरकार की मिस्ल से ज़्यादा रईस थी। नक्कई सरदार को नौजवान रणजीत में ज़रूर कुछ ख़ास दिखायी दिया होगा, जो उसने अपनी बहन का ब्याह उससे कर दिया। बाद में वह सरकार के सबसे पक्के सहायकों में से एक बना।

'वह बड़ी प्यारी लड़की थी,' सरकार याद करते हैं। 'शायद सबसे ख़ूबसूरत नहीं, पर नाजुक और मीठा बोलने वाली। हमेशा मेरे आराम का ध्यान रखती थी।'

मैं उनके बात करने के अंदाज़ से महसूस कर सकती हूं कि उन्हें माई से मोहब्बत हो गयी थी। मैं अपने भीतर उठती डाह को परे धकेलती हूं। सरकार रहमदिल इंसान हैं; अगर उन्हें लगेगा कि मुझे बुरा लग रहा है, तो वह खुद ही बात ख़त्म कर देंगे। मैं ऐसा नहीं चाहती। मैं चाहती हूं कि वह मुझे वह सब बताएं, जो वह बताना चाहते हैं। वैसे भी सरकार की दुनिया के बारे में मुझे जितनी ज़्यादा जानकारी होगी, उतना ही अच्छा रहेगा। जानकारी भी एक तरह की ताक़त है।

'उसका नाम तब राज था, पर मेरी मां का नाम भी वही था, तो हमने उसका नाम बदल दिया। उसने बुरा नहीं माना। *आपको जो अच्छा लगे,* वह कहा करती थी।

वह बहुत नरम मिज़ाज की थी, हालांकि अब उसे देखकर अंदाज़ा लगाना मुश्किल है! वह मेरी पहली बीवी के तजुर्बे के बाद वह ताज़ा हवा के झोंके की तरह थी।'

'मेरी पहली बीवी मेहताब मुझसे हमेशा लड़ती रहती थी। कभी दांतों से, कभी नाख़ूनों से और कभी जो भी हाथ में आया मुझ पर वार करती थी। इसमें उसकी कोई ग़लती नहीं थी। आप कैसे उस इंसान से प्यार कर सकते हैं, जिसने आपके पिता का क़त्ल किया हो और जिसे आपको समझौते के एक हिस्से के रूप में सौंपा गया हो? हमारी शादी में कुछ भी नहीं था। मुझे नहीं लगता कि कोई दावत भी हुई होगी। उसके अपने घर लौटने पर हम दोनों ने ही चैन की सांस ली थी। पर उसकी मां सदा कौर शानदार औरत थीं। याद है, मैंने तुम्हें उनके बारे में बताया था ना? मैंने उनकी वजह से ही मेहताब के बेटे शेर सिंह को अपना नाम दिया था।'

मैं सदा कौर को कैसे भूल सकती हूं, जिनकी मौत के दिन सरकार ने मुझसे शादी का वादा किया था?

'क्या योद्धा थीं! एक बार तो हमारी फ़ौजें थककर चूर होने के बाद बस हथियार डालने ही वाली थीं कि उन्होंने कहा, मुझे अपने अपनी फ़ौजी पोशाकें दो और मेरे कपड़े पहन लो। तुम घर पर रहो और मैं तुम्हारी जगह लड़ाई के मैदान में जाऊंगी। उन्होंने सिपाहियों को शर्मिंदा कर उनमें लड़ने का जज़्बा फिर से जगाया और वे जीत गये। उनकी वजह से ही मैं राजा बना।'

जैसा कि वह अक्सर करते हैं, इस बार भी तुरंत बात बदल देते हैं। 'तुम मेरे साथ अपने ब्याह के बारे में बताओ। वही एक शादी थी, जिसमें मैं खुद मौजूद नहीं था।'

मैं बताना शुरू करती हूं कि कैसे गुजरांवाला में मेरे मां-बाप के आंगन में सीधे-सादे ढंग से जल्दी में शादी की रस्म पूरी हुई। ना मेहमान थे, ना शादी का लिबास और ना ही किसी तरह की कोई दावत हुई। बस रागी के शबद थे और कोई संगीत नहीं था। मेरे दुपट्टे के छोर को दूल्हे के साफ़े के साथ बांधने की बजाय उसे तलवार से बांध दिया गया।

यह सुनकर सरकार दुःखी दिखायी देते हैं, पर मैं तुरंत एक और बात जोड़कर कहती हूं, 'मुझे फ़र्क़ नहीं पड़ा। मैं तो इसी बात से ख़ुश थी कि आपको फिर से देख सकूंगी। यही कि मैं आख़िरकार आपकी बीवी बनने वाली थी। मैं क़िले तक आपकी तलवार को अपनी बांहों में लेकर आयी।'

वह मेरे माथे को चूम लेते हैं। 'मुझे अच्छा लगता है कि बाक़ी रानियों की तरह तुममें लोभ और लालच नहीं है। मेरी प्यारी, तुम मेरी पहली पत्नी नहीं हो, पर मैं वादा करता हूं कि तुम मेरी आख़िरी रानी होगी। वह रानी, जिसने मेरे दिल की हसरत पूरी कर दी है।'

मैं जैसे हैरानी और ख़ुशी से बहक-सी गयी हूं। मैंने इस बात को क़बूल कर लिया था कि सरकार फिर से किसी नयी औरत के पास चले जाएंगे। मैंने सपने में भी नहीं सोचा था कि वह ऐसी कोई बात कहेंगे।

सरकार अपनी रौ में बहते हुए अपनी बात जारी रखते हैं, 'तुम्हारी शादी की सादगी के बदले मैं तुम्हारे लिए यहीं क़िले के अंदर तुम्हारे नाम से ख़ूबसूरत हवेली बनवाऊंगा। किसी ख़ास मौक़े पर मैं तुम्हें वह हवेली दूंगा।'

इससे पहले कि मैं कहूं कि मुझे सिर्फ़ उनका प्यार चाहिए, वह मुझे अपने ऊपर खींच लेते हैं। मैं उनके बेसब्र होंठों, उनके हाथों में खुद को सौंप देती हूं। उसके तुरंत बाद मैं चैन की नींद में सो जाती हूं। बिस्तर पर करवट बदलते हुए सरकार अक्सर मुझसे कहते हैं कि उन्हें मेरे इस तरह नींद की आगोश में चले जाने से बहुत जलन होती है।

सुबह झटके से मेरी नींद खुल जाती है। बड़ी ज़ोर से मतली उठती है। मैं सरकार की बांह को एक तरफ़ कर पीकदान में उल्टी करने उठ जाती हूं, यह परवाह किये बिना कि मेरे बेलिबास बदन पर चादर तक नहीं लिपटी है। पर देर हो जाती है और मैं वहीं क़ीमती पत्थरों से जड़े संगमरमर के ख़ूबसूरत फ़र्श को गंदा कर देती हूं। मैं डरकर शर्मिंदा हो उठती हूं और मेरी समझ में नहीं आता कि आख़िर हुआ क्या। बचपन में खाये कच्चे-पक्के अमरूदों की वजह से मेरा पेट लक्कड़-पत्थर सब हज़म कर लेता है। सरकार और मैंने एक जैसा खाना खाया था और वह बिलकुल ठीक हैं।

सरकार को जैसे कुछ भी सुनायी नहीं दे रहा। उनकी निगाह में अजब-सी चमक है। हलचल सुनकर मंगला दौड़ी आती है। सफ़ाई में मेरी मदद कर मुझे कपड़े पहनाती हैं। मैं जब तैयार होकर बाहर आती हूं, तो बिस्तर पर बैठे सरकार को अपनी तरफ़ घूरता हुआ पाती हूं। क्या मैंने उन्हें परेशान कर दिया?

'क्या आपको तैयार नहीं होना है?' कहते हुए मैं उनका ध्यान कहीं और लगाने की कोशिश करती हूं। 'क्या आज उस बेल्जियन जरनैल को आपसे मिलने नहीं आना है? वही जो हमारी फ़ौजों को कुछ नये...'

मेरी बात काटते हुए वह मुझे अपने पास बुलाते हैं। जब मैं उनके सामने खड़ी होती हूं, तो वह मेरी छातियों को छूते हैं। मैं झिझकती हूं और साथ ही हैरत में भी पड़ जाती हूं, क्योंकि मुलाज़िमों के सामने वह हमेशा ध्यान रखते हैं।

'क्या छूने से दर्द हो रहा है?'

'हां, थोड़ा दर्द तो है।' फिर अचानक ध्यान आता है कि इस बार मुझे माहवारी भी नहीं हुई। मुझे अब बैठना होगा। वाहेगुरु, क्या सचमुच...?

मंगला पूछती है, 'वैद्य को बुला लाऊं?' उसकी आवाज़ खुशी से खनक रही है।

सरकार सिर हिला देते हैं। 'मुझे फ़िलहाल दरबार के लिए निकलना होगा, लेकिन खुशख़बरी मुझ तक तुरंत पहुंचा देना। और किसी को कानोंकान ख़बर नहीं होनी चाहिए।'

मुझे चूमते हुए वह बड़ी नज़ाकत से मुझे थामते हैं, जैसे कि मैं बुढ़िया के बाल जितनी नाजुक हूं।

सरकार द्वार बरती गयी सावधानियों के बावजूद एक हफ़्ते में ही सारे क़िले को मेरी कोख हरी होने की ख़बर हो जाती है। कैसे ना होती? ख़िलवत ख़ाना के मेरे कमरे के बाहर दिन-रात दो पहरेदार खड़े रहते हैं। हर सुबह वैद्य मेरी जांच करने आते हैं। सरकार का अपना ख़ानसामा मेरे लिए खाना बनाता है और उसमें ज़हर के अंदेशे को देखते हुए शाही चखने वाला उसे पहले चखता है। उसके बाद मंगला खाना लेकर मेरे कमरे में आती है; और कोई उसे छू तक नहीं सकता। काश, मैं यह सब अपनी आंखों से देख पाती! मंगला मुझे बताती है कि कैसे हर रोज़ चखने वाले के चेहरे पर डर का भाव होता है और कैसे एक बार खाना खाने के बाद वह दर्द से दोहरा हो गया था। बाद में पता चला कि उसे वात की शिकायत हुई थी।

'यह तो अच्छी बात नहीं है,' मैं शिकायत करती हूं। 'यह सारा तमाशा मेरी वजह से हो रहा है और मैं ही उसे देख नहीं पा रही हूं। कोख में बच्चा आते ही मुझे तो क़ैदी जैसा महसूस होने लगा है।'

मंगला को मेरी हालत पर कोई तरस नहीं आता। 'ऐसा बर्ताव मां बनने वाली रानी को शोभा नहीं देता,' वह कहती है। आजकल हर बात में वह यही कहती है। 'हम सावधानी इसलिए बरत रहे हैं कि कोई आपको नुक़सान नहीं पहुंचाये, चाहे शारीरिक या फिर बुरी नज़र से। ज़नाने की सारी औरतें डाह के मारे मर रही हैं। ख़ासकर जब से सरकार ने आपकी हवेली बनवानी शुरू की है।'

'वहीं, जहां मुझे जाने की इजाज़त तक नहीं है?'

'आपके भले के लिए ही। वह जगह ख़तरनाक हो सकती है।'

बुरी नज़र को लेकर मंगला का डर बेबुनियाद नहीं है। मेरे कमरों में और यहां तक कि शीश महल में भी अजीब-सी चीज़ें मिलती हैं। लकड़ी के बने बिना सिर के छोटे बच्चे, टूटा हुआ आईना, गरदन मरोड़कर मारा गया चूहा, कपड़े के बने पुतले, जिनके पेट फूले हुए होते हैं और टांगें ख़ून से सनी लगती हैं। सरकार इसे हल्के में लेते हैं, लेकिन मंगला ऐसा नहीं करती और उन सबको आग के हवाले कर देती है। वह नज़रबट्टू लाकर उन्हें हर दरवाज़े पर टांग देती है। साबुत लाल

मिर्ची मेरे सिर के चारों ओर घुमाकर उन्हें जला देती है, चाहे उनकी तीखी गंध से मुझे खांसी ही क्यों नहीं आ जाए।

'मुझे नहीं पता था कि तुम इतनी वहमी हो!' उसे चिढ़ाते हुए मैं कहती हूं, हालांकि मन ही मन मुझे अच्छा लगता है कि वह मेरा इतना ख़याल रखती है।

वह मुंहतोड़ जवाब देती है, 'मैं अपने बच्चे के मामले में कोई ख़तरा मोल नहीं ले सकती।'

अपना बच्चा! उसकी बात मुझे मेरे दिल को छू जाती है। बच्चे की देखभाल के लिए दो मां होंगी और ऐसे पिता जो पूरे हिंदुस्तान में सबसे ताक़तवर महाराजा होंगे। मुझे पूरा यक़ीन है कि बेटा ही होगा, हालांकि सरकार के अब तक कोई बेटी नहीं है, इसलिए उन्हें बेटी होने की उम्मीद है।

इस ख़ुशख़बरी के बाद रानियों के बीच मुक़ाबला बढ़ गया है, वे मुझे पहले से ज़्यादा तोहफ़े भेजने लगी हैं। लोग मंगला को लगातार पैसे देकर यह जानना चाहते हैं कि मुझे क्या पसंद आएगा। खाना, गहने, बच्चों की चीज़ें या फिर पालतू बंदर?

मंगला मुंह बनाती है। हम दोनों को ही शक है कि ये वही औरतें हैं, जो चुपके से मुझे डरावनी चीज़ें भी भेजती हैं। 'लोगों को अब आप पर प्यार उमड़ने लगा है, आप शाही औलाद की मां जो बनने वाली हैं।'

मैं हर किसी को एक ही संदेश भेजती हूं। *अपनी सेहत की वजह से मैं किसी से मिल नहीं सकती। मैं आप सबसे यही विनती करती हूं कि मंदिरों और गुरुद्वारों में प्रार्थना करें और दान दें।*

'आपको सब कुछ ले लेना चाहिए था,' मंगला मायूस होकर कहती है। 'मैं उन चीज़ों को चोर बाज़ार में बेच आती।'

पर फ़कीर कहते हैं, 'तुमने बड़प्पन और समझदारी दिखायी है।' वह मेरे लिए राजकुमारों की परवरिश कैसे की जाए, इस पर किताबें लाते हैं और हम दोनों घंटों अनुशासन और शिक्षा पर बहस करते हैं।

गुड्डां का चेहरा ऐसे दमकता है, मानो उनकी कोख में बच्चा हो। उन्होंने छोटे-छोटे गद्दों का पहाड़ खड़ा कर दिया है और ज़्यादा बना रही हैं। वह मुझे बताती हैं, 'छोटे बच्चे बहुत पेशाब करते हैं, ख़ासकर लड़के।' उन्होंने भी मान लिया है कि मेरे लड़का ही होगा। 'जब कभी उसके रोने से परेशान हो जाओ, तो उसे मेरे पास भेज दिया करना।'

मैं मुस्करा देती हूं। इस बच्चे की तीन माताएं होंगी। मेरे सामने गुरु ग्रंथ का एक पन्ना खुलता है, उसमें लिखा है कि *सबसे ताक़तवर राजाओं को भी इस*

दुनिया से ख़ाली हाथ जाना होगा, इस बात को मैं दरकिनार कर देती हूं। मेरा बेटा क़िस्मतवाला होगा। उसके हाथ कभी ख़ाली नहीं होंगे।

इन दिनों मुझे लगातार भूख लगती है। मुझे गोभी का अचार खाने का मन होता है। मैं पहले ही दो मर्तबान ख़ाली कर चुकी हूं। अब मेरा वज़न बढ़ जाएगा, पर सरकार कहते हैं कि उन्हें मैं भरी-भरी अच्छी लगती हूं।

'असली औरत की तरह,' मेरे कूल्हे पर हाथ फिराते हुए वह कहते हैं।

मैं गुस्सा होने का नाटक करती हूं। 'तो क्या मैं पहले असली औरत नहीं थी?'

वह हँसते हुए मुझे बड़ी सावधानी से गले लगाते हैं।

मेरे गर्भवती होने के बाद से सरकार ने मेरे साथ जिस्मानी ताल्लुक़ात बनाने बंद कर दिए। मुझे डर था कि वह किसी और रानी के पास चले जाएंगे। मैं तो गुड्डां का नाम सुझाने को तैयार थी, पर उन्होंने ऐसी कोई चाहत नहीं दिखायी। हम रात को एक-दूसरे की बगल में सोते हैं। वह मेरा हाथ थामते हैं या फिर मेरे पेट को सहलाते हैं। कभी-कभार वह पेट में पल रहे बच्चे से बात भी करते हैं।

एक रात खाने के बाद वह सीधे मेरे पास आते हैं, उनकी बांह पर कोहेनूर चमक रहा है। मैं बिस्तर में लेटी हूं। वह हीरे को सीधे मेरे पेट पर रख देते हैं।

'मैं इस बच्चे को राज तो नहीं दे सकता, पर मैं यह हीरा इसे देता हूं। पूरी दुनिया में इस जैसा कोई और हीरा नहीं है।'

उन्होंने मेरे बच्चे को इतना शानदार तोहफ़ा दिया है और मुझे उनका अहसानमंद होना चाहिए। पर धीरे से शुक्रिया कहते हुए मैं सिर से पांव तक कांप जाती हूं। फ़कीर ने मुझे कोहेनूर की ख़ूनी दास्तान सुनायी है कि किस तरह उसकी वजह से बेटा अपने बाप का और भाई अपने भाई का दुश्मन बन बैठा। मुग़ल शहंशाह शाहजहां ने उसे अपने तख़्ते ताउस पर जड़वाया था; उसके बेटे औरंगज़ेब ने उससे गद्दी छीन ली और उसे ज़िंदगी भर के लिए क़ैद में डाल दिया। मुग़लों पर फ़ारस के नादिर शाह ने हमला कर दिया और उनके शहर में लूटपाट मचाकर कोहेनूर को अपने साथ ले गया। दस सालों में ही उसकी बादशाहत ख़त्म हो गयी और उसे मौत के घाट उतार दिया गया। हीरा फिर अफ़ग़ान बादशाह शाह शुजा के पास पहुंचा। एक लड़ाई में हार जाने के बाद वह पनाह मांगने सरकार के पास आया। उसे हिफ़ाज़त देने के बदले सरकार ने उससे कोहेनूर की फ़रमाइश की। इस तरह कोहेनूर पंजाब पहुंचा।

यह सच है कि उसने अभी तक सरकार को कोई नुक़सान नहीं पहुंचाया है। शायद वह अपने किसी कम ताक़तवर मालिक के इंतज़ार में हो। मैं नहीं चाहती कि मेरा बेटा वह इंसान हो।

'मैं ख़याल रखूंगा कि बच्चे की परवरिश मुझसे या फिर अपने भाइयों से अलग हो,' सरकार वादा करते हैं। 'मैं लड़ाइयों में इतना मसरूफ़ था कि पढ़ाई-लिखाई का वक़्त ही नहीं मिला, पर इसे मैं तालीम दिलवाऊंगा जैसी शहज़ादों को मिलनी चाहिए। यह सबसे छोटा है तो इसे राजकाज के बारे में ज़्यादा नहीं सोचना होगा। शायद यह खड़क की मदद करे... नहीं, नहीं, तब तक तो नौनिहाल राजा बन चुका होगा। शायद यह लोगों की भलाई के लिए बेहतर क़ानून बनाने में नौनिहाल की मदद कर सके। शायद यह कविताएं लिखे, ताकि इसके पिता का नाम अमर हो जाए।'

मेरे भीतर बच्चा हरकत करता है, जैसे हामी भर रहा हो।

हर दोपहर मैं गहरी नींद में सो जाती हूं। आज मुझे सपने में बीजी दिखायी देती हैं, जो काफ़ी बूढ़ी लग रही हैं। मुझे याद आता है कि पिछले कुछ महीनों में मेरे दिमाग़ से उनका ख़याल बिलकुल निकल गया है। वह रो रही हैं। *मैं तुझे कभी नहीं देख पाऊंगी। अपने नाती से नहीं मिल सकूंगी। मैं उसे कभी मोतीचूर के लड्डू नहीं खिला सकूंगी। याद है, तुझे वो लड्डू कितने पसंद थे?*

मैं उनकी बात का विरोध करती हूं। *मुझे जलेबी पसंद है। क्या तुम भूल गयीं?*

एक जानी-पहचानी आवाज़ मेरा कलेजा चीर देती है। *उससे बात करने का क्या फ़ायदा है, बीजी?* उनके पीछे जवाहर खड़ा है। उसकी आंखें आंसुओं से या फिर ज़्यादा पीने से लाल हो चुकी हैं। *वो हमें भूल गयी है। अपने वादे भूल गयी है। मेरी चिट्ठियों का जवाब तक नहीं देती।*

मुझे गुनहगार जैसा महसूस होता है। मैंने जवाहर की पिछली चिट्ठी को बिना पढ़े अलमारी में डाल दिया था।

मुझे बाक़ी आवाज़ें भी सुनायी देती हैं। एक गुस्से से भरी और दूसरी शांत कराती हुई।

'तेरी इतनी जुर्रत कि मेरा रास्ता रोके, रंडी की मनहूस चेहरे वाली बेटी?'

'महारानी जी! आप अंदर नहीं आ सकतीं। सरकार ने हुक्म दिया है कि कोई भी रानी जिन्दां की नींद में ख़लल नहीं डाले।'

'मैं कोई ऐरी-गैरी नहीं हूं। मैं कल का सूरज चढ़ने से पहले कांटों के साथ तुझे ज़िंदा दफ़ना दूंगी। पहरेदार, इसे हटाओ मेरे रास्ते से!'

'पहरेदारों, अगर तुमने ऐसा किया तो सरकार तक बात पहुंच जाएगी।'

गहरी नींद में डूबे होने के बावजूद मैं आवाज़ों को पहचान लेती हूं। मैं किसी तरह बिस्तर से उठकर दरवाज़े तक पहुंचती हूं। वही हुआ, जिसका डर था। गुस्से

से तमतमाई हुई माई निकाइन मेरे कमरे के बाहर खड़ी हैं और मंगला बांहें फैलाकर उनका रास्ता रोके हुए है। उनके पास पहरेदार असमंजस में खड़े हैं।

मैं मंगला को डांटते हुए कहती हूं। 'यह क्या हो रहा है? तुम्हें तो महारानी जी को आदर के साथ तुरंत अंदर लाकर मुझे जगाना चाहिए था।' मैं हाथ जोड़कर माई के सामने झुकती हूं। 'महारानी जी, मंगला के बर्ताव के लिए मैं माफ़ी मांगती हूं। इससे तो बाद में निपटूंगी। आप आइए, मेरे ग़रीबख़ाने में।'

मंगला झट से सारा मामला समझ जाती है। वह झुककर माफ़ी मांगते हुए पीछे हट जाती है। उसकी आवाज़ सुनायी देती है। *बड़ी महारानी जी के लिए चंदन की ख़ास कुर्सी लेकर आओ। उनके पैर टिकाने के लिए रेशमी तकिये लाओ, आम का शर्बत और मिठाई भी।*

मेरे नरम बर्ताव से माई ठिठक जाती हैं, पर फिर अपने रंग में लौट आती हैं। 'तो आख़िर तुम मां बनने में कामयाब रहीं। पता नहीं, इसका पिता कौन होगा। कहीं वह ख़ूबसूरत बुद्धू गुल्लू मुश्की तो नहीं, जो तुम्हारी खिड़की के नीचे खड़ा रहता था? तुमने उसे किसी रात अंदर बुला लिया था क्या?'

उनकी बात सुनकर मुझे गुस्सा आ जाता है और मैं भी मुंहतोड़ जवाब देना चाहती हूं। तभी मेरा बच्चा घबराहट में हरकत करने लगता है और मैं माई से ज़बान लड़ाने का ख़याल छोड़ देती हूं। मैं अपने बच्चे के लिए सुकून भरी ज़िंदगी चाहती हूं।

'महारानी, आप जानती हैं कि यह सच नहीं है। अगर आपको मेरी बेवफ़ाई का ज़रा-सा भी अंदेशा होता तो आप अब तक सरकार से बात कर चुकी होती। अगर सरकार को पता चला कि आप यहां मुझे दुखी करने के लिए तशरीफ़ लायी थीं, तो उन्हें ज़रा भी अच्छा नहीं लगेगा।' मैं फिर रुक जाती हूं, क्योंकि मैं चाहती हूं कि वह पूरी सुनें-समझें और फिर कहती हूं, 'पर यह बात मैं उन्हें नहीं बताने वाली।'

माई के चेहरे पर अचरज और नफ़रत की रस्साकशी चल रही है।

'मेरा और आपका कोई मुक़ाबला नहीं, माई जी! ना मैं ऐसा कुछ चाहती हूं। आप सरकार की सबसे बड़ी रानी, होने वाले राजा की मां और फिर उसके बाद बनने वाले राजा की दादी साहिबा हैं। आप सरकार का पहला प्यार हैं। मैं आपकी कभी आपकी बराबरी नहीं कर सकती। मैं बस अपने बच्चे के साथ चुपचाप सुकून से जीना चाहती हूं।'

उनकी आंखों में अजब-सा अहसास है। क्या उन्हें इस बात से राहत पहुंची है कि उन्हें मेरे साथ लड़ने की ज़रूरत नहीं है? या फिर सरकार का पहला प्यार होने की याद से वह नरम पड़ गयी हैं?

'यह तो सच है कि चील को ज़रूरत नहीं कि वह चिड़िया पर हमला करे,' वह कहती हैं।

मैं उनके साथ राज़ी होते हुए सिर झुका लेती हूं।

माई जैसे अहसान करते हुए अपने भारी-भरकम बदन को चंदन की कुर्सी पर रख देती हैं। उनके ताली बजाते ही चार दासियां सामने आ जाती हैं, वे गलियारे में इंतज़ार कर रही होंगी। उनके हाथों में चांदी का थाल है, जिसमें मिठाइयां रखी हैं। उनके बीचोंबीच गहनों का एक डिब्बा है, जिसमें हाथी के सिर वाले दो सोने के कड़े हैं। उन्हें पहनते हुए मैं बार-बार माई का शुक्रिया अदा करती हूं। कड़े दिखने में भद्दे ज़रूर हैं, पर काफ़ी भारी हैं और उनके लिए माई को अच्छी-ख़ासी रक़म चुकानी पड़ी होगी।

मेरी दासियां भी माई के लिए तोहफ़े लाती हैं। मिठाई, फुलकारी का दुपट्टा, सुपारी रखने का चांदी का डिब्बा, वगैरह। माई बड़ी नज़ाकत से एक जलेबी उठाती हैं। वह अपने थाल की तरफ़ इशारा करते हुए मुझे भी मिठाई लेने को कहती हैं। आंखें सिकोड़कर वह मेरे अगले क़दम का इंतज़ार करती हैं।

मिठाई लेने से मना करना तो उनकी तौहीन होगी और उससे माई हमेशा के लिए मेरी दुश्मन बन हो जाएंगी। अपनी आशंकाओं को परे कर मैं बादाम की बर्फ़ी उठाती हूं। मैं दरवाज़े के पीछे खड़ी मंगला की घबराहट को महसूस कर सकती हूं। मैं ज़बरदस्ती बर्फ़ी को गटकती हूं और ज़हर के असर का इंतज़ार करती हूं। क्या मंगला वक़्त पर वैद्य तक पहुंच पाएगी?

पर मेरी आशंका झूठी साबित होती है।

'बहुत लज़ीज़ है,' बड़ी मुश्किल से मेरे मुंह से निकलता है।

माई खीसे निपोरते हुए मुस्कराती हैं। वह जानती थीं कि मैं क्या सोच सकती हूं। मुझे डरा हुआ देखकर उन्हें मज़ा आया होगा। 'जलेबी अच्छी है,' कुर्सी से उठते हुए वह कहती हैं। 'इसे बनाने का तरीक़ा अपनी दासी के साथ भेज देना।'

मैं भी खड़ी हो जाती हूं और यह अहसास होते ही कि मैं उनसे लंबी हूं, मैं थोड़ा झुक जाती हूं। 'मुझे खुशी होगी।'

बाद में मंगला कहती है, 'मुझे अब आपकी फ़िकर नहीं रही। आपने शाही खेल सीख लिया है!'

जब मैं खुश होकर फ़कीर को यह घटना बताती हूं, तो वह मुझे सावधान करते हुए सलाह देते हैं, 'तुमने अच्छा किया, पर किसी धोखे में मत रहना। शाही खेल की कई तहें होती हैं और यह तो बस पहली है। मैं तुम्हें मिसाल देकर समझाता हूं।'

वह बताते हैं कि नये गवर्नर-जनरल ऑकलैंड ने दरबार में अपने लोगों को भेजा था। कई दिनों तक शानदार मेज़बानी का लुत्फ़ उठाने के बाद उनके प्रमुख ने

ऑकलैंड की मांगें निवेदन के तौर पर रखीं। अंग्रेज़ काबुल के दोस्त मोहम्मद को गद्दी से हटाकर शाह शुजा को उस पर बिठाना चाहते थे और उसमें हमारी मदद चाहते थे।

'वे हमारी फ़ौज का इस्तेमाल कर काबुल में कठपुतली बादशाह को रखना चाहते हैं, जो उनका हुक्म माने। बदले में उन्होंने हमसे हमेशा बनी रहने वाली दोस्ती का वादा किया है।'

'हमेशा के लिए दोस्ती! इन अंग्रेज़ों ने पूरे हिंदुस्तान में कितने ही समझौतों को तोड़ा है।' मैं कहती हूं।

'ध्यान ने भी यही कहा। उसने कहा कि हमें उनकी बात को नहीं मानना चाहिए। उसने कहा कि अंग्रेज़ अपने फ़ायदे के लिए हमारे लोगों की जान से खेलना चाहते हैं। वे हमारा मान नहीं करते। उसके जासूसों ने सुना है कि अंग्रेज़ हमारे सरकार को एक आंख वाला चूहा कहकर उनकी तौहीन करते हैं।'

यह सुनकर मेरा पारा सातवें आसमान पर चढ़ जाता है। 'उम्मीद है कि ध्यान की बात पर सरकार राज़ी हुए होंगे।'

'वह गुस्से में थे, पर जब मैंने उन्हें अंग्रेज़ों की मदद करने की सलाह दी तो उन्होंने मेरी बात भी ध्यान से सुनी।'

'लेकिन क्यों!'

'पंजाब को अपने भले के लिए उस चाल में हिस्सा लेना चाहिए। शुजा को पता होना चाहिए कि खालसा फ़ौज ने उसे गद्दी पर बिठाया है। इस तरह पश्चिमी सरहद पर महज़ अंग्रेज़ों की कठपुतली नहीं, बल्कि हमारा कोई साथी भी होगा।'

रणनीति की फ़कीर की गहरी समझ से मैं काफ़ी प्रभावित होती हूं।

'पर ध्यान मुझसे नाराज़ है। मुझे डर है कि मैंने उससे ज़िंदगी भर की दुश्मनी मोल ले ली है।'

इतनी समझदारी के बावजूद अगर फ़कीर के जानी दुश्मन हो सकते हैं, तो मेरी क्या बिसात है?

'यह खेल बहुत उलझा हुआ है। मैं इसे नहीं खेलना चाहती। मैं बस एक अच्छी बीवी और मां बनने की ख़्वाहिश रखती हूं। सरकार का ध्यान रखना चाहती हूं। अपने बच्चे को खुशियों भरा बचपन देना चाहती हूं।'

फ़कीर कहते हैं, 'तुम्हारी क़िस्मत लिखी जा चुकी है। तुम ना सिर्फ़ एक बीवी और मां हो, बल्कि रानी भी हो। जो रानी किसी बच्चे की मां भी हो, उसे बहुत बारीकी से शाही खेल भी खेलना आना चाहिए क्योंकि काफ़ी कुछ दांव पर लगा होता है।'

16

जन्म

यह मेरी ज़िंदगी का सबसे खुशनुमा दिन है।

मैंने पहले भी ऐसा ही सोचा था, जब मैंने पहली बार सरकार के साथ घुड़सवारी की थी। जब उन्होंने मुझे सगाई की अंगूठी पहनायी थी। जब शीश महल में हमारा मिलन हुआ था। पर अपने बेटे का सलवट भरा लाल फूल-सा चेहरा देखकर मैं समझ गयी कि बीते दिन सबसे अच्छे दिन नहीं थे। आज का दिन ही मेरी ज़िंदगी का सबसे खुशियों भरा दिन है।

दाई उसे मेरी बांहों में देती है और बताती है कि कैसे उसका मुंह अपनी छातियों तक ले जाना है। वह ज़ोर से अपने मुंह से मेरी छाती पकड़ लेता है, जिससे मुझे दर्द होता है। पर जो आनंद मैं महसूस करती हूं, वह बिलकुल ख़ालिस और सबसे ख़ूबसूरत है। दर्द शुरू होते ही मेरे साथ रहीं गुड्डां जब तकलीफ़ के बारे में पूछती हैं, तो मैं सिर हिलाकर इनकार करती हूं।

'मैंने कभी नहीं सोचा था कि किसी से भी इस तरह तुरंत प्यार हो सकता है। मैं कभी भी इस बच्चे और मौत के बीच खड़ी हो सकती हूं।'

इस बात पर गुड्डां की आंखें भर आती हैं, लेकिन मंगला ज़मीन पर थूक देती है। 'इस तरह की अपशकुनी बातें नहीं कहें! आपको ऐसा कुछ करने की कभी भी ज़रूरत क्यों पड़ेगी? इस बच्चे के पास बहुत से लोग होंगे, जो इसे नुक़सान पहुंचने से बचाएंगे। बहुत से सिपाही होंगे। वैसे भी यह राजगद्दी का वारिस नहीं होगा, तो इस पर मुसीबतें क्यों आएंगी? इसे कोई ख़तरा नहीं होगा।' फिर भी वह उसकी नन्ही-सी बांह पर एक तावीज़ बांध देती है।

बाहर हलचल होती है। आज अपने दरबार को जल्दी बर्ख़ास्त कर सरकार अपने बेटे से मिलने आ पहुंचे हैं। सिर नवाकर उनका स्वागत करती मंगला को मुट्ठी भर सोने की मोहरें इनाम में मिलती हैं। मैं बच्चे को उनकी तरफ़ बढ़ा देती हूं।

बच्चे को अपने सीने लगाते हुए मैं उनके हावभाव को सम्मोहित होकर निहारती हूं। मुझे लगता था कि मैं सरकार को उनके सबसे नाज़ुक पलों में देख चुकी हूं, पर मैं ग़लत थी।

वह कहते हैं, 'इस तोहफ़े के लिए वाहेगुरु का शुक्रिया। मैंने कभी नहीं सोचा था कि इस ज़िंदगी में मुझे फिर से यह नसीब होगा।' उनकी आंख में आंसू झलकने लगते हैं। बच्चे के गले में सोने का हार पहनाते हुए वह कहते हैं, 'मैं वादा करता हूं कि इस बच्चे के लिए हमेशा मौजूद रहूंगा, बाक़ी बच्चों के साथ ऐसा नहीं हो सका।' मुझे बच्चा वापस देते हुए एक बड़ी-सी चाबी आगे बढ़ाते हैं।

'तुम्हारे नये घर की है। पिछले हफ़्ते काम पूरा हो गया था, पर मैंने मंगला से कहा कि अभी मत बताना। तुम अब मां बन चुकी हो, इसलिए उसे हवेली माई जिन्दां कहा जाएगा।'

हवेली माई जिन्दां। कुत्तों के प्रशिक्षक की बेटी का बादशाही क़िले में अपना महल होगा और वह भी उसके अपने नाम से?

'हवेली में हमारे बच्चे की भागदौड़ के लिए काफ़ी जगह होगी,' सरकार कहते हैं। 'पर इसे हम हमेशा अपना बेटा कहकर तो नहीं पुकार सकते। मैंने इसके लिए नाम सोचा है। इसे थानेसर के संत के नाम पर दलीप नाम से जाना जाएगा। मुझे उम्मीद है कि यह उनकी तरह बुद्धिमान हो, शांति का संदेश दे और कभी नाइंसाफ़ी को बर्दाश्त नहीं करे। तुम्हें अच्छा लगा यह नाम?'

'बहुत ख़ूबसूरत है,' मैं बुदबुदाती हूं। मेरे अंदर हलचल मची है। क्या सरकार ने इस बात पर ध्यान नहीं दिया कि इस लफ़्ज़ का मतलब राजा है? मेरा बेटा कभी राजा नहीं बनेगा। तो फिर उसका ऐसा नाम रखना सही है क्या? या फिर क्या यह भविष्य की तरफ़ इशारा है, जिसने सरकार को यह नाम चुनने को प्रेरित किया है?

मुझे किसी ज्योतिषी से सलाह लेनी होगी और दलीप के भविष्य के बारे में जानना होगा।

सरकार को बेमन से जाना पड़ता है। उन्हें काफ़ी काम हैं। बच्चे के जनम की ख़बर दरबार में बतानी है और शहर में भी उसकी मुनादी करवानी है। लोगों को दान देना है, गुरुद्वारों में और मंदिर-मस्जिदों में भी दान देना है, क्योंकि सरकार के मन में हर धर्म के लिए इज़्ज़त है। अहम मिस्लों के सरदारों को बच्चे को आशीष देने के

लिए बुलाने के लिए निमंत्रण और तोहफ़े भिजवाने हैं। जश्न की तैयारियां करनी हैं, जिसमें आतिशबाज़ी, नाच-गाना और दावतें होंगी।

'बड़ी बुरी बात है कि औरतें इन जलसों में शामिल नहीं हो सकतीं। मेरी जान, मुझे अच्छा लगता अगर तुम साथ होतीं। तुम्हारे जादू के बिना यह जश्न कैसे मुमकिन होता।'

'कोई जादू नहीं, बस वाहेगुरु की मेहर है,' मैं कहती हूं। मेरा अंदाज़ थोड़ा उलाहने भरा है और मुझे लगता है कि रानी मां बनने के बाद मैं ऐसा कर सकती हूं। 'बस ज़्यादा जश्न नहीं मना लीजिएगा! सुबह अपने बेटे से मिलने के लिए आपको बिलकुल सही हालत में होना चाहिए।'

मैं तुरंत अपनी हवेली में जाने की ज़िद करती हूं। दाई चाहती है कि मैं जचकी वाले कमरे में ही आराम करूं, पर मुझ पर तो बेसब्री हावी है। हमारा अपना छोटा-सा काफ़िला आंगन के पार निकल पड़ता है। मेरे साथ मंगला और गुड्डां हैं; दलीप को गोद में लिए हुए बड़बड़ाती हुई दाई है; हमें ओट देने के लिए बड़े-बड़े छत्र लिए चल रहे पहरेदार हैं; बच्चे की चीज़ों की गठरियां उठाये पीछे चल रहे नौकर-चाकर हैं।

अपने नये घर को देखकर मैं खुशी से अवाक रह जाती हूं। उसका लाल पत्थर का आगे का हिस्सा गर्मजोशी से भरा है और स्वागत करता हुआ लगता है। दोमंज़िला हवेली में एक बंद बरामदा है, झरोखे वाली बड़ी-बड़ी खिड़कियां हैं, क्योंकि सरकार को मालूम है कि मुझे बाहर देखना पसंद है। माई के बड़े-बड़े कमरों की तरह इसमें भारी-भरकम काम नहीं है। नगीने जड़ी दीवारों और बारीक पच्चीकारी वाले फ़र्श के बीच मुझे असहज लगता। हर चीज़ को समझने वाले, महसूस करने वाले सरकार यह बात समझते हैं।

'तुम्हें अच्छी लगी, हवेली?' गुड्डां फ़िकरमंद होकर पूछती हैं। 'यह थोड़ी सादा...'

मैं उन्हें अपने बचपन की झोपड़ी के बारे में बताना चाहती हूं, पर फिर यह सोचकर चुप हो जाती हूं कि राजाओं के घर में पली-बढ़ी रानी गुड्डां इस बात को कभी नहीं समझ पाएंगी, चाहे मुझे कितना भी प्यार करती हों।

'यह बिलकुल सही है,' अंदर क़दम रखते हुए मैं कहती हूं।

मंगला मुझे बताती है कि पूरा शहर जश्न में डूबा है। मैं रातोंरात लोगों की आंखों का तारा बन गयी हूं। उन्हें झोपड़ी से महल तक के मेरे सफ़र की रोमानी कहानी बहुत भा गयी है। लोग कहते हैं कि मैं शाहजहां की मुमताज़ से भी ख़ूबसूरत हूं।

यह भी कि सरकार ने मेरे लिए ताज महल से टक्कर लेता महल बनवाया है। रात का हर पल आतिशबाज़ी से चमक उठता है। मुझे डर है कि उन आवाज़ों से दलीप की नींद नहीं टूट जाए, पर वह गहरी नींद में है। जागने पर वह अपनी बड़ी-बड़ी काली आंखों से मुझे एकटक देखता है। मैं दाई की बात नहीं मान सकती कि नये जन्मे बच्चे किसी एक जगह पर ध्यान नहीं लगा सकते।

अगले दिन से लोग आने लगते हैं। मंगला ने पहले से ही कुर्सियां, बढ़िया कालीन वगैरह लगाकर बैठक का इंतज़ाम कर लिया है और मिठाइयों और शर्बतों का बंदोबस्त भी है। सरकार के हुक्म के मुताबिक़ शाही परिवार के कुछ अहम सदस्य ही मुझसे मिल सकते हैं। इसके बावजूद दुखते बदन के साथ बिस्तर से उठकर मौक़े के हिसाब से कपड़े पहनने के लिए मुझे मशक्क़त करनी पड़ती है। भारी-भरकम लिबास में गर्मी लगती है और उनसे खुजली होती है।

सबसे पहले माई निकाइन आती हैं। मेरे कमरे में हुई पिछली बार की मुलाक़ात के बाद से हमारे बीच असहज क़िस्म का समझौता हो चुका है। सोते हुए दलीप को देखकर उनका कहना है कि वह मुझ पर गया है। उनका कहने का मतलब यही है कि वह सरकार जैसे नहीं दिखता, पर मैं बात को नहीं समझने का दिखावा करते हुए उनका शुक्रिया अदा करती हूं। इस मामले में वैसे भी माई कुछ कर नहीं सकती हैं। आज ही दरबार में सरकार ने अपने बेटे कुंवर दलीप सिंह के जनम की घोषणा की है और इस तरह उसे अपने बेटे के रूप में मान्यता दी है। माई को हवेली को लेकर बातें बनाने से ही संतोष करना पड़ा है। 'प्यारी हवेली है, पर वाकई इतना सस्ता लाल पत्थर है? फ़र्श पर ईंट है? इसे बनवाते हुए सरकार के दिमाग़ में क्या चल रहा होगा!'

खड़क की बीवी चंद कौर, दलीप के पालने पर झुकती हैं। वह भी नौनिहाल और उसकी नयी ब्याहता साहिब कौर के साथ आयी हैं। उसे वह प्यार से बीबी बुलाता है। 'कितनी प्यारी मुस्कान है!'

मुझे लगता है कि पेट में वात के कारण उसका मुंह वैसा बना है, पर मैं बड़ी तहज़ीब से उनकी तारीफ़ पर सिर हिला देती हूं। चंद बहुत ख़ामोश क़िस्म की औरत है, जो अपने काम से काम रखती है। ज़नाना की रानियों के लिहाज़ से यह बहुत बड़ी ख़ासियत है।

'मेरा नन्हा चाचा!' हँसता हुआ नौनिहाल कहता है। 'जब यह बड़ा हो जाएगा, तो मैं इसे घुड़सवारी सिखाऊंगा। इसे पहला घोड़ा तोहफ़े में दूंगा। इसे शिकार पर

ले जाऊंगा। सुकरचकिया मिस्ल अपने बढ़िया घुड़सवारों के लिए मशहूर है। इसे भी उस कसौटी पर खरा उतरना होगा!'

नौनिहाल को सरकार की सभी बीवियों का पोता माना जाता है और इसलिए वह ज़नाना में कहीं भी जा सकता है। पर वह बाक़ी रानियों के पास शायद ही कभी जाता हो, इसलिए उसका आना मुझे अच्छा लगता है।

'वाहेगुरु की मेहर से तुम्हारे यहां भी जल्द एक नया मेहमान आ जाएगा,' मैं नौनिहाल के पीछे शर्माते हुए खड़ी बीबी को देखकर मुस्कराते हुए कहती हूं। दोनों के बीच बेपनाह प्यार दिखायी देता है।

'जी, कोशिशों में तो कोई कमी नहीं है!' नौनिहाल ज़ोर से ठहाके लगाता है और बीबी शर्म से लाल होकर दुपट्टे से अपना चेहरा ढंक लेती है।

'क्या बोलते रहते हो,' चंद झिड़कती हैं, पर उसकी बात पर लाड़ से मुस्करा देती हैं और मैं भी हँस पड़ती हूं।

'नौजवान प्यार को देखना सबको अच्छा लगता है,' मैं बाद में मंगला से कहती हूं।

मंगला कहती है, 'मुझे ख़ुशी है कि चंद और उनकी बहू में अच्छी पटती है। उनकी अपनी ज़िंदगी में वैसे भी ज़्यादा ख़ुशियां रही नहीं। माई निकाइन हमेशा उन पर हुक्म चलाती रही हैं। खड़क कई बुरी लतों का शिकार हैं। मैंने तो यह भी सुना है कि उन्हें मर्द पसंद हैं।'

इससे पहले कि मैं ताज्जुब में आकर कुछ कहूं, एक दासी संदेशा लेकर दौड़ी चली आती है। सरकार आ रहे हैं, साथ में ध्यान सिंह भी है। मैं हैरत में हूं। मैं तो वज़ीर को ठीक से जानती भी नहीं। सरकार उसे यहां क्यों ला रहे हैं?

मंगला किसी तरह झटपट मेरे लिए जैसे ही सुनहरी कढ़ाई वाले घूंघट का इंतज़ाम करती है, तभी सरकार और वज़ीर पहुंच जाते हैं। ध्यान के हाथों में सफ़ेद रेशम में लिपटा एक डब्बा है। दलीप के लिए कोई तोहफ़ा होगा। उसे हटाने पर मुझे पवित्र गीता दिखायी देती है।

सरकार कहते हैं, 'मैं ध्यान को दलीप का सरपरस्त बना रहा हूं। मेरे मरने पर यह तुम दोनों की हिफ़ाज़त करेगा।'

डर के मारे मेरा गला सूख जाता है। सरकार मौत की बात क्यों कर रहे हैं?

ध्यान गीता को अपने माथे से छुआता है। 'मैं इस पवित्र ज़िम्मेदारी को निभाने की सौगंध खाता हूं।'

दलीप रोने लगा है, शायद वह मेरी घबराहट भांप गया है। सरकार उसे उठाकर शांत कराते हैं और फिर उसे वज़ीर को सौंप देते हैं। मैं अचंभे में हूं और

ध्यान के चेहरे पर भी ऐसा ही भाव है। पर वह दलीप को अपने नज़दीक लाकर कसम खाता है, 'मेरे सरकार, अपनी अंतिम सांस तक मैं रानी साहिबा और कुंवर की सेवा करूंगा। आपको उनकी चिंता करने की ज़रूरत नहीं है।'

ध्यान के कंधे पर हाथ रखते हुए सरकार कहते हैं, 'तुम्हारा शुक्रिया, मेरे दोस्त।' यह सुनकर वज़ीर की आंखें चमक उठती हैं। मेरे सरकार में ऐसा क्या जादू है कि लोग उनके इतने वफ़ादार हो जाते हैं?

'मैं दरबार में इसकी घोषणा करूंगा। हर किसी को मालूम होना चाहिए कि दलीप के सिर पर किस ताक़तवर आदमी का हाथ है।' सरकार कहते हैं।

ऐसा क्यों लग रहा है कि जैसे उन्होंने राहत की सांस ली हो? क्या उनकी तबियत ख़राब है? कल मैं शाही वैद्यों से उनकी सेहत के बारे में पूछूंगी। मैं उन्हें सख़्ती से सही खाना लेने और ज़्यादा आराम करने को कहूंगी। मैं प्यार से ढिठाई दिखाते हुए उनसे कहूंगी कि *आपके बेटे को लंबे वक़्त तक आपकी ज़रूरत होगी।*

देर रात को अंधेरे की चादर में मेरा आख़िरी मेहमान आता है, जिसको लेकर मंगला का दावा है कि वह लाहौर का सबसे अच्छा ज्योतिषी है। उसने दलीप की जनमपत्री तैयार की है। उसे बनाने में पूरा दिन लगा है, क्योंकि उसे कई बार जांच करनी पड़ी है।

'क्या तुम दावे से कह सकती हो कि दाई ने बिलकुल सही समय बताया है?' वह पूछता है।

'बिलकुल,' मंगला जवाब में कहती है। 'इसी काम के लिए जचकी वाले कमरे में दो घड़ियां रखी हुई हैं। मैंने और दाई ने वक़्त देखा था। आप क्यों पूछ रहे हैं?'

ज्योतिषी परेशान दिखता है। 'जनम के समय के हिसाब से राजकुमार की पैदाइश मीन लगन और मीन राशि में हुई है, जो कि सबसे दुर्भाग्यपूर्ण संयोग है। जो कुछ इन्हें प्रिय होगा, सब कुछ खो जाएगा। पिता, माता, पत्नी और धन-संपत्ति। यहां तक कि आध्यात्मिक दिशा भी। वह घर से बहुत दूर रहेंगे। इनके आस-पास दुश्मन होंगे और बदतर बात यह कि इनके साथ छल होगा और ये छल करने वाले लोगों को अपना मित्र समझेंगे। मैं जितना पता लगा सका, वह सब लिख दिया है और आपको उन घटनाओं की संभावित तिथियां भी लिख दी हैं।'

'बहुत हो गया!' मुझे दलीप की जनमपत्री नहीं बनवानी चाहिए थी। मैं उस आदमी से वह भारी-भरकम पतरा छीन लेती हूं। 'अपनी सलामती चाहते हो, तो किसी को भी इसकी भनक नहीं लगनी चाहिए।'

वह हकलाते हुए हामी भरता है।

मैं मंगला को इशारा करती हूं। वह सोने की अशर्फ़ियों से भरी थैली उसे पकड़ा देती है और उसे बाहर ले जाती है। मंगला की धमकी भरी आवाज़ मुझे सुनायी देती है, 'अपनी बात पर क़ायम रहना। याद रहे कि मुझे तुम्हारे ठिकाने की जानकारी है।'

कांपते हाथों से अंगीठी जलाकर मैं जनमपत्री को उसमें झोंक देती हूं और उसे राख़ होता हुआ देखती हूं। *वाहेगुरु, मेरे बच्चे की बुरी क़िस्मत इसी तरह जलकर ख़ाक हो जाए।*

बाद में मुझे अपनी जल्दबाज़ी पर पछतावा होता है। मुझे सब कुछ ध्यान से पढ़कर उसके बारे में सोचना चाहिए था। इस तरह अपने बच्चे पर आने वाली आफ़त का अंदाज़ लगाकर मैं उसे दूर करने की कोशिश कर सकती थी।

17

अवसाद

मेरे पास वह सब कुछ है, जिसकी चाहत किसी भी औरत को हो सकती है। मेरे पास एक सेहतमंद, प्यारा बच्चा, मेरी अपनी हवेली, पैसा, वफ़ादार नौकर और मुझसे मोहब्बत करने वाला पति है, जो राजा भी है। फिर सुबह उठने पर मेरी छाती पर मुझे कोई बोझ-सा क्यों महसूस होता है?

सरकार मेरे मनबहलाव का बंदोबस्त कर मेरा ध्यान भटकाने की कोशिश करते हैं। वह सबसे अच्छे नाचने-गाने वालों को मेरी हवेली पर भेजते हैं। मुझसे कहते हैं कि मैं किसी को भी इन कार्यक्रमों में बुला सकती हूं। मैं गुड्डां, फ़कीर, ध्यान और उसके ख़ूबसूरत भाई सुचेत, नौनिहाल और उसकी शर्मीली बीवी, नौनिहाल के क़रीबी दोस्तों और डोगरा राजाओं के बेटे उधम और हीरा सिंह को भी बुलाती हूं। जब कभी खड़क कहीं बाहर होता है, तो मैं चंद को भी बुलावा भेजती हूं। वह मेरा मान रखती है और मुझे वह अच्छी लगती है। अगर खड़क की मौजूदगी से मुझे परेशानी नहीं होती, तो मैं उससे ज़रूर दोस्ती करती। मनबहलाव के दौरान मैं सरकार के साथ बैठती हूं और उनके लिए सोने के बर्तनों में पेश खाने का लुत्फ़ उठाती हूं, मेरे मेहमान मेरा आदर करते हैं।

इसके बावजूद मुझे ऐसा क्यों लगता है कि एक तरह का अपशकुनी ख़याल मेरा पीछा नहीं छोड़ता?

कई बार मेरा ध्यान भटकाने की कोशिश में सरकार मुझसे कहते हैं कि क्या मैं उनके लिए खाना तैयार कर सकती हूं? मैं तुरंत रसोईघर में जाकर खानसामे को परे कर उनके लिए खिचड़ी या आलू के परांठे बनाती हूं। जब मैं कुत्तों की देखभाल

करने वाले की मामूली-सी लड़की थी, तब मैं यही सपना देखा करती थी। मैं खुद उन्हें खाना परोसती हूं, जैसे कि वह कोई आम किसान हों और मैं उनकी बीवी। हम छत पर बैठकर खाना खाते हैं और हमारे सामने लाहौर की रोशनी सितारों के गलीचे की तरह बिछी होती है। बाद में मंगला दलीप को लाती है, ताकि सरकार उसे गोद में ले सकें।

बाप-बेटे को देखते हुए मुझे इतना ख़ौफ़ क्यों महसूस होता है?

दाई कहती है कि जनम देने के बाद ऐसा होता है। वह मेरे लिए कड़वे काढ़े बनाती है, जिन्हें मुझे ज़बरदस्ती गटकना पड़ता है। मंगला शहर भर को छानकर मेरे लिए तावीज़ लाती है। मैं भी चुपचाप उन्हें पहन लेती हूं, लेकिन कुछ भी काम नहीं करता।

मैं राजकाज के मामलों में खुद को मसरूफ़ रखने की कोशिशें करती हूं। सरकार आजकल मुझे काफ़ी बातें बताते हैं। दरबार में बहुत हलचल मची हुई है। यही चर्चा है कि उन्हें अंग्रेज़ों की मदद के लिए अफ़ग़ानों के ख़िलाफ़ हेरात में फ़ौज भेजनी चाहिए या नहीं। अंग्रेज़ ऐसा करने का निवेदन कर चुके हैं। कई दरबारी इसके ख़िलाफ़ हैं, क्योंकि दोस्त मोहम्मद पहले ही अपने क़दम पीछे खींच चुका है। ध्यान सिंह पूछता है, *अंग्रेज़ों के लिए हम अपने बहादुर सिपाहियों की जान क्यों जोखिम में डालें कि उन्हें एक और जीत हासिल हो और वे एक और जगह पर कब्ज़ा कर लें?* खड़क और नौनिहाल की भी राय एक-दूसरे से अलग है। नौनिहाल लड़ाई चाहता है, जबकि खड़क उसके ख़िलाफ़ हैं। इस तरह दरबार में कई तरह की राय है।

चिंता से मेरी रातों की नींद उड़ गयी है। अगर अभी हालात इतने बुरे हैं, तो सरकार के चले जाने के बाद क्या होगा?

मैं मंगला को ख़र्चे कम करने के लिए कहती हूं। 'मुझे मिलने वाले गुज़ारे भत्ते का बड़ा हिस्सा तोशखाने में मेरे खाते में डाल दो।'

मंगला मेरी बात मानती है, पर साथ ही सलाह भी देती है कि मुझे कुछ पैसा और गहने हवेली में ही छिपाकर रखने चाहिए। वह और कुछ नहीं बताती, जिससे मेरी फ़िकर और बढ़ जाती है।

आज रात जैसे ही सरकार मुझे बताते हैं कि वह गवर्नर-जनरल ऑकलैंड से मिलने फ़िरोज़पुर जा रहे हैं, मैं रो पड़ती हूं।

'आप मत जाइए। मेरे मन में इस सफ़र को लेकर बुरे ख़याल आ रहे हैं। आपकी तबियत भी ठीक नहीं है।'

कुछ हफ़्ते पहले उन्हें एक और दौरा पड़ा था। हालांकि वह हल्का था, पर उससे उनमें काफ़ी कमज़ोरी आ गयी है। आजकल अपनी फ़ौजों का मुआयना करने के लिए जाते हुए उन्हें उठाकर घोड़े पर बिठाया जाता है। अस्तबल में चुपचाप ऐसा किया जाता है, ताकि किसी को कानोंकान ख़बर नहीं हो। पर ख़बरें बहुत तेज़ी से फैलती हैं, ख़ासकर ज़नाना में। वहां पर हर किसी की क़िस्मत के तार महाराजा से जुड़े हुए हैं।

सरकार हक्के-बक्के रह जाते हैं; अब तक मैंने अपनी हर निराशा को उनसे छिपाये रखा है। मुझे चूमते हुए वह कहते हैं कि वह अपनी बैठक को रद्द नहीं कर सकते। 'यह पंजाब के लिए बहुत अहम है। मैं वादा करता हूं कि अपना खाना-पीना वैद्य के कहे मुताबिक़ ही करूंगा। मैं बस तुम्हारी ख़ातिर अपने प्याले में शराब की बजाय लाल अंगूरों का रस लूंगा।' वह ऑकलैंड और उसके दल के साथ जल्द लौटने की बात कहते हैं। वह बताते हैं कि एक ख़ास दावत का भी इंतज़ाम करेंगे, जिसमें नौनिहाल की खोज एक नये जादूगर को भी बुलाएंगे। वह कुछ भी ग़ायब कर सकता है। 'तुम्हारे लिए ज़नाना में ख़ास जगह होगी, माई निकाइन के पास, ताकि तुम सारे नज़ारे को आराम से देख सको।'

जब मेरा सुबकना नहीं रुकता, तो आख़िर में हारकर वह सुझाते हैं, 'शायद तुम्हें अपनी मां की याद आ रही है। ऐसे वक़्त में किसी भी औरत को मां की देखभाल की ज़रूरत होती है। तुम चाहोगी कि वह तुम्हारे पास आए?'

हैरानी से मेरे आंसू थम जाते हैं। सरकार अपनी बीवियों के रिश्तेदारों को कभी लाहौर आने की इजाज़त नहीं देते, सिर्फ़ वही आ सकते हैं जिनके साथ उनका फ़ौजी गठबंधन हो। पहले भी उन्होंने कई बार अपने भाई जवाहर को यहां बुलाने की मेरी बात को ठुकरा दिया। पिछले हफ़्ते ही गुजरांवाला से ख़त आये थे। एक में बीजी ने दुःखी होकर लिखा था कि मैं उसे दलीप की कोई तसवीर बनवाकर भेज दूं, क्योंकि वह शायद ही उसे कभी असल में देख पाए। उसे पढ़ने के बाद मैं घंटा भर रोती रही। जवाहर की चिट्ठी खोलने की तो मेरी हिम्मत ही नहीं हुई।

उम्मीद की आस में मुझे ख़याल आता है कि शायद सरकार सही कह रहे हैं। शायद जिस परिवार से मैं इतने दिनों से दूर हूं, उससे मिलकर मेरी उदासी दूर हो। मुझे यह बात छू जाती है कि मेरे लिए वह अपना नियम तक तोड़ने को तैयार हो गये।

'जी, मुझे अच्छा लगेगा। पर मेरी मां कभी गुजरांवाला से बाहर नहीं निकली और सिपाहियों के साथ सफ़र करने में दिक़्क़त आएगी। क्या मैं अपने भाई को उसे यहां लेकर आने को कह सकती हूं?'

सरकार को यह सुनकर अच्छा नहीं लगता, पर वह कहते हैं, 'सिर्फ़ इस बार मैं तुम्हारी बात मान रहा हूं। दस दिन में मैं लौट आऊंगा और उन्हें मेरे आने से पहले चले जाना होगा। उन्हें क़िले में ही रहना होगा और केवल तुम्हारे घर में मौजूद लोगों से ही मेल-मिलाप रखना होगा।'

मैं परेशान हो जाती हूं। बीजी को तो कोई मुश्किल नहीं होगी, पर जवाहर को ज़रूर बुरा लगेगा। पर मेरे पास और कोई चारा भी तो नहीं है। मैं अपने भरोसेमंद हरकारे के साथ संदेश भेजती हूं और हाथोंहाथ जवाब आ जाता है कि सरकार के जाने के एक दिन बाद बीजी और जवाहर यहां पहुंच जाएंगे।

उनकी आने पर की जाने वाली तैयारियों के बीच मैं इस बात पर ज़्यादा ध्यान नहीं देती कि सरकार को खांसी हो रही है। फ़िकर की कोई बात नहीं, मैं खुद को तसल्ली देती हूं। वैद्य और डॉक्टर होनिगबर्गर उनके साथ सफ़र में होंगे। मेरा ध्यान अपने मेहमानों के रहने, उनके ठहरने और उनके खाने-पीने के इंतज़ाम में लगा हुआ है। मैं सोचती हूं कि बीजी को अपने साथ वाले कमरे ठहराऊं और जवाहर को ऊपर वाले में, ताकि वह वहां से दीवान-ए-ख़ास में आने-जानेवालों को देख सके।

मंगला से मैं कहती हूं, 'बावर्ची से कहना कि इलायची और संतरों का इस्तेमाल कर बिरयानी बनाए, गोश्त को खसखस के साथ और मुर्गी में कीमा और दालचीनी भरकर बनाए। उन्होंने इस तरह का मुग़लई खाना कभी नहीं खाया है। कुछ चीज़ें मैं खुद बनाऊंगी, ताकि बीजी को दिखा सकूं कि उन्होंने जो कुछ मुझे सिखाया है, मैं उसे भूली नहीं हूं।'

'बहुत बुरा हुआ कि सरकार ने हुक्म दिया कि वे शहर में नहीं जा सकते,' मंगला हमदर्दी दिखाते हुए कहती है। 'उतनी दूर से लाहौर आएं और यहां के बाज़ार और ख़ास जगहों को नहीं देख पाएं! ठीक है। मैं शाम को उन्हें क़िले के बगीचों में ले जाया करूंगी। गुलाब खिलने लगे हैं और सरकार ने नये सफ़ेद मोर भी मंगवाये हैं।'

दिन तेज़ी से गुज़रने लगते हैं और सरकार के जाने का दिन आ जाता है। मैं शीश महल के दरवाज़े पर उन्हें विदा देने आती हूं। कढ़ाईदार कुर्ता पहने सरकार अपनी पालकी में बिलकुल सीधे बैठे हैं, उनकी बांह पर कोहेनूर दमक रहा है। वह मेरा हाथ पकड़ते हैं और मुझे उनकी छुअन में थोड़ी तपिश। क्या उन्हें बुख़ार है? *मुझे होनिगबर्गर से कहना चाहिए था कि उन्हें ताक़त की दवा दें।* थोड़े अपराधबोध से भरकर मैं सोचती हूं। उनकी टांग को आराम देने के लिए पालकी में इंतज़ाम किया गया है और पालकी को उठाकर हाथी पर रख दिया गया है।

पहले जब कभी सरकार लाहौर से निकलते, तो मैं हमेशा उनके अच्छे की दुआ करती थी, लेकिन आज मेरा ध्यान भटका हुआ है। उन्हें विदा करते हुए भी मैं बीजी और जवाहर को हमाम में भेजने के बारे में सोच रही हूं, ताकि वे भी अपनी

ज़िंदगी में पहली बार खुशबूदार स्नान कर सकें। अपने परिवार के साथ बिताने के लिहाज़ से दस दिन काफ़ी कम हैं। काश, सरकार थोड़े दिन और वहीं रुक जाएं!

मैं झपकी ले रही होती हूं और दलीप भी मेरी गर्दन से लिपटकर सो रहा होता है कि मंगला आकर मुझे जगा देती है। 'आपके एक मेहमान आ गये।'

'एक कि दो?'

'सिर्फ़ एक हैं।'

सामने एक आदमी खड़ा है। बड़ा, भारी-भरकम, पसीने से लथपथ और उसकी आंखों के नीचे सूजन है। एक पल के लिए मैं अपने भाई को नहीं पहचान पाती।

जवाहर ने हरे रंग का नया कुर्ता पहना हुआ है, भड़कीला और ज़रूरत से ज़्यादा चमकीला। उसने ज़रूर यहां आने के लिए यह सोचकर ख़रीदा होगा कि वह बहुत बढ़िया है। शायद पहले कभी मेरी राय भी वही होती, पर अब सरकार की शालीनता भरी सादगी की सोहबत में मेरे नख़रे बढ़ गये हैं। वह होंठ काटते हुए झिझका हुआ खड़ा है कि मुझसे यानी रानी से कैसे पेश आए। अपने बीच बन चुकी खाई से मेरे दिल में हूक उठती है। दलीप को मंगला को थमाकर मैं अपने भाई को बांहों में भर लेती हूं। फिर हम हँसते-रोते हुए एक साथ बोलने लगते हैं।

'वीरे! बहुत वक़्त हो गया।'

'मेरी छोटी बहन, रानी बन गयी और अब मां भी! तुम कितनी ख़ूबसूरत लगती हो। तुम ज़रूर करामाती मंगला हो।' उसकी तरफ़ देखते हुए वह कहता है। 'जिन्दां ने तुम्हारे बारे में काफ़ी कुछ लिखा था।'

मंगला अदब से झुककर जवाहर को सलाम करती है, जैसे कि वह कोई राजा-महाराजा हो। 'और इन्होंने भी आपके बारे में काफ़ी कुछ बताया है, जनाब।'

उसे शर्माते हुए देखकर मैं हैरान रह जाती हूं।

'बीजी कहां हैं?'

जवाहर बताता है कि दो दिन पहले मन्ना और बीजी को बुख़ार आ गया था। जवाहर मुझे निराश नहीं करना चाहता था और अपने भांजे को भी देखना चाहता था, इसलिए उसने बलबीर को संदेश भिजवाया कि वह दोनों की देखभाल करने आ जाए, उसे लाहौर जाना है। 'तुम्हें बुरा तो नहीं लगा?' वह माफ़ी मांगने के अंदाज़ में पूछता है।

मुझे यह सोचकर बुरा लगता है कि मैं कभी भी बलबीर की तरह बीजी की मदद नहीं कर सकूंगी। पर मैं फ़िलहाल उस बात पर नहीं, जवाहर पर ध्यान देना चाहती हूं। 'मुझे बहुत खुशी है कि तुम तो आए।'

जवाहर दलीप की तरफ़ मुड़ता है। 'मेरे प्यारे भांजे!' कहता हुआ वह ज़ोर से हँसते हुए मंगला से दलीप को ले लेता है। दलीप के होंठ कांपने लगे हैं, वह रोने को है। जवाहर उसे अपने सिर से भी ऊंचा उठा देता है। मुझे ख़तरे का अहसास होता है और मैं दलीप को उससे छीनना चाहती हूं कि तभी वह भी हँस पड़ता है।

'देखो, इसे अपने मामा से प्यार हो गया है!' जवाहर कहता है। 'पुत्तर, हमारी अच्छी निभेगी। हम दोनों मिलकर ख़ूब मज़े करेंगे!'

मेरा दिल खुश हो जाता है, हालांकि जवाहर इतने भरोसे के साथ जो कह रहा है, वह कभी हो नहीं पाएगा। सरकार ऐसा होने नहीं देंगे। मुझे अचानक गुस्सा आ जाता है कि उनकी वजह से दलीप को कभी अपने मामा का प्यार नहीं मिल सकेगा।

मैं तुरंत बात बदल देती हूं। 'आ वीर, तुझे तेरा कमरा दिखाती हूं।'

'उसके बाद हम क़िले में घूम सकते हैं? मैं सभी ख़ास जगहों को देखना चाहता हूं, ख़ासकर शीश महल को। मन्ना हमेशा कहता था कि हमें वहां ले जाएगा, पर कभी ले नहीं गया।'

यह तो बड़ी नासमझी वाला काम होगा। सरकार यहां पर नहीं हैं, लेकिन दरबार तो रोज़ाना चलता है और क़िले में सभी दरबारियों और मुलाज़िमों का मजमा लगा रहता है। उनका ध्यान मुझ पर जाएगा, मेरे साथी पर भी जाएगा। सवाल पूछे जाएंगे, जवाबों की कानाफूसी होगी। आख़िरकार हमेशा की तरह सारी बात माई निकाइन तक पहुंच जाएगी। वह मुझ पर ताना कसने का मौक़ा नहीं छोड़ेंगी। *मुझे ख़बर हुई है कि तुम्हारा भाई और कुत्तों को रखनेवाले का बेटा आया हुआ है। मैंने उसकी शानदार पोशाक और उसके बढ़िया लहजे के बारे में...*

इसके बावजूद जवाहर की इस सबसे पहली फ़रमाइश को मैं कैसे ठुकरा सकती हूं?

मंगला मुझे असमंजस से निकालते हुए तुरंत कहती है, 'हमारी रानी लोगों के बीच नहीं जा सकतीं। महल के अपने क़ायदे हैं। पर मैं आपको ले चलूंगी और ध्यान रखूंगी कि किसी का ध्यान हमारी तरफ़ नहीं जाने पाए।' फिर कुछ सोचकर वह कहती है, 'अगर रानी साहिबा की इजाज़त हो तो!'

'ज़रूर, क्यों नहीं!' मैं अहसानमंद नज़रों से उसकी तरफ़ देखती हूं, पर उसका पूरा ध्यान तो जवाहर पर लगा हुआ है।

तो मेरी दुनियादार मंगला मेरे भाई पर फ़िदा हो गयी है! पता नहीं, अचानक होने वाली यह बात मुझे अच्छी लगी या नहीं। मंगला जहां पहले दिन भर दलीप के चारों

तरफ़ मंडराती रहती थी और उसकी धाय को लापरवाही के लिए कोसती रहती थी, वहीं अब तेज़ी से अपने काम ख़त्म कर पूछने आ जाती है कि क्या वह जवाहर को क़िले में घुमाने ले जा सकती है। दोनों घंटों ग़ायब रहते हैं। मुझे शक है कि वे शहर में जाते हैं। पर मैं उनसे पूछताछ कर उन्हें खुद से झूठ बोलने पर मजबूर नहीं करना चाहती।

जवाहर के आने से पहले मंगला दलीप के पालने के पास मेरे कमरे के फ़र्श पर सोती थी, जबकि मैंने उसे एक कमरा दे रखा था।

'मुझे यहां अच्छी नींद आती है, क्योंकि मुझे पता है कि आप दोनों सुरक्षित हैं,' वह यहीं सोने की ज़िद करती थी।

पर हाल ही में उसने पूछा कि क्या वह अपने कमरे में सो सकती है। मैंने हामी भर दी और उसमें मुझे कोई परेशानी भी नहीं थी। हालांकि मुझे लगता है कि वह रात जवाहर के साथ बिताती है और इससे मुझे थोड़ी जलन होती है। ऐसा नहीं है कि वे मुझ पर ध्यान नहीं देते। मंगला हमेशा की तरह घर के पूरे कामकाज को पूरी कुशलता से निबटाती है। जवाहर भी दलीप के साथ घंटों खेलता है और मेरे साथ बचपन की यादें साझा करता है। फिर भी मुझे लगता है, जैसे मैं अकेली हो गयी हूं।

जवाहर को लाहौर आए हफ़्ता हो चुका है। जल्दी ही वह गुजरांवाला लौट जाएगा। मैं राहत और अपराधबोध के मिलेजुले अहसास के साथ उस दिन की बाट जोह रही हूं।

आज सुबह मुझे लाल रेशम में लिपटा बड़ा ख़ूबसूरत बुलावा आया। राजकुमार नौनिहाल ने अपने नज़दीकी दोस्तों और परिवार के लिए कल शाम एक महफ़िल रखी है। उन्हें अच्छा लगेगा कि उनकी आदरणीय दादी मां रानी जिन्दां इस मौक़े पर उनके ग़रीबख़ाने में तशरीफ़ लाएं।

मुझे ताज्जुब होता है, क्योंकि नौनिहाल ने पहली बार मुझे बुलाया है और 'दादी' कहलाने पर हँसी भी आती है। मैं संदेशा लाने वाली से पूछती हूं कि किस मौक़े पर महफ़िल रखी गयी है।

'हमारे नौनिहाल जी को किसी मौक़े की ज़रूरत नहीं पड़ती। उन्हें सरकार की तरह ज़िंदगी का मज़ा लेना पसंद है,' वह औरत मुस्कराते हुए कहती है।

बुलावे में नीचे कुछ और भी जोड़ा गया है, रानी के माननीय भाई का भी स्वागत है।

नौनिहाल को जवाहर की ख़बर कैसे हुई? क्या मंगला ने किसी से बात की होगी?

तभी बिलकुल सही वक़्त पर जवाहर पहुंच जाता है, जिससे मुझे शक होता है। वह मुझसे पूछता है कि मेरे हाथ में क्या है।

मैं उससे झूठ बोलने की सोचती हूं; फिर मुझे चिढ़ होती है। मैं झूठ क्यों कहूं? मैं तो रानी हूं।

मैं उसे बताते हुए आख़िर में कहती हूं कि मैं नहीं जाऊंगी।

'कितना ख़ूबसूरत है! क्या मैं देख सकता हूं?'

अपने भाई की बच्चे जैसी उत्सुकता देखते हुए मना करना ठीक नहीं लगता।

'अरे, नौनिहाल ने तो मुझे भी बुलाया है। तुमने बताया नहीं! महफ़िल में तो बहुत मज़ा आएगा। हम क्यों नहीं जा सकते?'

'सरकार को पसंद नहीं आएगा।'

'पर नौनिहाल तो उनके सबसे प्यारे पोते हैं। वह भी तुम्हारी महफ़िलों में आते रहे हैं। ऐसे में क्या तुम्हें नहीं जाना चाहिए?'

मैं समझाने की कोशिश करती हूं कि नौनिहाल क़िले के अंदर नहीं रहता। जवाहर कहता है कि मैं गुरुद्वारे के लिए, ग़रीबों को खाना खिलाने और औरतों के बाज़ार तो जाती हूं।

'वह पहली बार तुम्हें बुला रहे हैं। तुम्हारे मना करने से उन्हें बुरा नहीं लगेगा? वह यह भी सोच सकते हैं कि रानी मां होने के नाते शायद तुम खुद को इतना अहम समझ रही हो कि उनके बुलावे को भी नज़रअंदाज़ कर रही हो।'

एक के बाद एक जवाहर की दलीलें मुझे ताज्जुब में डाल देती हैं। वह हमेशा से फुर्तीला और मज़बूत रहा है, हर हाल में मेरी रक्षा करने वाला। पर सामाजिक तौर-तरीक़ों के मामले में तो वह इतना सयाना कभी नहीं था। क्या मंगला ने उसे यह सब सिखाया होगा? उसका लहजा भी बदल गया है और अब वह ज़्यादा लाहौरी लगता है। क्या मंगला उसे यह भी सिखा रही है?

आख़िर में मैं मान जाती हूं और उसकी बड़ी वजह जवाहर की आंखों से छलकती चाहत है। वह जल्दी ही गुजरांवाला लौट जाएगा और फिर कभी यहां नहीं आ पाएगा। उसे भी इस ज़िंदगी का स्वाद लेना चाहिए। नौनिहाल का घर शायद किसी भी जगह जितना ही सुरक्षित होगा। मैं खुद यह जानने की ख़्वाहिश रखती हूं कि सरकार के लाड़ले पोते का रहन-सहन कैसा होगा।

मैं अपने दर्ज़ी को बुलवाकर अपनी बचत में से कुछ पैसे से जवाहर के लिए एक गहरे लाल रंग का सुनहरी कढ़ाई वाला रेशमी कुर्ता-पायजामा सिलने को कहती हूं। इतनी जल्दी तैयार करवाने के लिए मुझे उसे ज़्यादा पैसा देना पड़ता है। जब मैं जवाहर को बड़ी हसरत से उसे छूते हुए देखती हूं, तो मुझे बहुत ख़ुशी होती है।

18

महफ़िल

नौनिहाल की हवेली तक हम दो पालकियों में जाते हैं। मेरी पालकी ढंकी हुई है; मैं उसमें बने छोटे-छोटे झरोखों से ही बाहर देख सकती हूं। औरतों को हमेशा दुनिया से छिपकर क्यों रहना चाहिए? जवाहर अपनी पालकी से बाहर झांकते हुए आस-पास के शानदार घरों के बारे में बताता है। उसे बाक़ी सरदारों की तरह घोड़े पर होना चाहिए था, पर मुझे उसके घुड़सवारों पर ज़्यादा भरोसा नहीं है और मैं नहीं चाहती कि वह किसी गड्ढे में गिर पड़े।

हमारे पीछे दो संतरी और एक दासी हैं। मंगला नहीं है, हालांकि मैं जानती हूं कि वह आना चाहती थी। मुझे शक है कि उसने ही शायद किसी तरह इस बुलावे का इंतज़ाम किया था। मैंने उसे दलीप के पास रहने को कहा और यह भी कि उसके अलावा मुझे किसी और पर विश्वास नहीं है। यह सच भी है, लेकिन असली वजह यह है कि मैं उससे नाराज़ हूं।

नौनिहाल की हवेली बहुत बड़ी और आलीशान है, उसे बड़े सलीके से बनाया गया है। उसके बड़े द्वार पर ख़ूबसूरत नक़्क़ाशी है और बड़ी नफ़ासत से पत्थर जड़े गये हैं। उससे मुझे शीश महल याद आ जाता है। ज़ाहिर है कि नौनिहाल ने अपने घर को सरकार के पसंदीदा शीश महल की तर्ज़ पर बनवाया है। एक पल के लिए मैं कल्पना करती हूं कि वह और उसकी बीवी बरामदे में खड़े होकर गली के नज़ारे देख रहे हैं। एक पल के लिए मेरे मन में भी किले के अंदर अलग-थलग रहने की बजाय शहर के बीचोंबीच रहने की ख़्वाहिश जागती है। फिर मैं खुद को यह कहकर झिड़कती हूं कि मैं सरकार की रानी हूं और मेरा असली ठिकाना क़िला ही है।

'हम थोड़ा नाच देखेंगे, कुछ खाएंगे और निकल जाएंगे,' मैं जवाहर से कहती हूं। 'जब मैं तुम्हें संदेशा भेजूंगी तो तुम चले आना। पूरा ध्यान रखना। अगर नौनिहाल की महफ़िल भी उसके दादा की महफ़िलों जैसी हुई तो शराब पानी की तरह बह रही होगी, पर उससे दूर रहना।' मैं उसकी हामी का इंतज़ार करती हूं और उसके सिर हिलाने के बाद अपनी बात जारी रखती हूं। मुझे बीजी की चिट्ठियों से पता चला है कि जवाहर को पीना पसंद है। 'बाक़ी मेहमानों के साथ कम से कम बातचीत करना। अच्छा तो यही रहेगा कि बात ही नहीं करना।'

'जी बहनजी!' जवाहर का लहजा मज़ाक़िया है। यह सच है कि मैं बड़ी बहन जैसी सख़्ती से पेश आ रही हूं, पर दरबारी ज़िंदगी के ख़तरों के बारे में उसे और कौन बताएगा?

बड़े से नक़्क़ाशीदार दरवाज़े पर हमारा स्वागत किया जाता है। मुझे ऊपर औरतों के बैठने की जगह पर ले जाया जाता है, वहां पर बड़े से दालान में लकड़ी की नक़्क़ाशीदार आड़ है, ताकि औरतें वहीं से महफ़िल का लुत्फ़ ले सकें। उस शाम की मेज़बान चंद और बीबी गर्मजोशी से मुझसे मिलती हैं। दोनों बहुत बढ़िया पोशाकों में हैं और मुझे ख़ुशी है कि मैंने अपना रेशमी सुनहरा घाघरा पहना है। मैं किनारे पर अपनी जगह ले लेती हूं, ताकि जवाहर पर नज़र रख सकूं। अच्छा है कि वह पीछे की कतार में चुपचाप बैठा हुआ है। नये अंदाज़ की पोशाकों में बाक़ी नौजवान मेहमान एक-दूसरे के कंधों पर हाथ मारते हुए ज़ोर-ज़ोर से हँसी-ठिठोली में लगे हैं। वे जवाहर की तरफ़ बिलकुल ध्यान नहीं देते।

एक पल के लिए मुझे थोड़ा बुरा ज़रूर लगता है, पर यही मुनासिब रहेगा।

कुछ औरतों की नज़र मुझ पर पड़ जाती है और वे मेरे पास आकर बड़ी विनम्रता से झुककर दलीप के हालचाल पूछती हैं। हलचल से झेंपकर मैं उन्हें ख़ामोश कराने की कोशिश करती हूं, पर बहुत देर हो चुकी है। सबसे आगे बैठी एक औरत मुड़कर पीछे देखती है। वह माई निकाइन हैं। मुझे उठकर उनके पास जाना पड़ता है। मैं उनके किसी ताने के लिए बिलकुल तैयार हूं, पर वह सिर्फ़ मुस्करा देती हैं। 'मुझे ख़ुशी है कि तुम आयीं,' वह कहती हैं।

महफ़िल शुरू हो गयी है; माहिर साजिंदे शहनाई और ढोल बजाने लगते हैं। नौनिहाल बताता है कि गायिका को ख़ास तौर पर दिल्ली से बुलाया गया है और वह मिर्ज़ा ग़ालिब की ग़ज़ल *ये न थी हमारी क़िस्मत* गाने लगती है। यह सरकार की पसंदीदा ग़ज़ल है। इन बोलों के गूंजने के साथ मेरे मन में टीस उठती है। सरकार को पता चला कि मैं यहां थी और अपने साथ जवाहर को भी लायी थी, तो वह बहुत नाराज़ होंगे।

वाहेगुरु, उनके लौटने के बाद मैं अच्छी बीवी की तरह बर्ताव करूंगी।

अब गायिका महबूबा से शिकवा करती दूसरी ग़ज़ल शुरू करती है। *इस दुनिया में तुम्हीं एक दीद के क़ाबिल हो, फिर तुमने खुद को चिलमन में क्यों छिपाकर रखा है?* नौनिहाल ऊपर की तरफ़ अपना जाम उठाता है और सभी औरतें शर्म से लाल हुई बीबी को छेड़ने लगती हैं। मुझे नौनिहाल और उसकी बीवी की यह मोहब्बत बहुत प्यारी लगती है; सियासी शादियों में ऐसा बहुत कम ही होता है। उम्मीद है कि मेरे दलीप को भी कोई मिलेगी, जिसे वह प्यार करता हो। मैं नौलखा में उसकी सगाई पर शानदार दावत रखूंगी। रेशम की शेरवानी पहने दलीप अपने पिता के साथ अंदर आएगा और मैं उन दोनों पर गुलाब की पंखुड़ियां बरसाऊंगी। उन दोनों से मैं सबसे ज़्यादा मोहब्बत करती हूं...

चंद मेरे हाथों को अपने हाथों में लेती हुई कसकर पकड़ती हैं और मैं एक झटके में अपनी ख़याली दुनिया से बाहर निकल आती हूं। 'मुझे खुशी है कि आप आईं! मैं तो हमेशा से आपको बुलाना चाहती थी, पर माई से डरती थी। लगता है कि अब उम्र के साथ उनमें नरमी आने लगी है। उन्होंने ही नौनिहाल से कहा कि आपको और आपके भाई को ज़रूर बुलाए। आप कुछ लें!'

मेरे सामने सोने और चांदी के प्याले आ जाते हैं। सोने में शराब है और चांदी में फलों का रस। मैं फलों का रस उठाती हूं। माई की अपनी दासी उन्हें रत्नों से जड़ा हुआ प्याला पकड़ाती है। माई आदमियों के बैठने की जगह की तरह इशारा करती हैं और उनकी दासी सिर झुकाकर चली जाती है। माई की नज़रें मुझसे मिलती हैं और वह फिर से मुस्करा देती हैं।

शायद चंद ने सही कहा। शायद माई ने अपनी दुश्मनी छोड़ दी है, क्योंकि ऐसे भी उससे कुछ हासिल होने वाला नहीं है।

आंगन में अब दिलकश पोशाकों में नर्तकियां आ चुकी हैं। कोई फुसफुसाहट सुनायी देती है कि वे शायद बदनाम हीरा मंडी के इलाक़े की हैं। मर्द बड़े ज़ोरशोर से उनका स्वागत करते हैं। यह सरकार की तमीज़-तहज़ीब वाली महफ़िलों से काफ़ी अलग है! मेरे आस-पास चुहलबाज़ियों का दौर शुरू हो जाता है और औरतें अंदाज़े लगाने लगती हैं कि किसे सबसे ज़्यादा पैसा मिलता होगा और किसके सबसे ज़्यादा आशिक होंगे।

तभी मुझे माई की दासी मर्दों वाली जगह पर दिखायी देती है। वह फलों का रस पीते जवाहर के पास जाती है और उसे बड़ा-सा सुनहरा प्याला पेश करती है। माई आख़िर क्या करने वाली हैं?

मैं जवाहर को आगाह करना चाहती हूं कि वह प्याले को नहीं ले। पर मैं वहां मर्दों के बीच नहीं जा सकती। अपनी मुलाज़िम को खोजती हूं, पर वह कहीं गप्पें मार रही होगी। मुझे मंगला को नहीं लाने का अफ़सोस होता है। वह होती, तो ज़रूर कुछ न कुछ कर ही लेती।

जवाहर मना करता है, पर वह औरतों के बैठने की जगह की तरफ़ इशारा करती है। वह मुस्कराते हुए उसे लेकर हमारी तरफ़ उठाकर उसे पी लेता है। उसने ज़रूर जवाहर से कहा होगा कि मैंने उसे भेजा है। जवाहर ने उस पर यक़ीन कर लिया, बेचारे को शाही खेल की बारीकियों का कोई अंदाज़ा नहीं है।

लगता है कि उसका स्वाद जवाहर को अच्छा लगा है। वह बड़ा-सा घूंट लेता है और वह औरत उसके प्याले को फिर से भर देती है।

मेरे पसीने छूटने लगते हैं। मैं चंद से कहती हूं कि मुझे जल्दी जाना होगा, दलीप को दूध पिलाने का वक़्त हो चला है। पर वह मुझसे खाने तक रुकने को कहती हैं। मना करना बदतमीज़ी होगी, तो मैं अनमनी होकर बैठ जाती हूं।

दूसरा नाच शुरू हो जाता है। वह दासी जवाहर का प्याला लगातार भरे जा रही है। जवाहर अब ज़ोर से तालियां बजाते हुए धुन के साथ झूमने लगा है। संगीत तेज़ होते ही नर्तकियां मर्दों को साथ नाचने को बुलाती हैं। सभी कुलीन मना कर देते हैं, पर जवाहर उठ जाता है और उनके साथ नाचने की कोशिश करता है। आदमी मज़ाक़ उड़ाते हुए उसकी तरफ़ इशारा करते हैं। मैं यह ख़ौफ़नाक नज़ारा देखती हूं कि जवाहर एक नाचनेवाली की कमर पकड़ लेता है। वह कसमसाकर निकल जाती है। वह फिर उस पर झपटता है और नाच बिगड़ जाता है।

नौनिहाल के दोस्त चिल्लाते हैं, 'कौन कमबख़्त है यह? यहां कैसे पहुंच गया? इसे भगाओ यहां से?'

नौनिहाल एक मुलाज़िम को इशारा करता है और वह जवाहर को बिठाने ले जाता है। पर जवाहर उसे इतनी ज़ोर से धक्का मारता है कि वह सीधे ज़मीन पर गिर जाता है। नर्तकियां पीछे होकर एक-दूसरे से टकरा जाती हैं। साजिंदे भी अटकने लगते हैं और फिर रुक जाते हैं। नौनिहाल गुस्से में ताली बजाकर पहरेदारों को बुलाता है और वे जवाहर को घसीटते हुए दरवाज़े की तरफ़ ले जाते हैं। वह ज़ोर-ज़ोर से बोलते हुए निकलता है। *तुम्हारी इतनी हिम्मत! जानते हो कि मैं कौन हूं? मैं सरकार का साला हूं।*

'फेंक दो साले को बाहर!' एक दरबारी हँसी उड़ाते हुए कहता है।

मैं चंद से तबियत ख़राब होने की बात बुदबुदाते हुए सीढ़ियों की तरफ़ तेज़ी से बढ़ती हूं। चंद कौर हैरान रह जाती है, दावत की तैयारी में मशगूल वह नीचे

होने वाली हलचल से अनजान है। मुझे अपनी दासी सीढ़ियों में नीचे गप्पें करती दिख जाती है और मैं उसके कंधे झिंझोड़ देती हूं।

'मेरे संतरियों को लेकर आ, जल्दी जा, बेवकूफ़! तुम्हारी गप्पों की वजह से वैसे ही बहुत वक़्त हमने खो दिया है। उनसे कहो कि बाहर मुझसे मिलें। फिर जाकर पालकियां खोज ला!'

इंतज़ार में खड़ी मैं अपने घूंघट के नीचे दुआ करती हूं कि कोई मेहमान मुझे देख नहीं ले। संतरियों के आते ही मैं उनसे कहती हूं कि वे नौनिहाल के आदमियों से जवाहर को लेकर उसे पालकी में डाल दें। 'ज़रूरत पड़े तो उन्हें ज़बरदस्ती पालकी में बिठा देना। पालकीवालों को तेज़ी से चलने को कहना। मैं दोगुना पैसा दूंगी।'

वापस जाते हुए जवाहर ज़ोर-ज़ोर से शिकायत करता है। *रानी जिन्दां, मेरी प्यारी पर बेरहम बहन, तुमने मुझे ऐन उस वक़्त पर महफ़िल से उठा लिया, जब मुझे मज़ा आने लगा था।* मैं शर्मिंदा होकर देखती हूं कि रास्ता चलते लोग हमारी पालकियों की तरफ़ इशारा कर रहे हैं। क़िले के दरबान भी चुपके से मज़ा लेते दिखते हैं।

मंगला मुस्कराते हुए हवेली का दरवाज़ा खोलती है। वह हमारे लौटने के इंतज़ार में रही होगी। 'कैसा रहा, रानी साहिबा? क्या...?'

जवाहर को लादकर अंदर लाते हुए देखकर वह अपनी बात पूरी नहीं कर पाती। जवाहर अभी सबसे प्यार जता रहा है, वह हर किसी को गले लगाना चाहता है। आज रात उससे बात करने का कोई फ़ायदा नहीं दिखता।

'इसे बिस्तर में डाल दो और तब तक रखो, जब तक कि यह सो नहीं जाए,' मैं संतरियों को हुक्म देती हूं।

मैं मंगला को नौनिहाल के यहां हुई घटना के बारे में बताती हूं। 'मैं जवाहर से बड़ी बेवकूफ़ निकली। मैं सीधे माई निकाइन के जाल में जा फँसी। पर उन्हें इसके बारे में कैसे पता चला होगा?'

मंगला अपने हाथ मलते हुए घबरायी हुई खड़ी है। 'मैंने तो बहुत ध्यान रखा कि उनके बारे में किसी को नहीं बताऊं। मुझे बुलावे को लेकर थोड़ा चौकन्ना रहना चाहिए था। यह बात भी मुझे अच्छी तरह मालूम है कि क़िले में जासूसों की भरमार है। पर मुझे जवाहर जी के लिए अच्छा लग रहा था कि वह जाने से पहले यहां की महफ़िल देख लें और मैंने नहीं सोचा कि' कहते हुए वह मेरे पैरों पर गिर जाती है। 'मैं नाकाम साबित हुई। मैंने सरकार का भी भरोसा तोड़ा, जिन्होंने आपकी देखभाल का जिम्मा मुझ पर छोड़ा था। मैं अब आपकी मुलाज़िम बनने के लायक़ नहीं रही। मैं कल ही चली जाऊंगी,' कहते हुए वह सुबकने लगती है।

उसकी तकलीफ़ को देखकर मेरा गुस्सा छूमंतर हो जाता है। 'क्या कह रही है? तेरे बग़ैर मेरा काम नहीं चल सकता और यह बात तू अच्छी तरह जानती है। ख़ासकर अब...पक्की बात है कि माई सरकार को आज रात की पूरी बात बताएंगी और बढ़ा-चढ़ाकर बताएंगी। वह आगबबूला हो जाएंगे। ऐसे में मुझे तुम्हारी मदद की ज़रूरत होगी। मुझे उन्हें शांत करने का कोई उपाय करना होगा...'

मंगला मेरा हाथ चूमती है। 'शुक्रिया, रानी साहिबा! आपने मुझे एक और मौक़ा दिया। हम ज़रूर कोई न कोई रास्ता निकाल लेंगे। माई की बाज़ी उलट जाएगी, मैं वादा करती हूं।'

सुबह-सवेरे मैं जवाहर को झकझोरते हुए नींद से जगाती हूं। मैं अब उससे नाराज़ नहीं हूं। अपना माथा खुजलाते हुए वह मुस्कराकर आंखें खोलता है और मुझे उस पर दया आती है। पर मैं उसे ज़ाहिर नहीं होने देती और उसे तुरंत गुजरांवाला के लिए निकलने को कहती हूं। जवाहर परेशान दिखायी देता है। वह अपने बचाव में कुछ कहने की कोशिश करता है, लेकिन मैं सख़्त लहजे में कहती हूं, 'तुम मुझे काफ़ी नुक़सान पहुंचा चुके हो। मैं जानती हूं कि तुम्हारा ऐसा कोई इरादा नहीं था; तुम्हें जाल में फंसाया गया। फिर भी महफ़िल में तुमने शर्मनाक हरकत तो की ही और अब मुझे उसकी क़ीमत चुकानी होगी।'

अपना सिर झुकाते हुए जवाहर माफ़ी मांगता है। 'मैं बेअक़्ल था। मैंने पी रखी थी और तुम जानती हो कि मैं तुम्हें कभी भी जानबूझकर चोट नहीं पहुंचा सकता। मेरी ज़िंदगी में जितने भी लोग हैं, उनमें से तुम मुझे सबसे प्यारी हो।'

मैं यह बात जानती हूं और इससे मेरे लिए फ़ैसला लेना और मुश्किल हो जाता है। 'बेवकूफ़ी मुझसे भी हुई। अब पीछे मुड़कर देखने से कोई फ़ायदा नहीं। तुम्हें मुझसे वादा करना होगा कि तुम कल रात का ज़िक्र किसी से भी नहीं करोगे। कुंवर नौनिहाल की अपनी शाम के बारे में अपने दोस्तों के आगे डींगें नहीं हांकोगे और ना ही मन्ना और बीजी से कुछ कहोगे।'

जवाहर बुदबुदाते हुए हामी भरता है और फिर विनती करते हुए कहता है, 'क्या मैं दलीप के जागने तक रुक सकता हूं? मैं आख़िरी बार उसके साथ खेलना चाहता हूं!'

मैं अपने दिल को कड़ा करती हूं। 'बिलकुल नहीं! माई निकाइन अपनी जीत का डंका पीटने कभी भी पधार सकती हैं। जल्द ही दीवान-ए-ख़ास में वज़ीर आने लगेंगे। तुम्हें उससे पहले निकलना होगा।'

पालकी पर चढ़ते हुए जवाहर मेरी तरफ़ मिन्नत भरी नज़रों से देखता है। उसे उम्मीद है कि मैं अपना फ़ैसला बदल दूंगी, लेकिन मैं ऐसा नहीं कर सकती। मैं बिलकुल पत्थर जैसी सख़्त होकर सामने देखती रहती हूं। पालकी के मुड़ते ही मैं रोने लगती हूं। 'बेचारा मेरा भाई! उसे मेरी बेरहमी ही याद रहेगी। शायद मैं उसे फिर कभी नहीं देख पाऊं।'

'कभी नहीं कहना बहुत बड़ी बात है। कल के बारे में कौन जानता है? फ़िलहाल तो हमारे नन्हे कुंवर को दूध चाहिए। उसके बाद ही हम सरकार के गुस्से से बचने का उपाय सोचेंगे।'

उमड़ते-घुमड़ते तूफ़ानी बादलों के बीच यही रोशनी की एक किरण है। अब जवाहर के जाने के बाद मंगला वापस अपने दुनियादार रूप में लौट आयी है।

19

बीमारी

सरकार को लाहौर लौटने में देरी होती है। किसी को भी वजह की जानकारी नहीं है, लेकिन आख़िरकार आज की रात उनका आना तय है। मैं बड़ी घबराहट के साथ शीश महल के शयनकक्ष में चहलक़दमी करती हूं। मैंने मुलाज़िमों को अच्छी-ख़ासी घूस देकर अंदर आने का रास्ता निकाला है। रानियां सरकार के कमरे में तब तक नहीं आ सकतीं, जब तक कि सरकार खुद उन्हें नहीं बुलाएं। कहीं वह मुझे बाहर का रास्ता नहीं दिखा दें, इसलिए मंगला को बाहर एक कोने में इंतज़ार करने के लिए कहा है।

मैंने बहुत सोच-समझकर अपनी रंगत पर सबसे ज़्यादा जंचने वाले गुलाबी रंग की सलवार-कमीज़ पहनी है और ढेर-सा गुलाब का इत्र लगाया है। थाल में सरकार की पसंद का नाश्ता सजाया है और उनकी सबसे मनपसंद कश्मीरी शराब की सुराही का भी इंतज़ाम किया है। साथ ही सरकार का पसंदीदा फल आम भी है। आम का मौसम ना होने की वजह से बड़ी मुश्किल से इंतज़ाम हो पाया। उम्मीद है कि मेरी इन कोशिशों का सरकार पर असर होगा। इसके बावजूद इंतज़ार करते हुए मेरा दिल ज़ोरों से धड़कता है। वह बिना बोले भी बहुत कुछ समझ जाते हैं और उन्हें बेवकूफ़ बनाना आसान नहीं है।

मेरा मंसूबा है कि उन्हें आते ही ज़बरदस्त ढंग से चूमते हुए कहूंगी कि मैं एक और रात उनके बिना नहीं बिता सकती। यह झूठ भी नहीं है, क्योंकि मुझे वाकई उनकी कमी महसूस हुई, ख़ासकर पिछले दिनों जब हवेली में सिर्फ़ और सिर्फ़ अफ़सोस ही मेरा साथी था। पर सच्चाई यही है कि मैं बहुत डरी हुई हूं। अगर

उन्हें किसी के साथ की ज़रूरत नहीं हो, तो क्या होगा? अगर माई निकाइन ने पहले ही उनके कान भर दिए हों, तो क्या होगा? मैंने देखा है कि सरकार किस हद तक नाराज़ हो सकते हैं, हालांकि उसका क़हर मुझ पर नहीं टूटा है। अब तक तो नहीं।

अगर सब कुछ सही रहा, तो हम साथ खाना खाएंगे और एक-दूसरे के नज़दीक भी आएंगे। उम्मीद है कि हमें कामयाबी मिलेगी। फिर जब वह नरम पड़ जाएंगे तो मैं उन्हें नौनिहाल के यहां जो कुछ हुआ, सब बता दूंगी और माफ़ी मांग लूंगी।

पर अगर सब कुछ मेरे मन मुताबिक़ नहीं हुआ, तो मैं नहीं जानती कि फिर क्या करूंगी।

धम-धम की आवाज़ सुनकर मैं एक तरफ़ हो जाती हूं। शोरगुल के बीच किसी भारी-भरकम चीज़ को सीढ़ियों के रास्ते ऊपर लाया जा रहा है। इस बीच एक विदेशी आवाज़, शायद होनिगबर्गर की आवाज़ है, लोगों को सावधानी बरतने को कहते हुए सुनाई देती है। दरवाज़ा खुलता है और बिछौने पर लेटे हुए सरकार को लाया जाता है। उनकी आंखें बंद हैं और उनका चेहरा इतना पीला पड़ा हुआ है कि एक पल के लिए तो मुझे लगता है कि शायद वह बेजान हैं। उनके पीछे निराश, हताश आदमी खड़े हैं। उनमें दरबारी, घुड़सवार, वैद्य और उनके सहयोगी और ध्यान सिंह हैं।

किसी तरह के क़ायदे और मर्दों के हैरानी से घूरने की परवाह किये बिना मैं दौड़कर सरकार के पास पहुंचती हूं। उन्हें उनके बिस्तर पर लिटाया जाता है और उनके हाथ-पांव की मालिश की जाती है, यह देखते हुए मुझे ख़ौफ़ महसूस होता है। होनिगबर्गर अपनी टूटी-फूटी पंजाबी में मेरे सवालों के जवाब देते हैं। दिन भर चलने वाली बैठकों के दौर और रात को होने वाली दावतों की वजह से पड़े ज़ोर के कारण सरकार को एक और दौरा पड़ा है। 'डॉक्टर मैकग्रेगर और मैंने बहुत कहा कि वह आराम करें, पर आप जानती हैं कि महाराजा कितने ज़िद्दी हैं।'

मैं सरकार के बिस्तर पर बैठकर उनका हाथ थाम लेती हूं। मुझे गुनहगार जैसा लगता है, जब मैं याद करती हूं कि कैसे उनके जाते हुए मैंने चाहा था कि वे ज़्यादा दिन बाद लौटें। मेरी वह शैतानी चाह पूरी हो गयी थी।

सरकार को इस तरह लेटे देखकर ध्यान सिंह गहरी सांस लेता है। 'बेहतर होगा कि मैं माई निकाइन को संदेश भिजवा दूं कि वह आकर सरकार की...'

'नहीं,' मैं उसे बीच में टोक देती हूं। अगर माई यहां पर आ गयीं तो वह मुझे तब तक सरकार से दूर रखना चाहेंगी, जब तक कि वह उनके दिमाग़ में ज़हर नहीं

भर दें। हताशा में मैं अपना घूंघट हटाकर ध्यान सिंह पर नज़रें जमाकर अपनी सारी कशिश से मिन्नत करती हुई मुस्कराती हूं। 'वज़ीर जी, मुझे इनकी देखभाल करने दें। मैं देखूंगी कि सरकार पूरा आराम करें और वही खाएं जो इन्हें खाना चाहिए। मैं दलीप को भी ले आऊंगी। आप जानते हैं कि सरकार को उसके साथ वक़्त बिताना कितना पसंद है। मुझे पूरा भरोसा है कि इससे वह जल्दी ठीक हो जाएंगे।'

ध्यान सकुचाता है। 'हम एक दिन आज़माकर देखते हैं, ज़्यादा से ज़्यादा दो दिन। अगर तब तक इनकी हालत में सुधार नहीं आया, तो मुझे माई को बुलवाना ही पड़ेगा। सरकार की देखभाल करने का उन्हें ज़्यादा तजुर्बा है।'

मैं राहत की सांस लेते हुए वज़ीर का शुक्रिया अदा करती हूं और फिर उनका इलाज करने वालों से पूछती हूं कि क्या करना है और उनकी हर बात को गौर से दोहराती हूं।

'गोलियों को हर चार घंटे में सरकार की जीभ के नीचे रखना होगा। उनके शरीर के दायें हिस्से पर ख़ासकर नहीं हिल सकने वाली बांह पर हर घंटे औषधि मिले बादाम की मालिश करनी होगी। इस महक वाली छोटी शीशी को उनकी नाक के नीचे रखूंगी, ताकि उसकी चंगा करने वाली भाप उनकी सांस में जा सके। उनके जगने पर उन्हें चम्मच से जौ का पानी पिलाऊंगी।'

ध्यान अपनी चतुराई भरी नज़र मेरे चेहरे पर जमाता है। 'और ऐसी कोई बात नहीं करें, जिनसे उन्हें गुस्सा आ जाए।'

मैं बड़ी मासूमियत से जवाब देती हूं, 'बिलकुल भी नहीं।'

मैं मंगला को शाही बावर्ची को जगाने के लिए भेजती हूं, वह किसी तरह से सिपाहियों के बीच से अपनी राह बनाकर पहुंचती है। साथ ही शाही चखने वाले को भी, क्योंकि इस तरह के हालात में किसी भी साज़िश से बचकर रहना होगा। मैं उनकी तीमारदारी में लगे सभी लोगों को नीचे आराम करने भेज देती हूं और उनके कुछ मुलाज़िमों को इंतज़ार करने को कहती हूं। ध्यान सिंह से कहती हूं कि वह अपने घर चला जाए और यह भी कि ज़रूरत पड़ने पर मैं उसे बुला लूंगी।

शुरू में वह मना करता है, लेकिन फिर गहरी सांस भरते हुए मान जाता है।

'आपको क्या लगता है कि सरकार की हालत कल बेहतर हो सकती है?' मैं पूछती हूं।

वैद्य का कहना है कि ऐसा मुमकिन है, पर होनिगबर्गर का चेहरा निराशा से भरा है। 'इस तरह की हालत में कोई करिश्मा ही इन्हें तेज़ी से ठीक कर सकता है।'

सबके चले जाने के बाद कमरे में गहरी ख़ामोशी छा जाती है। मंगला दरवाज़े के पास बैठ जाती है। मैं सरकार का हाथ पकड़ती हूं, जो किसी मरे हुए इंसान के हाथ की तरह ठंडा और ढीला है। मेरी नज़रें ढंके हुए थाल पर पड़ती हैं, जिसे मैंने मोहब्बत भरी शाम के लिए तैयार किया था। मैं कितनी परेशान थी कि सरकार मुझ पर गुस्सा होंगे और मुझे सज़ा देंगे। यह तो उससे भी बदतर हालत है। अपने होंठ काटते हुए मैं किसी तरह अपनी रुलाई रोकती हूं।

खुद को संभालो, मैं अपने आप को झिड़कती हूं। उन पर ध्यान दो, खुद पर नहीं। मैं हौले से उनका नाम पुकारती हूं, पर कोई हरकत नहीं होती। उनके गाल को चूमती हूं, तो वह ठंडापन जैसे मेरे बदन में दाख़िल हो जाता है। चांद मद्धिम पड़ गया है। मंगला फिर से तेल डालती रोशनी का इंतज़ाम करती है। मुलाज़िम सरकार की मालिश करके चले जाते हैं। मैं दवाई वाली गोलियां उनकी जीभ के नीचे रखती हूं। सरकार के होंठों से कोई कराह तक नहीं निकलती। प्रार्थना करते-करते मैं पस्त हो चुकी हूं। उनके नथुनों के सामने अंगुली रखने पर मुझे उनकी बहुत ही हल्की-सी सांस महसूस होती है।

अचानक मैं सरकार के साथ उनके बिस्तर पर लेटकर उन्हें थाम लेती हूं। 'वापस आ जाएं, मुझे आपकी ज़रूरत है। दलीप को आपकी ज़रूरत है। पंजाब को भी आपकी ज़रूरत है। आप इस तरह मौत के मुंह में नहीं जा सकते। अभी नहीं।' मैं बार-बार यह बात दोहराती हूं और तब तक दोहराती रहती हूं, जब तक कि थक-हारकर मेरी आंखें नहीं मुंद जातीं।

खिड़की से आती हुई चमकीली धूप से मेरी नींद टूटती है और मुझे बहुत बुरा लगता है। रात को मैंने करवट बदल ली होगी, क्योंकि सरकार की तरफ़ मेरी पीठ है। बिस्तर के सामने मुझे आलथी-पालथी मारकर बैठी मंगला दिखायी देती है। वह मुस्कराते हुए इशारा करती है। अपना सिर मोड़कर मैं देखती हूं कि सरकार भी मेरी तरफ़ पलटे हुए हैं और उनकी पहले से काम कर रही बांह से उन्होंने मुझे हल्के से पकड़ रखा है। वह ठीक से सांस ले रहे हैं और धीमे-धीमे खर्राटे भी ले रहे हैं।

मुझे उठकर अपने कपड़े ठीक कर लेने चाहिए। वैद्य और डॉक्टर होनिगबर्गर आते ही होंगे और उनके सामने ऐसे पड़े रहना ठीक नहीं होगा। पर मैं सरकार की नींद में ख़लल नहीं डालना चाहती और उनके बदन को अपने साथ सटा हुआ महसूस करते हुए वहीं उनके साथ लेटी रहती हूं। जब वे आते हैं, तो उनकी हालत में सुधार देखकर हैरान रह जाते हैं। मैं बेझिझक मुस्करा देती हूं। यह एक रानी की मुस्कान है और उससे भी बढ़कर उस औरत की है, जो किसी से बेपनाह प्यार करती है और जानती है कि उसे भी बदले में प्यार मिल रहा है।

माई निकाइन के जासूस हर जगह मौजूद हैं और उन तक भी यह ख़बर पहुंच जाती है। मैं सरकार को जौ का पानी पिला रही होती हूं कि अपनी पूरी मंडली और वैद्यों की फौज के साथ वह सीधे शीश महल में आ धमकती हैं। उनकी ज़िद है कि होनिगबर्गर और शाही वैद तुरंत उनके वैदों को सरकार की ज़िम्मेदारी सौंप दें। सरकार को आराम करने देने की मिन्नतों का उन पर कोई असर नहीं होता और इस बात का भी नहीं कि इस नाजुक हालत में उनकी दवाओं में तब्दीली नहीं की जा सकती।

'क्या पहले की बीमारियों में मेरे वैद्यों ने उन्हें ठीक नहीं किया? मैं आप सबसे बेहतर जानती हूं कि उन्हें किस चीज़ की ज़रूरत होगी,' वह कहती हैं।

मैं समझ सकती हूं कि सरकार को परेशानी हो रही है। मैं माई को शांत करने की कोशिश करती हूं। 'क्या हम बाहर बात कर सकते हैं, बड़ी मेहरबानी होगी। यह शोरगुल उनके लिए ठीक नहीं है।'

वह मुझ पर भड़क जाती हैं। 'कल की छोकरी, बड़ी वफ़ादार बीवी बनने का नाटक कर रही हो! मैं तुम्हारी चालबाज़ी समझती हूं। तुम फटाफट कल रात यहां धमक गयीं कि सरकार के सज़ा देने से पहले उन्हें लुभा लोगी। बहुत बुरा हुआ कि उनकी हालत इतनी अच्छी नहीं थी कि तुम्हें बाहर फेंक सकें। पर उनके लिए यह काम मैं किये देती हूं,' कहते हुए वह अपने आदमियों को बुलाती हैं।

घबराहट से मेरा मुंह सूखने लगता है। मेरा भरोसा डगमगाने लगता है, पर मैं मज़बूती से बोलने की हिम्मत जुटाती हूं। 'आदरणीय रानी साहिबा, आप सरकार की परेशानी बढ़ा रही हैं। मेरे यहां रहने से उनकी हालत बेहतर हुई है। आप चाहें तो उनके वैद्य और डॉक्टर से पूछ सकती हैं। वज़ीर ने मुझे उनका ख़याल रखने का ज़िम्मा सौंपा है और अगर आपको यह सही नहीं लगता तो आपको उनसे बात करनी होगी।'

मैं खुद को लड़ने के लिए तैयार करती हूं। वह इतनी आसानी से हार मानने वाली नहीं हैं। अगर उन्होंने अपने संतरियों को बुलाकर मुझे बाहर निकालने को कहा, ठीक वैसे ही जैसे बहुत पहले उस महफ़िल में किया था, तो मैं क्या करूंगी?

तभी सरकार के हाथ में हरकत होती है और वह मेरा हाथ कसकर पकड़ लेते हैं। अपनी नज़र माई निकाइन पर टिकाकर अपना सिर हिला देते हैं। इस तरह माई की शिकस्त हो जाती है।

ठंड बढ़ने लगी है। शाल्मली के पेड़ों के चटख फूल गिरने लगे हैं। मैं खुद सरकार के हाथ-पांवों की मालिश करती हूं और उन्हें एक-एक चम्मच खाना खिलाती हूं।

जब रातों को सरकार बेचैन होते हैं, तो मैं जागते हुए उनका साथ देती हूं। मैं बहुत सुरीली नहीं हूं, लेकिन कई बार जब वह सो नहीं पाते, तो उनका ध्यान बंटाने के लिए मैं गाना भी गाती हूं। सुबह मज़ाक़ में वह कहते हैं कि मेरी आवाज़ इतनी बेसुरी थी कि उन्हें उससे बचने के लिए मजबूरी में नींद की आगोश में जाना पड़ा।

दलीप की मौजूदगी भी काम करती है। वाहेगुरु की मेहर है कि गुड्डां ने दलीप की देखभाल की ज़िम्मेदारी ले ली है, पर मंगला दिन में कई बार दूध पिलवाने के लिए उसे यहां लेकर आती है। बाद में उसे मैं सरकार के साथ लिटा देती हूं। वह हाथ-पांव मारते हुए तुतलाता है और सरकार उसे निहारते हैं। जब दलीप उनकी अंगुली थाम लेता है, तो उनके चेहरे पर मुस्कान आ जाती है।

आख़िरकार वह दिन आता है, जब सरकार बैठकर अपने हाथों से खाना खाते हैं। शाल में लिपटे हुए खुद चलकर बाहर जाते हैं। नीचे आंगन में पूरा दरबार जमा होता है और सभी ज़ोरशोर से अपनी खुशी ज़ाहिर करते हैं। ध्यान नियमित रूप से उनसे सलाह-मशविरा करने आता है। जब मैं फ़कीर को बुलाने की बात करती हूं तो ध्यान मना कर देता है।

'सरकार की तबियत को देखते हुए मैं नहीं चाहता कि ज़्यादा लोग उनसे मिलें,' वह कहता है।

मैं समझ जाती हूं कि वह सरकार पर फ़कीर के असर को कम करने की मंशा रखता है। जब यही बात मैं फ़कीर को लिखती हूं तो वह मुझे आगाह करते हुए लिखते हैं : *फिर कभी मेरा ज़िक्र मत करना। ध्यान का सितारा बुलंदी पर है। उससे दुश्मनी मोल मत लेना। उसकी बजाय अपनी परेशानी पर नज़र रखना।*

जिस दिन सरकार दरबार में जाने की बात तय करते हैं, उसी दिन मैं उन्हें नौनिहाल की महफ़िल के हंगामे के बारे में बताती हूं।

'मैं माफ़ी चाहती हूं कि मैंने आपका हुक्म नहीं माना। आप जो भी सज़ा देंगे, मुझे मंजूर होगी। बस मेरी यही विनती है कि जब तक आप थोड़े और बेहतर नहीं हो जाते, तब तक मुझे अपने से दूर नहीं भेजें। मुझे थोड़े दिन और अपना ख़याल रखने दें।'

मैं उनके गुस्से के फट पड़ने का इंतज़ार करती हूं, लेकिन एक लंबी सहन नहीं की जा सकने वाली ख़ामोशी के बाद वह कहते हैं, 'मुझे इस बात की ख़बर है। माई ने उसी रात मुझे संदेश भिजवा दिया था।'

मक्कार, फ़रेबी बुढ़िया। उसने मुझे फिर से मात दे दी।

ठीक होने के बाद से सरकार की आवाज़ में अब लड़खड़ाहट आ गयी है, वह बहुत धीमे से कहते हैं, 'मैं तुमसे ज़्यादा चतुराई की उम्मीद करता था और यह भी कि तुम किसी के झांसे में नहीं आओगी।'

मैं शर्मिंदा होकर अपना सिर झुका लेती हूं, शायद बेहतर यही होता कि वह मुझे झिड़क देते।

'बहुत से लोग तुम्हारे सामने लुभावना चारा डालेंगे, दलीप की ख़ातिर तुम्हें उसे पहचानना सीखना होगा। तुम्हें नतीजों के बारे में भी सीखना होगा। तुम्हें उसकी हिफ़ाज़त करनी होगी, क्योंकि...'

मैं बीच में ही बोल पड़ती हूं। 'वाहेगुरु की मेहर रहे! मुझे उसकी ज़रूरत नहीं पड़ेगी। हमारी देखभाल के लिए आप होंगे।'

मैं उनकी आंख में जैसे सब कुछ जानने का अहसास देखती हूं, सुबह की धुंध जैसी गहरी उदासी है। वह जैसे कह रही है, दिखावे का कोई फ़ायदा नहीं।

'मैं आपसे वादा करती हूं कि अपने बेटे की हिफ़ाज़त करूंगी।'

20

फ़ैसला

साल की शुरुआत अच्छी होती है। बैसाखी पर सरकार हर साल की तरह गुरुद्वारे तक जाने वाले जुलूस की अगुवाई करते हैं। वह घोड़े पर नहीं चढ़ सकते, पर वह बड़ी शान से अपने पसंदीदा हाथी पर बैठते हैं और सड़क के दोनों तरफ़ जमा लोगों पर मिठाइयों और सिक्कों की बारिश करते हैं। सिर्फ़ उनके नज़दीकी मुलाज़िम और मैं जानते हैं कि इसके बाद वह थककर चूर हो जाएंगे। पर उनका इरादा फ़ौलाद की तरह मज़बूत है। अगली सुबह हमेशा की तरह वह दरबार में होंगे।

बीमारी के बाद से मेरे पति मेरे साथ रहना चाहते हैं। मेरी हर रात शीश महल में गुज़रती है, हालांकि अब हमारा जिस्मानी तौर पर क़रीब आना मुमकिन नहीं रहा है। गुलाबों के बाग़ में टहलते हुए वह मेरा सहारा लेते हैं। जब वह लैला को देखने अस्तबल जाते हैं, तो मैं उनके साथ उनकी पालकी में जाती हूं। वह मेरी हर बात मानते हैं, शराब नहीं लेते, देर रात तक नहीं जगते और हल्का शाकाहारी खाना खाते हैं। दिन बीतने के साथ उनकी सेहत बेहतर लगती है।

फिर गवर्नर-जनरल ऑकलैंड अपने लोगों को पंजाब भेजता है और और मुझे यक़ीन है कि यह उसकी शैतानी हरकत है। वे लोग स्वर्ण मंदिर को देखना चाहते हैं।

स्वर्ण मंदिर सरकार की कमज़ोरी है। उन्हें वह किसी भी और पवित्र जगह के मुक़ाबले ज़्यादा प्यारा है। नौ साल पहले उन्होंने उसे सोने से मढ़वाया था। तब से अपने मेहमानों को उसे दिखाने में उन्हें बहुत ख़ुशी महसूस होती है। उन पर मेरे बोलने का कोई असर नहीं पड़ता और वे खुद उन लोगों को अमृतसर ले जाते हैं। वहीं उन्हें एक और दौरा पड़ता है।

इस बार वापस लाये जाने पर उनकी हालत पहले से बदतर हो चुकी है। अपने डर को छिपाते हुए मैं दिन-रात उनकी देखभाल में लगी रहती हूं और इतनी निढाल पड़ जाती हूं कि मंगला मेरी सेहत को लेकर परेशान हो जाती है। सरकार की हालत में कोई सुधार नहीं होता। वह बिना हिले-डुले पड़े रहते हैं और होश-बेहोशी के बीच झूलते हैं। ध्यान सभी मिस्लों के सरदारों को संदेश भेजकर उन्हें लाहौर आने को कहता है। फिर वह मुझे बताता है कि सरकार को किले के किनारे मौजूद मुसम्मन बुर्ज में ले जाना होगा। 'उन्हें ज़्यादा बड़ी जगह में रखना होगा। काफ़ी लोग आएंगे सरकार को देखने।'

मेरे दिल में हूक उठती है। उनका मतलब है कि *आख़िरी बार देखने।*

अपना घूंघट हटाते हुए मैं कहती हूं, 'वज़ीर जी, आप जानते हैं कि सरकार को मेरी ज़रूरत है। क्या कोई पुरानी रीत इससे ज़्यादा ज़रूरी हो सकती है?' मैं तब तक उसे घूरती रहती हूं, जब तक वह राज़ी नहीं हो जाता।

शायद सरकार को महसूस हो गया है कि उनका आख़िरी वक़्त आ चुका है। मुसम्मन बुर्ज में अपनी बची-खुची ताक़त बटोरकर वह ध्यान को कुछ ज़रूरी हिदायतें देते हैं। हर थोड़ी देर में वह मुझे खोजते हैं। मैं उन्हें देखते ही बता सकती हूं कि उन्हें प्यास कब लगी है या कब उन पर पड़ी चादर उन्हें भारी लग रही हैं या फिर वह बस मेरा हाथ थामना चाहते हैं। कभी-कभार वह दलीप का नाम लेते हैं और मैं दौड़कर बाहर जाती हूं, मंगला से उसे लेकर अंदर आती हूं। वह अब दस महीने का हो चुका है और डगमगाकर चलना सीख रहा है। कुछ क़दम चलने के बाद वह फ़र्श पर गिर पड़ता है। उसे देखकर सरकार के होंठों पर हल्की-सी मुस्कान आ जाती है। कभी-कभी उनकी आंख भर आती है। मैं तुरंत उन्हें पोंछ देती हूं। वह नहीं चाहेंगे कि उनके दरबारी शेर-ए-पंजाब को किसी आम पिता की तरह रोते हुए देख लें।

पूरी देखभाल के बावजूद सरकार की हालत बिगड़ने लगती है। उनकी सांस भी अब धीमे चलती है। होश में होने पर वह अपने ख़ज़ांची को कोहेनूर समेत धन-दौलत पुरी में मौजूद जगन्नाथ मंदिर को दान करने के लिए कहते हैं, जो चमत्कारों के लिए जाना जाता है। शायद उन्हें लगता है कि इससे उनकी ज़िंदगी बच जाएगी। ध्यान और ख़ज़ांची हामी ज़रूर भरते हैं, पर उनका हुक्म नहीं मानते।

मुझे लगता है कि उन्हें अब सरकार के बचने की कोई उम्मीद नहीं है।

आज रात रानियों को सरकार के लिए प्रार्थना करने के लिए मुसम्मन बुर्ज आने दिया गया, जो कि अच्छा शगुन नहीं है। बाद में ध्यान सिंह ने हमें वहां से भेज दिया, ताकि सरकार अपनी बची-खुची ताक़त बटोरकर दरबारियों की मौजूदगी में अपने

बेटे और वारिस खड़क के माथे पर राजतिलक लगा सकें। हर किसी ने मान लिया है कि अब उनकी मौत तय है, पर मैं इस बात को नहीं मानती। मैं रात भर अपनी खिड़की पर खड़े होकर क़िले के संरक्षक संत झींगर शाह से अपने सरकार की ज़िंदगी की दुआ मांगती हूं। मैं बार-बार जानी-पहचानी दुआ भूल जाती हूं और कुछ ही शब्दों को बार-बार दोहराती हूं। फिर मैं समझ जाती हूं कि मैं नाकाम हो गयी हूं।

सुबह ज़नाना से रोने की आवाज़ें सुनायी देती हैं, जो समूचे क़िले में सफ़ेद रेशम पर स्याही की तरह फैलती चली जाती हैं। उन्हें सुनकर मैं सदमें में हूं, पर मुझे कोई हैरानी नहीं हुई है। दूसरे कमरे में दलीप रोने लगता है, उसकी चीख़-पुकार कुछ अजीब-सी है, जैसे अपने आस-पास सर उठाते डर को उसने भांप लिया है। मैं उसे दूध पिलाने की कोशिश करती हूं, लेकिन मैं इतने तनाव में हूं कि मेरी छातियों में दूध नहीं उतरता। वह और ज़ोर से रोने लगता है।

अब हमारा क्या होगा, मेरे बच्चे?

मैं गुड्डां की तलाश में उनकी हवेली पर जाती हूं। वह मेरी सबसे अच्छी दोस्त और बहन हैं। वही बताएंगी कि अब क्या करना चाहिए। वह मेरी और दलीप की हिफ़ाज़त करेंगी। मगर वह अपनी हवेली में नहीं हैं। उनकी दासियां बताती हैं कि वह ज़नाना में हैं।

मैं तुरंत वहां पहुंच जाती हूं। जवान, बूढ़ी, सभी रानियां वहां पर रखैलों और दासियों के साथ बैठी हैं। मौत ने हम सबको बराबरी पर ला दिया है। उनमें से कुछ औरतें रोते हुए अपने बाल और कपड़े नोच रही हैं। कुछ एक-दूसरे से सिर जोड़कर फुसफुसा रही हैं, वे गठबंधन बनाने की कोशिश में हैं, जो शायद उनके बचे रहने में मददगार साबित हो।

गुड्डां उन सबसे अलग बैठी हैं और उनके ख़ूबसूरत चेहरे पर सुकून भरी मुस्कराहट है। उससे मैं डर जाती हूं।

'बहन, आप मुस्करा क्यों रही हैं?' मैं पूछती हूं।

वह कोई जवाब नहीं देतीं। लगता है कि जैसे उन्होंने मेरी बात ही नहीं सुनी।

अलकतरे की तरह लम्हे बहुत धीमी रफ़्तार से आगे बढ़ते हैं। आख़िरकार ध्यान का संदेशा आता है : हम सरकार को श्रद्धांजलि देने जा सकते हैं। माई निकाइन अपनी हवेली से निकलकर कतार में सबसे आगे की जगह ले लेती हैं। आंगन में नंगे पांव आगे बढ़ते हुए मैं गुड्डां का हाथ थाम लेती हूं। नौलखा की घुमावदार छत पर सूरज चढ़ चुका है। बीती रात के तूफ़ान के बाद आसमान लाजवर्द की तरह बिलकुल नीला है। दिन बहुत चमकीला, चटख होगा।

बुर्ज के फ़र्श पर मौत से सिकुड़ी हुई सरकार की देह रखी है। उसे नहला-धुलाकर सफ़ेद पोशाक पहनायी गयी है। उनके आस-पास हलचल है। सरकार सभी धर्मों की इज़्ज़त करते थे, इसलिए ब्राह्मण जहां गीता का पाठ कर रहे हैं, वहीं मौलवी सलात अल जनाज़ा पढ़ रहे हैं। *एक बूढ़े रागी अपनी कांपती आवाज़ में गा रहे हैं, पहले से तय मौत के साथ इंसान इस दुनिया में आते हैं।* उन्हें देखकर मुझे झटका लगता है, यह वही रागी हैं, जिन्होंने मेरी शादी करवायी थी। वह हमसे सरकार के पैरों पर गंगाजल छिड़कने को कहते हैं। कुछ औरतें ज़मीन पर पछाड़ मारकर गिर जाती हैं, पर मैं ऐसा कुछ नहीं करती। सरकार को इस तरह का बर्ताव पसंद नहीं आता।

मैं जानती हूं कि मुझे सरकार की देह को बहुत ध्यान से देखना चाहिए, ताकि वह मेरी याद में अच्छी तरह नक़्श हो जाएं। पर मेरे दिल को यक़ीन नहीं होता कि यह सिकुड़ी हुई लाश मेरे प्यारे पति की है। मैं अपनी आंखें बंद कर चमकती सफ़ेद पोशाक पहने उस शख़्स को देखती हूं, जो मुझे लैला पर बिठाकर एक जादुई दुनिया में ले गया था।

तभी ध्यान सिंह हमें जाने को कहता है। बहुत से दरबारी, सरदार और आस-पास के राज्यों के वज़ीर वगैरह सरकार को श्रद्धांजलि देने की कतार में हैं। कुछ अंग्रेज़ भी आए हैं और अपने साथ चिता पर रखने के लिए तोहफ़े भी लाए हैं।

'क्या हम अंतिम संस्कार में जा सकती हैं?' एक रानी फुसफुसाते हुए माई निकाइन से पूछती है।

माई दुःख से अपना सिर हिलाती हैं। 'रानियां ज़नाना के छज्जों से देख सकती हैं,' बोलते हुए उनकी आवाज़ रुंधी हुई है।

हममें से माई ही हैं, जिन्हें किसी बात का डर नहीं है। नये राजा की मां होने के नाते वह पहले से भी ज़्यादा ताक़तवर हो जाएंगी। पर वह रोये जा रही हैं, बनी-बनायी रीत से भी कहीं ज़्यादा। उनकी सूजी हुई आंखों को देखकर मुझे महसूस होता है कि उन्हें वाकई सरकार से प्यार रहा होगा।

रीतों की लीक पर चलने की आदी रानियां माई के पीछे चल पड़ती हैं। अचानक गुड्डां उस कतार से निकलकर अपना घूंघट हटाकर ध्यान के सामने आ जाती हैं। मैं सदमे में हूं, पर ध्यान की नज़र में दुःख है और यह अहसास भी कि उसे पता है कि वह क्या करने वाली हैं।

एकदम साफ़ आवाज़ में वह कहती हैं, 'वज़ीर जी, मैं सरकार के साथ उनकी चिता पर सती होने के अपने पवित्र अधिकार का पालन करना चाहती हूं।' उनके चेहरे पर एक अलौकिक तेज है। वह ध्यान का हाथ अपने हाथ में लेकर उनसे नये राजा और पंजाब के प्रति वफ़ादार रहने को कहती हैं। इस तरह वह एक बहुत

बड़ी पाबंदी को तोड़ती हैं, जिसके तहत कोई शादीशुदा औरत किसी पराये मर्द को नहीं छू सकती।

'देवी, मैं वचन देता हूं,' ध्यान कहता है।

मैं गुड्डां को *देवी* कहे जाने से ताज्जुब में हूं। ध्यान उनके चेहरे को, उनकी ख़ूबसूरती को टकटकी लगाकर देखता है, जैसे मंत्रमुग्ध हो गया हो। तीन रानियां और सात रखैलें भी कतार से निकलकर गुड्डां के पास आ खड़ी होती हैं। पता नहीं वे गुड्डां से प्रेरित हुईं या फिर उनके सम्मोहन में आकर वे भी सती होना चाहती हैं।

क्या अकेली मैं ही हूं, जिसे यह सब बहुत भयावह लग रहा है?

ध्यान मुलाज़िमों को इंतज़ाम करने को कहता है। ब्राह्मण ज़ोर-ज़ोर से प्रार्थना करते हुए उन औरतों की तारीफ़ करते हैं और जब वे उन्हें अपने गहने देती हैं, तो उनकी आवाज़ और भी ऊंची हो जाती है। मुझे महसूस होता है कि जैसे वे अब मुझे घूर रहे हैं और उनकी आंखों में मुझसे भी यही करने की उम्मीद है।

मेरी कंपकंपी छूट जाती है। मुझे गुड्डां को यह ख़तरनाक क़दम उठाने से रोकना होगा। मैं अपने पति और अपनी सबसे प्यारी दोस्त को एक ही दिन नहीं खो सकती।

मैं घंटे भर से गुड्डां की मिन्नतें कर रही हूं।

'ऐसा नहीं करो, बहन। सरकार की आत्मा के लिए ग़रीबों को दान दे दो।'

गुड्डां बड़ी शांति से मुस्कराते हुए कहती है, 'पैसा तो मरी हुई चीज़ है। मैं तो ईश्वर को अपना जीवित शरीर सौंप रही हूं। उसके बदले वह मुझे और सरकार को आशीष देंगे, ताकि हम दोनों की आत्माएं कभी नहीं बिछड़ें। मुझे रोकने की कोशिश नहीं करो। मैंने बहुत पहले ही फ़ैसला ले लिया था। मेरे मायके में यही प्रथा है और यह कोई बुरी बात नहीं है।'

वह मेरे सभी सवालों का बड़े धीरज के साथ जवाब देती हैं।

'मैं कोई बहादुरी का काम नहीं कर रही हूं। बल्कि यह तो ठीक उसके उलट है। क्या तुम जानती हो कि विधवा की ज़िंदगी कितनी मुश्किल होती है? रानियों की तो और भी मुश्किल होती है। हमारे पास कोई ताक़त नहीं रहेगी, हमें दुत्कारा जाएगा और हो सकता है कि हमारी हत्या भी हो जाए, ताकि हमारी क़ीमती चीज़ें राजकोष में जमा की जा सकें। सती होकर मैं अपने पति के साथ स्वर्ग चली जाऊंगी और धरती पर मेरे नाम से मंदिर भी बनाया जाएगा।'

गुड्डां को शादी का घाघरा पहनाया जाता है और दुपट्टा करीने से लगाया जाता है, ताकि सब कुछ बिलकुल सही रहे। वह अपना घूंघट हटा देती हैं। सती देवियां हैं। उन्हें नश्वर आदमियों की नज़रों से बचने की ज़रूरत नहीं है।

'लेकिन जो दर्द होगा!' मैं रोने लगती हूं।

'मैंने अफ़ीम का बंदोबस्त कर लिया है। मुझे ज़्यादा कुछ महसूस नहीं होगा।'

मेरा सिर चकराने लगता है। क्या यह सही कह रही हैं?

मुझे चूमकर विदा करते हुए गुड्डां की सुंदर आंखें चमकने लगती हैं। मैं उनके ज़हन में चल रही बातों का अंदाज़ा लगा सकती हूं। *मेरे साथ चलो, मेरी बहन। हम दोनों अपने राजा के साथ होंगे। सुकून के साथ महफ़ूज़ और ख़ुश रहेंगे।*

मुझे हैरानी होती है कि कैसे एक पल को मैं भी उस लोभ में आ जाती हूं।

मेरे भीतर एक आवाज़ हौले से कहती है, ठीक वैसे ही जैसे कहानियों में जिन्न कहते हैं। *गुड्डां सही कह रही है। आने वाला वक़्त हलचल भरा होगा। खड़क इतना मज़बूत नहीं कि अपने पिता के साम्राज्य को साथ रख सके। उसे सरकार के बेटे अपने लिए ख़तरा लगेंगे और वह उन्हें ख़त्म करवा देगा। दलीप के साथ भी वही होगा। पर अगर तुम सती हो जाओ और मंगला को अपने पैसे, गहने दे दो, तो वह दलीप को कहीं दूर ले जा सकती है। वह तुम्हारी तरह उसके लिए अच्छी मां साबित होगी और ज़्यादा समझदार भी। उसे भुला दिया जाएगा और वह सुरक्षित रहेगा।*

आवाज़ आती रहती है और मुझे अपने जाल में फंसाने लगती है। *तुम्हें कुत्तों के प्रशिक्षक की बेटी नहीं, बल्कि किसी नायिका की तरह याद रखा जाएगा। सरकार की क़ाबिल, प्यार करने वाली साथी की तरह। अकेली सिख रानी, जो उन्हें इतना प्यार करती थी कि उनकी चिता पर जल मरी। एक देवी।*

शोहरत का नशा अफ़ीम से भी कहीं ज़्यादा ताक़तवर है।

अपनी हवेली की तरफ़ जाते हुए मुझे महसूस होता है कि जैसे मैं पानी के नीचे किसी गहरी, शांत गुफा में तैर रही हूं।

'आपको इतना वक़्त कहां लग गया?' मंगला डरी हुई लगती है। 'बाक़ी रानियां घंटों पहले अपने कमरों में लौट गयीं।' वह दलीप को फ़र्श पर छोड़ देती है, ताकि वह घुटनों के बल चलकर मुझ तक पहुंच जाए। मैं उसे तुरंत उठा लेती हूं। वह हँसते हुए रोमांच में अपने पैर झटकता है। उसे भनक भी नहीं कि उसकी ज़िंदगी बदल चुकी है।

मैं अपनी आंखें बंद कर लेती हूं। 'मैं भी गुड्डां के साथ सती हो जाऊंगी। तुम्हें मेरी मदद करनी होगी।'

'नहीं! आप सिख हैं, गुड्डां की तरह हिंदू नहीं हैं। आप ऐसा क्यों करेंगी? क्या माई निकाइन ऐसा कुछ करती दिख रही हैं, आपको? नहीं ना? सोचिए, आप मर जाएंगी तो दलीप का क्या होगा?'

'तुम उसकी देखभाल करोगी।'

'कैसे करूंगी? अगर मैंने उसे कहीं छिपाने की कोशिश की और हमारे सिर पर किसी का हाथ नहीं रहा, तो वे ज़रूर उसे खोज निकालेंगे। साल पूरा होने से पहले ही वे उसे मार डालेंगे। आप अपने बच्चे के लिए क्या यही चाहती हैं?'

वह गुफा बिलकुल शांत है और वहां पर कोई परेशानी नहीं है। ना कोई कर्तव्य, ना चिंता, ना कलेजा चीरकर रख देने वाला कोई दुःख। मैं बस यहीं रहना चाहती हूं। पर तभी कोई मेरे चेहरे पर थपकी देता है। बच्चे की तुतलाती आवाज़ उस गुफा तक पहुंच जाती है।

मुझे एक और आवाज़ सुनाई देती है, *मज़बूत, सख़्त और नाराज़गी भरी। तो मैंने तुम्हें यही सिखाया है कि अपनी परेशानियों से दूर भाग जाओ! अगर तुम्हें शोहरत ही चाहिए, तो खुद को मारने की बजाय क्यों ना ऐसे जियो कि लोग तुम्हें याद रखें?*

यह सरकार की आवाज़ है।

एक बार उस गुफा में गहराई तक जाने के बाद उबरना मुश्किल है। पर सरकार की आवाज़ जैसे मुझे वहां से खींच निकालती है। *तुम्हें हमारे बेटे का मां-बाप, दोनों बनना होगा। तुमने मुझसे वादा नहीं किया था?* वह तब तक हार नहीं मानते, जब तक कि मैं सिहरती हुई अपनी आंखें नहीं खोल देती। दलीप मेरे बाल चबा रहा है। उसका ढलका हुआ माथा अपने पिता जैसा है। उसकी उठी हुई नाक मुझ पर गयी है। वह मुझे ऐसे निहार रहा है, मानो दुनिया में देखने के लिए कोई और चेहरा है ही नहीं।

किस बला ने मुझमें यह ख़याल डाला कि मैं अपने कलेजे के टुकड़े को छोड़ देने का सोचने लगी? सरकार को दिया गया वचन भूल गयी? *अपने धरम की शिक्षा भूल गयी? नानक, दुनिया में कुछ अपने मरते पति के साथ जल जाया करती हैं... पर अगर वे सचमुच उनसे प्यार करती हैं तो वे ज़िंदा रहकर दर्द झेलेंगी।*

मैं तड़पकर दलीप को कसकर पकड़ लेती हूं और उसकी गर्दन को गुदगुदाती हूं। *मेरी जान, मैं तुम्हारे लिए जियूंगी। मैं अपने लहू की आख़िरी बूंद तक तुम्हारी हिफ़ाज़त करूंगी। ज़रूरत पड़ी, तो तुम्हारे लिए किसी की जान भी ले लूंगी।* वह ख़ुशी से किलकने लगता है; उसे यह खेल अच्छा लगता है।

एक और सच है, जिसे मैंने बस अभी जाना है और वह पहले वाले की छाया में दुबका पड़ा था। मैं इसे ऊंची आवाज़ में नहीं कह सकती, क्योंकि लगेगा कि मैं सरकार के साथ छल कर रही हूं।

मैं अपने लिए भी जीना चाहती हूं। मैंने बस अभी तो दुनिया को जानना शुरू किया है। अभी बहुत कुछ है देखने-सुनने, महसूस करने और चखने के लिए। मुझमें जीने की चाहत बाक़ी है। मैं कड़वे-मीठे हर तरह के तजुर्बे लूंगी। मैं तकलीफ़ को सहन करूंगी।

21

विदा

मंगला दौड़ती हुई आती है। 'सरकार की अंतिम यात्रा थोड़ी देर में हमारी हवेली के सामने से गुज़रेगी। आप अंदर रहें, रानी साहिबा। रानी गुड्डां सरकार की अर्थी के पीछे चल रही हैं। जो लोग उन्हें नहीं जानते, वे भी रो रहे हैं। आप बर्दाश्त नहीं कर सकेंगी।'

पर मैं दलीप को मंगला को थमाकर तेज़ी से छत पर चली जाती हूं। मुझे अपने महबूब को विदा देनी होगी। अपनी प्यारी दोस्त से उसका साथ छोड़ने की माफ़ी भी मांगनी होगी।

बहुत बड़ी शवयात्रा है। लटककर देखने पर भी मुझे उसका ओरछोर नज़र नहीं आता। सबसे पहले साजिंदे और रागी चल रहे हैं। फिर सरकार के प्यारे घुड़सवार हैं, हालांकि आज वे पैदल चल रहे हैं और बाक़ी सरदारों की तरह वे भी शोक के सफ़ेद लिबास में हैं। उसके बाद सरकार का जनाज़ा है, चंदन पर सोने का काम है और रेशमी झंडे लहरा रहे हैं।

सरकार को यह नज़ारा बहुत मज़ेदार लगता। इस तरह की चीज़ों के मामले में वह बच्चे जैसे थे। मैं उनकी देह को खोजती हूं, जो शाल और फूलों के ढेर के नीचे आधी दबी है। वह कितनी कमज़ोर लग रही है, जैसे उनकी विशाल आत्मा ने उसे छोड़ दिया हो। *सुकून से जाओ, मेरे प्रियतम, अपनी अगली दुनिया में।*

मेरी नज़र अर्थी के पीछे चल रही औरतों पर पड़ती है, दमकते फूलों के गुच्छे जैसा दिखता उनका समूह उन आग की लपटों जैसा है, जिसे वे गले लगाने जा रही हैं। अलग-अलग तरह की लालिमा लिए पोशाकें पहने वे औरतें सड़क किनारे खड़े

लोगों की तरफ़ सिक्के और गहने उछाल रही हैं। उनके सामने सिर झुकाकर लोग चिल्लाते हुए कह रहे हैं, *'देवियों! आपका बलिदान पंजाब को धन्य करेगा।'*

आंसुओं से मेरी नज़र धुंधला गयी है, फिर भी मैं औरतों के आगे चल रही गुड्डां को पहचान लेती हूं। मेरा इरादा उन्हें दुआ करके अलविदा कहने का था। पर जब मैं उनके नाजुक बदन को लड़खड़ाते हुए देखती हूं तो मुझसे बर्दाश्त नहीं होता और मैं अपनी तनी हुई मुट्ठियां मुंडेर पर मारते हुए चिल्लाने लगती हूं, 'गुड्डां! अपने साथ ऐसा भयानक सलूक मत करो, मुझे बिलकुल अकेला छोड़कर मत जाओ!' चीख़ने-चिल्लाने को कोई फ़ायदा नहीं। वह मेरी चीखें नहीं सुन सकतीं और अगर सुन भी लें तो अब वह अपना इरादा नहीं बदल सकतीं। फिर भी मैं तब तक चिल्लाती रहती हूं, जब तक कि मैं दहकते फ़र्श पर गिर नहीं पड़ूं और मेरा गला नहीं बैठ जाए। जुलूस आगे बढ़ जाता है। कुछ देर बाद मंगला मुझे ज़बरदस्ती नीचे ले जाती है और कहती है कि मैं इस तरह से बिखर नहीं सकती, मुझे अपने सिर में ढोलों की आवाज़ सुनायी देती है।

रात के अंधेरे में किसी भिखारी की तरह फटा-पुराना कंबल ओढ़े फ़कीर मुझसे अचानक मिलने चले आते हैं। वह काफ़ी हैरान-परेशान दिख रहे हैं और उनका चेहरा थकान से काला पड़ा हुआ है। वह कुछ भी खाने-पीने से मना कर देते हैं। सरकार के मातम में वह कुछ नहीं खाते। मेरे रोने पर वह किसी तरह के क़ायदे की परवाह नहीं करते हुए मुझे थाम लेते हैं। उनकी आंखें भी भीग जाती हैं। 'बेटी, मुझे तुमसे मिलना ही था, पर मैं कुछ देर में चला जाऊंगा। अगर कुछ लोगों को मेरे आने की भनक लग गयी, तो तुम्हें नुक़सान हो सकता है।'

'कौन है वो और ऐसा क्यों होगा? आप तो हमेशा मुझसे मिलने आते रहे हैं। सरकार ने खुद ही...'

'अब सब कुछ बदल गया है। क्या तुम्हें यह महसूस नहीं होता? सरकार ने ध्यान को तुम्हारा ज़िम्मा सौंपा था और वही था। अगर ध्यान को पता चला तो वह नाराज़ होगा। मैं जब भी मुमकिन होगा, तुमसे मिलूंगा। पर ऐसा बहुत कम ही हो पाएगा। तुम्हें अपनी समझदारी के भरोसे ही रहना होगा।'

उनकी बातों से मुझे फ़िकर होती है। 'अपनी समझदारी, पर किसलिए?'

'तूफ़ान आने वाला है। खड़क पर लोगों की निगाहें होंगी। उसका सौतेला भाई शेर, अंग्रेज़ और यहां तक कि अफ़ग़ान भी। उसकी कमज़ोरी दिखते ही वे उस पर टूट पड़ेंगे...'

'मुझे उनसे क्या लेना-देना?'

'कुछ नहीं होगा। सरकार ने खड़क को अपना वारिस चुना था और फिर नौनिहाल को, इसी तरह आगे भी चलता रहा तो कुछ नहीं होगा। पर यह मत भूलो कि दलीप भी शहज़ादा है और यही सच उसे भी ख़तरे में डालता है। अपनी आंखें खुली रखना। तेज़ी से और चतुराई से काम लेना।' गहरी सांस भरते हुए वह कहते हैं, 'अब मुझे चलना होगा।'

'रुक जाएं!' मैं तेज़ी और चतुराई तो दूर, खुद को कोई भी फ़ैसला ले पाने में नाकाम पाती हूं। 'मेहरबानी करके मुझे बताएं कि मुझे किससे चौकस रहना होगा...क्या करना...'

'ख़तरा आने पर तुम खुद पहचान लोगी। मुझे तुम पर पूरा भरोसा है।' ऐसा कहकर वह अंधेरे में ग़ायब हो जाते हैं।

बिस्तर पर करवटें बदलते हुए मैं बस अंतिम संस्कार के बारे में सोचती रहती हूं। मंगला ने बाक़ी नौकर-चाकरों से मिली जानकारी मेरे साथ साझा की थी; बाक़ी का अंदाज़ा मैं लगा लेती हूं।

चिता बहुत ऊंची है और उसमें चंदन की लकड़ियों को सीढ़ीदार ढंग से लगाया गया है। कुछ आदमी सरकार की देह को वहां पर ले जाते हैं और उसे फूलों से ढंक देते हैं। खड़क का हाथ ध्यान के हाथ में देकर गुड्डां उन दोनों से वादा लेती है कि सरकार के वास्ते वे दोनों मिलकर काम करेंगे। फिर वह चिता पर चढ़कर सरकार का सिर अपनी गोद में ले लेती है। उनके चेहरे पर ज़रा-सा भी डर नहीं है। अफ़ीम लेने की वजह से डगमगाती बाक़ी रानियों और रखैलों को ऊपर लाया जाता है। नौनिहाल और खड़क, दोनों मिलकर चिता को अग्नि देते हैं, उस एक पल के लिए जैसे दोनों की दुश्मनी भुला दी जाती है। ध्यान ज़मीन पर अपना माथा पटकने लगता है और उससे ख़ून निकलने लगता है। वह खुद को चिता में झोंकना चाहते हैं, पर बाक़ी लोग उन्हें थाम लेते हैं। चंदन की लकड़ी भी जलते मांस की गंध को दबा नहीं पाती।

अचानक आसमान में एक बादल दिखायी देता है। कुछ पलों के लिए चिता पर पानी बरसने लगता है। *पंजाब खुद रो रहा है, लोग फुसफुसाते हुए कहते हैं।* जब आग की लपटें सबसे ऊंची होती हैं, तो ना जाने कहां से दो सफ़ेद पंछी अचानक नीचे आते हैं और लपटों में समा जाते हैं।

फ़कीर के जाते हुए मैंने उनसे पूछा कि क्या पंछियों वाली बात सच थी। उन्होंने हामी भरी थी।

'वह अच्छा शगुन था या बुरा?'

वह नहीं जानते थे।

सुबह मुझे फ़कीर की तैयार रहने की सलाह याद आती है और मैं एक संतरी को अपने खाते से दो सौ सोने के सिक्के लाने को कहती हूं। मैं अपने पास कुछ पैसा रखना चाहती हूं। पर वह ख़ाली हाथ लौट आता है और मुझे बहुत हैरानी होती है।

'मुंशी ने मुझे बताया कि महाराजा खड़क सिंह का हुक्म है कि सभी खातों का इस्तेमाल फ़िलहाल बंद कर दिया जाए। उनके राजा बनने के बाद ही खाते चालू हो सकते हैं,' वह कहता है।

मुझे गुस्सा आने लगता है। 'वह तो सरकार की अस्थियां गंगा ले जाने तक नहीं होगा। उसमें दस दिन या उससे भी ज़्यादा वक़्त लग सकता है। तब तक मैं अपना ख़र्चा कैसे चलाऊंगी?'

'मैं माफ़ी चाहता हूं, रानी साहिबा।'

मैं अपने गुस्से पर क़ाबू करती हूं। 'तुम्हारी कोई ग़लती नहीं।'

'एक और बात यह भी है कि आपके संतरियों को हटा दिया गया है। हमें कहा गया है कि हमारी ज़रूरत फाटकों पर है। हमें तुरंत जाना होगा।'

मुझे अपने कानों पर भरोसा नहीं होता। 'मतलब यह कि मेरी हवेली पर कोई संतरी नहीं होगा? मुझे और दलीप को हिफ़ाज़त की ज़रूरत नहीं है?'

वह आदमी अपनी नज़र नीची कर ख़ामोश रहता है। एक घंटे के अंदर सभी संतरी चले जाते हैं।

गुस्से से भरे अपने आंसुओं को पोंछकर मैं हवेली में रखा कुछ पैसा मंगला को देती हूं। 'कुछ खाना ले आओ। थोड़ा ज़्यादा लाना, क्या पता बाद में कमी नहीं हो जाए।'

पर गंगला को खाने से ज़्यादा किसी और चीज़ की फ़िकर है। वह क़िले में हालात की जानकारी लेती है और उसे पता चलता है कि सभी संतरियों को नहीं हटाया गया है और ना ही सभी खातों पर रोक लगायी गयी है। 'सिर्फ़ उन्हीं के जिन्हें माई निकाइन पसंद नहीं करतीं।'

फ़कीर ने जिस तूफ़ान से मुझे आगाह किया था, वह आ चुका है। यह तो बस अभी शुरुआत है।

मैं मंगला का हाथ पकड़कर कहती हूं, 'तुम्हें मेरे लिए एक मुश्किल काम करना होगा।'

रात पर बारिश के बादल छाये हुए हैं। पहरेदार आधी रात की घोषणा करता है। हवेली में टहलते हुए बीतते वक़्त के साथ मेरी उम्मीद धुंधलाती जाती है।

'आपको आराम करना चाहिए,' मंगला कहती है। 'आप थक जाएंगी। कोई आएगा तो मैं आपको जगा दूंगी।' पर घबराहट के कारण मेरी आंखों से नींद उड़ चुकी है।

अचानक तीन बार खटखटाने की आवाज़ आती है, यही हमारा तय इशारा था। मंगला दरवाज़ा खोलने के लिए आगे बढ़ती है। बाहर शाल ओढ़े दो आदमी खड़े हैं। एक सिपाही जैसा लगता है। रात के अंधेरे में उसके कमरबंद में खोसी हुई पिस्तौल चमकती है। दूसरा आदमी ध्यान सिंह है।

अब तक शाही खेल के बारे में मैंने जो कुछ भी सीखा है, मैं उसका इस्तेमाल करती हूं। मैं औपचारिक तौर पर ध्यान का अभिवादन करती हूं और फिर उसके शोक संदेश को क़बूल करती हूं, पर मैं बहुत बेचैन हूं। मैंने मंगला को हिदायत दी है कि अगर बात नहीं बनी तो वह सोते हुए दलीप को लेकर पीछे के दरवाज़े से फ़कीर की हवेली की तरफ़ रवाना हो जाए। अपने लिए मैंने कपड़ों में एक ख़ंजर छुपा रखा है।

'आपने मुझे चुपचाप मिलने को कहलवाया था। आपने मुश्किल की बात कही थी।' वज़ीर दबी हुई आवाज़ में कहता है। वह थका हुआ लग रहा है और सरकार के ग़म में माथा पटकने से उस पर ख़ून जमने से पपड़ी बन गयी है। उससे मुझे थोड़ी उम्मीद जगती है।

'वज़ीर जी, मेरे संतरियों को हटा दिया गया है।'

उसके चेहरे पर हैरानी का भाव नहीं उभरता। वह जानता था। उसे मालूम था, लेकिन उसने कुछ किया नहीं।

मेरे पास कोई और चारा नहीं है, इसलिए मैं अपनी बात जारी रखती हूं। 'यह हवेली दलीप और मेरे लिए अब सुरक्षित नहीं रही। मैं आपसे मदद चाहती हूं, क्योंकि सरकार ने आपको हमारा ज़िम्मा सौंपा था।'

ध्यान मेरी बात पर विचार करते हुए चहलकदमी करता है। मैं दम साधे इंतज़ार करती हूं।

आख़िरकार वह कहता है, 'मैं ईश्वर और अपने राजा को दी गयी अपनी शपथ पूरी करूंगा। मैं आपकी देखभाल करूंगा।' यह सुनते ही मुझे राहत मिलती है, लेकिन फिर आगे वह एक और बात जोड़ते हुए कहते हैं, 'पर मैं यहां आपकी हिफ़ाज़त नहीं कर सकता। लाहौर में कई धड़े हैं, जो खड़क की इनायत पाने की होड़ में लगे हैं। उसके लिए उनमें से कोई भी आपको और आपके नन्हे कुंवर को नुक़सान पहुंचा सकता है। आपने पहले से कुछ ताक़तवर लोगों से दुश्मनी मोल ले रखी

है। मुझे आपको और दलीप को तुरंत यहां से दूर भेजना होगा। मैं आपको कांगड़ा में अपनी रियासत भेज दूंगा, जहां मेरे भाई राज करते हैं। आप वहां पर महफ़ूज़ रह सकती हैं। मैं जम्मू में अपने क़िले में आपको नहीं रख सकता। अगर खड़क ने मुझे आपको सौंपने को कहा, तो उनका वज़ीर होने के नाते मुझे उनका हुक्म मानना पड़ेगा। मैं आपको अपने छोटे भाई सुचेत के क़िले में छिपा दूंगा। वहां आपको कोई नहीं खोजेगा। अगर आप राज़ी हों, तो एक घंटे में वहां के लिए निकलना होगा।'

मेरा सिर घूमने लगता है। ध्यान मुझे मेरी जानी-पहचानी चीज़ें और मेरे भरोसेमंद लोगों को छोड़कर कहीं दूर ऐसी जगह में जाने को कह रहा है, जिसके बारे में मैं ज़्यादा नहीं जानती। वहां मैं खड़क से बच सकूंगी, पर पूरी तरह ध्यान के क़ाबू में रहूंगी। उसके अपने ख़तरे होंगे। मैं इतने बड़ा फ़ैसला लेने से पहले फ़कीर से सलाह लेना चाहती हूं, पर ध्यान बेसब्री से अपने पैर पटकता है।

'मुझे सामान बांधने के लिए कुछ घंटों की मोहलत देंगे?' मैं पूछती हूं। मैं चाहती हूं कि इस दौरान यह बात फ़कीर तक पहुंचाकर उनकी राय ले लूं।

'सिर्फ़ एक ही घंटा है और उसमें भी जोखिम है। हो सकता है किसी ने मुझे यहां आते देख लिया हो। सिर्फ़ अपना क़ीमती सामान और दलीप की ज़रूरत की चीज़ें ही रखें।'

'मेरे पैसे और गहने तोशखाने में हैं। मुझे वहां से कुछ भी निकालने नहीं दिया गया।' मैं ध्यान को अपनी छिपायी हुई रक़म के बारे में नहीं बताती।

'आप पैसे की चिंता नहीं करें। सुचेत ख़याल रखेगा कि आपको ज़रूरत की सभी चीज़ें मिलें। वही आपको नौकर-चाकर भी मुहैया करा देगा।'

मैं बेचैन हूं। 'मैं चाहती हूं कि मंगला मेरे साथ आए।'

'बेहतर होगा कि वह हवेली में ही रहे और यह दिखावा करे कि आप अब भी यहीं रह रही हैं...'

हालांकि बीच में बोलना बदतमीज़ी होगी, पर मैं खुद को रोक नहीं पाती। 'मंगला मेरे परिवार जैसी है। मैं उसे पीछे नहीं छोड़ सकती।'

मैंने सच ही कहा है। इसके अलावा वह अकेली ऐसी इंसान है, जो अजनबी जगह में मेरी आंख-कान का काम कर सकती है। मुझे ज़रूरत पड़ेगी; मैं ध्यान पर पूरी तरह भरोसा नहीं कर सकती। वह मेरी मदद कर रहा है, पर इससे उसकी मदद भी हो रही है। दलीप को अपने पास रखना उसके लिए एक ज़बरदस्त हथियार का काम करेगा, जिसे वह सही समय पर इस्तेमाल कर सकता है। पर मेरे पास और कोई है भी नहीं, जिससे मैं मदद मांग सकूं।

'ठीक है,' ध्यान की आवाज़ में नाराज़गी झलकती है। 'आप उसे ले जा सकती हैं।'

मैं उसका शुक्रिया अदा करती हूं। ध्यान गहरी सांस लेता है, यानी वह भी तनाव में था! मेरा फ़ैसला उसके लिए भी अहम था।

ध्यान हिदायतें देता है। एक घंटे में बाहर घोड़ागाड़ी आ जाएगी। गाड़ीवान के साथ ध्यान का एक साथी होगा। हमें तेज़ी से रवाना होना होगा। पश्चिमी फाटक के रखवाले हमें जाने देंगे। ध्यान के सिपाहियों का एक छोटा-सा गुट लाहौर से बाहर जाने में हमारी मदद करेगा और बाहर एक बड़ी टुकड़ी हमें सुचेत के क़िले तक पहुंचा देगी।

आख़िर में वह कहता है, 'आपको किसी को भी नहीं बताना कि आप कहां जा रही है। आपको सुरक्षित रखने का मेरे पास बस यही एक रास्ता है।'

मैंने नहीं सोचा था कि अपनी ज़रूरत के सामान को मैं एक घंटे में बांध लूंगी, पर अजीब-सी बात है कि काम बहुत आसानी से हो गया। जब किसी को अपना सब कुछ पीछे छोड़ना होता है, तो इस बात से फ़र्क़ नहीं पड़ता कि क्या ले जाना है। मैं अपने सारे गहने, पैसे, सरकार की एक तसवीर बांध लेती हूं और बाक़ी काम मैं माहिर मंगला पर छोड़ देती हूं। हालांकि यह बिलकुल फ़िज़ूल की बात है, पर मेरे दिल में लैला को विदा कहने और उसे गुड़ का एक टुकड़ा खिलाने की हसरत जागती है। मैं जवाहर को चिट्ठी लिखकर अपने सुरक्षित होने की ख़बर भेजने की सोचती हूं, पर फिर यह ख़याल छोड़ देती हूं। पर एक काम तो मुझे करना ही होगा। ध्यान की बात नहीं मानते हुए मैं अपनी कूट भाषा में फ़कीर के लिए कुछ लिखकर भेजती हूं। एक ऐसे इंसान को जिस पर मेरा भरोसा अटूट है, उसे तो पता होना चाहिए कि मैं अचानक कहां ग़ायब हो गयी हूं।

मंगला गहरे रंग की सलवार-कमीज़ पहनकर सफ़र के लिए तैयार हो चुकी है। अचानक मेरी नज़र उसकी गर्दन पर जाती है। उसने वही सोने की मोटी-सी माला पहन रखी है, जिसे मैंने दलीप के होने पर उसे दिया था। उसकी सबसे क़ीमती चीज़ है वह।

'इसे अभी उतारकर रखना बेहतर होगा,' मैं उससे कहती हूं, 'और जाकर तुरंत इसे फ़कीर को दे आओ।'

'माफ़ करें, रानी साहिबा! मुझे जाने से पहले बहुत ज़रूरी काम निपटाना है। आप यह नहीं पूछें कि वह है क्या। मैं किसी नौकर से इसे भिजवा दूंगी,' मंगला का जवाब है।

मैं उत्सुक हूं और चिंतित भी। ऐसा कौन-सा ज़रूरी काम हो सकता है? अगर मंगला समय रहते नहीं लौटी तो क्या होगा? मुझे उस पर भरोसा है, इसलिए मैं उसे जाने देती हूं।

रात की ख़ामोशी में घोड़ों की टापें इतनी तेज़ सुनायी देती हैं कि मुझे डर लगता है कि क़िले के संतरी दौड़े आएंगे। पर कोई नहीं आता, ध्यान ने ज़रूर अच्छी-ख़ासी रिश्वत दी होगी। घोड़ागाड़ी की खिड़की से मैं अपनी हवेली को आख़िरी बार बड़े अफ़सोस से देखती हूं, वह घर जो सचमुच मेरा था। सरकार ने कितने प्यार से इसे मेरे लिए बनवाया था!

'क्या मैं फिर कभी यहां रह पाऊंगी?'

इस सवाल का फ़िलहाल कोई मतलब नहीं, लेकिन मंगला जवाब में साफ़-साफ़ नहीं कहती है।

'ऐसा क्यों कह रही हो?' हताशा से मेरी आवाज़ तीखी हो जाती है और दलीप नींद में रिरियाता है।

'जब आप लौटेंगी, तो आप अपने दलीप की तरफ़ से राज करेंगी, जब तक कि वह बड़े नहीं हो जाते। आप अपने नये ओहदे के मुताबिक़ शीश महल में रहेंगी,' मंगला बड़े यक़ीन के साथ जवाब देती है।

उसकी बातें मुझे आशंका से भर देती हैं। 'दलीप के राजा बनने की बात मत करो। उसके और तख़्त के बीच कई लोग हैं। खड़क है, नौनिहाल है और शेर सिंह भी। उन सबको मरना होगा। सरकार कभी वैसा नहीं चाहते और ना ही मैं ऐसा कुछ चाहती हूं। ऐसा हुआ तो वह पंजाब के लिए ख़तरनाक होगा। वैसे भी राजा की ज़िंदगी आसान नहीं होती। साज़िशें, राजनीति, ताक़त के लिए लगातार लड़ाइयां... मैं अपने बच्चे के लिए ऐसा कुछ भी नहीं चाहती।'

'वह राजा बनेंगे,' बड़े यक़ीन के साथ मंगला कहती है। 'उनकी जनमपत्री में यह लिखा है।'

'तुम्हें उसकी जनमपत्री के बारे में कैसे मालूम है?' मैं बड़े ताज्जुब से पूछती हूं। 'मैंने तो उसे जला दिया था।'

'मैंने ज्योतिषी से पूछा था,' मंगला चेहरा ऊपर उठाते हुए बड़ी ढिठाई से कहती है। उसके गले में माला नहीं देखकर मुझे ख़ुशी होती है कि उसने उसे रख दिया होगा। 'दलीप राजा होंगे। मुझे कहीं भीतर से ऐसा लगता है।'

मैं बात वहीं ख़त्म कर देती हूं, हालांकि मुझे शक होता है कि कहीं उसके चुपचाप किये गये काम का ताल्लुक उसके यक़ीन से तो नहीं है?

हम मस्ती दरवाज़ा से होते हुए लाहौर से निकलते हैं। शहर पर धुंध छायी हुई है, लेकिन उसके बावजूद मैं पहली बार मन्ना के साथ जवाहर और मेरे यहां पहुंचने पर दिखने वाली क़िले की दीवारों को पहचान लेती हूं। मेरे जैसी बच्ची की आंखों को वे कितने विशालकाय लगे थे। उन पर खड़े पीली वर्दी पहने सिपाहियों को देखकर मैं कितनी प्रभावित हुई थी। आज भी उन पर सिपाही खड़े हैं। शहर आज चौकन्ना है, क्योंकि शेर मर चुका है और गीदड़ों को भनक लग चुकी है।

अलविदा, लाहौर, मेरे सपनों के शहर! शहर, जिसने मुझे इस तरह बदला जैसा मैंने सपने में भी नहीं सोचा था। जब मैं पहली बार तुम्हारे पास आयी थी, तो कितनी मासूम थी। आज मुझे आशंका है कि मेरा दिल अब सख़्त हो चुका है, पर उम्मीद करती हूं कि मेरी नज़र पैनी रहे और मेरा खुद पर भरोसा ज़्यादा मज़बूत हो। ऐसा नहीं हुआ, तो अपने बेटे की हिफ़ाज़त कैसे करूंगी?

III

रानी

1840-1849

22

जम्मू

'और तेज़ चलो, तूफ़ानी!' मैं घोड़ी की गर्दन पर झुकते हुए उसके कानों में कहती हूं। वह जंगल से लेकर क़िले तक फैले मैदान में सरपट दौड़ती है। मेरे साथ चल रहे चार घुड़सवार मेरी रफ़्तार नहीं पकड़ पाते। मैं उत्साहित होकर मुस्कराती हूं। तूफ़ानी, लैला नहीं है, पर उसकी वजह से अपने देशनिकाले को मैं झेल पाती हूं। उसकी सवारी करते हुए तेज़ी से लहराती हवा मेरे मन में दबी-छिपी चिंताओं को, बहुत कुछ खोने के दुःख को और ज़िंदगी के बीतते रहने के डर को जैसे अपने साथ बहा ले जाती है।

इन घुड़सवारों को क़िले के नायक ने मेरी हिफ़ाज़त के लिए रखा है। मैं चाहे घोड़े की सवारी करूं, चाहे अपने दो साल के दलीप के साथ कहीं भी या फिर गुरुद्वारे में मत्था टेकने जाऊं, वे हर जगह मेरे साथ होते हैं। उनके होने से मुझे क़िले का अहम मेहमान होने की बजाय क़ैदी की तरह ज़्यादा महसूस होता है, हालांकि नायक का मानना है कि मैं मेहमान हूं।

शुरू में हालात बेहतर थे। मेरे मेज़बान, सुचेत सिंह ने बड़ी रहमदिली से मेरा स्वागत किया था और मुझे घर जैसा सहज भी महसूस करवाया था। वह मुझे अक्सर रात के खाने पर बुलाते और सरकार को याद करते थे, जिनकी बहादुरी के वह क़ायल थे। पर जल्दी ही लोग बातें बनाने लगे और क्यों नहीं बनाते, आख़िर मामला एक जवान विधवा का जो था! यह बात ध्यान के कानों तक भी पहुंची। उसने मदद के बहाने अपने भाई को लाहौर बुलवा लिया। मदद की बात पूरी तरह झूठ भी नहीं थी। ध्यान सिंह का रुतबा अब काफ़ी बढ़ चुका था, उसे खड़क और नौनिहाल के बीच के तनाव से भी निपटना पड़ता था।

मैं ध्यान सिंह की बहुत शुक्रगुज़ार हूं कि उसने दलीप और मुझे आसरा दिया, पर उसकी वजह से मुझे असहज भी महसूस होता है। मुझे डर है कि वह हमारा इस्तेमाल अपने फ़ायदे के लिए करने वाला था। पर मैं मंगला तक से यह शिकायत नहीं करती, हालांकि मंगला का हौसला भरा साथ नहीं होता, तो मैं पागल हो जाती। आसरा देने की कोई तो क़ीमत होगी ही।

जम्मू की उनींदी पहाड़ियों में रहने के अपने फ़ायदे रहे। मेरे पास मां होने की सीधी-सादी खुशियों को महसूस करने के लिए पूरा एक साल था। मैंने दलीप को पहले चलना सीखते देखा और फिर दौड़ लगाते देखा, उसे गाने सिखाये, क़िले में धुंधले से गलियारों में उसके साथ लुकाछिपी खेली। अपने पिता की तरह दलीप को जानवरों से बहुत प्यार है, इसलिए मैंने उसके लिए एक खच्चर ख़रीदा। उस पर बैठकर वह पूरे अहाते का चक्कर लगाता है। उसे मेरे साथ तूफ़ानी पर बैठना पसंद है। *और तेज़, बीजी,* वह मुझसे कहता है। अपने पिता की तरह निडर दलीप के लिए भी लोगों के मन में प्यार उमड़ता है। नौकर-चाकर उसे अच्छी-अच्छी चीज़ें लाकर देते हैं और मंगला तो उसे बड़ी बेशर्मी से अपने लाड़-प्यार से बिगाड़ती है। यहां तक कि सख़्त से दिखने वाले मेरे संतरी भी उसे देख मुस्कराए बिना नहीं रह पाते। उसे किताबों से प्यार है। यहां बच्चों की किताबें मिलना मुश्किल है, तो मैं उसे अपनी किताबें पढ़कर सुनाती हूं, जिनमें कहानियां हैं, पंजाब का इतिहास और गुटका भी। वह मेरी गोद में बैठ जाता है और मुझे पढ़ते हुए टकटकी लगाकर देखता है। हालांकि अभी यह सब समझने के लिहाज़ से वह बहुत छोटा है।

मंगला कहती है, 'उसे आपकी आवाज़ सुनना पसंद है।'

हां, मुझे भी अच्छा लगता है और दिन इसी तरह गुज़र जाता है।

रात को नींद में मैं बिस्तर पर सरकार को खोजती हूं, पर उसे बिलकुल ख़ाली पाती हूं और उनकी ग़ैरमौजूदगी छुरी की तेज़ धार की तरह महसूस होती है।

इसके लिए कोई और नहीं, मेरा अपना दिल ही गुनहगार है।

अनमनी होकर मैं तूफ़ानी को क़िले की तरफ़ मोड़ देती हूं। सूरज ढलने से पहले मुझे लौटना होगा। हमारे लिए बने नियमों में से एक यह भी है। दलीप भी खिड़की के पास खड़ा होकर मेरी राह देखता होगा। कई बार मुझे फ़िकर होती है कि उसका लगाव मुझसे कुछ ज़्यादा ही है।

आज दलीप नहीं, बल्कि मंगला मेरी तरफ़ दौड़ी चली आती है। उसका चेहरा देखते ही मैं समझ जाती हूं कोई ख़त आया है। परिवार से तो मेरे लिए कोई चिट्ठी-पत्री नहीं आती, मुझे इजाज़त नहीं थी कि उन्हें बता सकूं कि मैं कहां जा रही हूं। बीजी और जवाहर मेरी चिंता करते होंगे, यह सोचकर मैं दुःखी हो जाती हूं, लेकिन मैं कुछ कर नहीं सकती।

मुझ तक सिर्फ़ फ़कीर के ख़त पहुंचते हैं। वे भी कभी-कभार ही आते हैं और अक्सर कूट-भाषा में लिखे बहुत छोटे होते हैं, जिन पर कोई दस्तख़त भी नहीं होते। घूम-घूमकर सामान बेचने वाले या भिखारियों के वेश में आए लोग आकर मंगला को चिट्ठियां दे देते हैं। मैं उनके इंतज़ार में रहती हूं, हालांकि उनमें अक्सर परेशान करने वाली ख़बर ही होती है। मेरे पास जवाब देने के लिए कुछ ही घंटे होते हैं; उसके बाद चिट्ठी लाने वाला ग़ायब हो जाता है।

पहली चिट्ठी मेरे जम्मू पहुंचने के तीन महीने बाद आयी थी, तब तक मैं फ़कीर से कोई ख़बर मिलने की उम्मीद खो चुकी थी। उन्होंने लिखा था कि माई निकाइन अजीब ढंग से अचानक चल बसी थीं। लोगों के बीच कानाफूसी हो रही थी कि ज़हर या फिर शायद जादू-टोने की वजह से उनकी जान गयी थी।

यह सुनते ही मुझे नीचता भरी ख़ुशी मिली थी। हमारे पहली बार मिलने के वक़्त से ही उन्हें मुझसे नफ़रत हो गयी थी। बार-बार उन्होंने मुझे नुक़सान पहुंचाने की साज़िशें की थीं, उस वक़्त भी जब मैं बहुत नाजुक हालत में थी। उन्हें मेरे अनाथ बच्चे पर भी कोई दया नहीं आयी। अगर ध्यान हमें वहां से चुपके से नहीं भगाता, तो पता नहीं वह हमारा क्या हश्र करतीं?

फिर मुझे मरी हुई माई के प्रति अपने बैर को लेकर शर्मिंदगी हुई थी और मैंने माफ़ी की दुआ मांगी थी।

'तुम्हें पता है कि माई की मौत कैसे हुई?' मैंने मंगला से पूछा था। उसने यहां क़िले में कई लोगों से दोस्ती गांठ ली थी और उनसे उसे कई बातों की जानकारी मिल जाती थी।

उसने इतना मासूम चेहरा बनाया कि मुझे शक हो गया था। मुझे उस रात का ख़याल आया, जब हम लाहौर से निकले थे और उसने अपना एक काम निपटाकर आने की इजाज़त ली थी, जिसके बारे में उसने मुझे बताया भी नहीं था। कहीं उस काम का इस बात से तो कोई लेना-देना नहीं था?

फिर मुझे अचानक याद आया कि मैंने उस दिन के बाद से मंगला को उसकी माला पहने नहीं देखा।

'तुम्हारी सोने की माला कहां गयी, जो मैंने दी थी?'

'सफ़र के दौरान खो गयी। मुझे माफ़ कर दें। मैं आपको बताना नहीं चाहती थी, क्योंकि आपके सामने वैसे भी बहुत-सी परेशानियां थीं,' सिर झुकाते हुए मंगला ने कहा था।

मुझे यक़ीन नहीं आया। मैं उससे सच उगलवाने की बात सोचने लगी। *फिर मुझे सरकार की एक बात याद आ गयी। उन्होंने मुझसे कहा था, राजा को जहां तक हो सके, हर तरह की जानकारी जुटाकर रखनी चाहिए।* पर कई बार अनजान बने

रहना बेहतर होता है। मैंने इस मामले को तूल नहीं दिया, लेकिन एक बात मेरी समझ में यह आयी थी कि यह औरत जिनसे प्यार करती है, उनके लिए मरने-मारने को भी तैयार रहती है। इससे मुझे अजीब-सा दिलासा मिला। दलीप के जन्मदिन पर मैंने मंगला को पहले वाले से भी ज़्यादा क़ीमती अपना दूसरा हार दे दिया।

मेरे लिए कश्मीरी नून चाय लाने वाली नौकरानी को भेजकर मैं जल्दी से अंदर चली जाती हूं। मंगला दरवाज़ा बंद कर देती है। इस बार का ख़त अक्सर आने वाले ख़तों से लंबा है। इसे पढ़ते ही आग के हवाले कर दूंगी, जिसे मंगला तैयार कर रही है।

पिछली बार मैंने खड़क और नौनिहाल के बीच राजकाज को संभालने को लेकर चल रही तनातनी के बारे में लिखा था, उसके बाद से काफ़ी भयावह घटना हुई है और उसके नतीजों ने तख़्त को हिलाकर रख दिया है। नौनिहाल ने अपना काम संभाल लिया था और उसने ध्यान को वज़ीर बनाया था, इसलिए ध्यान और संधावालिया मिस्ल का साथ उसे मिला था। अफ़ग़ानों के हमला करने पर नौनिहाल को मोर्चा संभालना पड़ा। नलवा के नहीं रहने की वजह से और कोई चारा भी नहीं था।

खड़क के पक्के दोस्त चेत सिंह बजवा ने इस मौक़े का फ़ायदा उठाकर उसे दरबार के कामकाज अपने हाथों में लेने के लिए उकसा दिया। उसने दोनों धड़ों के बीच की खाई को और बड़ा कर दिया। नौनिहाल के लौटने पर उसने भरे दरबार में ध्यान की तौहीन की।

उसी रात ध्यान, उसके भाई, संधावालिया और नौनिहाल उस कमरे में गये, जहां चेत सो रहा था और उसे मौत के घाट उतार दिया। खड़क भी वहीं था और उसने क़त्ल होते देखा, बहुत से लोगों का मानना है कि वे दोनों प्रेमी थे। ग़म में डूबे खड़क ने अपने बेटे को भला-बुरा कहते हुए शाप दिया। वह अब बीमारी की हालत में महल में क़ैद है।

लगता है कि खड़क का शाप शायद फलने लगा है। नौनिहाल और ध्यान के बीच झगड़ा हो गया है। नौनिहाल ने ध्यान का अपमान किया और नमक की खानों को अपने क़ाबू में कर लिया। ध्यान ने बदले में इस्तीफ़ा दे दिया। मैंने नौनिहाल का साथ नहीं दिया, तो इसलिए मुझे भी हाशिये पर धकेल दिया गया है। पंजाब पर आज उन्नीस साल के गर्ममिज़ाज नौजवान का राज है। सरकार का दूसरा बेटा शेर हालात पर नज़र बनाए हुए है। हमारी सरहदों के परे अंग्रेज़ों की फ़ौज जमा हो रही है।

कहते हैं कि मरने वालों की रूह ऊपर से नज़र रखती है। अगर ऐसा है, तो अपने सूबे को इस हालत में देखकर सरकार का सीना छलनी हो रहा होगा।

ध्यान कल जम्मू के लिए रवाना हो जाएगा। अगर वह कुछ करने को कहे, तो जवाब देते हुए चौकस रहना।

ध्यान ढेर सारा सोना, कई सिपाही और अपनी प्यारी-सी जवान पत्नी रानी पठानी को लेकर जम्मू पहुंचता है। वह मुझे संदेश भेजता है : *जब आपको सहूलियत हो, मैं शहज़ादा दलीप से मिलने आना चाहता हूं।*

मैं अपने बचे-खुचे पैसों में से कुछ निकालकर मंगला को मिठाइयों, शालों और पठानी के लिए चांदी की पाज़ेब से सजा थाल लेकर भेजती हूं। ध्यान ने अपने वादे के मुताबिक़ ख़र्चा करने के लिए ज़रूरी पैसा नहीं दिया। वज़ीर जी से मिलना मेरा सौभाग्य है। अच्छा होगा *अगर रानी पठानी भी साथ आएं। ऐसे में कोई भी समय बिना सहूलियत का कैसे हो सकता है? मैं लिखकर भेजती हूं।*

मंगला वापस आकर बताती है, 'आपका जवाब पढ़कर वज़ीर मुस्कराए। आपने तो उनकी टेढ़ी मुस्कान देखी है, जैसे कि दुनिया भर की तरकीबों की जानकारी वह रखते हैं।' उन्होंने कहा कि 'तुम्हारी रानी बहुत हाज़िरजवाब हैं।' उस पर मैंने कहा कि 'उनकी बातें सीधे उनके दिल से निकलती हैं और वह आपकी शुक्रगुज़ार हैं कि आपने उन्हें आसरा दिया। वह काफ़ी खुश दिख रहे थे। उन्होंने मेरी तरफ़ एक रुपया उछाला, सोने का नहीं, बल्कि चांदी का। ये डोगरे बड़े कंजूस हैं, बस तभी दरियादिली दिखाते हैं, जब इन्हें कोई फ़ायदा होना हो। उन्होंने कहा कि मैं भी काफ़ी हाज़िरजवाब हूं और यह भी कि वह कल आपसे मिलने आएंगे, लेकिन अकेले आएंगे।'

मैं सिर हिला देती हूं। 'वह राजकाज के बारे में बात करने आ रहे हैं। मुझे इस मौक़े के मुताबिक़ पोशाक चाहिए।'

मंगला लाहौर से लागी कुछ चीज़ों को खंगालती है और सफ़ेद रेशमी सलवार-कमीज़ निकालती है। बड़े करीने से मेरे बालों का जूड़ा बना देती है। सरकार के दिये गये मोती पहनकर मैं आईना देखती हूं। मेरा चेहरा ख़ूबसूरती से दमक रहा है और शायद इस तरह की वेशभूषा में मेरी बात को गंभीरता से लिया जाएगा। मुझे लगता है कि आज से मैं सफ़ेद ज़्यादा पहनूंगी।

दलीप को मैं लाल कपड़े पहनाती हूं। वे उस पर फबते हैं। इसके अलावा मेरे सफ़ेद कपड़ों के साथ उसकी पोशाक का लाल रंग जचता है।

ध्यान के आने पर मैं मंगला के अलावा बाक़ी सभी नौकर-चाकरों को भेज देती हूं और खुद उसे चाय-नाश्ता परोसती हूं। मिठाई उठाते हुए उसकी अंगुलियां मेरी अंगुलियों को छू जाती हैं। मुझे अचानक ख़याल आता है कि मैंने अभी-अभी एक क़ातिल का हाथ छुआ है, वह क़ातिल जिसकी मुट्ठी में हमारी क़िस्मत है। सरकार ने भी लोगों को मारा था, लेकिन लड़ाई के मैदान में दुश्मन का सामना करने और किसी सोते हुए आदमी पर वार करने में फ़र्क़ होता है। मैं बड़ी सावधानी से अपनी कंपकंपी को छिपाती हुए दलीप को अपनी तरफ़ खींच लेती हूं।

'मैं आपके और शहज़ादे के लिए लाहौर से एक तोहफ़ा लाया हूं,' ध्यान कहता है। रेशम की शेरवानी पहने ध्यान को अपनी बढ़ी हुई ताक़त का अहसास है, हालांकि अब वह वज़ीर के ओहदे से इस्तीफ़ा दे चुका है। वह ताली बजाता है और एक सिपाही सफ़ेद मोर का जोड़ा आगे लाता है, जिनकी चोंच बंधी हुई हैं। उन्हें देखते ही मेरी आंखें भर आती हैं। सरकार को क़िले के बगीचे में इन मोरों को घूमते देखना अच्छा लगता था और वे उन्हें अपने हाथों से दाना खिलाते थे।

छोड़े जाने पर मोर नाराज़गी में अपने पंख फुला देते हैं और संतरी की तरफ़ दौड़ पड़ते हैं और तब तक चोंच मारते रहते हैं, जब तक कि वह पीछे नहीं हो जाए। दलीप को मक्की के दाने देकर ध्यान उन्हें मोरों के लिए फ़र्श पर डालने को कहता है। पर दलीप अपनी हथेलियां उनकी तरफ़ बढ़ा देता है। मोर उसकी तरफ़ बढ़ने लगते हैं। नर मोर लगभग दलीप जितना बड़ा है। मोर की नुकीली चोंच और पंजों से दलीप को बचाने के लिए मैं उसे हटाना चाहती हूं, पर देखती हूं कि वह तो मुस्करा रहा है। आओ, पंछी! मोर बड़े आराम से उसकी हथेली से दाना चुगने लगते हैं और उनके गले से हल्की-सी आवाज़ें आती हैं।

'अरे, मान गये अपने शहज़ादे को!' ध्यान हैरानी से बोलता है। अपनी आंखों को सिकोड़ते हुए शायद वह नयी संभावनाओं पर विचार करने लगता है। जाने से पहले वह कहता है, 'अगर मुझे लाहौर बुला लिया गया, तो मैं चाहूंगा कि आप और शहज़ादा मेरे साथ वापस चलें। अब मेरी स्थिति पहले से मज़बूत है और मैं महत्त्वपूर्ण लोगों को याद दिला सकता हूं कि सरकार के एक और बेटे हैं, जो उनकी तरह बहादुर, बुद्धिमान और शांत स्वभाव के हैं। सही समय आने पर मैं आपको बुलवा लूंगा।'

मैं ध्यान का शुक्रिया अदा करती हूं और फिर गहरी सांस भरते हुए सोचती हूं कि अब आगे मामला ख़तरनाक मोड़ लेने वाला है। फिर भी मैं कुछ जानना चाहती हूं और ध्यान से पूछती हूं, 'हमारे दूसरे शहज़ादे नौनिहाल कैसे हैं? आपके बिना उन्हें काफ़ी परेशानियां हो रही होंगी।'

ध्यान का लहजा बहुत नरम है, पर उसकी आंखें दहक उठती हैं। 'मुझे विश्वास है कि वह ठीक ही होंगे। उनके पास सलाहकारों की कोई कमी नहीं।'

बाद में मैं मंगला को बताती हूं, 'ध्यान को नौनिहाल से नफ़रत है! मैं ध्यान की साज़िश का हिस्सा बन उनके बीच नहीं फंसना चाहती।'

पर मैं जानती हूं कि मुझे वही करना होगा, जो वह चाहता है। मैं नौनिहाल की तरह उसे नाराज़ करने का जोखिम नहीं उठा सकती।

जल्दी ही नौनिहाल को अपने राजकाज की उलझनों से निपटने में परेशानी का सामना करना पड़ता है। उसे अपने सबसे अच्छे दोस्त और ध्यान के भतीजे उधम को जम्मू भेजना पड़ता है। माफ़ी मांगते हुए वह बहुत-से तोहफ़े भी भेजता है और वज़ीर से लाहौर लौटने की गुज़ारिश करता है। ध्यान बड़ी उदारता से लौटने के लिए राज़ी हो जाता है। उसकी मंशा पूरी हुई, अब दरबारियों को भी पता चल गया कि तख़्त के पीछे की असली ताक़त वही है। फ़कीर लिखते हैं : *वह अब पहले से कहीं ज़्यादा ताक़तवर हो गया है और ख़तरनाक भी।*

मेरी चतुर मंगला क़िले के नायक की बीवी की क़रीबी हो गयी है। ख़ास मौक़ों पर उसके बाल बनाती है और उसे सजाती-संवारती है, साथ ही उसे कहती है कि वह लाहौर की किसी भी रानी की तरह हसीन दिखती है। जल्दी ही वह उसका भरोसा जीत लेती है। उसके ज़रिये ही मुझे नौनिहाल की दुल्हन बीबी के गर्भवती होने की ख़बर मिलती है। खुश होकर चंद मत्था टेकने स्वर्ण मंदिर भी गयी थी। मुझे उसके लिए बहुत अच्छा लगता है। मुझे खड़क की मौत का भी पता चला, हालांकि उसकी सेहत लगातार गिर रही थी, इसलिए कोई हैरानी नहीं हुई। शायद उसके लिए कहीं न कहीं नौनिहाल खुद को ज़िम्मेदार मानता है, इसलिए उसके शाही अंतिम संस्कार की बड़ी तैयारियां कर रहा है।

'क़िले के रोशनी दरवाज़े के बाहर तैयार चिता तक पहुंचाने के लिए बहुत से सैनिकों का इंतज़ाम किया गया है,' मंगला ब्योरा देते हुए कहती है। 'सौ तोपों की सलामी दी जाएगी। ध्यान ने सभी सैनिकों को...'

मैं उसकी बात बीच में ही काट देती हूं। मैं किसी शाही अंतिम संस्कार के बारे में नहीं सुनना चाहती। पिछली बार हुए अंतिम संस्कार में मैंने अपने प्यारे पति और अपनी सबसे अच्छी दोस्त को खोया था और उसके साये से मैं अब तक नहीं निकल सकी हूं।

मैं दलीप के साथ उसके खिलौनों की फौज से खेल रही होती हूं कि मंगला भागते हुए आती है। उसका चेहरा देखकर मैं पता लगा सकती हूं कि कोई बड़ी बात हुई है। मैं दलीप को एक नौकर के साथ भेज देती हूं। वह अच्छा बच्चा है और बिना किसी विरोध के चुपचाप चला जाता है।

'नौनिहाल इस दुनिया में नहीं रहे,' मंगला फुसफुसाकर कहती है।

सदमे में आकर मैं सबसे नज़दीकी कुर्सी पर धम्म से बैठ जाती हूं।

'ध्यान ने नायक को संदेशा भेजा है। अंतिम संस्कार के बाद क़िले में लौटते हुए नौनिहाल पर रोशनी दरवाज़े का एक हिस्सा गिर गया। वह बेहोश हो गये। उधम उनके साथ चल रहा था। उसकी वहीं पर मौत हो गयी। नौनिहाल को क़िले में ले जाया गया और तीन दिन बाद वह भी चल बसे।'

मेरे दिमाग़ में हलचल है और बार-बार नौनिहाल का हँसता हुआ चेहरा सामने आ जाता है। बीबी की शर्मीली मुस्कराहट और घुड़सवारों के साथ करतब दिखाते नौनिहाल को निहारते सरकार के चेहरे पर आने वाला अहसास भी याद आ जाता है। उनका सपना था कि नौनिहाल पंजाब पर राज करे। *मेरा नौनिहाल मुझसे भी बेहतर राजा साबित होगा,* उनका कहना था।

जल्द ही मुझे ध्यान से एक संदेशा आता है। भारी लाल मोहर को तोड़कर मैं उसे खोलती हूं, हालांकि मैं जानती हूं कि उसमें क्या लिखा होगा।

आपको तुरंत कुंवर दलीप को लेकर लाहौर आना होगा।

मेरी खिड़की के बाहर पहाड़ बर्फ़ से सफ़ेद हो चुके हैं। पहली बार आने पर मुझे उनके उदासी भरे साये ज़रा भी अच्छे नहीं लगे थे और मुझे लाहौर की बहुत याद आती थी। अब मैं चाहती हूं कि इनके महफ़ूज़ साये में यहीं रहूं।

शाम तक हम अपना सामान बांध लेते हैं। हमें सुबह जल्दी यहां से निकलना होगा, ताकि रात होने तक अगली जगह पर सही-सलामत पहुंच सकें। देर रात को खिड़की पर हो रही आवाज़ों से मंगला की नींद खुल जाती है। उसके पास फ़कीर का ख़त है।

फाटक का हिस्सा अचानक नहीं गिरा। नौनिहाल को बहुत हल्की चोटें आयी थीं और ध्यान सिंह उसे हजूरी बाग़ ले गया था। फिर उसने किसी को भी अंदर नहीं आने दिया। लाहौर में खलबली रहेगी और वह ख़ास तौर पर तख़्त के वारिसों के लिए ख़तरनाक होगा। दूर रहना!

घंटों अपने कमरे में टहलते हुए मुझे कुछ सूझता है। मंगला चुपके से रसोईघर में जाकर थोड़ा लहसुन उठा लाती है। सोते हुए दलीप की कांख में उसे रखकर उसकी बांह को पकड़े रखती है। सुबह तक उसे बुखार आ जाता है। मैं वैद्य को बुलवाती हूं।

'नायक को ख़बर कर दें कि बेटे की तबियत ठीक होने से पहले हम सफ़र नहीं कर सकेंगे।'

जब वह कहता है कि बुख़ार बहुत हल्का है और जल्दी ठीक हो जाएगा, तो मंगला उसे पैसे दिखाती है।

वह सिर झुकाकर कहता है, 'इस हालत में यात्रा पर नहीं जा सकते। ख़याल रखना होगा कि कम से कम एक हफ़्ते तक शहज़ादे को थकान नहीं हो।'

'शायद थोड़े दिन और,' मैं कहती हूं। वैद्य हामी भरता है।

इस तरह दस दिन बीत जाते हैं।

एक दिन नायक किसी ज़रूरी बात के लिए मुझे अपने यहां बुलवाते हैं। वह बताते हैं कि एक आदमी पकड़ा गया है, यह सुनकर मेरा कलेजा मुंह को आ जाता है। अगर इन्होंने फ़कीर के किसी संदेशवाहक को पकड़ लिया होगा, तो क्या होगा? पर मंगला इस बात को नकारते हुए सिर हिला देती है।

बेहद काली रंगत का वह आदमी बहुत पतला है और उसकी चमकदार आंखें धंसी हुई हैं। मार खाने के कारण उसका चेहरा लहूलुहान है, उनकी नाक की हड्डी टूटी हुई है। कमांडर का कहना है कि वह अस्तबल में तूफ़ानी के चारे के नीचे छिपा हुआ था, जहां मैं रोज़ जाती हूं। उसके पास चाकू भी था। किसी को ख़बर नहीं कि वह संतरियों से बचकर वहां कैसे पहुंचा होगा।

'मुझे डर है कि इसका इरादा तूफ़ानी के पास आने पर आपको मारना था। हमने जानकारी लेने की कोशिश की कि किसके कहने पर यह आया होगा, लेकिन...'

उसके इशारा करते ही एक सिपाही ज़बरदरती उस आदमी का मुंह खोलता है। ख़ौफ़ के साथ मैं देखती हूं कि उसकी जीभ नदारद है। कुछ देर पहले किसी ने उसकी ज़बान काट दी थी, ताकि वह कभी यह राज़ नहीं खोल सके कि किसने उसने भेजा था। मैं अपनी नज़रें फेर लेती हूं।

'यह अनपढ़ है, इसलिए हम किसी का नाम भी नहीं लिखवा सकते,' कमांडर कहता है। 'हमारे पास इसे ख़त्म करने के अलावा कोई और चारा नहीं है। मैं यहां आपकी सुरक्षा का भरोसा नहीं दे सकता।'

सिपाही उसे घसीटकर ले जाते हैं और वह बिना किसी विरोध के चुपचाप उनके साथ चला जाता है।

'मुझे कौन मारना चाहेगा?'

'पता नहीं, पर हमें तुरंत लाहौर के लिए निकलना होगा। इसके बाद भी अगर आप लोग यहीं रहे, तो वज़ीर साहब नाराज़ होंगे।'

गोली की आवाज़ सुनायी देती है, फिर घुटी-सी कराह और धम्म से गिरने की आवाज़ होती है। मेरे हाथ कांपने लगते हैं। अब पूरी सच्चाई मेरे सामने आती है कि अगर यह आदमी अपने मंसूबों में कामयाब हो जाता, तो अब तक मेरा क़त्ल हो चुका होता।

'हम सुबह तैयार रहेंगे,' मेरी आवाज़ में हार मानने का अहसास है।

कुछ सिपाहियों के साथ सादा-सी घोड़ागाड़ी में मैदानी इलाक़े की तरफ़ हमारा सफ़र शुरू होता है। हमारे साथ इतने कम सिपाही हैं कि कोई मुड़कर भी नहीं देखता। शायद लोगों को लगता है कि उस इलाक़े का कोई ज़मींदार शहर जा रहा होगा। उन्हें ज़रा भी भान नहीं कि उसमें सरकार के सबसे छोटे शहज़ादे हैं, जिन्हें क़िस्मत ने गद्दी के और नज़दीक धकेल दिया है।

गाड़ी के हिलते रहने से मेरी गोद में जल्दी ही दलीप को नींद आ जाती है।

'उसे इधर सुला दीजिए। अब बड़ा हो गया है, आपकी बांहें दुखने लगेंगी,' मंगला कहती है।

उसने उसके लिए छोटे-छोटे गद्दों को करीने से लगाकर रखा है, लेकिन मैं मना कर देती हूं। उसे पकड़ने से मुझे चैन आता है। मंगला भी ऊंघने लगती है, पर मैं बिलकुल सीधे होकर बैठी रहती हूं। मैं उस आदमी को, उसकी जीभ की ख़ाली जगह को भुला नहीं पाती। उसे किसने भेजा होगा? कौन है, जो मेरी मौत चाहता होगा? किसे पता होगा कि मैं वहां हूं?

23

चंद

लाहौर में हम एक गली में एक छोटी-सी ख़ूबसूरत हवेली में रहने लगते हैं। उसमें एक बड़ा-सा अहाता है, जिसमें घनी पत्तियों और बड़ी-बड़ी लटकती फलियों वाले शिरीष के सुंदर पुराने पेड़ हैं। दलीप को उनसे खेलना अच्छा लगता है। अहाते को ईंटों की ऊंची दीवार से घेरा गया है, ताकि कोई अंदर नहीं झांक सके। लोहे के फाटक पर दिन-रात हथियारबंद संतरी खड़े रहते हैं।

घर के अंदर बढ़िया नक़्क़ाशीदार साज़ोसामान है, जिन पर रेशमी तकिये लगे हैं। फ़र्श पर मखमल के कालीन बिछे हैं। बैठक में बेहतरीन तसवीरें लगायी गयी हैं, जिनमें शिकार के नज़ारों और छत पर बैठे प्रेमियों को उकेरा गया है। चांदी की तश्तरियों में खाना परोसा जाता है। इस सबमें मेरा कोई हाथ नहीं है। सजावट, सिपाही, नौकर-चाकर, यहां पर सब कुछ ध्यान सिंह का है। मैंने सिर्फ़ इतना किया कि उसकी सुझायी तीन हवेलियों में से इसे चुना और इसकी वजह यह थी कि यह सबसे छोटी थी। मैं ध्यान से सिर्फ़ उतना ही अहसान ले सकती हूं, जितना ज़रूरी हो।

खुद ध्यान बड़े आलीशान महल में रहता है और मेरे इस फ़ैसले से उसे निराशा हुई। 'शहज़ादे के लिए इससे बेहतर घर होना चाहिए।'

'यह घर बिलकुल सही है, राजा जी। दलीप के भागने-दौड़ने के लिए काफ़ी जगह होगी, फ़िलहाल उसे यही चाहिए।'

'जी, यहां वह कम से कम सुरक्षित तो रहेंगे,' ध्यान कहता है। मेरी हत्या करने आए आदमी के पकड़े जाने पर वह बहुत नाराज़ हुआ था और क़िले के नायक की एक महीने की तनख़्वाह काट ली थी। उसने मुझसे कहा, 'देखा? इसी वजह से

मैं चाहता हूं कि आप लाहौर में रहें। यहां पर आपकी हिफ़ाज़त के लिए मेरे पास ज़्यादा आदमी होंगे।'

हमारे यहां आने तक हवेली के पीछे मौजूद खेतों में सैनिकों के रहने का बंदोबस्त कर दिया गया था।

मैं अहसानमंद हूं कि हम महफ़ूज़ हैं, पर मुझे लगता है कि महफ़ूज़ रहने और क़ैद में रहने में कुछ ज़्यादा फ़र्क़ नहीं है।

लाहौर पहुंचते ही मैं सबसे पहले फ़कीर से मिलना चाहती थी। मंगला ने बताया था कि वह बीमार थे। मैं उनसे मिलकर कहना चाहती थी कि वह अपनी ठीक से देखभाल करें। साथ ही मैं उनसे कुछ राय-मशविरा भी करना चाहती थी, जिसके बारे में काग़ज़ पर लिखना ख़तरे से ख़ाली नहीं था।

अब तक मैं उनसे मिलने नहीं जा पाई हूं। ध्यान ने मुझे इसकी इजाज़त नहीं दी और ना ही उसने फ़कीर को मेरे पास आने दिया। दरअसल ध्यान के परिवार के अलावा कोई भी हमारी हवेली में नहीं आ सकता। उसके मुताबिक़ हमारी हिफ़ाज़त के लिए ऐसा किया गया है। *अगर आप पूरे शहर में घूमेंगी-फिरेंगी, तो मैं आपकी रक्षा नहीं कर पाऊंगा, रानी जी। चाहे वे राजगद्दी से कितने भी दूर हों, पर शहज़ादों के कई दुश्मन होते हैं।*

कितने भी...एक छोटा-सा शब्द है, पर तीर की तरह चुभता है।

उसके शिकंजे में रहते हुए मैं गुस्से से कसमसाती हूं, पर ख़ामोश रहती हूं। मुझे उससे रिश्ते ठीक रखने ही पड़ेंगे।

सिर्फ़ एक इंसान है, जिससे मिलने में मैं कामयाब होती हूं। वह है नौनिहाल की मां और अब पंजाब के तख़्तोताज की सरपरस्त बन चुकी चंद कौर।

ध्यान को इस पर भी एतराज़ होता है, पर मैं ज़ोर देकर कहती हूं कि सरकार चाहते कि मुझे ऐसा करना चाहिए। 'चंद कौर फ़िलहाल राजकाज देख रही हैं। आपको नहीं लगता कि अगर उन्हें मुझे नुक़सान पहुंचाना होता, तो अब तक पहुंचा चुकी होतीं?'

क़िले में पालकी के घुसते ही मेरे दिल में टीस उठती है। हर इमारत पर यादों की छाप है। ज़नाना, जहां दुल्हन के तौर पर पहली ही रात मैं ज़हर का शिकार होते-होते बची थी। वह जगह जहां मैं मां बनी थी और सरकार के प्यार का तोहफ़ा, माई जिन्दां हवेली।

शीश महल के सामने पालकी रुक जाती है। यहां पर कितनी ही रातें मैंने उस आदमी की बांहों में गुज़ारी थीं, जिसकी शख़्सियत की चमक कोहेनूर से कहीं ज़्यादा थी, जो हीर-रांझा की दास्तान से भी कहीं ज़्यादा रोमांचक कहानियां मुझे सुनाता था और जो मुझे दुनिया में किसी के भी मुक़ाबले बेहतर जानता था! मैं उसमें क़दम नहीं रख सकती, पर मुझे जाना ही होगा। चंद ने अपने रहने के लिए शीश महल को चुना है और वह बीबी के साथ यहीं रहती है।

मैं चंद के शाही रुतबे को देखकर हैरान रह जाती हूं। चंद हमेशा से बहुत ख़ामोश और संकोची औरत रही थी, लेकिन पति और फिर बेटे की मौत ने उसे रानी बना दिया था। कोई और औरत होती, तो अब तक टूट चुकी होती। जब मुझे अंदर ले जाया जाता है, तो वह कुछ दरबारियों के साथ किसी नयी चुंगी पर बात कर रही होती है। फ़रमान में बदलाव सुझाते हुए उसका लहजा तमीज़-तहज़ीब के साथ ही सख़्त भी है, जिसे देखकर मैं ताज्जुब में हूं। यह सब एक रेशमी परदे के पीछे से किया जाता है, क्योंकि चंद परदे की बड़ी पाबंद है। दरबारियों के जाने के बाद वह मुझसे अच्छी तरह से बात करती है, लेकिन मैं महसूस कर सकती हूं कि वह असमंजस में है कि मुझ पर भरोसा किया जा सकता है या नहीं और कहीं मैं ध्यान की जासूस तो नहीं।

गर्भवती बीबी जब कमरे में दाख़िल होती है, तो चंद का रवैया पूरी तरह से बदल जाता है। वह बीबी को देखकर मुस्कराती है और उसे गले लगाते हुए पूछती है कि उसने सुबह से क्या कुछ खाया है। वह अपने साथ शाही कुर्सी पर बीबी को बिठाती है। 'मेरा पोता तुम्हें ज़ोर से लातें तो नहीं मारता?' वह पूछती है। बीबी बेझिझक होकर चंद पर टिक जाती है, जैसे वह उसकी बेटी हो और चंद उसकी पीठ सहलाने लगती है। यह देखकर मुझे गुड्डां की याद आ जाती है, दलीप होने वाला था, तो वह ऐसे ही करती थी। वह भी अब जा चुकी है।

नौनिहाल की मौत के बाद से बीबी ही चंद के जीने की बड़ी वजह बन गयी है। पहले नर्म-नाजुक रही चंद ने बीबी की ख़ातिर ही खुद को गज़बूत कर लिया है।

दुःख जताने के दौरान बीबी रोने लगती है और चंद उसे संभालती है। उसके बाद वह मुझे खाने के लिए रुकने को कहती है। शायद अब मैं शाही खेल का हिस्सा नहीं हूं, इसलिए उसे लगता है कि हम दोस्ती कर सकते हैं। मैं उसकी बात मान लेती हूं।

खाना बिना मिर्च-मसाले का है और चंद उसके लिए माफ़ी मांगती है। बीबी को आजकल परेशानी होने लगती है। 'मुझे फ़र्क़ नहीं पड़ता, मैं तो कुछ भी खा लेती हूं। वैसे भी अब मुझे ज़्यादा चीज़ों से फ़र्क़ नहीं पड़ता।' कहते हुए वह क़िले, शहर और शायद पूरे पंजाब को लेकर इशारा करती है। 'ये सब ऐशोआराम में फंसने के

फंदे हैं। मुझे उन्होंने मलिका मुकद्दस का ख़िताब दिया है। मैं सिर्फ़ बीबी की हिफ़ाज़त को देखते हुए क़िले में आयी। उसके लिए, उसके बच्चे के लिए मैंने अपने लोगों, संधावालियाओं को लाहौर बुला लिया और उनसे हिफ़ाज़त मांगी। मैं ऐसा नहीं करना चाहती थी। उनके साथ निभाना मुश्किल भी है और उन्हें ध्यान से नफ़रत है। इससे संभलने के लिए मैंने ध्यान के बड़े भाई गुलाब को अपना मुख्य सलाहकार बनाया है, जो पूरे हिंदुस्तान में ध्यान जितना चालाक है।'

इतने नफ़ीस ढंग से चाल चलने की बात सोचकर मेरा सिर चकराने लगता है।

चंद अपनी बात जारी रखते हुए कहती है, 'क्या तुम्हें पता है कि शेर सिंह मुझसे शादी करना चाहता था। दरबार में कई लोगों ने मुझ पर ज़ोर डाला कि सिख विधवा के लिए अपने पति के सौतेले भाई से शादी करना सही होगा। उससे मेरी स्थिति मज़बूत हो जाती, पर मैंने मना कर दिया। बता सकती हो कि मैंने ऐसा क्यों किया होगा?'

मैं काफ़ी सोच-विचार करती हूं। इसकी वजह खड़क के लिए चंद की वफ़ादारी तो नहीं हो सकती, ख़ासकर जब वह अफ़ीम का लती था और मर्दों की तरफ़ उसका झुकाव था। फिर मैं पूछती हूं, 'शेर सिंह का अपनी पहले की शादी से कोई बेटा है क्या?'

'तुम काफ़ी तेज़ हो। उसका पहले से बेटा है। शेर के बाद वही राजा बनेगा। नौनिहाल के बेटे को गद्दी नहीं मिलेगी। मैं बीबी के साथ ऐसा नहीं कर सकती।'

मैं चंद को तारीफ़ भरी नज़रों से देखती हूं। 'आपने इतनी सारी बातों पर गौर किया। मैं शायद इतना नहीं कर पाती।'

'कर सकती थी,' चंद मज़बूती से कहती है। 'जानती हो क्यों? क्योंकि तुम मां हो।'

मैं जाने को होती हूं कि वह मेरा हाथ पकड़ लेती है। 'क्या मैं तुमसे एक मेहरबानी की उम्मीद कर सकती हूं? अगर मुझे कुछ भी हो गया, तो क्या तुम बीबी की मदद करोगी? वह इतनी मासूम है कि मुझे उसकी फ़िकर होती है। गुरु ग्रंथ साहिब की सौं लेकर कहो...'

मुझे शक है कि खुद ध्यान सिंह की क़ैदी होने के नाते मेरे पास किसी की भी मदद करने का कोई तरीक़ा बचेगा, पर फिर भी मैं वादा कर देती हूं।

मैं तीन साल के दलीप को कहानियां सुनाते हुए, उसे प्रार्थना करना और गाने सिखाते हुए अपने दिन बिताती हूं। मुझे अहसास है कि तूफ़ानी बादल घिरने लगे हैं। पंजाब अख़बार बड़ी सावधानी से ख़बर लिखता है, ताकि चंद कौर नाराज़ नहीं हो

जाए : *शेर सिंह बटाला की अपनी रियासत में चले गये हैं। मलिका मुकद्दस ने उन्हें गद्दी पर अपना दावा छोड़ने के लिए एक लाख रुपये सालाना दिया है। उन्होंने बड़ी दरियादिली दिखाते हुए ध्यान सिंह के बेटे हीरा को भी गोद ले लिया है।*

क़िले में अब भी मंगला के साथी मौजूद हैं। उनसे जानकारी लेकर वह बताती है कि ध्यान और संधावालियों के बीच मामला और बिगड़ गया है। पिछले हफ़्ते उन्होंने ध्यान को शीश महल में जाने से रोक दिया और चंद से नहीं मिलने दिया। अब वज़ीर गुस्से में हैं और जम्मू लौट जाना चाहते हैं।

'उम्मीद है कि वह फिर से हमें उस पिछड़े इलाके में जाने का हुक्म नहीं देंगे,' मंगला कहती है। 'आप चाहें तो रानी पठानी को लाहौर में रहने के लिए मना सकती हैं और हम उनके साथ यहीं रह सकते हैं।'

पिछले कुछ महीनों से पठानी की लगातार कोशिशों के कारण उसके और मेरे बीच दोस्ती हो गयी है। वह हमेशा मुझसे मिलने आती है। शुरू में मुझे शक हुआ कि कहीं ध्यान उसे हमारी जासूसी के लिए तो नहीं भेजता, पर फिर मैंने पाया कि पठानी ऐसा छल-कपट नहीं कर सकती। उसे दलीप के साथ खेलना बहुत भाता है। अपने रेशमी कुर्ते को समेटकर वह ख़ुशी से चिल्लाते हुए दूर भागते दलीप के पीछे दौड़ लगाती है। कभी अगर कोई सवाल भी करती है, तो वे अक्सर ज़नाना के मेरे तजुर्बे से जुड़े होते हैं और उन्हें वह बड़ी दिलचस्पी से सुनती है। उसे सजना-संवरना बहुत पसंद है और उसे ख़ूबसूरत चीज़ें ख़रीदने में मज़ा आता है। जब कभी उसके घर पर नया सामान लेकर कोई व्यापारी आता है, तो वह मुझसे वहां आने की ज़िद करती है।

बार-बार ज़िद करने पर आख़िरकार मुझे कहना पड़ता है, 'अगर मेरे पास दौलत भी हो, तब भी मेरे जैसी विधवा इतने बढ़िया कपड़े लेकर क्या करेगी?'

भौंचक होकर वह अपने मुंह पर हाथ रख लेती है। 'मुझे माफ़ करें! मैंने वह सब नहीं सोचा। वज़ीर जी कहते हैं कि मेरे दिमाग़ से ज़्यादा तेज़ मेरी ज़बान चलती है।'

भोली-भाली पठानी मुझे अपनी शादीशुदा ज़िंदगी के राज़ भी बताती है। 'मुझे पता होता है कि कब वज़ीर जी बात करना चाहते हैं और कब उन्हें शांति चाहिए होती है। जब कभी वह सिरदर्द की शिकायत के साथ घर लौटते हैं, तो मैं उनके माथे पर बादाम का तेल लगाती हूं। मैं जानती हूं कि कौन-सा खाना उनके लिए सही रहेगा। लोग शायद ही अंदाज़ लगा पाएं, पर वज़ीर जी का पेट थोड़ा नाजुक है...'

उसकी बातें सुनते हुए मैं अपनी मुस्कान दबा देती हूं। तो ध्यान को अपनी नौजवान बीवी की सेवा पसंद आती है और क्यों नहीं आए? दिन भर साज़िश करने

और चापलूसी करने वालों के बीच बिताने के बाद उसे अपनी बीवी के भाले-भाले प्यार का मोल समझना ही चाहिए।

पठानी मुझे रात के खाने पर अपने घर बुलाती है, घर क्या वह तो बड़ा-सा महल है। दीवारों पर हथियारबंद संतरी खड़े होते हैं। अनगिनत मशालों की रोशनी में फ़व्वारों का पानी चमकता है। बगीचे में गुलाब भरे पड़े हैं। पेड़ों पर बसेरा करते सफ़ेद मोरों को देखकर मुझे हैरानी होती है। ध्यान ने अपने घर में वही चीज़ें रखी हैं, जो सरकार को पसंद थी। क्या इसकी वजह यह है कि उसे लगता है कि वह भी उन चीज़ों के क़ाबिल है?

उसके घर में खाने की मेज़ संगमरमर की है, कालीन फ़ारस के हैं, थालों पर माणिक जड़े हैं और प्याले ठोस सोने के हैं। पर खाना बहुत सादा है : चावल, दाल, हल्के मसाले में पकी सब्ज़ियां। पठानी ध्यान के लिए छाछ परोसती है और वह मुस्करा देता है। आम तौर पर उसके चेहरे पर कोई भाव नहीं रहता, पर उस नरमी से उसका चेहरा पूरी तरह बदल जाता है। पठानी उसके बेटे हीरा से भी प्यार से पेश आती है। उसकी थाली में एक और रोटी रखते हुए वह उसे झिड़कती है कि बीती रात वह बड़ी देर से आया था। 'मेरा अपना कोई बच्चा नहीं हो पाएगा, क्योंकि वज़ीर जी...आप समझ ही गयी होंगी,' एक बार उसने मुझे बताया था। 'इसलिए मैं हीरा को ही अपना बेटा मानती हूं।'

हीरा की शादी की बात कर पठानी उसे छेड़ती है। 'तुम्हारे दोस्तों की संगत अच्छी नहीं। एक प्यारी-सी बीवी तुम्हें ठीक कर देगी। मैं खोजूं कोई अच्छी लड़की?'

हीरा जवाब में उसे चिढ़ाता है, 'अगर उसके पास आपसे अच्छे गहने हुए, फिर क्या होगा?'

'नामुमकिन है!' पठानी कहती है। 'तुम्हारे पिताजी ऐसा होने ही नहीं देंगे।'

हीरा और ध्यान सरकार को याद करते हुए भावुक हो जाते हैं। हीरा और नौनिहाल के बीच वह कोई भेद नहीं करते थे। हीरा उन्हें बापूजी कहा करता था और उन्होंने उसे शीश महल में सोने और अपने पसंदीदा घोड़े की सवारी की इजाज़त भी दे रखी थी। हीरा की सालगिरह पर सरकार ने उसे उतनी सोने की मोहरें दी थीं, जितनी कि नौनिहाल को उसकी सालगिरह पर दी थीं। पर वह उनके साथ सख़्ती भी बरतते थे और नज़र रखते थे कि वे सबसे बढ़िया तलवारबाज़ों से सीखें। हर रोज़ सीखने के दौरान लगी चोट और खरोंचों को देखकर उन्हें तसल्ली होती थी। तुम दोनों को शूरवीर बनना है, वह ज़ोर देकर कहते थे।

'उनके जैसा शेरदिल फिर कभी कोई नहीं होगा,' रुंधी आवाज़ में ध्यान अपनी बात ख़त्म करता है।

मेरा घूंघट मेरी छलछलाती आंखों को छिपा लेता है। काश, दलीप के पास भी हीरा जैसी यादें होतीं! कोई बात नहीं, उसके जानने लायक़ सभी बातें मैं उसे बताऊंगी।

'मैं हमेशा सरकार के ख़ून के प्रति वफ़ादार रहूंगा।' पर जब उसके घर से निकलते हुए मैं उससे फिर से फ़कीर के पास जाने के लिए पूछती हूं, तो वह मना कर देता है।

मैं पालकी में बैठकर गुरुद्वारा डेरा साहिब जाती हूं और हमेशा की तरह ध्यान के छह सिपाही मेरे साथ हैं। गुरुद्वारा ही ऐसी अकेली जगह है, जहां जाने पर ध्यान को कोई एतराज़ नहीं होता। आज का दिन वैसे भी ख़ास है, आज ही सरकार ने इस दुनिया को अलविदा कहा था। मैंने उसे बताया कि मैं सरकार की याद में कुछ ग़रीबों को ख़ैरात बांटने जा रही हूं और उसमें थोड़ा वक़्त लगेगा।

मेरे पास गुरुद्वारे जाने की एक और वजह है और सिर्फ़ मंगला उसके बारे में जानती है, क्योंकि उसने ही सारा इंतज़ाम किया है।

मैं अब बंद पड़ी नौनिहाल की हवेली के सामने से गुज़रती हूं। उसकी खिड़कियां बंद हैं और बाहर बड़ा-सा ताला लटक रहा है। मुझे उसे देखकर बहुत तकलीफ़ होती है। फिर से मुझे ख़याल आता है कि क्या ध्यान उसकी अजीबोग़रीब ढंग से हुई मौत में कहीं शामिल रहा होगा। देर रात जब ध्यान के मुझ पर बड़ी मेहरबानी करके रखे गये सब नौकर-चाकर सोने चले जाते हैं, तो मंगला और मैं यही बात करते हैं।

गुरुद्वारे में मैं संतरियों को बाहर इंतज़ार करने को कहती हूं। मैं जल्दी से अरदास करके ग्रंथी को ग़रीबों को दिये जाने वाला दान सौंपती हूं। फिर बहुत तेज़ी से छत का रुख़ करती हूं। सीढ़ियां चढ़ते हुए बहुत सी खट्टी-मीठी यादों की बौछार महसूस होती है। यहीं पर सरकार ने मुझसे शादी का वादा किया था। यहीं मैंने अपने जवानी के घमंड में कहा था कि मेरी अरदास से वह सुरक्षित रहेंगे।

छत पर कोई बूढ़ा बैठा दिखायी देता है। मैं भागकर उसके पास जाती हूं।

'मेरी प्यारी बच्ची,' फ़कीर कहते हैं। वह डगमगाती हुई अपनी बांह मेरी तरफ़ बढ़ाते हैं। उनकी आंखें बिलकुल धुंधली और अस्थिर हैं। मुझे अब समझ आता है कि उनमें रोशनी नहीं है! उनके पास उनकी मदद के लिए एक लड़का खड़ा है। फ़कीर उसे कुछ पैसे देकर बाहर भेज देते हैं। 'जाकर कुछ खा ले। एक घंटे बाद आना।'

मैं फ़कीर को बताना चाहती हूं कि उन्हें देखकर मैं कितनी ख़ुश हूं, मुझे सरकार की कितनी याद आती है और दलीप के भविष्य को लेकर मैं कितनी डरी हुई हूं। पर इन सब बातों के लिए वक़्त नहीं है। जब वह मेरा हाथ थामते हैं, तो मैं जान जाती हूं कि वह सब समझते हैं।

'आप कितने दुबले हो गये हैं,' मैं कहती हूं।

'यही ज़िंदगी की रीत है, मेरी बच्ची! मुझसे बेहतर लोग जा चुके हैं। कुछ दिन में मेरी बारी भी आ जाएगी।' मैं उनकी बात का विरोध करती हूं, पर वह मुझे चुप करा देते हैं। 'आज हम अपना वक़्त ज़रा भी नहीं गंवा सकते। पता नहीं फिर कभी हम मिल पाएंगे या नहीं। ध्यान वैसे भी मुझे काम से हटने ज़िद पर अड़ा है। जल्द ही मुझे उसकी बात माननी होगी। अब आंखों की रोशनी चले जाने की वजह से मैं तुम्हें लिख भी नहीं सकता।'

मेरा रोम-रोम सजग होकर उनकी बात सुनता है।

'चंद और ध्यान का साथ दरक रहा है। ध्यान ने चुपके से शेर सिंह को लाहौर आने और कब्ज़ा जमाने की पेशकश की है।'

यह सुनकर मुझे बड़ा झटका लगता है। 'पर गुलाब तो चंद की तरफ़ है। क्या ध्यान अपने सगे भाई के ख़िलाफ़ जाएगा?'

'डोगरा भाई किसी के सगे नहीं, वे सिर्फ़ अपनी तरफ़ हैं। सरकार के पास उन्हें अपने साथ जोड़े रखने की ताक़त थी और क़रिश्मा भी। और किसी के पास वह नहीं है। यह भी मुमकिन है कि ध्यान और गुलाब ने मिलकर यह सोचा हो, ताकि पंजाब पर चाहे जो भी राज करे, उनका वज़ीर कोई डोगरा ही हो।'

मुझे शेर का ख़याल आया। महंगे घोड़ों, बेहतरीन इत्रों, शराब और शबाब का शौकीन शेर। ख़ूबसूरत, बांका बहादुर लड़ाका। पर क्या वह अच्छा राजा साबित होगा?

'चंद के पास मज़बूत साथी नहीं हैं?'

'उसकी मिस्ल उसके साथ है, लेकिन खालसा फ़ौज नहीं। उन्हें परदे के पीछे रहने वाली कोई औरत नहीं, बल्कि कोई ऐसा राजा चाहिए, जो लड़ाई में उनकी अगुवाई करे। वह अजित संधावालिया के ज़रिये उन तक हुक्म पहुंचाती है और फ़ौज को यह बात ज़रा भी अच्छी नहीं लगती। शेर ने उनकी तरफ़ हाथ बढ़ाया है और उनकी तनख़्वाह बढ़ाने का वादा भी किया है।'

'मुझे क्या करना होगा?'

'फ़िलहाल कुछ भी नहीं। अपनी तरफ़ किसी का ध्यान नहीं खींचो। किसी के भी साथ ज़्यादा दोस्ती मत करो, ध्यान के परिवार के साथ भी नहीं।'

'ऐसा क्यों?'

फ़कीर कंधे उचकाते हुए कहते हैं, 'बस मुझे यही लगता है।'

मुझे कई दिनों से जो सवाल परेशान करता रहा था, आख़िरकार मैंने उसे पूछ ही लिया। 'क्या नौनिहाल की मौत में ध्यान का हाथ था?'

फ़कीर कहीं दूर अपनी नज़रें (जो देख नहीं सकतीं) जमाते हुए कहते हैं, 'हो सकता है फाटक किसी हादसे में गिरा हो, क्योंकि ध्यान का अपना भतीजा उधम भी उसमें मारा गया। पर नौनिहाल को अंदर ले जाने के बाद क्या हुआ, कोई नहीं जानता। काश, तुम जम्मू से यहां नहीं आती!'

'ऐसा नहीं हो सकता था।' मैं मुझे मारने आये आदमी के बारे में और उसकी ज़बान कटी होने की बात भी बताती हूं। मैं फ़कीर के चेहरे पर ताज्जुब देखना चाहती हूं, लेकिन वह पूछते हैं, 'तुम्हें क्या लगता है कि उसे किसने भेजा होगा? किसे तुम्हारे वहां होने की जानकारी थी?'

'आपको, ध्यान और सुचेत को।'

फ़कीर अपना सिर एक तरफ़ झुकाते हुए किसी आवाज़ पर ध्यान लगाते हैं, ठीक जैसे कोई अंधा इंसान करता है। 'लड़का वापस आ रहा है। तेज़ी से सोचो। तुम्हारे लाहौर आने पर किसे सबसे ज़्यादा फ़ायदा होता?

'ध्यान,' मैं तुरंत कहती हूं। 'मैं हमेशा उसकी चौकसी में रहती हूं।' अचानक जैसे मुझे झटका लगता है। 'तो उसने हत्यारे को भेजा, ताकि मैं डरकर वापस लाहौर लौट जाऊं।'

'वह ऐसा क्यों करेगा?'

'ताकि हमारी हिफ़ाज़त बेहतर ढंग से कर सके?' कहते ही मैं फ़कीर के चेहरे पर उभरती हल्की-सी मुस्कान देखती हूं, जिसका मतलब है कि यह जवाब सही नहीं है। 'हमारा इस्तेमाल करने के लिए?'

फ़कीर हामी भरते हैं।

'मैं उसे ऐसा करने नहीं दूंगी!'

फ़कीर कहते हैं, 'कोई समझदार इंसान तब तक अपना इस्तेमाल होने देगा, जब तक कि उसका काम हो रहा हो। वह कमज़ोर होने का दिखावा करेगा और फिर अपने हाथ में बागडोर लेने के लिए सही पल का इंतज़ार करेगा।'

जाने का वक़्त हो गया है। सीढ़ियों के किनारे से मैं मुड़कर फ़कीर को देखती हूं। वह अनिश्चितता से ज़मीन पर अपनी छड़ी ठकठका रहे हैं और उनके होंठ ख़ामोशी से दुआ कर रहे हैं। जब मैंने पहली बार उन्हें मन्ना की झोपड़ी के बाहर देखा था, तो वह कितने गंभीर, कितने शानदार लग रहे थे। उन्होंने मुझे अपनी छत्रछाया में लिया और वह सब सिखाया जो मैं रानी के तौर पर आज जानती हूं।

'क्या मैं आपको कभी फिर से देख सकूंगी, मेरे पिता?'

24

मृत-जात

मैं दलीप को शाही समाधि पर ले जाती हूं, जहां पर सरकार की अस्थियां रखी हैं। वह हिस्सा, जिसे गंगा में नहीं बहाया गया। वह अभी यह सब नहीं समझता, पर मुझे उम्मीद है कि इससे उसके भीतर कहीं कोई याद क़ायम रहेगी। *मेरी मां ने मेरा हाथ पकड़कर मुझसे कहा कि इस कमल कलश के सामने सीस नवाओ। इसमें तुम्हारे पिता और पंजाब के सबसे महान राजा के अवशेष हैं। उन्होंने तुम्हारे लिए राजपाट नहीं छोड़ा, लेकिन तुमने जो विरासत में पाया है, उसका मोल सबसे कहीं अधिक है और वह है, उनकी बहादुरी, दरियादिली, उनकी तेज़ बुद्धि, ज़िंदगी और उसका जश्न मनाने का उनका अंदाज़।*

धारीदार गुंबद वाला यह ख़ूबसूरत, शानदार सफ़ेद और सुनहरा मकबरा एक उठे हुए चबूतरे पर है, ताकि दूर से उसे देखा जा सके। बादशाही मस्जिद और गुरुद्वारा डेरा सिंह के बीच बने इस मकबरे के विशाल दरवाज़े पर हिंदू देवी-देवताओं की मूर्तियां हैं, जो लोगों को याद दिलाती हैं कि सरकार हर धर्म का मान करते थे। पर मुझे यह देखकर निराशा होती है कि उसका अंदरूनी हिस्सा अभी तक पूरा नहीं हुआ है और दीवारें, छत अभी ख़ाली हैं। खड़क की मौत के साथ ही उसका बनना रुक गया था और चंद ने उसे फिर से शुरू नहीं करवाया। शायद उसके पास पैसे की कमी हो। मैंने अफ़वाहें सुनी हैं कि फ़ौज को भी नियमित रूप से तनख़्वाह नहीं मिलती।

आप इससे बेहतर के हक़दार हैं, मेरे सरकार। अगर मेरे हाथ हुकूमत की बागडोर आयी तो मैं इसे इतना ख़ूबसूरत बनवाऊंगी कि लोग कभी भूल नहीं पाएं।

सतियों के लिए भी ग्यारह छोटे कलश हैं। उनमें से एक पर गुड्डां का नाम लिखा है। मैं उसे बड़े हौले से छूती हूं, हालांकि मुझे मालूम है कि असल में उसमें उसकी अस्थियां नहीं है। सती हुई सभी औरतों की राख़ आपस में मिल गयी होगी। रानियां ख़ुशक़िस्मत हैं कि कम से कम उनके नाम तो दर्ज हैं, रखैलों को तो कोई याद भी नहीं रखता।

समाधि से बाहर निकलते ही मुझे भारी भीड़ दिखायी देती है। लोगों को पता चल गया होगा कि हम वहां पर हैं। वे ज़ोर-जोर से *महारानी जिन्दां की जय हो, हमारे नन्हे शहज़ादे पर वाहेगुरु की मेहर हो* बोलने लगते हैं। मैं दलीप को हाथ हिलाने को कहती हूं। लोगों की आवाज़ें भी तेज़ हो जाती हैं। मेरे साथ चल रहे लोगों को और सैनिक बुलाने पड़ते हैं, ताकि हमें सुरक्षित घर पहुंचाया जा सके। मुझे डर है कि इससे कहीं ध्यान नाराज़ नहीं हो जाए, पर जब उसे पता चलता है तो उसके चेहरे पर तसल्ली भरी मुस्कराहट आ जाती है।

'अच्छी बात है कि लोगों को अपने शहज़ादे से प्यार है। मैं अपनी बेहतरीन बग्घी में आपके शहर में घूमने का इंतज़ाम कर दूंगा।' कहकर वह दलीप का सिर थपथपाकर उसे सोने की एक अशर्फ़ी देता है।

मंगला को ध्यान सिंह फूटी आंख नहीं भाता और वह कहती है, 'हैरानी की बात है कि अचानक यह क्यों चाहता है कि आप लोगों के बीच जाएं।'

हैरानी मुझे भी होती है, पर मैं उसका ज़्यादा से ज़्यादा फ़ायदा उठाने की बात सोचती हूं। इस तरह से मैं दलीप को अपनी पसंदीदा जगहें, ज़म-ज़मे तोप, अनारकली बाज़ार, गुरु अर्जन देव जी के शहादत की जगह गुरुद्वारा लाल खूही वगैरह दिखा सकती हूं।

'जब मैं छोटी थी, तो जवाहर मुझे उन सभी जगहों पर ले गया था। वे मेरी सबसे अच्छी यादों में से हैं।'

'जवाहर जी बहुत अच्छे भाई हैं!' मंगला बड़े प्यार से कहती है।

मैं महसूस कर सकती हूं कि वह उसे अब तक भूली नहीं है।

अचानक किसी नदी में आये उफ़ान जैसी ख़ौफ़नाक आवाज़ों से मैं जाग जाती हूं। हैरान-परेशान मंगला मुझे बताती है कि शेर सिंह ने लाहौर पर धावा बोल दिया है। खालसा फ़ौज उसके सिपाहियों के साथ जा मिली है। आज सुबह ध्यान भी अपने लोगों के साथ उसकी तरफ़ चला गया है।

फ़कीर सही कह रहे थे। ये डोगरे किसी के सगे नहीं हैं।

'वे शहर में घुस गये हैं। उन्हें रोकने वाला कोई नहीं है और वे क़िले पर हमला करना चाहते हैं। वे चिल्ला रहे हैं - शेर सिंह बादशाह बनें। ध्यान वज़ीर हों। चंद कौर को मौत मिले।'

मैं अपने हाथ भींचते हुए कहती हूं, 'मुझे चंद की मदद करनी चाहिए या कम से कम बीबी को बचा लेना चाहिए। मैंने गुरु ग्रंथ पर वचन दिया था।'

'यह नामुमकिन है!'

हमारे सामने के दरवाज़े पर बहुत ज़ोर से खटखटाने की आवाज़ें आ रही हैं। मैं तुरंत अपना घूंघट लेकर नीचे दौड़ती हूं। हमारे संतरियों का सरदार सामने है।

'बाज़ारों में लूटपाट हो रही है। लोग मारे जा रहे हैं। रानी पठानी चाहती हैं कि आप शहज़ादे को लेकर जल्द से जल्द उनके घर पहुंचें। वहां आप ज़्यादा महफ़ूज़ रहेंगे। उनके पास कई सिपाही हैं। मैं आपको अभी वहां ले जा सकता हूं।'

तभी हवा को चीरती हुई एक ज़ोरदार धमाके की आवाज़ आती है, जिससे मैं घबरा जाती हूं।

सरदार बताता है, 'तोपें हैं। शेर सिंह ने क़िले पर गोलाबारी शुरू कर दी है।'

सारे नौकर-चाकर मेरे इर्दगिर्द जमा हो गये हैं। कई नौकरानियां रोने लगती हैं। अगर मैं अभी सरदार के साथ निकल गयी, तो इन सबकी ज़िंदगी ख़तरे में पड़ जाएगी।

मैं काफ़ी सोच-विचार करती हूं। फिर अपना घूंघट उठा देती हूं। सरदार को अचंभा होता है। अपना चेहरा इस तरह दिखाने का मतलब है कि मैं उसे अपने परिवार का हिस्सा मानती हूं। मैं उससे उसका नाम पूछती हूं।

'मेरा नाम अवतार है।'

'अवतार, मैं अपने घर को इस तरह छोड़कर नहीं जा सकती। लुटेरे इन्हें मार डालेंगे। मुझे यक़ीन है कि तुम हमारी हिफ़ाज़त करोगे।'

गहरी सांस लेते हुए वह सिर झुकाता है। 'ज़रूर करूंगा, रानी साहिबा या फिर हिफ़ाज़त करते हुए अपनी जान दे दूंगा।'

'अगर इस तरफ़ लुटेरे आये, तो उन्हें यह ज़रूर बता देना कि यह घर शेर सिंह के वज़ीर का है। इससे वे रुक जाएंगे।'

अवतार के जाने के बाद मंगला कहती है, 'बहुत बहादुरी की बात की आपने! पर क्या यह समझदारी है?'

'मुझे यहीं रहना होगा, क्या पता चंद, बीबी को यहां भेज दे। ध्यान ने ज़रूर हमारी सुरक्षा का कोई इंतज़ाम किया होगा। दलीप उसके लिए बहुत अहम है।'

हवेली के आगे के सीले हुए अंधेरे हिस्से में फंफूद की गंध भरी है। मैं अंदर घुसने की उस शानदार जगह को पहचान नहीं पाती, जहां पर नौनिहाल की महफ़िल में मेरी अगवानी की गयी थी। जब हम अपने आने के बारे में ख़बर भेजते हैं तो कोई भी बाहर नहीं निकलता। कुछ गड़बड़ ज़रूर है। चंद कहां है?

हम हवेली में घूमते हुए किसी को खोजते हैं। हम बैठक में पहुंचते हैं, जहां नौनिहाल अहम मेहमानों को बिठाता था, फिर खाने के कमरे में, जहां कभी दावतें होती थीं। साज़ोसामान ढंका हुआ है, छत से जाले लटक रहे हैं। रसोईघर भी उजड़ा हुआ सुनसान-सा है। मेरे दिल की धड़कन इस उम्मीद के साथ तेज़ हो जाती है कि कहीं चंद किसी तरह लाहौर से बच निकलने में कामयाब तो नहीं हो गयी?

फिर मेरी नज़र नहाने की जगह पर जाती है। वहां फ़र्श पर एक नंगी देह पड़ी है, जिसकी गर्दन मरोड़ी हुई है। वह चंद है। उसके माथे से निकले ख़ून से सफ़ेद संगमरमर बदरंग हो चुका है। वह ज़ोर से गिरी होगी, क्योंकि उसकी खोपड़ी फटी हुई है। लगता है जैसे उसे ज़ोर से धकेला गया हो।

पठानी चीख़ने लगती है।

मैं अपने कांपते हाथों को मुट्ठी में भींचकर तीखे अंदाज़ में कहती हूं, 'चुप रहो! जाकर संतरियों के सरदार को बुला लाओ।'

उसके आने से पहले मैं बड़े से कपड़े में चंद को लपेट देती हूं। मालिका मुकद्दस मैंने हर तरह से तुम्हें निराश किया है, पर कम से कम मैं तुम्हें अनादर से बचा पायी। रानी की नंगी लाश पर किसी मर्द की निगाह नहीं पड़नी चाहिए।

चंद के क़त्ल की ख़बर सुनते ही ध्यान आगबबूला हो जाता है। वह चंद की नौकरानियों को खोज निकालने की कसम खाता है, ज़ाहिर है कि उन्हें किसी ने उसे मार डालने के लिए पैसा दिया होगा। वह उनकी खोज में देहात के इलाक़े में अपने आदमी भेजता है।

कुछ दिन बाद मंगला ख़बर लेकर आती है। 'उन्हें सभी नौकरानियां हीरा मंडी के एक चकले में छिपी हुई मिलीं।'

'बड़ी तेज़ी से सब कुछ हो गया।' मुझे इस बात पर कोई हैरानी नहीं हुई। ध्यान चाहे तो कुछ भी हो सकता है। 'क्या कहा उन्होंने? क्या उन्होंने अपना गुनाह क़बूल किया?'

'उन्हें मौक़ा ही नहीं दिया गया। ध्यान ने उनकी जीभ कटवाकर उन्हें मौत के घाट उतार दिया।'

मेरी सदमे से भरी नज़र मंगला के चेहरे पर जम जाती है। हम दोनों ही सोच रहे हैं कि कहीं उनकी जीभ इसलिए तो नहीं काटी गयी कि वह उस आदमी की पहचान नहीं कर सकें, जिसने उन्हें काम सौंपा था। हमें बरबस जम्मू में पकड़ा गया आदमी याद आ जाता है।

'किसकी जीभ काट दी गयी, बीजी?' अंदर आता हुआ दलीप पूछता है।

'अरे, वह तो कहानी है,' उसे चूमते हुए मैं कहती हूं।

दलीप आस-पास हो तो हमें अपनी बातों को लेकर सावधान चाहिए। वक़्त से पहले समझदार हो रहा दलीप अपनी उम्र के बाक़ी बच्चों के मुक़ाबले बातें जल्दी पकड़ता है। मैं जब तक हो सके, उसकी मासूमियत बनाये रखना चाहती हूं। वैसे भी यह दुनिया उससे जल्द ही उसकी मासूमियत छीन लेगी।

बटाला में गुरु नानक जी की समाधि पर गया शेर सिंह तुरंत लाहौर लौट आता है। अवतार बताता है कि शेर ने दरबार में चंद की हत्या को बेरहम और शर्मनाक बताकर उसकी निंदा की। अंतिम संस्कार के दिन वह शोक के लिबास में चंद और बीबी की शवयात्रा के पीछे नंगे पांव चलता है। मेरे मन में सवाल उठता है कि क्या वह नेकनीयत है? पर मैं कुछ नहीं जानती। उसके साथ कई दरबारी भी होते हैं, जिनमें से किसी ने भी ज़रूरत पड़ने पर चंद की मदद नहीं की। फिर कई सरदार अपनी बीवियों के साथ चलते हैं और आख़िर में चंद के मुलाज़िम हैं, जो रानी रहते हुए उसकी सेवा में थे। यहां आने से उन्हें कोई फ़ायदा नहीं होने वाला, फिर भी वह आये। इसका मतलब है कि चंद ज़रूर रहमदिल मालकिन रही होगी। ध्यान भी मौक़े के मुताबिक़ गंभीरता का मुखौटा लगाये हुए दोनों औरतों के गुणों का बखान करता है। पठानी का दिल बहुत नाज़ुक है और उसकी आंखें भर आती हैं। उसे देखकर बाक़ी सरदारों की बीवियों को भी रोना पड़ता है, सब ढोंगी हैं। पर मेरा चेहरा पत्थर जैसा सख़्त रहता है। मेरा ग़म कहीं गहरे, बहुत गहरे अटका हुआ है।

क्रियाकर्म पूरा होते ही शेर सीधे मेरे पास चला आता है। मैं भौंचक रह जाती हूं कि इतनी सारी घूंघट वाली औरतों के बीच वह मुझे पहचान गया।

'मैंने आपके बारे में काफ़ी कुछ सुना है, रानी जिन्दां। सरकार आपकी अक्लमंदी की बहुत तारीफ़ करते थे और आपकी ख़ूबसूरती की भी। मुझे खुशी है कि आप लाहौर लौट आयी हैं। मैं आपको और अपने छोटे भाई दलीप को क़िले में बुलाना चाहता हूं, ताकि आपको बेहतर ढंग से समझ सकूं। मैं जल्द ही आपके लिए सवारी भेज दूंगा।'

उसकी आंखों की चमक मुझे चौकन्ना कर देती है। यह हमसे क्या चाहता है?

मैं सिर झुकाकर शांत लहजे में बात करती हूं। 'बहुत-बहुत शुक्रिया, महाराजा।' कोई अंदाज़ भी नहीं लगा सकता कि यह कहते हुए मेरा दिल कितनी ज़ोरों से धड़कने लगता है। 'दलीप को भी अपने बड़े भाई और इतने महान और बहादुर राजा से मिलने में ख़ुशी होगी। हालांकि हम लोग एक सफ़र पर जाने वाले हैं, जिसे फ़िलहाल टाला नहीं जा सकता।'

सुनते ही उसकी त्योरी चढ़ जाती है। 'ऐसा कौन-सा ज़रूरी काम है कि आप राजा के बुलावे को भी ठुकरा रही हैं?'

मैं बेचैनी से कोई सही कारण तलाशने के लिए अपना दिमाग़ दौड़ाती हूं। हमारे आस-पास मौजूद हर कोई हम दोनों की बातचीत पर नज़रें गड़ाये है। मरने वालों की त्रासदी के मुक़ाबले अपने सामने हो रही घटना कहीं ज़्यादा दिलचस्प होती है।

मुझे सरकार की आवाज़ सुनायी देती है। *सभी जगहों में एक जगह मुझे सबसे प्यारी है। अगर मैं राजा नहीं होता, तो वाहेगुरु की शान में वहीं गाते हुए ख़ुशी से अपनी ज़िंदगी गुज़ार देता।* गहरी सांस भरते हुए मैं कहती हूं, 'मैंने दलीप के चार साल का हो जाने पर उसे अमृतसर स्वर्ण मंदिर ले जाने की मन्नत मांगी थी।'

'अच्छा, स्वर्ण मंदिर,' शेर सिंह चिढ़े हुए अंदाज़ में कहता है। 'बहुत पवित्र स्थान है। कोई बात नहीं। मैं आपके आने का इंतज़ार करूंगा।'

वापस आकर मैंने कपड़े बदले ही हैं कि ध्यान मुझसे मिलने आ जाता है। उसे तो अभी अंतिम संस्कार के बाद के काफ़ी काम होंगे, फिर भी मुझसे मिलने चला आया है।

ज़रा-सा भी वक़्त गंवाये बिना वह सीधे काम की बात पर आता है। 'मैंने शेर को आपसे बात करते देखा। वह क्या चाहता है? आपने उसे क्या कहा?'

जब मैं उसे पूरी बात बताती हूं तो वह सिर हिलाता है। 'इससे मेरी चिंता कई गुना बढ़ गयी है। ख़ूबसूरत औरतों के मामले में शेर काफ़ी बदनाम है। उसके अलावा तख़्त के लिए दलीप से उसकी होड़ भी है।'

'दलीप अभी बस चार साल का है!' पर यह कहते हुए मुझे नौनिहाल का मरा हुआ बच्चा याद आता है और यह भी कि बच्चे होने का यह मतलब नहीं कि कोई महफ़ूज़ रह सकता है।

'आपने मन्नत की बात कहकर चतुराई दिखायी। उस पर वह कुछ नहीं बोल सकता। आपको तुरंत निकल जाना चाहिए।'

'स्वर्ण मंदिर जाकर हो सकता है कि विधवा मां को लगे कि अपने बच्चे का लालन-पालन उसी पवित्र छाया में करे। हो सकता है ना?'

'जी बिलकुल,' ध्यान जवाब देता है। 'मैं इस तरह के श्रद्धा भरे फ़ैसले की अहमियत पर शेर से बात करूंगा।'

हम दोनों मुस्कराते हैं। इस बार कम से कम हम दोनों एक बात पर रज़ामंदी रखते हैं।

25

अमृतसर

अमृतसर भले लाहौर से छोटा शहर हो, पर यहां पर अपनी पहचान छिपाकर जीना आसान है। शहर में इतने तीर्थयात्री आते हैं कि शहर के बाहरी इलाक़े में एक पुरानी-सी हवेली में अपने बच्चे के साथ रहने वाली विधवा पर किसी का ध्यान नहीं जाता। हवेली की दीवारें काफ़ी ऊंची हैं और आस-पास कोई नहीं रहता, इसलिए उस अहाते में गश्त करते हथियारबंद संतरियों पर किसी की नज़र नहीं पड़ती। मंगला और मैंने अपने बारे में एक कहानी तैयार कर ली है, जिसमें मेरे पति की हैजा से मौत होने के बाद मेरे बेरहम ससुरालवालों ने मुझे मेरे बच्चे के साथ घर से बाहर निकाल दिया। पर मुझे अब तक किसी को यह कहानी सुनाने का मौक़ा नहीं मिला।

यहां पर मैं शांति से दलीप की पढ़ाई-लिखाई पर ध्यान दे सकती हूं। मैं उसे तलवारबाज़ी, कुश्ती और घुड़सवारी सिखाने के लिए लोगों को काम पर रखती हूं। उसे पढ़ाना मेरी ज़िम्मेदारी है और उसके लिए ज़रूरी किताबें और काग़ज़ मैं लाहौर से मंगवाती हूं।

हर शाम हम स्वर्ण मंदिर जाते हैं और अरदास के बाद हम डूबते सूरज की रोशनी में चमकते शानदार गुंबद को देखते हैं।

'उस गुंबद को तुम्हारे पिताजी ने बनवाया था। उन्होंने मंदिर के ऊपरी हिस्से को सोने से मढ़वाया था। वह महान राजा थे। वह अपने देश और अपने परमात्मा से सबसे ज़्यादा प्यार करते थे और तुम्हें भी करना चाहिए।'

दलीप अपनी मुझ पर बांहें डालकर कहता है, 'पर बीजी, मैं तो आपसे सबसे ज़्यादा प्यार करता हूं।'

मैं भी उसे गले लगा लेती हूं, पर साथ ही मुझे फ़िकर भी होती है कि मैं उसे उसकी शाही ज़िम्मेदारी की सीख नहीं दे पा रही हूं।

इस पर मंगला का कहना है कि 'उसके लिए बहुत समय होगा। अभी तो आपका काम उन्हें सुरक्षित रखना है। शुक्र है कि शेर अपनी मौजमस्ती में इतना डूबा हुआ है कि आपको लाहौर वापस बुलाने का उसे ध्यान ही नहीं है। एक ऐसा आदमी, जिसे किसी ने उसके राजसी कर्तव्यों के बारे में नहीं सिखाया। उसे अपने लोगों का ख़याल रखने के बजाय नाच देखने में ज़्यादा दिलचस्पी है। अब ऐसे में परेशानियां तो बढ़ेंगी ही!'

अवतार चुपके से हमारे पास आता रहता है और हमें शेर सिंह की मुश्किलों के बारे में जानकारी देता है। मैं इस बात की क़दर करती हूं कि वह हमारे लिए इतना जोखिम उठाता है और इसलिए मैं उसे अपनी बैठक में जगह देती हूं, जैसी अपने घर आये किसी मेहमान को देती। वह बताता है कि गद्दी पर बैठते ही शेर को पता चला कि चंद के रानी बनने के बाद किसी ने ख़ज़ाने से ज़्यादातर सोना चुरा लिया था। लोगों में चर्चा है कि उन्होंने रात के अंधेरे में गुलाब के सिपाहियों को पूरी तरह से बंद गाड़ियां क़िले से बाहर ले जाते देखा था, पर किसी में हिम्मत नहीं है कि उस पर खुलकर यह आरोप लगाये। शेर फ़ौज को पैसे देने का अपना वादा पूरा नहीं कर सका और बदले में सिपाहियों ने दंगा कर दिया। सरकार के कई वफ़ादार यूरोपीय अफ़सर मारे गये। बाक़ी अंग्रेज़ों के साथ चले गये। सिपाहियों ने अब अपनी अगुवाई करने के लिए पंचों को चुन लिया है।

अवतार बताता है, 'पंच बेहतरीन सिपाही हैं, लेकिन उन्होंने कभी किसी लड़ाई में किसी फ़ौज की अगुवाई नहीं की। उन्हें रणनीति की समझ नहीं है। अगर सचमुच लड़ाई हो गयी और शायद हो भी क्योंकि अंग्रेज़ों ने लुधियाना में भारी फ़ौज जमा कर रखी है, तो उन्हें समझ नहीं आएगा कि क्या करना है।'

मुझे बहुत तकलीफ़ होती है। सरकार ने जिस ताक़तवर फ़ौज को इतनी सावधानी से इकट्ठा कर रखा था, वह आज किस बेतरतीब हाल में है। ऐसे में अगर अंग्रेज़ों ने पंजाब पर हमला किया, तो उन्हें कौन रोकेगा?

जाने से पहले अवतार मुझे एक मुड़ीतुड़ी चिट्ठी पकड़ाता है। 'रानी साहिबा, मुझे माफ़ करें। मैं इसके बारे में पूरी तरह से भूल गया था। आजकल क़िले में इतनी हलचल

मची है कि मैं खुद अपने आपे में नहीं हूं। यह क़िले में आयी थी। वहां काम करने वाले मेरे एक दोस्त ने मुझे यह दी।'

जवाहर की चिट्ठी है।

मेरी बहन, तुम ठीक तो हो? महाराजा के जाने के बाद से तुम्हारी कोई ख़बर नहीं है। मैंने सुना है कि तब से लाहौर में कई राजा बदले हैं। कई लड़ाइयां हुई हैं। इससे मुझे फ़िकर हो रही है। मैंने तुम्हें कई बार लिखा कि यहां गुजरांवाला में मेरे पास आकर रहो। मन्ना और बीजी पिछले साल अचानक आये बुखार से चल बसे। मैंने वह ख़बर भी तुम्हें भेजी थी। शायद तुम्हें मेरी चिट्ठियां नहीं मिलीं। मां की बड़ी याद आती है और बदमिज़ाज बाप की भी, अब मैं बिलकुल अकेला रह गया हूं। मुझे पता भी नहीं है कि तुम सही-सलामत हो। मेरे नन्हे भांजे को ढेर सारी दुआएं, काश मैं उसे फिर से देख पाऊं!

उस अस्पष्ट लिखाई को पढ़ते हुए मेरी आंखें नम हो आती हैं। मैं तुरंत जवाब लिखती हूं।

मेरे प्यारे वीर, मैं और दलीप ठीक हैं। राजनीतिक हालात मेरे क़ाबू के बाहर थे, इसलिए मुझे लाहौर से कहीं और भेज दिया गया था और मुझे तुम्हें अपना ठिकाना बताने की इजाज़त भी नहीं थी। आज तक मुझे तुम्हारा कोई ख़त नहीं मिला। यही एक मिला है। बीजी और मन्ना के जाने का मुझे बहुत अफ़सोस है और यह भी कि अब तुम बिलकुल अकेले हो गये हो। मैं अब अमृतसर में हूं। तुम मेरे पास आ सकते हो। इस बार जितनी देर चाहे, रह सकते हो।

इस बार जो जवाहर मेरे यहां पहुंचता है, वह पहले से ज़्यादा बूढ़ा, दुबला-पतला और ख़ामोश हो गया है। वह भी बुखार से मौत के मुंह में जाते-जाते बचा। मुझे उसे देखकर इतना पछतावा होता है कि मैं उसकी भरपाई के लिए उसका पसंदीदा खाना खिलाती हूं और उसे घुमाने ले जाती हूं। उसे दलीप के साथ खेलता देख मुझे बहुत खुशी होती है। अच्छे कपड़ों का उसका शौक याद करते हुए मैं उसके लिए कई कुर्ते बनवाती हूं, हालांकि यहां उन्हें पहनने और दिखाने के मौक़े नहीं के बराबर हैं। रात को जब मंगला ग़ायब हो जाती है, तो मैं ठंडी सांस ज़रूर भरती हूं, पर दुःखी नहीं होती।

वाहेगुरु, मेरा प्यार का वक़्त चला गया। पर मेरे भाई को ख़ुश रखना।

आज दो ऐसे मेहमान आये हैं, जिनकी मुझे उम्मीद नहीं थी। मंगला जब उनके नाम बताती है तो मैं समझ जाती हूं कि आज तक शाही खेल के बारे में मैंने जो कुछ सीखा है, उसे आज़माने का वक़्त आ गया है।

'अजित और लहणा संधावालिया, चंद के रिश्तेदार? लहणा को क़ैद करने के वक़्त क्या अजित वहां से निकल नहीं गया था?'

'उन्हें देखने से लगता है कि उनका वक़्त अब बदल गया है,' मंगला कहती है। 'उनके पास बेहतरीन घोड़े हैं और मैंने देखा कि काफ़ी बड़ी हथियारबंद टुकड़ी भी है। वे आपसे क्या चाहते होंगे?'

'जल्द ही पता चल जाएगा।'

जवाहर मेरे साथ आना चाहता है, पर मैं मना कर देती हूं। अपने मोती की झालरों वाले सफ़ेद घूंघट में मैं अपनी घबराहट छिपाते हुए बड़ी शान से बैठक में आती हूं, जहां पर संधावालिये बैठे हुए हैं।

मुझे ज़्यादा इंतज़ार नहीं करना पड़ता। औपचारिकताएं पूरी होने के बाद अजित सीधे काम की बात पर आता है। घुंघराली काली दाढ़ी वाला, आंखों में चमक लिए अजित हट्टा-कट्टा और मज़बूत है। वह मुझे गुरु ग्रंथ की कसम दिलाता है कि मैं इस मुलाक़ात के बारे में किसी को नहीं बताऊंगी। कसम दिलवाने के बाद वह मुझे बताता है कि संधावालिये निकम्मे शेर सिंह से बहुत नाराज़ हैं। वे चाहते हैं कि दलीप उसकी जगह राजा बने।

'दलीप के बालिग़ होने तक आप उसकी सरपरस्त रहेंगी। सरकार अक्सर बताया करते थे कि आप कितनी तेज़ दिमाग़ हैं और पंजाब को कितना चाहती हैं।'

मेरी धड़कन तेज़ हो जाती है। मुझे अंदाज़ा था कि वे इसीलिए आये होंगे, पर इस बात को इस तरह सुनना मेरे लिए रोमांच और डर का असमंजस भरा मेल है। अगर इनकी योजना काम कर गयी, तो मेरे बेटे के लिए वह बेहतर होगा या फिर बदतर?

बाज़ जैसी पैनी नज़र वाले उसके दुबले-पतले चाचा लहणा कहते हैं, 'चंद के सबसे मुश्किल वक़्त में आप उसकी सच्ची दोस्त रहीं। अगर आपको उसकी लाश नहीं मिलती, तो शाही ढंग से क्रियाकर्म होने की बजाय उन्होंने उसकी लाश को किसी कुएं में फिंकवा दिया होता।'

मैं अपनी नौजवानी में दुनिया छोड़कर जा चुके नौनिहाल की हँसी, बीबी और उसके मरे बच्चे के बारे में और फटी खोपड़ी वाली चंद की लाश के बारे में सोचने लगती हूं। घाघरे की चुन्नटों में अपने कांपते हाथ को छिपाते हुए मैं उनसे कहती हूं कि उनकी पेशकश ने मुझे इज़्ज़त बख़्शी है।

'पर यह सब होगा कैसे? दलीप अभी बच्चा है और मुझे दरबार चलाने का कोई तजुर्बा नहीं है। उसके अलावा मैं किसी शाही ख़ानदान नहीं, बल्कि मैं तो कुत्तों की देखरेख करने वाले की बेटी हूं।'

'वही आपकी ताक़त होगी,' अजित कहता है। 'आप बाहरी होंगी और अपने फ़ैसलों में किसी की तरफ़दारी नहीं करेंगी। दरबारी इस बात को सराहेंगे। जहां तक सिपाहियों और आम लोगों का सवाल है, तो वे आपको अपना समझकर अपना लेंगे। दलीप की मासूमियत भी लोगों को उनकी तरफ़ खींचेगी।'

'ध्यान का क्या होगा? वह शायद नहीं माने। उन्होंने मुश्किल में मेरी मदद की है और मैं उनके ख़िलाफ़ नहीं जा सकती।'

लहणा का झुर्रीदार चेहरा नफ़रत से ऐंठ जाता है, पर वह इतनी तेज़ी से होता है कि मुझे लगता है कि जैसे वह मेरी कल्पना का हिस्सा था। 'चिंता नहीं करें। ध्यान को बस वज़ीर बनने से मतलब है। अगर उसकी ताक़त पर असर नहीं पड़े, तो उसकी बला से चाहे कोई भी राजा बने।'

अजित कहता है, 'उसे हम देख लेंगे। आप बस जल्दी से लाहौर लौट जाएं और बड़े बदलावों के लिए तैयार रहें। सही वक़्त पर हम आपसे मिलेंगे।'

एक और बात मुझे परेशान करती है। मुझे उसके बारे में बोलना होगा, हालांकि उन्हें गुस्सा आ सकता है। 'मुझे आपसे यह भरोसा चाहिए कि आप शेर सिंह को कोई नुक़सान नहीं पहुंचाएंगे। जो भी हो, वह सरकार का बेटा है।'

लहणा की आंखें धधक उठती हैं। 'ख़ून के बदले ख़ून...'

पर अजित बीच में बोल पड़ता है, 'आप फ़िकर नहीं करें। हम जानते हैं कि शेर को कैसे मनाना है। अगर उसे बड़ी-सी जागीर दे दी जाए और उसे उसके शाही घोड़े, शिकारी कुत्ते और विदेशी शराब रखने दी जाए तो वह ख़ुशी से अपनी गद्दी छोड़ देगा।' उसका लहजा बड़ा सख़्त है। 'जब उसने हमें माफ़ी देकर वापस दरबार में बुलाया था, तो हमें बड़ी उम्मीदें थीं। पर उसे तो खाने-पीने और शिकार से ही फ़ुर्सत नहीं मिलती। हमारे प्यारे सरकार ने जो कुछ बनाया था, वह उसे बर्बाद कर रहा है।'

उसके आख़िरी बोल सीधे मेरे दिल को लगते हैं। मैं उनकी बात मान लेती हूं।

इस बात पर ख़ुश हुए संधावालिये जाने से पहले दलीप से मिलने की इच्छा जताते हैं। जब मैं उसे लेकर आती हूं, तो उन दोनों सख़्तजान लड़ाकों की आंखों में आंसू देखकर मुझे बड़ा अचंभा होता है। वे अपनी सोने की मालाएं उसे तोहफ़े में देते हुए बड़ी श्रद्धा से उसके हाथ चूमते हैं। मुझे यह देखकर और भी हैरानी होती है कि दलीप कितनी सहजता से उनके मान-सम्मान को क़बूल कर लेता है।

'जब मैं पहली बार आपके पिताजी से मिला था, तो वह आपसे ज़रा ही बड़े रहे होंगे,' लहणा कहते हैं।

'आप मेरे पिताजी को जानते थे,' दलीप रोमांचित होकर पूछता है। 'आप मुझे उनकी कहानियां सुनाएंगे?'

'ज़रूर सुनाएंगे,' कहते हुए लहणा दलीप को उठा लेते हैं।

'देखिये, शहज़ादे ने तो पहले ही चाचा लहणा का दिल जीत लिया है,' अजित मुझसे कहता है। 'अपनी प्रजा को भी यह मोहित कर लेंगे। आप जल्दी से लाहौर लौटें। पर ध्यान को हमारे बारे में नहीं बताएं। उसे यक़ीन दिलाएं कि आप खुद ही लौटना चाहती हैं।'

मैं समझ जाती हूं। ध्यान को पता चला कि मैं संधावालियों से मिली हूं, तो वह बहुत नाराज़ होगा। या फिर इस बात का कि उन्होंने दलीप के लिए कुछ सोचा है, जिसमें मेरी बड़ी भूमिका होगी।

मुझे पिछली बातें याद हैं, इसलिए मैं ध्यान से कुछ नहीं पूछती। मैं सीधे पठानी को लिखती हूं कि दलीप को अमृतसर में शहज़ादों की तरह तालीम नहीं मिल पा रही है और शायद थोड़ी चालाकी से यह भी कि मुझे उसकी याद आ रही है। मैं चिट्ठी में उसे बहन कहकर संबोधित करती हूं।

मुझे तुरंत उसका जवाब आता है।

मेरी प्यारी बहन जिन्दां, मैंने तुम्हारे शहर लौटने का इंतज़ाम कर लिया है। वज़ीर जी ने पहले थोड़ी आनाकानी की, जबकि मैंने उनसे कहा था कि तुम मेरी बहन जैसी हो। फिर मुझे काफ़ी दिनों के लिए अपने मायके जाने की धमकी देनी पड़ी, तब जाकर वह माने! तुम अब शेर की तरफ़ से निश्चिंत रहो। उसने शादी कर ली है और उसकी बीवी दकनो कौर बहुत ख़ूबसूरत है, हालांकि तुम्हारे जितनी तो नहीं है। अब उसके बेटे प्रताप को कुंवर बना दिया गया है, तो हमारा प्यारा दलीप अब उसके लिए ख़तरा नहीं है। मैं बेसब्री से तुम्हारा इंतज़ार कर रही हूं। मुझे तुम्हें दरबार की कितनी सारी बातें बतानी हैं और तुम्हारे लिए ख़रीदारी भी करनी है, क्योंकि पक्की बात है कि तुम्हारे पुराने कपड़े अब चलन से बाहर हो चुके होंगे। कितना मज़ा आएगा...

26

शेर सिंह

मुझे एक बात का अफ़सोस है कि ध्यान की हवेली में लौटने की तैयारी करते हुए मुझे जवाहर को उसकी मर्ज़ी के ख़िलाफ़ गुजरांवाला भेजना होगा। मैं उसे बताने की कोशिश करती हूं कि आने वाला वक़्त बड़ा अनिश्चित होगा, पर वह बुरा मान जाता है।

'मैं कोई बच्चा नहीं हूं कि तुम्हें मेरी निगरानी करनी पड़े। शायद मैं तुम्हारी कुछ मदद ही कर सकूं।'

मुझे बिना किसी लाग-लपेट के सच कहना होगा। 'तुम नहीं कर सकते। तुम्हें दरबार की बारीकियों की कोई जानकारी नहीं। मुझे खुद भी ज़्यादा कुछ नहीं पता। लोग मुझ तक या फिर दलीप तक पहुंचने की कोशिश करेंगे और वे सबसे कमज़ोर कड़ी को ढूंढ़ेंगे।'

'और वह मैं हूं?'

वह मुझसे बात करना बंद कर देता है, हालांकि मैं उससे वादा करती हूं कि मैं उसे जल्द से जल्द अपने पास बुलवा लूंगी।

उसके जाने के बाद मैं मंगला से कहती हूं, 'मुझे गुनहगार जैसा महसूस होता है। पर मेरे दुश्मन चालाकी से जवाहर का इस्तेमाल कर सकते हैं।'

ऐसे समय में अक्सर मंगला मुझे दिलासा देती है, लेकिन इस बार वह बिलकुल ख़ामोश खड़ी रहती है और मुझसे नज़रें भी नहीं मिलाती।

पठानी को बहन कहने के बाद से उसका बर्ताव मेरे साथ पूरी तरह बदल गया है। बहन की तरह वह कभी भी मुझसे मिलने चली आती है और अगर उसे लगता है कि मैं अपना या फिर दलीप का ठीक से ध्यान नहीं रख रही, तो वह मुझे बेझिझक होकर डांट भी लगा देती है। वह बहुत महंगे तोहफ़े देती है, जिन्हें लेते हुए मुझे झिझक होती है। अपनी हर दावत में मुझे ज़रूर बुलाती है और अगर मैं नहीं जाऊं तो मुंह फुला लेती है। बहन की ही तरह वह मुझे परेशान भी करती है, पर मैं जानती हूं कि उसका प्यार बिलकुल ख़ालिस है और इसीलिए मैं उसकी डांट-डपट, उसकी झिड़कियों का बुरा नहीं मानती।

शेर की हालत भी पहले से बेहतर हो गयी है। उसके नये सिपहसालारों में से एक की अगुवाई में खालसा फ़ौज को लद्दाख में जीत हासिल हुई है। शेर ने दोस्त मोहम्मद के साथ शांति समझौते पर दस्तख़त किये हैं। दकनो के साथ हुई शादी ने उसकी बेचैनी कम कर दी है। अब वह नियमित रूप से दरबार में आता है और पहले जितनी दावतें नहीं करता। लगता है कि उसे हटाने में अब संधावालियों की कोई दिलचस्पी नहीं रही। अफ़सोस और राहत के मिले-जुले अहसास के साथ मैं इस नतीजे पर पहुंचती हूं कि उन्हें अब दलीप और मेरी ज़रूरत नहीं है।

अब मैं दलीप को शाही तालीम देने पर पूरा ध्यान लगाती हूं। मैं उसे सिखाने के लिए कई लोगों को काम पर रखती हूं और वे मुझे बताते हैं कि उसका दिमाग़ कितना तेज़ है। वह तेज़ी से पढ़ता है, उसे गुरु ग्रंथ के अंश भी याद हो जाते हैं और वह अपने से बड़े बच्चों के लायक़ गणित के सवाल भी कर लेता है। पर उसे सबसे ज़्यादा घुड़सवारी पसंद है। अपने पिता की तरह वह भी पैदाइशी घुड़सवार है।

एक दिन ध्यान सिंह एक संदेशे के साथ मेरे पास आता है कि संधावालिये मुझसे मिलना चाहते हैं। 'वे सरकार के हितैषी थे और आपसे व दलीप से मिलना चाहते हैं। उन्होंने फिर से शेर की मेहरबानी हासिल कर ली है, तो ऐसे में वह आपके लिए भी अच्छे साथी साबित हो सकते हैं।'

'आप जैसा कहेंगे, मैं करूंगी,' मैं बड़ी नम्रता के साथ कहती हूं। अंदर ही अंदर मैं सोच रही हूं कि वे आख़िर क्या चाहते होंगे।

ध्यान के मिलने के एक हफ़्ते बाद अजित और लहणा मुझसे मिलने आते हैं। वे पुरानी लड़ाइयों की बातें करने लगते हैं, जिनमें वे सरकार के कंधे से कंधा मिलाकर लड़े थे, इस से ऊबकर ध्यान दरबार में जाने की बात कहकर उठ जाता है। उसके जाने के बाद वे दलीप से मिलने की इच्छा ज़ाहिर करते हैं। मैं उन्हें आंगन में ले जाती हूं, जहां वह तलवारबाज़ी सीख रहा होता है। उन्हें देखते ही अपनी तलवार छोड़कर तेज़ी से उनकी तरफ़ दौड़ता है, 'लहणा चाचा जी!'

लहणा को दलीप की यह गर्मजोशी अच्छी लगती है। 'मेरे पास आपके लिए एक तोहफ़ा है, पुत्तर।'

अगले दिन वह एक ख़ूबसूरत काला अरबी छोटा घोड़ा लेकर आते हैं, जो काफ़ी क़ीमती लगता है। दलीप को घोड़ा बहुत पसंद आता है और वह प्यार से उसका नाम वीर रखता है। लहणा उसे मैदान में ले जाते हैं। मैं उसे ख़ुशी-ख़ुशी उनके साथ भेज देती हूं। मुझे लगता है कि संधावालियों ने दलीप को लेकर अपने मंसूबे फ़िलहाल छोड़ दिये हैं। पर मेरे बिन बाप के बच्चे को बहुत से शुभचिंतकों की ज़रूरत है।

आज सुबह उठने पर मुझे दो संदेशे मिलते हैं। एक तो पठानी का है कि दकनो कौर का बेटा हुआ है। ख़बर सुनकर मुझे यह सोचकर थोड़ी निराशा होती है कि अब तख़्त से दलीप थोड़ा और दूर हो गया है। मैं मंगला से कहती हूं कि वह मिठाइयों का थाल और मेरी शुभकामनाएं लेकर क़िले में जाए। दूसरा संदेशा लहणा का है, जिसमें उन्होंने कोई काम आने की वजह से दलीप को घुड़सवारी के लिए नहीं ले जा सकने पर अफ़सोस ज़ाहिर किया है। दलीप दुःखी हो जाता है, इसलिए मैं उसे जगमोहन की खिलौनों की दुकान पर ले जाने का वादा करती हूं। हमारे साथ कुछ संतरी होते हैं और मैं अवतार को भी अपने साथ चलने को कहती हूं।

हम खिलौनों की दुकान में घुसते ही हैं कि कुछ हथियारबंद आदमी अंदर अवतार को पकड़कर उसकी गर्दन पर तलवार रख देते हैं। भयभीत होकर मैं दलीप को अपने पीछे करती हूं। क्या किसी ने हमारे क़त्ल का हुक्म दिया होगा?

ऐसा नहीं है। उन लोगों का सरदार संधावालिया सिपाही है। वह कहता है कि अजित सिंह का कहना है कि मैं तुरंत अपनी हवेली में लौट जाऊं। कुछ ख़तरनाक होने वाला है। 'हमें आपको सही-सलामत घर ले जाने का हुक्म है।'

अवतार पर तलवार ताने आदमी उसकी गर्दन उड़ाने को तैयार है और अवतार सदमे में है, उसे कुछ नहीं सूझ रहा।

'रुक जाओ!' डर से सिर घूमने के बावजूद मैं आगे बढ़ते हुए ज़ोर से चिल्लाती हूं। 'क्या कर रहे हो?'

'हमें ध्यान के सभी सिपाहियों को मारने का हुक्म है।'

'अवतार ध्यान का सिपाही नहीं है!' हालांकि यह पूरी तरह सच नहीं है। 'यह मेरा वफ़ादार है। इसे छोड़ दो! मेरी बात नहीं मानी तो मैं संधावालियों को इसके बारे में बता दूंगी।'

मेरी गर्जना सुनकर सरदार अवतार को छोड़ देता है। मैं उसे कहती हूं कि वह मेरे साथ चले; मुझे संधावालियों के सिपाहियों पर ज़रा भी भरोसा नहीं है। डरा हुआ गाड़ीवान तेज़ी से आगे बढ़ता है। मुड़ते ही मैं पाती हूं कि मेरे बाक़ी संतरी

मरे पड़े हैं। किसी तरह से मैं अपनी चीख़ को अंदर रोकती हूं। अवतार तुरंत परदे गिरा देता है, ताकि दलीप को कुछ नहीं दिखायी दे। मुझे गोलों की आवाज़ सुनायी देती है। क्या संधावालिये क़िले पर हमला कर रहे हैं?

घर पहुंचने पर संधावालिया सिपाही मुझे अंदर रहने को कहता है। उसके आदमी फाटक को बंद कर बाहर तैनात हो जाते हैं। मेरे संतरियों का कोई नामोनिशान नहीं बचा है। शुक्र है कि अवतार हमारे साथ है। वह जब हवेली का दरवाज़ा बंद कर रहा होता है, तो मंगला मुझे घर के पीछे के हिस्से में नौकरों के कमरे की तरफ़ ले जाती है।

'शेर सिंह मारा गया है,' वह फुसफुसाकर बताती है।

मेरा दिल जैसे किसी ने अपनी मुट्ठी में कसकर बंद कर लिया हो। 'तुम्हें कैसे पता?'

मंगला एक नौकर के कमरे का दरवाज़ा खोलती है। दीवार पर कोई टिककर खड़ा है। मामूली सा सलवार-कमीज़ पहने, घूंघट डाले हुए कोई औरत है। नज़दीक जाने पर पता चलता है कि यह नौकरानी के कपड़े पहने पठानी है, उसके बाल बिखरे हुए हैं, बांहें और गला ख़ाली है। जिन गहनों पर उसे मान था, उन्हें उसने पहचाने जाने के डर से उतार दिया होगा। वह थरथराते हुए रोये जा रही है और मुझे बताती है कि क्या हुआ है।

रात को नये कुंवर के जन्म का जलसा काफ़ी देर तक चला, इसलिए शेर सिंह ने आज दरबार नहीं रखा। संधावालियों ने उसे शाह बिलावल के बगीचे में कुश्ती का खेल देखने और अपनी टुकड़ियों के मुआयने का न्योता दिया। अजित सिंह ने कहा कि उसने ख़ास कलकत्ता से महाराजा के लिए दोनाली बंदूक मंगवायी है। उन्होंने ध्यान को भी बुलाया था, पर कुश्ती का शौक नहीं रखने वाले ध्यान ने कहा कि वह बाद में आ जाएगा। सुबह पठानी के साथ खाना खाकर वह कुछ लोगों के साथ बगीचे की तरफ़ रवाना हो गया।

पठानी बताती है, 'थोड़ी देर बाद मुझे अपनी नौकरानी की चीख़ सुनायी दी। मैं दरवाज़े की तरफ़ भागी तो पाया कि वज़ीर जी का एक घुड़सवार लहूलुहान होकर ज़मीन पर पड़ा है। उसने मुझे बताया कि संधावालिये रास्ते में वज़ीर जी से मिले थे। अजित सिंह ने उन्हें गोली मार दी और अपने आदमियों से उनके टुकड़े कर देने को कहा। वज़ीर जी के साथ के ज़्यादातर लोग मारे गये, पर उस घुड़सवार ने ठान ली थी कि मुझ तक पहुंचकर मुझे आगाह ज़रूर करेगा। संधावालियों के सिपाही हमारे घर को जलाने और शायद मुझे भी ख़त्म करने के लिए आ रहे थे। मैंने उसकी मदद करनी चाही, पर उसने मुझे कहीं बच निकलने को कहा। मैं सिर्फ़ तुम्हारे पास आने की ही बात सोच सकती...'

हाथों से अपना सिर थामे हुए वह चहलक़दमी करती है। मैं खुद इतने सदमे में हूं कि उसे दिलासा नहीं दे पाती। इतना चतुर और ताक़तवर ध्यान सिंह कैसे मारा जा सकता है?

बाहर हलचल मचती है। कोई हवेली के दरवाज़े पर ज़ोर-ज़ोर से दस्तक देता है। मंगला देखने जाती है और वापस आने पर उसका चेहरा बिलकुल सफ़ेद पड़ चुका है।

'अजित और लहणा हैं और उनके साथ कई सिपाही भी हैं। वे आपसे मिलना चाहते हैं।'

मैं आगे बढ़ती हूं। मेरे पास कोई और रास्ता है भी नहीं।

पठानी मेरा हाथ पकड़ लेती है। उसकी आंखों से आग बरसती है। 'क्या तुम उनकी साज़िश का हिस्सा हो? क्या इसीलिए तुमने मुझे कहा था कि मैं वज़ीर जी को तुम्हें लौट आने के लिए मनवा लूं?'

मेरे दिल में टीस उठती है, क्योंकि उसकी बात में थोड़ी सच्चाई तो है। पर मैं ईमानदारी से उससे कहती हूं, 'मुझे भी तुम्हारी तरह झटका लगा है। मुझे संधावालियों के इस काम की कोई जानकारी नहीं थी। मैं इस घर में उनकी कैदी हूं। पर मैं कसम खाती हूं कि तुम तक पहुंचने के लिए उन्हें मेरी लाश से गुज़रना होगा।'

बैठक में अजित और लहणा जीत के अंदाज़ में बड़ी शान से अपने ख़ून सने कपड़ों में मखमली कुर्सियों पर बैठे मिलते हैं। उन्होंने नौकरों से खाने-पीने की चीज़ें लाने को कहा है, जैसे कि घर के मालिक वही हों। मैं किसी तरह अपने गुस्से को छिपाती हूं, पर जब वे बताते हैं कि उन्होंने मेरे बेटे को राजा बना दिया है, तो मैं खुद पर क़ाबू नहीं रख पाती।

'आपने वादा किया था कि आप शेर या ध्यान को कोई नुक़सान नहीं पहुंचाएंगे। आपने झूठ कहा! मैं इसमें शामिल नहीं होना चाहती।'

लहणा जंगलियों की तरह अपने दांत दिखाते हुए कहता है, 'आपने यक़ीन कैसे कर लिया कि हम अपनी मिस्ल की औरत के क़ातिलों को यूं ही छोड़ देंगे? चंद का बदला पूरा हुआ, अब संधावालिये फ़ख्र से सर ऊंचा कर सकते हैं। आपका बेटा पंजाब पर राज करेगा और इस तरह हर कोई फ़ायदे में है। शिकायत क्यों कर रही हैं?'

'हमने शेर को समझाने की कोशिश की कि वह बिना ख़ून-खराबे के मान जाए, पर वह बड़ा ज़िद्दी निकला। हमने शहर भर में मुनादी करवा दी है कि दलीप नये महाराजा होंगे। आपके पास एक ही रास्ता है। आप चाहें तो राजा की तरफ़

से राजकाज संभाल सकती हैं,' कहते हुए अजित का हाथ अपनी तलवार की मूठ पर जाता है। 'या फिर दलीप अनाथ हो जाएगा, जिसे सरकार का मान करने वाले संधावालिये गोद ले लेंगे। एक बार दलीप इस सदमे से उबर गया तो वह भी ख़ुश रहेगा। उसे लहणा चाचा से प्यार है और वही अगले वज़ीर भी बनेंगे।'

मुझे शाही खेल में मात मिली है, इस पल तो यही लगता है।

'मैं आपकी योजना के मुताबिक़ काम करूंगी,' मैं बहुत ध्यान से कहती हूं, ताकि मेरी आवाज़ से किसी तरह की कोई नफ़रत नहीं झलके। पर मन ही मन मैं कहती हूं, कि *मैं यह सब भूलने वाली नहीं हूं।*

संधावालिये चाहते हैं कि मैं और दलीप आज रात ही क़िले में पहुंच जाएं। वहां इकट्ठा हुए उनके सिपाही हमारी बेहतर हिफ़ाज़त कर सकते हैं।

मैं मिन्नत करती हूं कि अंतिम संस्कार होने तक हम यहीं रहने दिया जाए। 'वहां लाशें पड़ी हैं, ऐसे में वहां पर रहना मुश्किल होगा।' सच तो यह है कि अगर मैंने हवेली छोड़ी तो पठानी की ज़िंदगी ख़तरे में पड़ जाएगी। शुक्र है कि अजित और लहणा का ध्यान तभी पहुंचे कुछ सैनिकों की वजह से भटक जाता है। वे बताते हैं कि उन्होंने ध्यान के ज़्यादातर आदमियों का सफ़ाया कर दिया है। पर उन्हें सुचेत, हीरा और पठानी अभी तक नहीं मिले। वे ज़रूर भाग गये होंगे।

संधावालिये उन्हें इतना आसान काम नहीं कर पाने के लिए बुरी तरह फटकारते हैं। वे सिपाहियों को मेरी हवेली की रखवाली का हुक्म देकर और मुझे सुबह क़िले में पहुंच जाने को कहकर निकल जाते हैं। वाहेगुरु की मेहर कि उन्होंने दलीप से मिलने की बात नहीं की। लहणा के गले लगते दलीप को देखना मुझसे बर्दाश्त नहीं हो पाता।

मंगला मुझे थकान से उपजी गहरी नींद से अचानक जगा देती है। वह मुझे चुपचाप पीछे के दरवाज़े तक ले जाती है, जहां पर कोई शाल ओढ़े खड़ा है। अंधेरे में वह ध्यान सिंह से इतना मिलता-जुलता लगता है कि मेरे मन में अचानक एक अतार्किक आस उबरती है। क्या पता वज़ीर किसी तरह बच निकला हो? पर यह तो हीरा है, उसके कपड़े फटे हुए हैं और चेहरा ख़ून से सना है। वह मुझे बताता है कि संधवालियों ने ध्यान की लाश के टुकड़े-टुकड़े कर उसे गड्ढे में डाल दिया। वह दिन भर छिपा रहा। अंधेरा होने पर वह मेरी हवेली की दीवार फांदकर अवतार को खोजने में कामयाब रहा।

'मुझे पता नहीं कि आप उन ग़द्दारों से मिली हुई हैं या नहीं, पर मैं कहीं और नहीं जा सकता था। क्या आपको मालूम है कि माई पठानी कहां गयी होंगी? हमारा घर तो जलकर राख़ हो चुका है और सभी नौकर-चाकर भी मारे जा चुके हैं। मुझे माई की चिंता है। उन्हें कभी अकेले रहकर किसी चीज़ का सामना नहीं करना पड़ा।' वह अपनी फटी आस्तीन से आंखें पोंछता है और मुझे अहसास होता है कि उसे पठानी की उतनी ही चिंता है, जितनी कि वह अपनी सगी मां की करता।

मैं उसे पठानी के पास ले जाती हूं।

वह उसका सिर सहलाते हुए बिस्तर के पास झुक जाता है। 'शुक्र है कि आप सुरक्षित हैं।'

अब खुद को संभाल चुकी पठानी की आंखें सूख चुकी हैं। 'मैंने सती होने का फ़ैसला कर लिया है।'

'नहीं, पठानी! नहीं!' मैं रोते हुए कहती हूं।

पठानी से भी अब मेरा गहरा नाता बन चुका है और मैं सोच में पड़ जाती हूं कि क्या मेरी क़िस्मत में यही लिखा है कि जो भी औरत मेरे क़रीब आती है, वह अपने पति के साथ सती हो जाती है? मैं उसके हाथ पकड़कर उससे अपना फ़ैसला बदलने की मिन्नतें करती हूं, पर वह और हीरा मेरी बात पर ध्यान नहीं देते।

'पर उससे पहले मैं बदला चाहती हूं। मेरे पास ग़द्दारों के सिर लेकर आना। मैं चाहती हूं कि उन्हें चिता पर तुम्हारे पिता के चरणों में रखा जाए।'

बिलकुल सीधे खड़े हीरा का चेहरा पीला पड़ा हुआ है, लेकिन उस पर पक्का संकल्प भी है। 'ऐसा ही होगा, माई। सुचेत चाचा और मैंने अपनी डोगरा फ़ौज को जमा कर लिया है। हमने छावनियों में खालसा फ़ौज से मिलकर उसे जानकारी दी है कि क्या हुआ था। अजित ने दोनाली तोहफ़े के तौर पर शेर सिंह की तरफ़ बढ़ायी और जैसे ही वह लेने के लिए आगे बढ़े, उन्हें छाती पर गोली मार दी। उन्होंने उनके छोटे बच्चे प्रताप को भी नहीं बख़्शा। अजित और लहणा ने बाप-बेटे के सिरों को भाले पर टांगा और पूरे शहर में घूमे। खालसा फ़ौज इस खुल्लमखुल्ला छल-कपट और अनादर से दंग रह गयी है। फ़ौज ने हमारी तरफ़ से लड़ने का वादा किया है। जीतने पर हमने उन्हें भारी-भरकम रक़म देने का भी वादा किया है,' कहते हुए वह उदासी भरी हँसी हँसता है।

'बहुत अच्छा किया! तुम्हारे पिता को तुम पर गर्व होगा। बस एक और बात है कि जिन्दां ने बहुत भारी जोखिम लेकर मेरी जान बचायी है। मैं चाहती हूं कि यह सब निपट जाए, तो तुम दलीप को सिंहासन पर बिठाना और इन्हें सरपरस्त बनाकर खुद वज़ीर बनकर इनकी मदद करना।'

उसकी बात मानते हुए हीरा सिर झुकाता है और आख़िरकार पठानी के चेहरे पर मुस्कान आती है।

चिता जलाये जाने के लिए तैयार है, उस पर चंदन की लकड़ियां लगायी गयी हैं। मैं उसके सामने खड़ी हूं। मेरी इच्छा कहीं और होने की है, पर मुझे मरे हुए लोगों का मान भी रखना है और उनका भी जो मारे जाने वाले हैं। ध्यान सिंह के लिए मैं इतना तो कर सकती हूं। अपने सारे छल-कपट के बावजूद, उसने ज़रूरत पड़ने पर मेरी और दलीप की हिफ़ाज़त की थी। पठानी अब डगमगाते हुए अपने पति की चिता पर चढ़ रही है। मैंने ख़याल रखा कि उसे काफ़ी मात्रा में अफ़ीम दी जाए और ध्यान की अर्थी के पीछे जाते हुए मैं उसका हाथ पकड़े रही।

हीरा ने अपना वचन निभाया। आधी रात के अंधेरे में वह खालसा फ़ौज को लेकर क़िले में घुसा और गोलाबारी शुरू कर दी। दीवारों को भेदकर वे 'राजा के क़ातिलों को मौत' का नारा लगाते हुए क़िले में घुस गये। संधावालिये इस हमले के लिए तैयार नहीं थे और उन पर जल्दी ही क़ाबू पा लिया गया। अजित और लहणा को पकड़कर उनके सर कलम कर दिये गये। हीरा ने अपने पिता के क़दमों में उन्हें रख दिया। ध्यान की लाश को गड्ढे से निकालकर उसके टुकड़ों को सिल दिया गया था।

ध्यान की चिता के पास शेर सिंह की चिता बनी है और उसके बाद एक छोटी-सी चिता उसके बेटे प्रताप के लिए तैयार की गयी है। मैं उस तरफ़ नज़र तक नहीं डाल सकती।

सबका अंतिम संस्कार हीरा करेगा। वह पहले राजा और राजकुमार की चिताओं को आग देता है। जब वह अपने पिता की चिता की तरफ़ बढ़ता है तो मैं मुंह फेर लेती हूं। मैं पठानी के जलने का ख़ौफ़नाक नज़ारा बर्दाश्त नहीं कर सकती। मैं बस उम्मीद करती हूं कि जल्दी ही सब ख़त्म हो जाए। अपने कानों को मैं बंद कर लेती हूं। फिर भी मुझे हीरा की दिल चीरती आवाज़ सुनायी देती है। 'मुझे नहीं पता माई कि पिताजी के मार्गदर्शन और आपके प्यार के बिना मैं कैसे ज़िंदा रह पाऊंगा। मैं यही प्रार्थना करता हूं कि मैं जल्दी ही आपके पास पहुंच जाऊं।'

आग धधकती हुई फुफकारें मारती है। मैं उन लपटों को महसूस कर सकती हूं। मेरे आस-पास खड़े लोग अपने मां-बाप के प्रति हीरा की कर्तव्यनिष्ठा की तारीफ़ें करते हैं, पर मैं भयभीत हूं। हीरा ने मुंह से ऐसे मनहूस बोल क्यों निकाले? दलीप की सलामती के लिए, मैं नहीं चाहती कि वे सच हों।

अंतिम संस्कार के दो दिन बाद हीरा शीश महल में मेरे और दलीप के रहने का इंतज़ाम करता है। वह जगह कड़वी-मीठी यादों से भरी है। मैं दुनिया से जा चुके लोगों सरकार, खड़क, चंद, बीबी और शेर की मौजूदगी को वहां महसूस कर सकती हूं, साथ ही वहां जीत के जश्न की एक रात मनाने वाले संधावालियों को भी। मैं जिन्दां हवेली में रहना चाहती हूं, लेकिन हीरा कहता है कि वह नये राजा के लिए मुनासिब नहीं होगा।

मेरा नन्हा बेटा अब सिर्फ़ मेरा नहीं रह गया है। वह लोगों का राजा है और उसे सही ढंग से बर्ताव करना होगा। मैं दलीप को बताती हूं कि वह अब राजा बन चुका है, वह मुझे खुश करने के लिए सिर तो हिलाता है, पर उसकी समझ में ज़्यादा कुछ नहीं आता। अभी तो वह बगीचे में दरबारियों के बच्चों के साथ खेलने में मशगूल है, जबकि कुछ ही दूरी पर कामगार पत्थरों पर लगे ख़ून के धब्बों को साफ़ करने में लगे हैं।

राजतिलक को लेकर हीरा और मेरे बीच बहस हो जाती है। वह कहता है कि जितनी जल्दी हो सके, दलीप को राजा और उसे वज़ीर बनाने का ऐलान कर देना चाहिए। 'पंजाब का सिंहासन ख़ाली नहीं रह सकता। सरकार के दो और बेटे हैं, पिशौरा और कश्मीरा। अगर हमने उन्हें पहले ही नहीं रोक दिया जब तक कि हमारे पास अभी खालसा फौज का समर्थन है, तो वे भी गद्दी पर दावा कर सकते हैं।'

उसकी बात सही है, मगर मैं उसके लिए कोई शुभ दिन चाहती हूं, ख़ासकर जब दलीप की जनमपत्री में अशुभ का योग है। मुश्किल यह है कि कई महीनों तक कोई अच्छी तारीख़ नहीं है।

आख़िरकार हम एक समझौता करते हैं। हीरा और मैं दलीप को दरबार में पेश करेंगे और वहां पर वह अस्थायी सिंहासन पर बैठेगा। दरबार का काम बिना किसी रुकावट के चलता रहेगा। राजतिलक मेरे हिसाब से सही दिन पर कर दिया जाएगा।

'आप चिंता नहीं करें! मैं सब कुछ संभाल लूंगा।' हीरा कहता है।

उसके बेपरवाह अंदाज़ से मुझे फ़िकर होती है। मुझे यही अंदेशा होता है कि वह मुझे ज़नाना तक सीमित रखना चाहेगा, दलीप को पढ़ाई-लिखाई तक और खुद पंजाब का राजकाज अपने हाथों में ले लेगा। मैं ऐसा नहीं होने दे सकती, लेकिन हीरा को पीछे करने के लिए मुझे भरोसेमंद साथियों की ज़रूरत होगी।

मैं फ़कीर को लिखती हूं कि वह दरबार में लौट जाएं और मेरे सलाहकार बनें। मैं जवाहर को भी चिट्ठी लिखती हूं कि दलीप को अपने मामा की ज़रूरत है। पिछली बार जिन हालात में हमारे रास्ते अलग हुए थे, उन्हें याद करते हुए मैं ख़त में जोड़ देती हूं, *जल्दी आना, वीर। हम ख़ूब मज़े करेंगे!*

अवतार ख़तों को लेकर निकल जाता है और वादा करता है कि वह जल्द से जल्द उन्हें पहुंचा देगा। फ़कीर लाहौर से बहुत दूर रहते हैं और जवाहर से भी। उन दोनों के जवाबों को मुझ तक पहुंचने में कई दिन लगेंगे। फिर भी कोई दस्तक सुनायी देने पर मुझे लगता है कि कहीं अवतार तो नहीं लौट आया!

इस बीच मेरे पास कई काम हैं। हर दिन किसी न किसी मिस्ल का कोई सरदार नये महाराजा से भेंट करने आ जाता है। हीरा दलीप के साथ जाने की पेशकश करता है, पर मैं अपने बेटे का साथ नहीं छोड़ने पर अड़ी रहती हूं। मैं जानती हूं कि मुझे अभी दरबार में अपनी जगह बनानी होगी, वरना बहुत देर हो जाएगी। मैं बड़े नाटकीय ढंग से अपनी पोशाक तय करती हूं। मैं सफ़ेद सलवार-कमीज़, सफ़ेद घूंघट और सरकार के दिए मोती पहनती हूं। मैं जानती हूं कि दरबार में हर कोई उन मोतियों को पहचान लेगा। दलीप के अस्थायी सिंहासन के पीछे मैं खड़ी रहती हूं। औरतें पहले तो दरबार में आती नहीं और अगर आती भी हैं, तो उन्हें आड़ में रहना होता है, लेकिन मैं इस परंपरा को तोड़ती हूं। मलिका मुकद्दस चंद कौर ने भी परंपरा को ही निभाया था। पर मुझे सबको दिखाना है कि दलीप अकेला नहीं है।

मैंने अपने बेटे को लोगों से मिलने-जुलने का सलीका सिखाया है। जब वह अपने भोले-भाले अंदाज़ में लोगों का शुक्रिया अदा करता है, तो लोग भी प्यार दिखाते हैं। बचपन की मासूमियत की अपनी अलग ताक़त होती है और मैं उसका इस्तेमाल करना चाहती हूं। उसके बाद मैं भी लोगों का शुक्रिया करते हुए कहती हूं कि अपने बेटे को मिलता समर्थन देखकर वह कितने खुश होते। मैं अभी लोगों को ताक़त का नहीं, बल्कि एक मां के अहसानमंद होने का अहसास दिलाती हूं। यह ताक़त दिखाने का वक़्त नहीं है। मैं महसूस कर सकती हूं कि हीरा मुझे फिर से तोलमोल रहा है और देख सकता है कि मैं सिर्फ़ ख़ूबसूरत विधवा नहीं हूं, जो पठानी की सहेली थी। मुझे महसूस होता है कि उसे यह बात बिलकुल अच्छी नहीं लगती।

उसे यह भी पसंद नहीं आया कि मैंने अवतार की मदद से अपने लिए संतरी रखे हैं। मेरे भरोसेमंद अवतार के साथ वे शीश महल के बाहर तैनात रहते हैं और मैं जहां भी जाऊं, मेरे साथ चलते हैं। हीरा को यह जानकर और भी परेशानी होगी कि अवतार ने कुछ जासूस भी रखे हैं, जिनमें से कुछ हीरा के घर में होंगे।

हीरा को यह देखकर भी चिढ़ होती है कि मैं खुद तोशख़ाना जाकर सब कुछ जांचती हूं, पर वह कह कुछ नहीं पाता। मुझे पता चलता है कि सरकार के ज़माने के मुक़ाबले ख़ज़ाने में काफ़ी कमी आयी है।

मैं गुस्से में पूछती हूं, 'क्या हुआ? जब मैं सरकार के साथ आती थी, तो यहां पर सोने के सिक्के भरे पड़े होते थे। अब तो यह ख़ाली है।'

ख़जांची हकलाते हुए कहता है कि उसे तो अभी काम पर रखा गया है। हो सकता है कि उनसे पहले काम करने वाले लाल सिंह को इसकी जानकारी हो। मैं लाल से बात करती हूं। दिखने में आकर्षक, बात करने में सलीकेदार लाल को मैं पहले भी दरबार में देख चुकी हूं। ध्यान ने उसकी क़ाबिलियत देखते हुए उसे राजा का ख़िताब भी दिया था। लाल बिना किसी लाग-लपेट के सीधी बात करते हुए बताता है कि जिस दिन चंद को हराया गया, उस रात काफ़ी ख़ज़ाना ग़ायब हो गया था। किसी का नाम लेना हम दोनों के लिए ख़तरनाक हो सकता है। मैं चाहती भी नहीं कि वह कोई नाम ले। मैंने कानाफूसी सुनी है कि गुलाब के आदमी उसे जम्मू ले गये। उसकी धोखेबाज़ी से मैं सुलग उठती हूं, पर हीरा का चाचा होने के नाते फ़िलहाल उसे कोई हाथ नहीं लगा सकता।

लाल बताता है कि शेर की ऐशोआराम की आदत से भी यह दिक़्क़त और बढ़ गयी थी। वह इस बात की परवाह किये बिना कि पैसा कहां से आएगा, खुले हाथ से ख़र्चा करता था। लाल ने मुझे सही सलाह देते हुए कहा कि मैं ग़ैरज़रूरी ख़र्चे में कमी करूं और हिसाब-किताब पर नज़र रखूं कि सभी मिस्लें वक़्त पर नज़राने दे रही हैं कि नहीं। वह मुझे उन नामों की एक फ़ेहरिस्त पकड़ाता है, जो अक्सर नज़राने देना भूल जाते हैं।

मैं उसका शुक्रिया अदा करती हूं। रात को सोने से पहले उसका ख़ूबसूरत चेहरा मेरी आंखों के आगे तैरने लगता है। मुझे उसकी ईमानदारी भरी आंखों का ख़याल आता है। वह साथी के तौर पर सही रहेगा।

मैंने अभी दलीप को कहानी सुनाकर सुलाया है। मुझे उसे कहानी सुनाना अच्छा लगता है और मैं हमेशा उसके लिए वक़्त निकाल लेती हूं। तभी मंगला मुझे बताती है कि अवतार लौट आया है। वह काफ़ी थका हुआ है और दिन भर सफ़र करके मुझ तक चिट्ठी पहुंचाने आया है। मैं उसकी बड़ी अहसानमंद होती हूं और उसे आराम करने के लिए कहती हूं। फिर बड़ी उत्सुकता से ख़त को खोलती हूं। वह कूट-भाषा में लिखा गया है, लिखाई भी काफ़ी सधी हुई है। मेरा दिल ज़ोरों से धड़कने लगता है। शायद कोई क़रिश्मा हुआ हो और फ़कीर बिलकुल चंगे हो गये हों?

रानी साहिबा और प्यारी बिटिया,

मेरा छोटा भाई नूरुद्दीन हमारी कूट-भाषा जानता है, वही यह ख़त लिख रहा है। मैं तो तकिये से अपना सिर तक नहीं उठा सकता। मुझे बहुत अफ़सोस है कि मैं तुम्हारी मदद के लिए दरबार में हाज़िर नहीं हो सकता। अब मेरा वक़्त आ चुका है। मुझे तुम्हारी समझदारी

और हिम्मत पर पूरा भरोसा है। खुद पर यक़ीन रखना। बहुत जल्दी किसी का विश्वास नहीं करना। सदा याद है ना? उसके जैसी बनना। खालसा सिपाहियों पर ध्यान देना। वही तुम्हारी हिफ़ाज़त करेंगे। डोगरों से सावधान...

नीचे माफ़ी मांगते हुए नूरुद्दीन की तरफ़ से लिखा है : *सांस लेने में मुश्किल होने पर फ़कीर कुछ और नहीं लिखवा पा रहे।*

मेरी आंखें डबडबा जाती हैं। मुझे उम्मीद थी कि मेरे फ़कीर, मेरे प्यारे रहनुमा, मेरी ढाल मेरे साथ होंगे। पर उनका तो आख़िरी वक़्त आ पहुंचा है।

मैं गौर करती हूं कि अवतार अब भी दरवाज़े पर खड़ा है।

अपनी आंखें पोंछते हुए थोड़े संकोच के साथ मैं पूछती हूं, 'जवाहर से कोई ख़त या फिर कोई संदेशा लाये हो?'

वह अपना सिर हिलाता है।

'जवाहर ठीक तो है?'

'जी, उनकी सेहत बहुत अच्छी है।'

मुझे जवाहर से कोई चिट्ठी-पत्री नहीं मिलने पर हैरानी होती है और निराशा भी। मेरी आंखें फिर से भर आती हैं। मैं मुंह फेर लेती हूं, ताकि अवतार मेरे आंसुओं को नहीं देख ले।

तभी अचानक शाल से चेहरा ढंके एक आदमी कमरे में आता है और मुझे पकड़कर ज़ोर से घुमा देता है। मैं अपने हाथ-पैर झटकने लगती हूं कि मुझे अहसास होता है कि यह जवाहर है।

'बेवकूफ़ बना दिया!' वह ज़ोर से कहता है। अपनी शाल उतारकर वह हँसने लगता है। मैं भी उसके साथ हो लेती हूं। वह मुझे कसकर गले लगा लेता है। मुझे मंगला और अवतार मुस्कराते दिखते हैं।

'साज़िश करने वाले!' मैं ताना मारती हूं।

एक अरसा बीत गया, मैं इतनी ख़ुश कभी नहीं रही। मेरे बचपन में मुझे जवाहर बचाता था। वह मेरा अपना ख़ून है और मुझे कभी निराश नहीं करेगा।

'शुक्रिया, वीर! अब तुम आ गये हो, तो सब कुछ ठीक हो जाएगा।'

27

ताजपोशी

कुछ ही हफ़्तों में किसी शुभ दिन पर ताजपोशी होगी। काफ़ी काम पड़े हैं। मैं इस रस्म को क़िले के सबसे बड़े हिस्से, दीवान-ए-आम में करना चाहती हूं। फ़र्श को चमकाना होगा, कुर्सियों को रगड़कर साफ़ करना होगा, दलीप के लिए ख़ास पोशाक सिलवानी होगी, मेरे लिए और जवाहर के लिए भी, क्योंकि मैं चाहती हूं कि वह भी इस मौक़े पर मौजूद हो। सभी मिस्लों के सरदारों को, पड़ोसी राजाओं को सुनहरी नक़्क़ाशीवाले निमंत्रण पत्र भेजे जा रहे हैं, हालांकि ज़्यादातर राजा अंग्रेज़ों के अधीन हैं।

हीरा इन कामों को अपने हाथ में लेना चाहता है, लेकिन मैं नहीं चाहती कि उसकी निगरानी में यह सब हो। मुझे डर है कि इससे मेरी ताक़त पर असर पड़ेगा। मैं सभी निमंत्रण पत्रों पर दस्तख़त करती हूं।

'तुम्हें भी इन पर दस्तख़त करने चाहिए,' मैं हीरा से कहती हूं।

हीरा ने अपने बाप से अच्छी तालीम ली है और वह अपनी चिढ़ बड़ी अच्छी तरह छिपा लेता है। 'नहीं, रानीजी! आपके दस्तख़त काफ़ी हैं। आपका शुक्रिया कि यह काम अपने हाथ में ले लिया। मैं अब दरबार के और ज़रूरी कामों को निपटा सकता हूं।'

हमारे बीच तनातनी बढ़ती जा रही है। मुझे बुरा लगता है, क्योंकि हम अच्छे साथी हो सकते थे। जवाहर को लेकर उसके बैर पर मुझे सबसे ज़्यादा गुस्सा आता है। जब मैं हीरा से कहती हूं कि राजा के मामा की हैसियत से जवाहर को जगह दी जाए, तो हीरा को लगता है जैसे मैंने पता नहीं क्या मांग लिया है।

इस सारी परेशानी की जड़ पंडित जल्ला है, जो हीरा के सलाहकार बनते ही पता नहीं कहां से दरबार में हाज़िर हो गया। मैं जो कुछ भी चाहती हूं, जल्ला उसका विरोध करता है। अवतार से मुझे पता चला है कि जल्ला हीरा की तालीम देखता था, उसे ध्यान ने लाहौर से निकलवा दिया था, क्योंकि वह हीरा को अपनी अंगुलियों पर नचाने लगा था। जल्ला ज़रूर हीरा के संपर्क में रहा होगा, क्योंकि ध्यान की मौत होते ही वह तुरंत लाहौर लौट आया था।

कसूर के पास एक जागीरदार की मौत हो गयी है, उसका कोई वारिस नहीं है। इस पर दरबार में काफ़ी तीखी बहस होती है कि वह जागीर किसे दी जाए। मैं उसकी विधवा की हिमायत करती हूं, जिसने कहा है कि उसे सब कुछ संभालने दिया जाए। मैं यह भी बताती हूं कि उसके भाई ने, जो खुद एक ताक़तवर मिस्ल का सरदार है, कहा है कि कि वह भी अपनी बहन की मदद करेगा। हमारे राज़ी हो जाने पर वह हमारा पक्का साथी बन जाएगा। कई बुज़ुर्ग दरबारी इस पर सहमत हैं, लेकिन जल्ला किसी हिंदू जागीरदार को वह जागीर सौंपना चाहता है। हीरा भी जल्ला की तरफ़दारी करता है और वज़ीर होने के नाते उसकी बात मानी जाएगी। पर लोगों की बीच यह कानाफूसी चलती है कि यह राज्य पर हिंदुओं के कब्ज़ा करने की साज़िश है।

मैं गुस्से में शीश महल लौटती हूं। 'हीरा आंख मूंदकर उस जल्ला की बात मानता है, जबकि कई तजुर्बेकार दरबारियों की सलाह उससे बेहतर होती है। इससे दरबार में हिंदू और सिखों के बीच ख़तरनाक दरार पड़ रही है, जिन्हें सरकार ने काफ़ी मेहनत से एकजुट रखा था।'

मेरे अपने भाई और मेरे वफ़ादार जवाहर की राय भी कुछ ऐसी ही है। 'मुझे उस जल्ला से नफ़रत है! मैंने उसे कई बार हमले को तैयार फन फैलाये सांप की तरह तुम्हें घूरते देखा है।'

मैं गहरी सांस लेते हुए कहती हूं, 'जल्ला असली ताक़त अपने हाथ में रखना चाहता है। वह हीरा की तरह दलीप को भी अपनी अंगुलियों पर नचाना चाहता है। मेरे रहते हुए वह कुछ नहीं कर सकता। यही वजह है कि वह हीरा को मेरे ख़िलाफ़ कर रहा है।'

'हमें तुरंत उस आदमी से छुटकारा पा लेना चाहिए। उसे ठिकाने लगाने के लिए...'

'सब कुछ इतना आसान नहीं है!' मैं तुरंत उसे टोकती हूं। 'तुम जल्दबाज़ी में कोई क़दम नहीं उठाओगे।'

'तुम ज़्यादा सोचती हो। तुम्हें मुझ पर छोड़ देना चाहिए था, मैं निपट लेता।' जवाहर भुनभुनाते हुए कहता है। मैं उससे वचन लेती हूं कि वह ऐसा कुछ नहीं करेगा, जिससे कोई और परेशानी पैदा हो।

उस रात मुझे नींद नहीं आती। जवाहर को लेकर मुझे चिंता होती है, सिर्फ़ इसलिए नहीं कि वह गरम मिज़ाज का है और सीधे मरने-मारने पर उतारू हो जाता है। बल्कि इसलिए भी कि वह मेरे खाते से महंगे कपड़े और हीरे-जवाहरात मंगवाता है। मैंने उसे कितनी बार कहा है कि लाल की सलाह है कि मुझे अपने ख़र्चे कम करने चाहिए। वह चाहता है कि मैं दावतें दूं, जिनमें नाच-गाना और आतिशबाज़ी हो। *अब तुम महाराजा की सरपरस्त हो। क्या हमें जश्न मनाना नहीं चाहिए?* मैं उसे समझाने की कोशिश करती हूं कि इतनी सारी मौतों के बाद किसी तरह का कोई जश्न मनाना मुनासिब नहीं होगा। मुझे चिंता इस बात की है कि वह खुद ये बातें नहीं समझ पाता।

मेरी ही ग़लती है कि मैंने उसे मज़ाक़ में लिखा कि *हम कितने मज़े करेंगे!*

एक और परेशानी यह है कि वह फिर से मंगला के साथ रातें बिताने लगा है। मंगला तो फिर भी सावधान रहती है, पर वह नहीं रहता। वह अक्सर उसके साथ भद्दे मज़ाक़ करता है या फिर उसके आस-पास होने पर उसे पकड़ लेता है। मुझे बहुत असहज महसूस होता है, ख़ासकर जब वह दलीप के सामने ऐसी हरकतें करता है। दलीप अपने मामा को बहुत पसंद करता है और अब उसके हावभाव की नक़ल करने लगा है।

अपने रिश्तेदारों को दरबार गें नहीं आने की इजाज़त देने का सरकार का यह नियम शायद बिलकुल सही था।

फिर गैं इस तरह की सोच को परे कर देती हूं। जवाहर मेरा इकलौता भाई है। उसे यहीं मेरे साथ होना चाहिए।

मैं फ़कीर के आख़िरी बोलों पर ध्यान लगाती हूं। उन्होंने क्यों कहा कि मुझे सदा कौर जैसा होना चाहिए? मैं सारी रात सोचती रहती हूं। मेरी खिड़की पर सुबह की लाली के आते ही मुझे कुछ सूझता है। मैं दरबार जाते हुए हीरा को रोककर उसे कहती हूं कि वह खालसा फ़ौज को नये महाराजा से मिलने को बुलवाए।

'दलीप उनका मुआयना कर उन्हें कोई तोहफ़ा दे सकता है।'

'अभी? हमें राजतिलक से पहले कई काम निपटाने हैं।'

मैं अपनी आवाज़ को पठानी की आवाज़ की तरह नरम और मीठा बनाकर कहती हूं, 'इससे फ़ौज का हौसला बढ़ेगा और उनकी वफ़ादारी भी। तुम ज़रूर चाहोगे कि ऐसा हो।'

पता नहीं मेरी बात का असर था कि मेरे अंदाज़ का, पर हीरा मान जाता है। 'अवतार से कहें कि वह अगले सोमवार को दलीप को अकबरी दरवाज़े पर ले आये। मैं उसे फ़ौजी मैदान में ले चलूंगा।'

मुआयने वाले दिन अवतार दलीप को लेकर अकबरी दरवाज़े पर पहुंचता है। जवाहर और मैं उनके पीछे हैं। हीरा को क्या लगा कि इतनी अहम मुलाक़ात मेरी ग़ैरमौजूदगी में हो सकेगी?

दलीप उसी काले अरबी घोड़े पर बैठा है, जिसे लहणा ने तोहफ़े में दिया था। दलीप पूछता है, 'क्या लहणा चाचा भी हमारे साथ आएंगे?'

उसके मासूम सवाल का मेरे पास कोई जवाब नहीं होता। मैं सिर हिलाते हुए मना करती हूं।

'ऐसा क्यों बीजी?'

जवाहर तुरंत बात संभाल लेता है। 'उन्हें कहीं और जाना था, पर मैं हूं ना यहां? चलो, देखें कि उस खेत के किनारे तक कौन पहले पहुंचता है!'

मैं दोनों को आगे बढ़ते हुए देखती हूं। मैंने जवाहर को इस हफ़्ते हर रोज़ घुड़सवारी की तैयारी करवायी है। अवतार उसके लिए अस्तबल से बहुत शांत घोड़ा लेकर आया, ताकि उसे किसी तरह की शर्मिंदगी का सामना नहीं करना पड़े। पर अब मुझे लगता है कि वह अच्छा घुड़सवार है।

हर बार जब मुझे लगता है कि मैं जवाहर को जानती हूं, तो वह मुझे किसी नयी बात से हैरानी में डाल देता है।

शुक्र है कि मैं घुड़सवारी करना नहीं भूली हूं, हालांकि जम्मू से आने के बाद मुझे घोड़े की सवारी करने का एक भी मौक़ा नहीं मिला। मैं लाली लिए हुए भूरे रंग के ख़ूबसूरत, जोशीले घोड़े पर सवार हूं, हालांकि मेरी इच्छा किसी दूसरे घोड़े पर बैठने की थी। क़िले में आते ही मैंने सबसे पहले अवतार को लैला का पता लगाने के लिए अस्तबल भेजा था। मैं उसी दिन उसे देखना चाहती थी। उसके लिए मैंने गुड़ भी रखा था, लेकिन लैला वहां नहीं थी। हमलों की अफ़रा-तफ़री का फ़ायदा उठाकर कोई उसे चुरा ले गया होगा।

हम फ़ौजी मैदान पर पहुंचते हैं, जहां कई सरदार हमारा इंतज़ार कर रहे होते हैं। मैं जानती हूं कि मर्दों की इस जगह में मेरे अचानक पहुंच जाने से वे चौंक उठेंगे। उससे मैं बाद में निपट लूंगी। फ़िलहाल तो मेरा सारा ध्यान सिपाहियों पर है। बड़े से मैदान में लाल और पीली वर्दी पहने सिपाहियों की भीड़ जमा है। यह पंजाब की फ़ौज़ों का एक छोटा-सा हिस्सा है। बाक़ी टुकड़ियां सरहदों पर तैनात हैं। तिब्बत,

काबुल और सबसे अहम सतलुज पर, अंग्रेज़ों की फ़ौज के सामने। मुझे हमेशा से जानकारी थी कि हमारी फ़ौज कितनी बड़ी है, क्योंकि सरकार अक्सर बड़े प्यार से उसके बारे में बात करते थे। फिर भी इतने सारे सिपाहियों के सामने मुझे घबराहट होने लगती है। क्या हीरा की तरह वे भी मुझे देखकर सदमे में आ जाएंगे, हालांकि मैं परदे में हूं? क्या उन्हें यह पसंद नहीं आएगा?

पहला सवाल जल्ला की तरफ़ से आता है, जिससे मुझे कोई हैरानी नहीं होती। 'आदरणीय रानी जी, आप यहां क्या कर रही हैं?' उसकी आवाज़ में रोष है। 'यह ठीक नहीं है! लाहौर की शाही औरतों को परदे में रहना चाहिए।'

अपने गुस्से पर क़ाबू पाते हुए मैं ज़ोर से जवाब देती हूं, ताकि वहां मौजूद सभी दरबारियों तक मेरी बात पहुंच सके। 'महाराजा की सरपरस्त होने के नाते यहां होना मेरा फ़र्ज़ है। आप भूल रहे हैं कि सरकार की सास सदा कौर भी एक औरत थीं, जो उनके साथ लाहौर पहुंची थीं और महाराजा बनने में उनकी मदद की थी।'

मैं जल्ला पर वक़्त बर्बाद नहीं करना चाहती। मैं अवतार को इशारा करती हूं और वह मेरे पास भोंपू लेकर आता है। वहां मौजूद हर कोई अब मुझे घूर रहा है। मैं अपने घोड़े को आगे ले जाती हूं, ताकि सीधे उनके सामने रहूं। कांपती अंगुलियों से मैं भोंपू को पकड़ती हूं, पर वाहेगुरु का शुक्र है कि मेरी आवाज़ साफ़ और मज़बूत है।

सरकार अपनी फ़ौज को खालसा जी कहकर पुकारते थे और मैं भी यही करती हूं, 'खालसा जी, मैं और मेरा बेटा आपकी बहुत इज़्ज़त करते हैं और आपको शुक्रिया कहते हैं। हमारी और हमारे प्यारे पंजाब की हिफ़ाज़त की ज़िम्मेदारी आपकी बहादुरी पर है। ताजपोशी के लिए तैयार दलीप को अपना आशीष दें। आपके फ़ौजी करतब देखने के बाद आपका शुक्रिया करते हुए दलीप आप सबको एक नानकशाही सिक्का भेंट करेंगे।'

सिपाही बिलकुल ख़ामोश हैं, उनके चेहरे देखकर अंदाज़ा लगाना मुश्किल है। क्या मैं नाकाम रही? मैं जल्ला को होने वाली तसल्ली को महसूस कर सकती हूं। अब चाहे जो भी हो, मुझे अपने हिसाब से काम करना होगा। मैं दलीप को आगे बढ़ने को कहती हूं। वह अपनी उम्र के मुताबिक़ घोड़े पर बिलकुल सीधे बैठा है और फिर शाही अंदाज़ में अपना बाजू आगे बढ़ाता है। इतने सारे लोगों के सामने उसे इस तरह शांत देखकर मैं हैरान रह जाती हूं। वह वाकई अपने पिता की संतान है!

सिपाहियों की खुशी देखते ही बनती है। 'वाहेगुरु हमारे महाराजा पर मेहर करें!' फिर अचानक आवाज़ें आने लगती हैं, 'रानी जिन्दां की जय!'

सारे करतब हो जाने के बाद, अवतार के आदमी चांदी के सिक्कों से भरे बोरे लेकर आते हैं, ताकि दलीप उन्हें छू ले और फिर उन्हें पंचों को बांटने के लिए दे दिया जाए। सिपाही फिर से तालियां बजाते हैं। वहां से निकलते हुए मेरा दिल

हल्का हो चुका है। फ़ौज का अब दलीप से दिल का रिश्ता बन गया है और शायद मुझसे भी।

तभी जल्ला की दुष्टता भरी आवाज़ मुझे झटके से मेरे ख़यालों से बाहर निकाल देती है। 'यह तो बहुत बढ़िया रहा। पर ये सारे सिक्के आये कहां से? क्या आप अपनी शान दिखाने के लिए पहले से ही ख़ाली पड़े ख़ज़ाने का दीवाला निकालने पर उतारू हो गयी हैं?'

उसकी इस गुस्ताख़ी से मेरा चेहरा लाल होने लगता है। आज के लिए मैंने ख़जांची से पहले ही सलाह-मशविरा कर लिया था। मैंने तोशखाने से कुछ पैसा लिया था, पर उसका ज़्यादातर हिस्सा मेरे और दलीप के भत्ते से लिया था। पर मैं जल्ला को यह सब नहीं बताऊंगी।

'पंडित, आपके जितना पढ़ा-लिखा इंसान इतना तो जानता ही होगा कि महाराजा की सरपरस्त होने के नाते मेरी जवाबदेही सिर्फ़ वज़ीर के प्रति है। अगर हीरा मुनासिब वक़्त पर मुझसे कोई सवाल करेंगे, तो मैं जवाब ज़रूर दूंगी।'

कहकर मैं गुस्से से भरी आगे बढ़ जाती हूं। जल्ला ने इतने अच्छे पल को बर्बाद करके रख दिया। मैं जवाहर को इस बारे में कुछ नहीं कहती, क्योंकि मैं नहीं चाहती कि उसका गुस्सा और बढ़े। पर मैं मंगला से ज़रूर कहती हूं, 'जल्ला को जाना ही होगा।'

मंगला सिर हिलाती है। 'उसके लिए आपको बड़े ताक़तवर साथी की ज़रूरत होगी।'

'मुझे लगता है कि वह मिल गया है।'

ताजपोशी का दिन चमक भरा है। मंगला दलीप को लाल रेशमी कपड़े पहनाती है। जवाहर ने चमकदार हरा कुर्ता पहना है और मैं अपने लिए बाक़ी दिनों वाला सफ़ेद ही चुनती हूं। मंगला और जवाहर कहते हैं कि वह बहुत ही सादा है, पर मैं जानती हूं कि मैं क्या कर रही हूं। मैंने अपनी ऐसी शख़्सियत तैयार की है कि बाज़ारों में लोग सफ़ेद पोशाक वाली, वफ़ादार, ख़ूबसूरत और ग़मज़दा जवान रानी के बारे में बड़े अदब से बात करते हैं और कहते हैं कि उसका इकलौता गहना उसके पति की तोहफ़े में दी गयी मोतियों की लड़ी है।

दीवान-ए-ख़ास में दलीप बिलकुल वैसा ही करता है, जैसा मैंने उसे सिखाया है। वह बड़ी श्रद्धा से ग्रंथ साहिब के सामने नतमस्तक होता है और अपने माथे पर तिलक लगवाता है। जब मैं उसकी पगड़ी में सफ़ेद पंखों और हीरों की चमकती हुई कलगी लगाती हूं, तो उसके चेहरे पर बच्चों वाली मुस्कान खेलने लगती है।

'मैंने सब सही किया? आपको मुझ पर नाज़ है?'

'बिलकुल, तुमने बहुत अच्छी तरह सब कुछ किया, मेरे चंदा,' कहते हुए मेरे आंसू बहने लगते हैं। वह उन्हें पोंछता है।

दरबारी, सभी सिपहसालार और मिस्लों के सरदार दलीप के प्रति निष्ठा की सौगंध खाते हैं और उसे महंगे तोहफ़े भेंट करते हैं। सिंहासन के दोनों तरफ़ इन तोहफ़ों का ढेर लग जाता है। कतार में मुझे गोबिंदगढ़ क़िले के मुख्य तोशखाने के ख़जांची भी दिखायी पड़ते हैं। उनके पास एक सुनहरा डब्बा है। उसे खोलने पर मुझे उसमें कोहेनूर दिखता है। वह उसे महाराजा की बांह पर बांध देते हैं। मुझे याद आता है कि सरकार ने मुझसे कहा था कि वह चाहते थे कि दलीप को वह हीरा दिया जाए। मैं उस बदक़िस्मती लाने वाले हीरे को झपटकर अपने बेटे से दूर फेंक देना चाहती हूं। पर मैं नहीं चाहती कि इस मौक़े पर मौजूद लोग मुझे वहमी बेवकूफ़ समझें। मैं चुपचाप उसे बंधते देखती हूं।

राजतिलक पूरा हो जाने पर मैं चैन की सांस लेती हूं। लाहौर के बाशिंदों को नये महाराजा की जानकारी देने के लिए तोप से गोले छोड़े जाते हैं। बगीचे में साजिंदे शुरू हो जाते हैं, नर्तकियां भी थिरकने लगती हैं। नौकर-चाकर कई तरह के लज़ीज़ खाने लेकर आने लगते हैं। हवा में बिरयानी और रोगन जोश की ख़ुशबू तैरने लगती है।

जश्न के बीच अचानक सूरज घने बादलों के पीछे छिप जाता है और जमा देने वाली ठंडी हवा शुरू हो जाती है। क़िले पर ओलों की बौछार होने लगती है। तेज़ हवाओं के साथ ओले दीवान-ए-ख़ास में भी आने लगते हैं। गाने-बजाने वाले और नर्तकियां अपने सिर छिपाने के लिए दौड़ पड़ते हैं। मेहमानों में भी हलचल मच जाती है, वे अपनी बढ़िया पोशाकों को गीला होने से बचाने की कोशिश करते हैं। खाना लाने वालों को वापस रसोईघर में लौटना पड़ता है।

जश्न की मेरी सारी तैयारियां बिलकुल बर्बाद हो जाती हैं।

मैं बेचैनी के साथ आसमान को तकती हूं। अपनी पूरी ज़िंदगी में मैंने ओले दो ही बार देखे हैं और वे बहुत छोटे थे। ये ओले मेरी मुट्ठी जितने बड़े हैं। क्या यह कोई अपशकुन है? अपने आस-पास लोगों के चेहरे देखकर मैं महसूस कर सकती हूं कि वे भी वही सोच रहे हैं। ज्योतिषी के बोल मेरे मन में गूंजने लगते हैं : *इनके ग्रह बहुत ख़राब हैं। इन्हें सब कुछ मिलेगा और फिर यह सब कुछ खो देंगे।*

दलीप की ताजपोशी के जश्न को बर्बाद कर देने वाले ओलों ने समूचे पंजाब पर कहर बरसा दिया, फ़सलों को नुक़सान पहुंचा और हज़ारों लोग खाने को तरस गये। मैं

शाही भंडारों से गांवों को अनाज भेजती हूं। मैंने दरबार से कहा है कि बड़े सरदारों, जागीरदारों से तूफ़ान के लिए अलग से उगाही करें और जमा हुए पैसे को गुरुद्वारों व मंदिरों में भेज दें, ताकि भूखों को खाना खिलाया जा सके। इसके बावजूद लोग कहते हैं कि दलीप उनके लिए बदक़िस्मती लाया है। दरबारी अपने बच्चों को किसी न किसी बहाने से मेरे बेटे से दूर रखते हैं। जब वह पूछता है कि उसके दोस्त कहां हैं, तो मैं कोई जवाब नहीं दे पाती।

और भी मुश्किलें सर उठा रही हैं। मुझे दरबार से उनकी जानकारी मिलती है। अपनी तालीम के लिए जब दलीप शीश महल जाता है, तो मैं दरबार में रहती हूं। शुरू में दरबारियों को थोड़ा असहज लगता था, लेकिन कुछ समय बाद उन्हें मेरी मौजूदगी की आदत हो गयी। कल लाहौर में दो जासूसों को पकड़ा गया। पूछताछ करने पर उन्होंने क़बूल किया कि वे हमारे यूरोपीय अफ़सरों को लालच देने आये थे कि अंग्रेज़ों की तरफ़ चले जाएं। अजित और लहणा की मिस्ल के अत्तर सिंह संधवालिया ने ये सारी साज़िश रची थी, अंग्रेज़ों ने उसे शरण दी थी। वह चाहता था कि फ़िरंगी पंजाब के ख़िलाफ़ जंग शुरू कर दें और वे तो हमेशा ही तैयार रहते हैं, इसलिए फ़िरोज़पुर में दो सौ से ज़्यादा बंदूकें और कई टुकड़ियों को लेकर आ गये। हमें यह भी पता चला कि अंग्रेज़ों ने ही अजित और लहणा को शेर सिंह को मारने के लिए उकसाया था।

जासूसों को मौत के घाट उतार दिया गया और इस मामले से जुड़े अफ़सरों से पूछताछ की जा रही है। अब हमें यह फ़ैसला करना होगा कि हमारा अगला क़दम क्या होगा। कुछ का मानना है कि हमें इंतज़ार करना चाहिए और पहली चाल अंग्रेज़ों को चलने देनी चाहिए। कुछ चाहते हैं कि लाहौर में मौजूद अंग्रेज़ एजेंट पर दबाव बनाया जाए, ताकि फ़िरंगी पीछे हट जाएं। जरनैल हमला करने के हक़ में हैं। हीरा का मानना है कि हमें सरहद पर अपनी फ़ौज को तैयार रखना चाहिए। पर हमारी सीमा तो सैकड़ों मील तक फैली हुई है। फ़ौज कहां-कहां नज़र रख सकती है? इस बात पर आवाज़ें और गुस्सा, दोनों भड़कने लगते हैं।

मुझे कुछ याद आता है। सरकार का बिस्तर पर एक नक़्शा फैलाना और फ़िरोज़पुर की तरफ़ इशारा करते हुए बताना कि वह मुझसे शादी करने के लिए गुजरांवाला क्यों नहीं आ सके। वे अंग्रेज़ों से बातचीत कर रहे थे। सरकार को उन्हें फ़िरोज़पुर देना पड़ा, पर उन्होंने यह भी बताया कि अगर कभी अंग्रेज़ों ने वहां से पंजाब पर धावा बोलने की बात सोची, तो उनके पास अपनी हिफ़ाज़त करने का बढ़िया तरीक़ा मौजूद था।

मैं याद करने की बहुत कोशिश करती हूं। 'हमें सरहद पर कसूर में अपनी टुकड़ियों को भेजना होगा,' मैं ऊंचे स्वर में बोलती हूं, ताकि बहस के बीच मेरी आवाज़ सब तक पहुंच सके। 'वह जगह फ़िरोज़पुर के नज़दीक है और वहां से

नहीं दिखती। फिर फिल्लौर क़िले की खंदक को भर दिया जाए। सरकार होते, तो यही करते।'

हर किसी की निगाह मुझ पर टिक जाती है। मेरा चेहरा लाल हो जाता है। जल्ला मुझ पर ताना मारने ही वाला होता है कि हीरा बोल उठता है, 'बहुत बढ़िया तरकीब है! लगता है जैसे आपके मुंह से सरकार बोल रहे हों।' वह तुरंत हुक्म देता है। कुछ ही दिनों में अंग्रेज़ों को पीछे हटना पड़ता है।

दरबारी अब बिलकुल नये ढंग से मुझे मान देने लगे हैं और किसी भी उलझी हुई सियासी हालत पर मेरी राय मांगते हैं। मैंने सरकार से जो कुछ सीखा था, उसे याद करते हुए अपनी बात कहती हूं। कई बार मैं खुद सोच-समझकर कोई हल सुझाती हूं। जल्ला मेरी इस बढ़ती लोकप्रियता से आगबबूला हो जाता है और उससे मेरे कलेजे को बड़ी ठंडक पहुंचती है।

मेरी सारी कोशिशों के बावजूद दरबार में जवाहर कोई रुतबा हासिल नहीं कर पाया है। उसे दरबार के मामलों की इतनी अच्छी जानकारी नहीं है कि वह कोई समझदारी भरी राय दे सके और मेरी तरह उसमें सीखने का जज़्बा भी नहीं है। उसे लगता है कि महाराजा का मामा होने के नाते उसे ख़ास दर्जा मिलना चाहिए और जब ऐसा नहीं होता, तो उसे लगता है कि उसकी तौहीन हो रही है। ज़्यादातर दरबारी जवाहर की अनदेखी करते हैं, लेकिन जल्ला उसे परेशान करने के लिए अपनी हद से बाहर तक निकल जाता है। आज उसने किसी बड़े दरबारी की जगह लेने के लिए जवाहर को डांट लगा दी। जवाहर ने जानबूझकर ऐसा नहीं किया, और जब उसने अपनी बात रखने की कोशिश की, तो जल्ला ने बदतमीज़ी से दरबार में कह दिया, 'ऐसे इंसान से और क्या उम्मीद की जा सकती है?'

जवाहर को यह बात चुभती है और उसे लगता है कि उसके परिवार को नीचा दिखाने के लिए ऐसा कहा गया है। वह जल्ला से अपनी बात वापस लेने को कहता है और जब जल्ला नहीं सुनता, तो वह मुझसे कहता है कि मैं उसे माफ़ी मांगने का हुक्म दूं। अब मैं बड़ी पशोपेश में पड़ जाती हूं। जवाहर का गुस्सा भी जायज़ है, जल्ला के बोलों से मुझे भी बुरा लगा है। पर जल्ला यही तो चाहता है कि मैं जवाहर की तरफ़दारी करूं और वह मुझ पर अपने परिवार को आगे बढ़ाने का इल्ज़ाम लगा सके। मैं शांत करने की कोशिश करती हूं, पर वह मेरी बात पूरी होने से पहले ही पैर पटकते हुए बाहर निकल जाता है।

रात को खाने के वक़्त दलीप के सामने हमारी बहस होती है। नशे में चूर जवाहर मुझे फटकारता है कि मैंने अपने परिवार की बेइज़्ज़ती होने दी। मैं उससे

कहती हूं कि दरबार में पारिवारिक झगड़े नहीं निपटाये जाते। वह मुझसे कहता है कि मैं उसकी वजह से शर्मिंदा हूं।

'मुझे अब समझ आया कि क्यों सरकार नहीं चाहते थे कि उनकी रानियों के रिश्तेदार दरबार में आएं। तुम्हारी वजह से मुझे सिर्फ़ परेशानी हुई है और ख़र्चे अलग,' गुस्से में मेरे मुंह से निकल जाता है।

जवाहर को यह बात अपने मुंह पर तमाचे जैसी लगती है और वह बाहर निकल जाता है।

कुछ दिन में हमारा मनमुटाव दूर हो जाता है। मैं सुलह के तौर पर उसे अपनी हवेली रहने के लिए दे देती हूं। वह ख़ुशी से क़बूल कर लेता है और मैं मंगला को उसके साथ शाम बिताने के लिए छुट्टी भी दे देती हूं। कुछ हफ़्तों के बाद मुझे अवतार से पता चलता है कि जवाहर ने नये दोस्त बना लिये हैं और वह उन्हें दावतों पर बुलाता है, जिनमें मेज़बान मंगला होती है। मुझे उसके लिए ख़ुशी महसूस होती है, पर मैं खुद बहुत अकेला महसूस करती हूं। अपनी जान बचाये रखने और दलीप को महफ़ूज़ रखने की जद्दोजहद में मैंने अपनी ज़रूरतों को परे कर दिया और दिल की गहराइयों में छिपे अहसासों को भी नज़रअंदाज़ किया। पर अब मुझे मानना ही पड़ेगा कि मैं प्यार के लिए तरस रही हूं।

कई दरबारी ख़ुशी-ख़ुशी मेरी इस ख़्वाहिश को पूरा करने के लिए तैयार हो जाएंगे। उनमें से एक है, बांका जवान लाल सिंह। कई अहम सियासी मसलों के बीच मुझे उसकी नज़रों की तपिश महसूस होती है। जब जल्ला मुझ पर तीखे वार करता है, तो वही मेरे बचाव के लिए सबसे पहले आगे आता है। वह मुझे रिझाना चाहता है, पर हम दोनों जानते हैं कि रानी होने के नाते पहल मुझे ही करनी होगी। मैं कई बार दिन में ख़याली पुलाव पकाती रहती हूं। मैं फ़िलहाल प्यार के चक्कर में नहीं पड़ना चाहती। सरपरस्त होने के नाते मेरी और दलीप की नियति सरकार की वफ़ादार विधवा बने रहने पर टिकी है।

28

प्यार और नफ़रत

ताक़त और जल्ला की ग़लत सलाहों से हीरा का दिमाग़ चढ़ गया है। मैं उसे समझाने की कोशिश करती हूं, पर वह मेरी एक नहीं सुनता। उसका अपने चाचा सुचेत सिंह से भी झगड़ा हो गया है। ध्यान का क़त्ल हो जाने और हीरा की ज़िंदगी ख़तरे में पड़ने पर सुचेत और उसकी टुकड़ियों ने हीरा का साथ दिया था। जल्ला के शिकंजे में फंसने के बाद से हीरा ने सुचेत से भी मुंह फेर लिया। अब सुचेत लोगों के बीच अपने भतीजे की इस अहसानफ़रामोशी को लेकर शिकायतें करता फिरता है।

'सुचेत ने तुम्हारी ज़िंदगी बचायी थी, हीरा। उन्हें थोड़ा सम्मान दो और फिर देखना वह तुम्हारे सबसे मज़बूत साथी होंगे,' मैं हीरा को समझाती हूं।

पर जल्ला की सलाह पर चलते हुए वह सुचेत को पेशावर देने की पेशकश करता है, जो बहुत दूर है और उसकी कोई ख़ास अहमियत भी नहीं है। ज़ाहिर है, इसे सुचेत अपनी तौहीन समझता है।

कश्मीरा और पिशौरा उत्तरी हिस्से में अशांति मचाकर हीरा के लिए सिरदर्द बने हुए हैं। उनका कहना है कि सरकार के बेटे होने के नाते उन्हें दरबार ने जो जागीरें दी हैं, वे बहुत कम हैं।

'उन्हें एक-दो जागीरें दे दो। वे चैन से रहेंगे और लाहौर से दूर भी रहेंगे,' हीरा को सलाह देते हुए मैं कहती हूं।

पर इस बात पर जल्ला फट पड़ता है। 'क्या आप चाहती हैं कि वज़ीर जी उन अनाड़ी लड़कों के आगे घुटने टेक दें? क्या आप चाहती हैं कि लोगों को लगे कि वज़ीर जी कमज़ोर हैं?'

हीरा अपने सबसे बड़े चाचा गुलाब को उन्हें खदेड़ने के लिए भेजता है। वह मक्कार खुशी-खुशी दोनों राजकुमारों को हराकर उनकी जागीरों पर कब्ज़ा जमा लेता है। अब कश्मीरा और पिशौरा देशभर में घूमते हुए लोगों को बताते हैं कि किस तरह डोगरों ने उन्हें बेदख़ल कर दिया। बहुत से लोग हैं, जो उनकी शिकायतों पर ध्यान देते हैं।

लोग हीरा के ख़िलाफ़ होने लगते हैं। जब मैं दरबार में इस बात की तरफ़ इशारा करती हूं तो उसे लगता है कि मैं उसकी बेइज़्ज़ती कर रही हूं। बदले में वह जवाहर से लड़ाई मोल लेकर दावा करने लगता है कि उसने विश्वासघाती धमकियां दी हैं और उसे वह क़ैद में डाल देगा। वह जवाहर को बेड़ियों में जकड़ लेता है और मुझे सबको समझाना पड़ता है कि वह पूरी तरह से वफ़ादार है।

मैं अब और झेलने के लिए तैयार नहीं हूं। मैं जवाहर, मंगला और अवतार से कहती हूं कि अब मैं हीरा की कोई मदद नहीं करने वाली। उसे अपनी ग़लतियों की सज़ा भुगतनी होगी।

जब सुचेत अपने भतीजे को ललकारते हुए लाहौर पहुंचता है, तो मैं हीरा को नहीं बताती कि वह सिर्फ़ पैंतालीस सिपाही लेकर आया है और उसकी लड़ाई की कोई मंशा नहीं लगती। मैं उसे नहीं कहती कि वह अपने चाचा के साथ समझौता कर ले।

हीरा खालसा फ़ौज को सुचेत पर हमला करने के लिए उकसाता है। सुचेत और उसके मुट्ठी भर सिपाही इतनी बहादुरी से लड़ते हुए मारे जाते हैं कि हमारे सिपाहियों को बहुत पछतावा होता है। वे हीरा पर इल्ज़ाम लगाते हैं कि उसने अपना निजी झगड़ा निपटाने के लिए उनका इस्तेमाल किया। हीरा तब और भी परेशानी में पड़ जाता है जब खालसा फ़ौज को शांत करने के लिए वह वादा करता है कि वह सिख बन जाएगा, लेकिन बाद में बात को टाल जाता है।

मैं एक ख़ौफ़नाक तसल्ली के साथ सब कुछ चुपचाप देखती हूं। फिर मैं दलीप और जवाहर के साथ छावनी जाकर पंचों की तारीफ़ों के पुल बांधते हुए उनसे बात करती हूं। 'आप खालसा हैं, गुरुओं के पदचिह्नों पर चलने वाले ईमानदार शूरवीर। पर शायद कोई सिख ही इस ख़ासियत को पहचान सकता है। पूरे हिंदुस्तान में आप सबसे महान लड़ाके हैं, फिर भी कितनी शर्म की बात है कि उस मक्कार जल्ला की सलाह पर वज़ीर ने आपका इस्तेमाल किया।' मैं घोड़े पर सवार दलीप और जवाहर को पूरी छावनी में घूमते हुए सिक्के बांटने को कहती हूं। 'नन्हे महाराजा आपकी ही मज़बूत हिफ़ाज़त में हैं। जवाहर और मैं आपका तहेदिल से शुक्रिया करते हैं,' मैं

सिपाहियों से कहती हूं। वे इतनी ज़ोर से खुशी ज़ाहिर करते हैं कि मुझे लगता है कि कहीं क़िले तक उनकी आवाज़ नहीं पहुंच जाए।

मैंने कुछ सोचा है, हालांकि फ़िलहाल उसे किसी को नहीं बताया, जवाहर को भी नहीं। मैं बड़े धीरज से उस पर काम कर रही हूं, पर बीच में कुछ ऐसा हो जाता है जिसके लिए मैं ज़रा भी तैयार नहीं थी।

लाल सिंह और मेरे बीच पता नहीं कब हालात बदलने लगे। मैं उसके आस-पास प्यार में डूबी हुई किसी किशोरी जैसा बर्ताव करती हूं और मेरा उस पर कोई क़ाबू नहीं रहता। जब वह दरबार में मेरी किसी सलाह पर मेरी तारीफ़ करता है, तो मैं शर्माने लगती हूं; उसका सहज तमीज़दार बर्ताव भी मेरी धड़कनें बढ़ा देता है। कभी बेवकूफ़ी नहीं करने की कसम खाने के बावजूद हालत इतनी ख़तरनाक हद तक कैसे पहुंच गये? मैं अपने अहसास को दबाने की पूरी कोशिश करती हूं। मैं बाक़ी लोगों के तोहफ़े क़बूल करती हूं, लेकिन लाल के दिये तोहफ़ों को मैं बिना खोले वापस कर देती हूं। दरबार में मैं भारी पर्दा करती हूं, ताकि किसी को मेरे चेहरे के हावभाव नज़र नहीं आएं। जब लाल मुझसे बात करता है, तो मैं बड़े रूखे ढंग से जवाब देकर अपना मुंह फेर लेती हूं। मैं बाक़ी दरबारियों से सलाह-मशविरा करती हूं कि उसे कहीं दूर की चौकी पर भेज दिया जाए, दरअसल मैं नहीं चाहती कि वह रोज़ मुझे अपनी तरफ़ यूं खींचता रहे। पर मेरा यह बर्ताव सबका ध्यान मेरी तरफ़ खींचता है। दरबारी मेरी इस तरह की सख़्ती पर त्योरियां चढ़ाते हैं। जवाहर जो अपने आस-पास की बातों पर ज़्यादा ध्यान नहीं देता, वह भी सोचता है कि मैं लाल के मामले में इतनी बदतमीज़ी क्यों दिखाती हूं। धूर्त जल्ला तो इसी फ़िराक में रहता है कि कब मुझ पर हमला कर दे।

लाल मेरी इस बेअदबी से परेशान होता जाता है। आख़िरकार वह मुझसे पूछता है कि क्या वह मुझसे अकेले में बात कर सकता है। उसे नहीं कहना समझदारी होगी, पर मैं लोभ में आकर उसे शीश महल आने को कहती हूं।

'रानी साहिबा, मुझे पता नहीं, पर मैंने शायद आपको चोट पहुंचायी है। मुझे बताएं कि मुझसे क्या भूल हुई है।' अकेले होने पर वह मुझसे पूछता है।

मेरी समझ में नहीं आता कि उसे क्या जवाब दूं और मैं ख़ामोश रहती हूं।

लाल मेरी ख़ामोशी को मेरी नापसंदगी समझ बैठता है। वह मेरे सामने घुटने के बल बैठ जाता है। 'मैं आपका सबसे बड़ा प्रशंसक हूं। मैंने इतनी मज़बूत और इतनी समझदार औरत आज तक नहीं देखी। अपनी वफ़ादारी साबित करने के लिए मैं कुछ भी कर सकता हूं। पर मुझसे नाराज़ नहीं हों। इससे मुझे बहुत तकलीफ़ पहुंचती है। मुझे दरबार से कहीं दूर नहीं भेजें।'

मुझे उससे रानी की तरह बात करनी चाहिए और उसे दिलासा देते हुए कि उसका कोई दोष नहीं है, उसे बाहर का रास्ता दिखाना चाहिए। पर मेरे अंदर जैसे कोई वहशी जाग जाता है और मैं अपना घूंघट हटाकर सीधे उसकी आंखों में आंखें डाल देती हूं। ऐसा पहली बार हुआ है कि मैं जानते-बूझते किसी आदमी को इस तरह रिझा रही हूं। सरकार के मामले में मैं बहुत मासूम थी और उनकी शख़्सियत मुझ पर हावी थी। लाल धक-सा रह जाता है और मुझे अपनी ताक़त महसूस होती है और अपनी शरारत भी।

'भूल तो तुमसे बहुत बड़ी हुई है, लाल सिंह,' मैं धीमें से कहती हूं। फिर उसे हैरान-परेशान देखकर मेरे मुंह से निकलता है, 'तुमने मेरा दिल जो चुराया है।'

एक पल के लिए वह भौंचक रह जाता है और फिर ख़ुशी से उसके चेहरे का रंग बदलने लगता है। 'ऐसा है तो रानी साहिबा, मुझे भी बदले में अपना दिल आपको दे देना चाहिए।'

मैं अपना कांपता हुआ हाथ आगे बढ़ाती हूं। वह चुपचाप मेरे पास आता है। मेरा हाथ थामते हुए उसका हाथ भी कांपता है। उसके होंठ मेरे रोम-रोम को पिघला देते हैं। मैं सातवें आसमान पर हूं और मन में कहीं डर भी है।

अपनी भर्रायी हुई आवाज़ में वह कहता है, 'रातों को जागते हुए मैंने जितना सोचा था, आप उससे कहीं ज़्यादा ख़ूबसूरत हैं। अब मैं ख़ुशी से मर...'

मैं उसे चूमते हुए उसकी बात वहीं रोक देती हूं, हालांकि बाद में मैं उससे पूछूंगी कि वह क्या कहना चाहता था।

वाहेगुरु, इतनी प्यारी चीज़ क्या पाप हो सकती है? अगर है, तो मैं इसकी क़ीमत चुकाने को तैयार हूं। बस मेरी एक ही विनती है कि इसकी सज़ा मेरे दलीप को नहीं मिले।

रात और दिन जैसे एक दूजे में समा गये हैं, एक गहरी तृप्ति है, प्यार की अंतरंग ख़ुशबू। मैं जैसे किसी जादू में बंध गयी हूं। रात के अंधेरे में लाल के आने पर ही मैं पूरी तरह ज़िंदा महसूस करती हूं। मैंने मंगला को यह बात बतायी है और हमेशा की तरह वफ़ादार रहने वाली मंगला ने उसके आने के इंतज़ाम किये हैं। मुझे लगता है कि उसने जवाहर को इसकी जानकारी दी है। उसने कुछ कहा तो नहीं है, लेकिन कई दिन से वह मुझसे मिलने नहीं आया है। शीश महल से लाल सिंह के सुरक्षित आने-जाने के लिए हमें अपने भरोसेमंद अवतार की मदद की ज़रूरत पड़ती है, वह मंगला के हाथों जानकारी भिजवाता भी है, पर अब उसका मेरे यहां आना नहीं होता।

मुझे जवाहर और अवतार का मुझसे मिलने ना आना अच्छा नहीं लगता, इसलिए मैं उन्हें मिलने बुलाती हूं।

ज़िंदगी भर मुझे यही सिखाया गया है कि औरतों को लिए अपनी इच्छाओं की बात करना शर्मनाक है, लेकिन मैं उनसे खुलकर बात करती हूं। 'मैं आप लोगों के प्यार और वफ़ादारी की अपने ग़रूर से भी ज़्यादा क़द्र करती हूं, इसलिए मैं आप सबसे अपने दिल की बात कहूंगी। मैं इक्कीस साल की उम्र में बेवा हो गयी थी। मेरे सामने रेगिस्तान की तरह ख़ाली बरस पसरे थे। फिर क़रिश्मा हुआ और मुझे दोबारा प्यार मिल गया, पर मैं लाल से शादी नहीं कर सकती। ऐसा करने पर मुझे सरपस्त होने का रुतबा छोड़ना होगा और मैं अपने दलीप को इस तरह त्याग नहीं सकती। पर क्या अपने बच्चे को महफ़ूज़ रखने की वजह से मुझे अकेलेपन की सज़ा दी जानी चाहिए? मैं ऐसे कई बड़े ओहदे पर बैठे लोगों को जानती हूं, जिनकी कई बीवियां हैं और कई रखैलें भी हैं। उनके रिश्तों पर समाज की मोहर लगी है। मैं सिर्फ़ इसलिए पापी हूं कि मैं एक औरत हूं? मैं सिर्फ़ एक आदमी को चाहती हूं, फिर भी उसका पता लगने पर यह समाज मुझ पर अंगुली उठाएगा।'

'आप तीनों मेरे सबसे नज़दीकी हैं, मेरे अपने हैं और आप लोगों पर मैं सबसे ज़्यादा भरोसा करती हूं। मुझे उम्मीद है कि आप लोगों का सहारा मुझे हमेशा मिलता रहेगा।'

जवाहर और अवतार अपनी सहमति जताते हैं, पर मुझसे नज़रें नहीं मिलाते और मैं देख सकती हूं कि दोनों असहज महसूस करते हैं। सिर्फ़ मंगला ही अपनी चमकती आंखों से मुझे देखती है, जिनमें इस बात को समझने का अहसास झलकता है।

मेरी ख़ुशी के साथ ही मुझ पर मुसीबतों का पहाड़ भी टूटने लगता है। सबसे पहली चिंता जवाहर है। उसकी दावतें ज़्यादा बेक़ाबू होती जा रही हैं। जिन्दां हवेली में शराब और अफ़ीम खुले हाथों से बंटती है। नर्तकियां उसके मेहमानों को ख़ुश रखने के लिए रात को वहीं ठहरा दी जाती हैं। इस सबके लिए जवाहर की सेहत को और उसके बटुए को बड़ी क़ीमत चुकानी पड़ती है। अवतार बताता है कि वह हीरा मंडी के साहूकारों के पास भी जाता है। मैं उसे सावधान करती हूं, लेकिन अब मैं खुद पहले की तरह सख़्ती से कुछ नहीं कह पाती। अगर उसने उल्टे मुझ पर आरोप लगा दिया तो क्या होगा? कुछ दिन तो दावतें थम जाती हैं, पर फिर से वही दौर शुरू हो जाता है और अब वह ज़्यादा बेलगाम होता है।

दूसरी ग़लती मेरी है। मैं दरबार में अपना वह रुतबा खोने लगी हूं, जिसके लिए मैंने बहुत लड़ाई लड़ी थी। मैं दरबार आती तो हूं, पर देर रात तक जगे रहने के कारण मैं अक्सर सुस्त और थकी रहती हूं। पहले मैं जहां मसलों पर जानकारी जुटाकर पूरे जोश के साथ बात करती थी, वहीं अब मैं दिन में भी अपने महबूब के ख़यालों में खोयी रहती हूं। दरबार के सरदार पहले तो निराश होते हैं और फिर मेरी अनदेखी करने लगते हैं। सिर्फ़ जल्ला ही है जो मुझ पर और मेरी ही तरह अनमने रहने वाले लाल पर पैनी नज़र रखता है।

दरबार के सामने कई परेशानियां हैं। हिंदुस्तान में एक नया, ज़्यादा खूंखार गवर्नर-जनरल आया है। उसका नाम हार्डिंग है, एक लड़ाई में अपना बाजू खोने वाले हार्डिंग को हम टुंडा लाट कहते हैं। जल्ला का कहना है कि वह पंजाब पर हमला करने की योजना बना रहा है और हीरा को सतलुज के लिए फ़ौज रवाना कर देनी चाहिए। मैं कहती हूं कि हिंदुस्तान आते ही वह इतना बड़ा काम नहीं करेगा। कई दरबारी मेरी बात को सही ठहराते हैं। पर जब जल्ला शोर मचाकर मुझे चुप करा देता है, तो मैं भी मामला हीरा पर छोड़ देती हूं। इससे मुझसे राज़ी होने वाले लोगों को लगता है कि मैंने उनका साथ छोड़ दिया है। फ़ौज की टुकड़ियां सरहद पर भेजी जाती हैं। इस तरह का दिखावा करने में हमारे पैसे की बर्बादी होती है, जिसकी हमारे पास कमी है।

मामलों को और उलझाने के लिए अत्तर सिंह फिर से पंजाब पहुंच जाता है और बाबा बीर सिंह की शरण लेता है। कश्मीरा और पिशौरा भी वहीं पहुंच जाते हैं। बीर सिंह चाहते हैं कि उनके और दरबार के बीच समझौता हो जाए, पर हीरा किसी की एक नहीं सुनता। वह खालसा फ़ौज को उन पर हमला करने के लिए भेजना चाहता है। मैं कोई रणनीतिक रास्ता सोचने को कहती हूं, पर जब हीरा बागियों को सबक़ सिखाने पर अड़ा रहता है तो मुझमें बहस करने की ताक़त नहीं रहती। हीरा बाबा बीर सिंह के ठिकाने पर हमला करता है और अमन चाहने वाले बीर सिंह मारे जाते हैं, उनकी जांघ तोप के गोले से उड़ जाती है; वहां के लोग खालसा फ़ौज को गुरु बीर सिंह का हत्यारा कहकर उनकी निंदा करते हैं; सिपाहियों का हौसला टूट जाता है और उनका गुस्सा भड़क उठता है। मैं इस बेवजह हुई मारकाट से पहुंची तकलीफ़ और हीरा की परेशानी से मिलने वाली घटिया-सी खुशी के बीच कहीं झूलती हूं। मुझे किसी तरह इस हालत का फ़ायदा उठाना चाहिए, लेकिन मोहब्बत में डूबी हुई मैं इस मौक़े को हाथ से जाने देती हूं।

मेरी सबसे बड़ी चुनौती दलीप है। लाल के साथ प्यार में पड़ने से पहले अपना सारा ख़ाली वक़्त मैं उसके साथ बिताती थी। पर अब मेरा ध्यान कहीं और लगा रहता है। जब दलीप दिन भर की बातें मुझे बताता है तो मैं बस मुस्कराते हुए सिर हिलाती हूं, पर अब आठ बरस के दलीप को बेवकूफ़ बनाना इतना आसान नहीं

रह गया है। वह समझ जाता है कि मैं कहीं और खोयी हुई हूं। आपने मेरी बात नहीं सुनी, वह शिकायत करता है। शाम को उसके मना करने के बावजूद मैं अपनी गरदन पर लिपटी उसकी बांहों को छुड़ाकर उसे मंगला को सौंप देती हूं। उसके रोने पर मुझे बहुत बुरा लगता है, लेकिन इतना भी नहीं कि मैं उसके पास रुक जाऊं। मेरे कमरे में लाल मेरे इंतज़ार में है। वहां पर मैं अपने ख़ूबसूरत, चटक चमकीले रेशमी लिबास में होती हूं, जो मैं ख़ासकर लाल के लिए पहनने लगी हूं। लाल के साथ मेरा पूरा वजूद बिलकुल बदल जाता है और मैं बेरोकटोक, आज़ाद औरत होती हूं। मैं उसे बताती हूं कि मुझे क्या पसंद आएगा, सरकार के साथ मैं कभी ऐसी जुर्रत नहीं कर सकती थी। बाद में होने वाली बातचीत भी जादुई होती है। हम एक-दूसरे के साथ वे बातें साझा करते हैं, जो हम आम तौर पर सबसे छिपाकर रखते हैं। मैं उसे अपने बचपन के बारे में, अपनी ग़रीबी, भूख के बारे में; लड़कों की बदतमीज़ी की वजह से छूट गयी अपनी पढ़ाई और आगे बढ़ने के लिए मेरा इस्तेमाल करने के अपने बाप के मंसूबों के बारे में उसे बताती हूं। लाल भी अपने परिवार के बारे में बताता है, जहां पर उसकी महत्त्वाकांक्षाओं का दम घोटा जाता था; लाहौर पहुंचकर कैसे मेहनत कर वह आगे बढ़ा, कैसे उसे बदतमीज़ियां सहनी पड़ी और फिर ध्यान की निगाह उस पर पड़ी। हम बातों में लगे रहते हैं और फिर रात के चौकीदार की आवाज़ के साथ सुबह होने का इशारा होने पर लाल को निकलना पड़ता है।

दलीप अपनी अनदेखी किये जाने के बदले बहुत ज़िद्दी होने लगा है, पहले वह ऐसा नहीं था। अपने पछतावे की वजह से मैं उसके साथ सख़्ती नहीं कर पाती। मैं उसकी हर ज़िद को मान लेती हूं, उसके लिए ज़्यादा खिलौने, घोड़े और एक महंगा बाज़ भी ख़रीदती हूं। जब वह पढ़ने से इनकार करता है तो मैं उसके उस्तादों से उसे छोड़ देने के लिए कहती हूं। जब उसकी पसंदीदा बिल्ली बच्चे देती है, तो वह अड़ जाता है कि क़िले में तोपों से गोले छोड़े जाएं, जैसा कि ख़ास शाही मौक़ों पर किया जाता है। मैं अपने ग़रूर को दबाते हुए हीरा से ऐसा करने को कहती हूं; वह मान जाता है, पर उसकी मुस्कराहट मेरा मज़ाक़ उड़ाती लगती है।

मैं तो तबाही के छोर पर खड़ी प्यार के सपने में डूबी हूं।

सूरज उगने से पहले जानी-पहचानी मतली से मैं जाग जाती हूं। मैं उल्टी करने के लिए भागती हूं। इस अहसास को मैं जानती हूं। मुझे इतना बड़ा झटका लगता है कि मैं वहीं गंदे फ़र्श पर बैठ जाती हूं। ऐसा कैसे हो सकता है? मैं तो बच्चा रोकने के उन सभी कड़वे काढ़ों को लेती रही थी, जिन्हें मंगला शहर के जाने-माने जड़ी-बूटी वाले से लाती थी।

मंगला रोते हुए माफ़ी मांगती हुए उस आदमी को मार डालने की बात कहती है। मुझे अपनी परेशानी भूलकर उसे शांत करना पड़ता है। 'तुम्हारी कोई ग़लती नहीं है। मेरी क़िस्मत ही ख़राब है। पर अब तुम्हें इस बच्चे को गिराने के लिए एक भरोसेमंद और होशियार दाई का पता लगाना होगा।'

मंगला की रुलाई और तेज़ हो जाती है; गर्भपात कराना ख़तरनाक हो सकता है। हम दोनों को ऐसी कई औरतों के बारे में पता है जो बच्चा गिराने की कोशिश में मारी गयीं या फिर अपाहिज हो गयीं। मेरे पास और कौन-सा रास्ता बचा है?

'मुझसे शादी कर लो,' उस रात सारी बात सुनने के बाद लाल कहता है। 'हम ऐसी जगह चले जाएंगे, जहां हमें कोई नहीं जानता होगा। मेरे पास सीधी-सादी, बेफ़िक्र ज़िंदगी जीने लायक़ पैसा है। मैं, तुम और हमारा बच्चा चैन से रहेंगे।'

एक पल के लिए मैं उस जीवन के बारे में सोचने लगती हूं। कितनी बढ़िया होगा उस तरह जीना, पर वह नामुमकिन भी है।

'मेरे बिना दलीप का क्या होगा?'

'जवाहर उसकी देखभाल करेगा। वह उसे अपने बेटे जैसा प्यार करता है। हीरा भी उसकी हिफ़ाज़त करेगा, क्योंकि उससे उसे फ़ायदा होगा।'

'जवाहर को सियासत के दांव-पेंच नहीं आते और हीरा उस जल्ला के इशारों पर चलता है।'

'अपने अंदर पल रहे इस बच्चे के बारे में सोचो,' मेरे पेट को सहलाते हुए लाल मिन्नत करता है। 'क्या यह तुम्हारा बच्चा नहीं है? यह तो दलीप से भी ज़्यादा तुम्हारे ही आसरे पर है।'

मैं मुंह फेर लेती हूं, ताकि मेरे आंसू उसे नहीं दिखायी दें। मैं अपने शाही अंदाज़ में कहती हूं, 'आप जा सकते हैं। मेरी तबियत ठीक नहीं है।'

उसके जाने के बाद अवतार के हाथों मैं उसे संदेश भिजवाती हूं कि *रानी चाहती हैं कि जब तक कहा ना जाए, तब तक आप यहां से दूर रहें।* मैं नहीं चाहती कि वह मेरे इरादे को कमज़ोर कर दे।

रात को दलीप की धाय दरवाज़े पर दस्तक देती है। 'महाराजा को बुखार है। वह रोते हुए आपको पुकार रहे हैं।'

सब कुछ एक साथ हो रहा है। मैं अपने थके हुए शरीर को घसीटते हुए दलीप के पास पहुंचती हूं। उसे बुखार की दवा पिलाती हूं। उसके तपते माथे पर ठंडी पट्टियां रखती हूं। वह मेरा हाथ पकड़कर कहता है, बीजी मेरे पास रहो। मैं उसकी पीठ सहलाती हूं और वह सो जाता है। मैं वैद्य के आने तक वहीं रुकना चाहती हूं, पर मुझे सुबह दरबार जाना है और उसके लिए मुझे थोड़ा आराम करना होगा। दरबार

तो मुझे जाना ही होगा। किसी को भी भनक नहीं लगनी चाहिए कि मुझे क्या हुआ है। मैं मंगला को ज़िम्मेदारी सौंपकर चली आती हूं। मुझे दलीप के रोने की आवाज़ सुनायी देती है। *तुम जाओ, मुझे बीजी चाहिए।* मुझे गुनहगार जैसा महसूस होता है, पर मैं किसी तरह निकल आती हूं।

कमरे में तपन महसूस हो रही है। एक बड़े से देग में पानी खौल रहा है। दाई अपने औज़ार सामने रखती है। बिलकुल ख़ामोशी से काम करती हुई वह दाई घबरायी हुई लग रही है और मुझे उस पर भरोसा नहीं होता। पर मंगला बताती है कि वह काफ़ी भरोसेमंद है और मामले को परदे में ही रखेगी। बच्चा गिराने के लिए किसी को खोजना बड़ा मुश्किल काम था। ज़्यादातर दाइयों को डर रहा होगा कि अगर मुझे कुछ हो गया, तो उनका क्या हश्र हो सकता है। दाई ने दर्द के लिए मुझे अफ़ीम दी है। मेरा दिमाग़ तो पहले से ही घूमने लगा है। दीवार पर बनी एक परछाई सरकार जैसी दिखती है, जो मुझे नाराज़ निगाहों से घूर रही है।

'मुझे माफ़ कर दें, मैं बहुत अकेली थी।' मैं धीरे से बुदबुदाती हूं।

दो नौकरानियां मुझे पकड़ती हैं। दाई कोई लंबी, पैनी चीज़ मेरे अंदर डालती है। मुझे कुछ खुरचने जैसा महसूस होता है और जलन भरा दर्द भी। अफ़ीम का असर ख़त्म हो जाने के बाद तकलीफ़ और बढ़ जाएगी। उसके लिए फिर से अफ़ीम लेनी होगी। मैं जैसे धुंध में कहीं खो रही हूं। उम्मीद है कि जागने पर काम ख़त्म हो चुका होगा। बेहोश होने से ठीक पहले मुझे डर और घबराहट भरी मिली-जुली आवाज़ें सुनायी देती हैं। पहले मंगला की और फिर दाई की। फिर किसी के तेज़ी से चलने और बाद में दरवाज़ा बंद होने की आवाज़ें आती हैं। सरकार का नाराज़गी भरा चेहरा मुझ पर साये की तरह मंडरा रहा है। फिर सब कुछ बंद हो जाता है।

दर्द इतना ज़्यादा है कि मैंने सोचा भी नहीं था। मैं अपने हाथ-पांव तक नहीं हिला पाती। यह देखकर मैं ख़ौफ़ से भर जाती हूं कि मुझे बिस्तर पर बांधकर रखा गया है। बगल में मंगला है, जिसे देखकर लगता है कि वह कई दिन से मेरी तीमारदारी में लगी हुई है और मेरे होश में आते ही मुझे दवा पिला देती है, जिससे दर्द थोड़ा दब जाता है। वह बताती है कि तीन दिन बीत चुके हैं। बच्चा गिराने के बाद इतना ख़ून बहा कि हर किसी को डर था कि कहीं मेरी जान नहीं चली जाए। आख़िरकार मंगला को उस इंसान के पास जाना पड़ा, जो सरकार का शाही वैद्य रह चुका था।

'क्या अब हर किसी को ख़बर हो गयी है?' मैं पूछती हूं।

मंगला सिर हिलाती है। 'वैद्य जी बहुत अच्छे इंसान हैं। उन्होंने वचन दिया है कि यह बात किसी को पता नहीं चलेगी। मैंने उनसे कहा है कि आपके ठीक हो जाने के बाद उन्हें सोने की अशर्फ़ियां दी जाएंगी, उससे भी फ़र्क़ पड़ा होगा। वैसे मैंने अपनी मरी हुई मां की कसम खायी कि अगर उन्होंने हमें धोखा दिया, तो मैं उन्हें और उनके परिवार को जान से मार दूंगी।'

वैद्य के आने पर मैं उन्हें पहचान लेती हूं, सरकार के आख़िरी दिनों में वही सरकार के साथ थे। वह मुझे हौले से झिड़कते हैं कि मैंने सबसे पहले उन्हें ही क्यों नहीं बुलाया। 'यक़ीन करें कि मैंने ज़नाना में बहुत कुछ देखा है। आपने बहुत ख़तरनाक काम किया है। आपकी बच्चेदानी बुरी हालत में है। आप मौत के मुंह से लौटी हैं। अब एक हफ़्ते तक आराम करना होगा और मेरी बतायी दवाएं लेनी होंगी।'

मैं उन्हें बताती हूं कि मुझे दरबार जाना होगा।

'सवाल ही नहीं उठता,' वह कहते हैं। 'मैंने वज़ीर को बता दिया है कि आपको बुखार है। उन्हें मेरी बात का यक़ीन आ गया, वैसे भी आजकल लाहौर में बुखार की बीमारी फैली हुई है। हमारे नन्हे महाराज को भी बुखार है और शाही वैद्य उनकी हालत पर नज़र रखे हुए हैं।'

दलीप को लेकर मुझे चिंता होती है और मैं मंगला से कहती हूं कि उसे मेरे पास ले आए। वह पहले से कमज़ोर और दुबला लगता है। वह उसकी पकड़ से छूटते हुए मेरे बिस्तर पर आकर मेरे गले लग जाता है। उसके हाथ बहुत गरम हैं और आंखें भी चढ़ी हुई हैं।

'बीजी, मुझे डरावने सपने आये थे। मैंने आपको बुलाया, पर आप आई नहीं। मुझे अपने पास सोने दें, बीजी।'

'क्यों नहीं, मेरे बेटे,' मैं उससे कहती हूं। जल्दी ही उसकी आंख लग जाती है, लेकिन फिर वह कुछ बुदबुदाते हुए हाथ-पैर चलाने लगता है। हम दोनों के बीच मैं एक तकिया रख देती हूं, ताकि मुझे चोट नहीं पहुंचे। सुबह उठने पर उसके चेहरे पर दाने दिखायी देते हैं।

'इन्हें चेचक है,' कहते हुए उसकी नौकरानी पीछे हट जाती है।

यह सुनते ही मंगला दौड़ी चली आती है। 'इन्हें आपसे अलग करना होगा। भगवान करे, आपको बचपन में चेचक हुई हो।'

मुझे कुछ याद नहीं आता। दलीप मुझसे दूर नहीं जाना चाहता और धाड़ें मारकर रोने लगता है। आख़िरकार मैं कहती हूं कि उसके लिए एक अलग बिस्तर लगा दिया जाए। 'इन्हें यहीं रहने दो। मुझे अपनी परवाह नहीं है।'

मंगला और दो नौकरानियां दलीप का ध्यान रखती हैं, उन्हें पहले चेचक हो चुकी है। अपना दर्द भुलाकर मैं उसका हाथ थामकर बैठ जाती हूं। दरबार के वैद्य

और पुराने बूढ़े वैद उसे देखने आते हैं। बूढ़े वैद्य को मैंने काम पर रख लिया है। उन दोनों को चेहरों पर डर का अहसास है। दलीप के गले में भी छाले हो गये हैं और उसका बुखार भी बढ़ गया है। वह बेसुध हो जाता है। उसके बुखार को कम करने के लिए हम उसके बदन को गीले कपड़े से ढंक देते हैं।

मेरे कानों में सरकार की आवाज़ गूंजने लगती है। करम का पहिया घूमकर वापस आता है।

मैंने एक बच्चे को मारा है। क्या इसी वजह से मौत मेरे दूसरे बच्चे पर तो नहीं मंडरा रही?

मैं दुआ करने लगती हूं। *वाहेगुरु, मुझे सज़ा दो, पर मेरी औलाद को बख़्श दो।*

दो हफ़्ते में दलीप के दाने फूट जाते हैं और उसकी पपड़ियां ठीक होने लगती हैं। उसे खाना खाते देखकर मेरा दिल ख़ुशी भरी राहत से हल्का हो जाता है। कहीं किसी और चीज़ से तो ऐसा नहीं हो रहा?

अगले दिन मुझे तेज़ बुखार हो जाता है और चकत्तों के बाद दाने हो जाते हैं। मैं बेसुध होकर बड़बड़ाने लगती हूं। मेरा गला सूज जाता है और पानी का एक घूंट तक नहीं लिया जाता। अपने सामने वैद्यों और मंगला के फ़िकरमंद चेहरों की झलक दिखती है, जैसे मैं कोई सपना देख रही हूं। एक बार मुझे गलियारे में रोता हुआ जवाहर दिखायी देता है। कहीं वह हीरा तो नहीं, जिसने बीमारी से बचने के लिए अपने नथुनों में रुई भरी हुई है?

जब लोगों की उम्मीदें टूटने लगती हैं, तो मेरा बुखार उतर जाता है। आंखें खुलते ही मेरा पहला सवाल यही होता है कि दलीप कहां है?

मेरे हाथ को चूमते हुए रोती हुई मंगला बताती है कि वह ठीक हो रहा है। जवाहर उसे अपनी हवेली ले गया है और उसका मन बहलाने के लिए एक पालतू बंदर रखा गया है।

बड़ी मुश्किल से उठते हुए मैं आईना देखने की फ़रमाइश करती हूं। मंगला नहीं चाहती, पर मैं अपनी बात पर अड़ी रहती हूं। वही होता है, जिसका मुझे डर था। मेरा चेहरा सूख गया है, आंखों की चमक ग़ायब है और गालों पर चेचक के निशान पड़ गये हैं। मंगला दिलासा देती है कि वह अच्छे से अच्छा तेल लाकर मेरी मालिश करेगी, ताकि दाग़ मिट जाएं, पर मैं बिलकुल शांत हूं। अगर अपनी ख़ूबसूरती गंवाना मेरे पापों की सज़ा है, तो यही सही।

मंगला बताती है कि हीरा भी मेरे हालचाल पूछने आया था।

'उसे मेरी फ़िकर हुई?' कहते हुए मेरे दिल में उसके लिए दुलार उमड़ा, जो बहुत पहले मैं महसूस किया करती थी।

'यह पूरी तरह सच नहीं। दरबार में काफ़ी कुछ चल रहा है, रानी जी। आपकी सेहत बेहतर हो जाए, तो मैं...' मंगला परेशान दिखती है।

'बताओ मुझे!'

वह राजकाज के मामलों से बात शुरू करती है। गुलाब और हीरा के बीच जानी दुश्मनी हो चुकी है। गुलाब ने मारे गये सुचेत की जागीरों पर कब्ज़ा कर लिया और कर देना बंद कर दिया। जल्ला ने जब धमकियां दीं, तो गुलाब ने जवाब में ताना देते हुए कहा कि उसके लिए जम्मू में फांसी का इंतज़ाम किया जा चुका है। इससे भड़के हुए हीरा ने उसे पकड़ने के लिए फ़ौज भेज दी, पर मक्कार गुलाब ने बिना लड़े हथियार डाल दिये। उसने सिपाहियों को तोहफ़े देकर अपनी तरफ़ कर लिया और उन्हें हीरा के ख़िलाफ़ भड़का दिया। हीरा की चालबाज़ी कुछ काम नहीं आयी, अब उसने गुलाब के बेटे सोहन को लाहौर में बंधक बना लिया है।

यह सब काफ़ी दिलचस्प है और शायद मैं इनमें से कुछ का इस्तेमाल दलीप के फ़ायदे के लिए कर सकती हूं। पर मुझे नहीं लगता कि मंगला सिर्फ़ इसी वजह से परेशान है।

'मुझे असली बात बताओ।'

वह बोलते हुए हिचकिचाती है। 'जल्ला ने हमारे यहां ज़रूर कोई जासूस रख छोड़ा होगा। तभी तो भरे दरबार में उसने खुले तौर पर आप पर बच्चा गिराने की तोहमत लगायी। उसने कहा कि आपके जैसी बदचलन औरत के हाथों में पंजाब नहीं सौंपा जा सकता। दरबार अब उसकी इस पेशकश पर बातचीत कर रहा है कि दलीप का जिम्मा आपसे लेकर हीरा को सौंप दिया जाए।'

सदमे और गुस्से से मेरा सिर चकरा जाता है और मैं फिर से लेट जाती हूं। मंगला माफ़ी मांगने लगती है, पर मैं उसका शुक्रिया अदा करती हूं। 'मुझे इसकी जानकारी होनी चाहिए। जवाहर और अवतार को बुलाओ। हमें इसका मुंहतोड़ जवाब देना होगा।'

काफ़ी बहस होने के बाद मैं फ़ैसला करती हूं कि दो वैद्यों के साथ सुबह दरबार जाऊंगी। दोनों मुझे चेचक होने की बात पर मोहर लगाएंगे। मेरे तीनों सलाहकार कहते हैं कि मैं अभी बहुत कमज़ोरी की हालत में हूं और फिर से बीमार हो सकती हूं, इसलिए मैं ऐसा नहीं करूं। वैद्यों का भी यही कहना है, पर मेरा फ़ैसला अटल है।

सफ़ेद पोशाक पहने, बालों को कसे हुए जूड़े में बांधकर और अच्छा-ख़ासा पर्दा लेकर मैं जवाहर का सहारा लेते हुए दरबार पहुंचती हूं। हमारे पीछे दोनों वैद्य आते हैं। अंदर घुसते ही दरबारियों के चेहरे पर आयी हैरत देखकर मुझे खुशी होती है, जल्ला

का चेहरा भी उतर जाता है। इसका मतलब है कि उसके भेदिये मेरी हर ख़बर नहीं रखते हैं! अपनी कुर्सी तक पहुंचने से पहले ही मेरे क़दम लड़खड़ाने लगते हैं और मुझे जवाहर का सहारा लेना पड़ता है। मैं नाटक नहीं कर रही, मैं वाकई काफ़ी कमज़ोर हो चुकी हूं। एक पल के लिए मेरी आंखों के आगे बिलकुल अंधेरा छा जाता है। पर मैं अपनी सारी ताक़त जुटाकर किसी तरह अपनी कुर्सी तक पहुंचती हूं।

वाहेगुरु, मुझे फिर कभी सज़ा दे देना। अभी मेरी मदद करो।

जल्ला या हीरा के कुछ कहने से पहले ही मैं बोलने लगती हूं। कमज़ोरी और बेचैनी की वजह से मेरी आवाज़ कांपती है, पर मैं आगे बढ़ती हूं। 'दरबार में मौजूद सभी क़ाबिल लोगों से मैं यह कहना चाहती हूं कि एक ऐसा इंसान मेरे चरित्र पर कालिख पोतने की कोशिश कर रहा है, जो मुझे दरबार से बाहर निकालने की मंशा रखता है। मैं वैद्यों की सलाह नहीं मानते हुए बीमारी से उठकर सीधे यहां पहुंची हूं, ताकि आपको सच्चाई बता सकूं और इंसाफ़ की गुहार लगा सकूं। दलीप और मुझे चेचक हो गयी थी। वाहेगुरु की मेहर है कि हम दोनों आज सही-सलामत हैं।'

मैं हीरा की तरफ़ मुड़ते हुए कहती हूं, 'आप जानते हैं। मेरे बेसुध पड़े होने पर आप शीश महल आये थे। दरबार को बताएं...'

हीरा निगाहें फेर लेता है। 'मैंने रानी साहिबा को बिस्तर पर देखा था, पर उनके नौकर-चाकरों ने मुझे वहां से दूर रखा था। मैं इनकी बात की सच्चाई पर कुछ नहीं कह सकता।'

मैं सब याद रखूंगी, हीरा!

मैं किसी तरह अपने गुस्से को दबाती हूं। 'मेरा इलाज कर रहे ये दो शाही वैद्य आपको सारा सच बताएंगे।'

दोनों वैद्य मेरी बात को सही ठहराते हुए हमारी बीमारी की हर बारीकी और उसके ख़तरों के बारे में बताते हैं। अधिकतर दरबारियों के चेहरे पर ख़ौफ़ और हमदर्दी देखी जा सकती है, पर जल्ला तुरंत उठ खड़ा होता है। 'वैद्यों को लालच दिया जा सकता है। रानी का यक़ीन नहीं किया जा सकता! साज़िशें रचने में इनका जवाब नहीं। मैं मानता हूं कि बच्चे को चेचक हुई थी। पर इनके बिस्तर पर पड़ने की वजह बहुत शर्मनाक थी।'

दरबारी बुदबुदाते हुए थोड़े असमंजस में लगते हैं। कुछ शक भरी नज़रों से देखते हैं। मेरी तरफ़ से कोई कुछ नहीं बोलता। मैं दरबार में बड़ी मेहनत से बनायी गयी अपनी जगह को हाथ से फिसलने देने की क़ीमत चुकाती हूं। मुझे अब एक ही बात सूझती है। मैं डगमगाते हुए अपनी जगह से उठती हूं। मेरे हाथ कांपते हैं, पर हर किसी की घूरती निगाहों के बीच मैं अपने चेहरे से घूंघट हटा देती हूं।

चेचक से हुए दाग़ों से भरा चेहरा देखते ही सबकी आह निकल जाती है। सिर्फ़ लाल नज़रें नीची किये अपने हाथों की तरफ़ देखता रहता है, एक वही है जो मुझे पहले बिना पर्दे के देख चुका है। उनकी चुभती निगाहों के बीच मेरे वजूद का एक हिस्सा खुद में सिमटता लगता है, पर मैं खड़ी रहती हूं। मैं कुछ भी नहीं कहती। मुझे कुछ कहने की ज़रूरत भी नहीं। कुछ ही पलों के बाद जल्ला को भला-बुरा कहने वाली आवाज़ों का शोर होने लगता है। जवाहर और दोनों वैद्यों की मदद से मैं अपने कमरे में वापस आ जाती हूं और मेरे चेहरे पर एक कुटिल मुस्कान होती है। मेरी ख़ूबसूरती बर्बाद होने का कुछ तो फ़ायदा हुआ!

थककर चूर बिस्तर पर लेटे हुए मैं झीने से पर्दे की ताक़त के बारे में सोचने लगती हूं। उसने आज एक अहम लड़ाई जीतने में मेरी मदद की है। मुझे इस अनोखे हथियार की ताक़त का इस्तेमाल करना सीखना होगा।

मैं दरबार जाने लगती हूं। उसके बाद मैं इतनी थक जाती हूं कि घंटों बिस्तर पर पड़ी रहती हूं। अच्छी बात यह है कि दरबारी फिर से मेरी बात सुनने लगे हैं। मैं दलीप के साथ भी काफ़ी वक़्त बिताती हूं और मुझे यह देखकर संतोष होता है कि उसकी बुरी आदतें छूटने लगी हैं। मैं अवतार से भी लगातार मिलती हूं और पंजाब के हालात की जानकारी रखती हूं। इस कारण अब मुझे गुलाब और अंग्रेज़ों के बीच चलने वाले ख़तों के सिलसिले की जानकारी है; यह भी पता है कि हीरा और पंचों के बीच तनातनी चल रही है; हीरा फ़ौज को काट-छांट कर छोटा करना चाहता है ताकि उस पर क़ाबू रख सके; पिशौरा ने अंग्रेज़ों के यहां शरण ली है और वह उनकी मदद से पंजाब में अशांति फैलाने के लिए वापस आना चाहता है।

लाल मुझे लगातार संदेशे भेजकर मुझसे मिलने की मिन्नतें करता है, पर मैं खुद पर क़ाबू रखते हुए उसे कोई जवाब नहीं देती। पछतावे के तौर पर मैं संकल्प लेती हूं कि अगली संक्रांत पर अपने ठीक होने के शुक्राने के तौर पर गुरुद्वारा डेरासाहिब जाकर ग़रीबों को दान दूंगी। इसकी तैयारी के लिए शाही ख़ानसामे कई तरह की मिठाइयां बनाते हैं और मंगला काबुली कारोबारियों से सौ शालें ख़रीदती है। मैं ख़ज़ाने से चांदी के सिक्कों के बीस बोरे निकालने का निवेदन करती हूं।

संक्रांत की सुबह मैं क़िले के पार आलमगीरी दरवाज़े तक श्रद्धालु सिख की तरह पैदल निकलती हूं। मेरे पीछे नौकर-चाकर मिठाइयां और बाक़ी सामान लेकर चलते हैं। अवतार नियम के मुताबिक़ कुछ संतरियों को लेकर मेरे साथ चलता है, हालांकि गुरुद्वारा क़िले के ठीक बाहर है। लोगों तक यह ख़बर किसी तरह पहुंच

जाती है और कुछ दरबारियों की बीवियां भी हमारे साथ चल पड़ती हैं। फाटक के बाहर भीड़ जमा है। मुझे देखते ही लोग खुशी से जय-जयकार करने लगते हैं।

पर कोई और भी मेरे इंतज़ार मैं है। कई हथियारबंद लोगों को लेकर जल्ला भी खड़ा है। मेरा रास्ता रोककर वह कहता है, 'रानी जिन्दां, क़िले से बाहर आप क्या लेकर जा रही हैं?'

इसकी इतनी जुर्रत कि मुझसे सवाल करे! मेरा उससे उलझने का कोई इरादा नहीं है, इसलिए मैं बहुत नरमी से उसे जवाब देती हूं। 'मैं शुक्रिया अदा करने और लोगों को दान देने के लिए गुरुद्वारे जा रही हूं।'

'शुक्रिया तो आपको करना ही चाहिए, काफ़ी सारे कामों के लिए।' जल्ला का अंदाज़ साफ़-साफ़ बताता है कि उसका इशारा किस तरफ़ है। 'लेकिन आप दरबार की इजाज़त के बिना उसकी दौलत को इस तरह नहीं उड़ा सकतीं। आप मिठाइयां और शालें ले जाएं, पर इन सिक्कों को तो मुझे ख़ज़ाने में वापस लौटाना होगा।'

उसकी इस गुस्ताख़ी से मैं अचंभे में पड़ जाती हूं। 'आप किस हक़ से यह सब कर रहे हैं?'

वह अपने दांत दिखाते हुए मुस्कराता है। 'राजा हीरा सिंह ने मुझे यह अधिकार दिया है।'

मुझे बहुत गुस्सा आता है। कई सालों से मैं देखती आ रही हूं कि शिकार, दावत और नाचने-गानेवालियों पर राजा कितना अंधाधुंध पैसा बहाते रहे हैं। उसके मुक़ाबले ये बीस बोरे कुछ भी नहीं हैं। हर बार अपने ही नातेदारों से लड़ने के लिए हीरा ने फ़ौजें भेजी हैं और उस पर मेरे इस बहुत सादे से चढ़ावे से हज़ार गुना ज़्यादा ख़र्चा आया होगा। मैं जल्ला के मुंह लगकर खुद को नीचा नहीं दिखा सकती, ख़ासकर आम लोगों के सामने।

'मैं अपने भत्ते से ये सिक्के बाद में लौटा दूंगी। अब मेरा रास्ता छोड़ो, मुझे गुरुद्वारे के लिए देर हो रही है।'

जल्ला मुझे जाने देता है, लेकिन उससे पहले वह सारे सिक्के गिनता है। भीड़ में गुस्से से भरी फुसफुसाहटें शुरू हो जाती हैं। कोई ज़ोर से कहता है, शर्म आनी चाहिए! बाक़ी भी उसके पीछे यही दोहराते हैं, लेकिन जल्ला पर कोई असर नहीं पड़ता और वह गिनती में लगा रहता है। आख़िरकार मुझे जाने दिया जाता है।

मैं खुद पर क़ाबू रखते हुए शांत रहने की कोशिश करती हूं। गुरुद्वारे में मैं लोगों को दान देती हूं और ग्रंथी का आशीर्वाद लेती हूं। पर अंदर से मैं खौल रही हूं। मैं बहुत सुकून से गुरुद्वारे आना चाहती थी और उस जल्ला ने मेरे मन की शांति भंग कर दी। गुरु ग्रंथ साहिब के सामने सीस नवाते हुए मैं कसम खाती हूं कि उसे और हीरा को इसका बदला चुकाना होगा।

अगले दिन मैं अवतार को इस गुप्त संदेश के साथ छावनी भेजती हूं कि रानी जिन्दां और महाराजा दलीप खालसा फ़ौज से मिलना चाहते हैं।

दलीप, जवाहर और मैं आम घोड़ागाड़ियों में क़िले से निकलते हैं और पंच हमारा स्वागत करते हैं। मेरे भीतर एक कंपकंपी-सी उठती है। मैं अपनी ज़िंदगी का सबसे जोखिम भरा क़दम उठाने वाली हूं। अगर वह कामयाब रहा, तो हीरा और जल्ला की ताक़त ख़त्म हो जाएगी, अगर नाकाम रहा तो मेरा ख़ात्मा हो जाएगा।

मैं सीधे काम की बात पर आती हूं। मैं उनके सरदारों से कहती हूं कि अब एक बड़ी भूल को सुधारने का वक़्त आ गया है। मैं बताती हूं कि किस तरह जल्ला ने मुझे गुरुद्वारे में दान देने से रोकने की कोशिश की। यह बताते हुए मेरी आवाज़ भर्रा जाती है, लेकिन मैं उस पर क़ाबू पाने की कोशिश नहीं करती। मैं चाहती हूं कि वे मेरे इस अहसास को महसूस करें और मेरे साथ हों।

'जल्ला ने पहले भी मेरी तौहीन की है। उसने दरबार में मेरी बदनामी की है। मुझे मेरे बेटे से अलग करने और दरबार से दूर करने की कोशिश की है। मैंने अपने सूबे की भलाई के लिए इन सब बातों को नज़रअंदाज़ कर दिया। पर इस बार उसने मेरे पवित्र संकल्प का अपमान किया। उसने लोगों के सामने सिख धर्म को नीचा दिखाया। क्या हमें उसे ऐसे ही छोड़ देना चाहिए?'

सरदारों के चेहरों से गुस्सा झलकता है। 'जल्ला को इतना घमंड आ गया है कि उसे लगता है कि वह कुछ भी कर सकता है। वह ऐसा दिखाता है कि जैसे वह और हीरा ही पंजाब के असली राजा हैं और महाराजा दलीप सिंह कुछ भी नहीं हैं। खालसा जी, अब आप ही इस परेशानी को ठीक कर सकते हो।'

'हीरा और जल्ला ने हमारे साथ भी बुरा बर्ताव किया है,' एक पंच कहता है। 'हीरा अपनी खुद की लड़ाई में हमें यहां-वहां ऐसे भेजता है, जैसे हम उसके नौकर हों।'

गुस्से से भरे बाक़ी लोग भी अपनी बात रखते हैं।

वह हमसे झूठ बोलता है।

वह हमारी तनख़्वाह काटता है।

उसने बस बेवजह हमारे पांच सौ साथियों को निकाल दिया।

यह सब उस जल्ला की कारस्तानी है।

'सरकार की महान फ़ौज को इस तरह सताना शर्म की बात है। मेरे बस में होता तो मैं कभी ऐसा नहीं करती।'

पंच तुरंत फ़ैसला लेते हैं। 'हम हीरा और जल्ला को ऐसा सबक़ सिखाएंगे कि वो कभी नहीं भूलेंगे।' वे हमें छावनी में रहने की सलाह देते हैं और फ़ौज को तैयार करने में लग जाते हैं। जब मैं सिपाहियों से मिलने की इजाज़त चाहती हूं, तो वे राज़ी हो जाते हैं।

मैं एक घोड़ा और भोंपू मांगती हूं। मैं अब भी इतनी कमज़ोर हूं कि मुझे घोड़े पर बैठते हुए सहारा लेना पड़ता है। फ़ौज से मिलते हुए मैं बिलकुल सीधी रहती हूं, ठीक जैसे अपने आख़िरी दिनों में भी सरकार रहते थे। उनकी जय-जयकार से मेरा हौसला बढ़ जाता है। सबके ख़ामोश हो जाने पर मैं बहुत सादगी से अपनी बात कहती हूं। 'मेरा बेटा और मैं, आपकी मदद के लिए आपको शुक्रिया कहना चाहते हैं। वाहेगुरु की मेहर रही और मैं गद्दी पर बैठी, तो आपको ज़रूर याद रखूंगी।' फिर बड़ी तेज़ी से मैं अपना घूंघट हटा देती हूं। 'आप मेरे अपने हो। मैंने अपनी मान-मर्यादा और अपनी ज़िंदगी आपके हाथों में सौंप दी है। फिर मुझे आपसे अपना चेहरा छिपाने की ज़रूरत नहीं है।'

उनकी जय-जयकार आसमान तक गुंजा देती है। ऐसा लगता है कि वे नहीं रुकने वाले।

'माई जिन्दां की जय! खालसा की मां और हमारी असली रानी, हम आपको निराश नहीं करेंगे।'

छावनी में बेचैनी से इंतज़ार करते हुए हमें छिटपुट ख़बरें मिलती रहती हैं। फ़ौज ने क़िले को घेर लिया है। पंचों ने हीरा को वज़ीर का ओहदा छोड़ने का हुक्म दिया। यह भी पेशकश की कि अगर वह जल्ला को उनके हवाले कर देगा, तो उसे हिफ़ाज़त के साथ लाहौर छोड़ने दिया जाएगा। जल्ला को रानी के साथ की गयी गुस्ताख़ी की सज़ा मिलनी ही चाहिए। हीरा कुछ शर्तों पर बात करने के लिए फ़ौज के सरदारों से मिलना चाहता है। पंच मान जाते हैं।

'हीरा कभी जल्ला को नहीं छोड़ेगा। वह ज़रूर कोई तरकीब लड़ा रहा होगा।' मैं जवाहर से कहती हूं।

ऐसा ही होता है और हीरा अपने चाचा गुलाब को संदेशा भिजवाता है। वह भी सारी दुश्मनी भूलकर अपने भतीजे की मदद के लिए तुरंत डोगरा फ़ौज की टुकड़ियां भेज देता है। शायद वह ऐसा इसलिए भी करता है कि उसका बेटा सोहन अभी लाहौर में बंधक है। हीरा और जल्ला रात के अंधेरे का फ़ायदा उठाते हुए सोहन के साथ लाहौर से निकल जाते हैं। उनके साथ ख़ज़ाने का बड़ा हिस्सा भी है, ठीक वैसे ही जैसे चंद का साथ छोड़ने के बाद मक्कार गुलाब ने भी किया था।

गुस्से से आगबबूला खालसा फ़ौज उनका पीछा करती है।

हम दिन भर आगे की ख़बर के इंतज़ार में रहते हैं।

'अब तक तो हीरा और उसके साथी जम्मू तक का आधा रास्ता तय कर चुके होंगे,' आह भरते हुए जवाहर कहता है।

'कोई बात नहीं, मैं तो बस उन सबसे छुटकारा चाहती हूं।'

शाम को अवतार ख़बर लेकर आता है। खालसा फ़ौज ने जम्मू पहुंचने से पहले ही हीरा को पकड़ लिया। ख़ूनी लड़ाई में हीरा, जल्ला और सोहन मारे गये। उनके सिरों को बरछों पर लटकाकर पूरे लाहौर में घुमाया जा रहा है।

जवाहर खुशी से झूम उठता है। 'उनके किये की यही सज़ा थी! मेरी बहन, अब तुम सही मायने में रानी बन गयी हो। तुम जो चाहे कर सकती हो।'

यह सब सुनकर मैं बेचैन हो जाती हूं। मुझे हीरा और जल्ला से चाहे कितनी भी नफ़रत रही हो, मैं कतई नहीं चाहती थी कि फ़ौज उन्हें इस तरह मौत के घाट उतार दे। बेचारे सोहन का तो कोई दोष नहीं था, वह बेगुनाह तो बेवजह मारा गया। फ़ौज के इन वहशी तौर-तरीक़ों से मैं सदमे में हूं। अब गुलाब अपने बेटे और भतीजे की मौत का बदला ज़रूर लेगा।

खालसा फ़ौज बहुत बेरहम है और अब जबकि मैंने उसे आज़ाद कर दिया है, तो क्या मैं उस पर लगाम लगा पाऊंगी?

29

जवाहर

जय-जयकार करते घुड़सवारों के साथ हम जीत के अहसास के साथ क़िले में लौटते हैं। सड़क के दोनों तरफ़ जमा लोग *माई जिन्दां ज़िंदाबाद! महाराजा दलीप ज़िंदाबाद!* के नारे लगा रहे हैं। अगले दिन मैं अपनी सफ़ेद पोशाक में ही दरबार जाती हूं, पर इस बार मैं अपना चेहरा घूंघट में नहीं छिपाती। मैं जानती हूं कि मैं ख़ूबसूरत हूं और मंगला के लेपों की बदौलत अब मेरे चेहरे की पुरानी रंगत लौट आयी है। दलीप मेरे साथ है और जवाहर हमारे पीछे चलता है। जल्ला की बेरहमी से परेशान ज़्यादातर दरबारी ज़ोर-शोर से मेरा स्वागत करते हैं। सरकार की गद्दी पर दलीप को गोद में लिये जब मैं बैठती हूं, तो वे मुझे 'सिखों की माई' कहकर पुकारते हैं और मेरे सम्मान में खड़े हो जाते हैं।

दरबार के अपने शुरुआती दिनों में मैं दरबारियों को भरोसा दिलाती हूं कि मैं सरकार के बनाये क़ायदे-क़ानूनों के मुताबिक़ चलते हुए वफ़ादारी और क़ाबिलियत को बढ़ावा दूंगी। सिखों, हिंदुओं और मुसलमानों के साथ बराबरी का बर्ताव किया जाएगा। मैं अलग-अलग धर्मों के लोगों को ऊंचे पद देती हूं। दीवान दीनानाथ, फ़क़ीर नूरुद्दीन और अत्तर सिंह कलियांवाला उनमें से कुछ हैं। सिर्फ़ एक मामले में मैं अड़ी रहती हूं कि जवाहर को वज़ीर बनाया जाए।

उसे इस काम का कोई तजुर्बा नहीं है, लेकिन मुझे भरोसा है कि मैं उसे वह सब कुछ सिखा दूंगी जिसकी उसे ज़रूरत है। मैं जानती हूं कि वह पूरी तरह से वफ़ादार रहेगा और इससे भी अहम बात यह कि मैं इस ओहदे पर किसी ऐसे इंसान को चाहती हूं, जो मुझे इतना प्यार करे कि मेरे रुतबे को लेकर खुश हो।

दरबारी और पंच मेरी इस बात का विरोध करते हैं और यहां तक कि अवतार भी उसके ख़िलाफ़ है। वह मुझे इस पर दोबारा सोचने की राय देता है, जिससे मुझे परेशानी होती है। पंच कुंवर पिशौरा की तरफ़दारी करते हैं, शायद इसलिए कि वह सरकार की तरह क़रिश्माई, बहादुर है और लड़ाई व शिकार करने में भी माहिर है। उनकी राय है कि मैं उसे वापस बुलाकर अपना वज़ीर बना लूं।

मैं ऐसा कभी नहीं करूंगी। दरबार में पिशौरा का होना दलीप के लिए काफ़ी ख़तरनाक हो सकता है। यहां आने पर उसके लिए फ़ौज को यह मनवाना आसान होगा कि सात साल के बच्चे के मुक़ाबले वह पंजाब की बागडोर बेहतर ढंग से संभाल सकता है। मैं अपने आकर्षण का पूरा इस्तेमाल करते हुए पंचों की खुशामद करती हूं और साथ ही सिपाहियों की तनख़्वाह भी बढ़ाती हूं, आख़िरकार वे मान जाते हैं। मैं पिशौरा को चुपके से एक संदेश भेजती हूं कि *वह दूर रहे और सुरक्षित रहे।* मैं उसे धन-दौलत और जागीर की पेशकश करती हूं और उसके मान जाने पर मैं चैन की सांस लेती हूं।

मैं जवाहर को आगाह करती हूं कि हमें अपना बर्ताव अच्छा रखना होगा। संधावालियों और हीरा की भयानक मौत ने मुझे बता दिया है कि खालसा फ़ौज कितनी तेज़ी से साथी से ख़तरनाक दुश्मन में तब्दील हो सकती है। यह भी कि वे अपने शासकों से बड़े ऊंचे दर्जे के नैतिक मानदंडों की अपेक्षा रखते हैं। यही वजह है कि जब जवाहर हीरा के महल में जाकर उसकी जायदाद पर कब्ज़ा करता है, तो मैं वहां मिली सोने की लाखों अशर्फ़ियों को सभी दरबारियों के सामने तोशखाने में भिजवा देती हूं। हम उसमें से कुछ का इस्तेमाल लोगों की भलाई और कुछ का पंजाब के बाहरी इलाक़ों के क़िलों को मज़बूत करने के लिए करते हैं। मैं इस बात का ध्यान रखती हूं कि यह ख़बर फ़ौज के साथ-साथ आम लोगों तक भी पहुंचे। मैं यह भी पक्का करती हूं कि हीरा, सोहन और यहां तक जल्ला का अंतिम संस्कार भी सम्मानजनक तरीक़े से हो। मैं गुलाब को उसके लिए बुलाते हुए उसकी हिफ़ाज़त का भरोसा देती हूं और उसके आने पर उसके साथ अदब से पेश आती हूं। मैं शोक जताते हुए उससे कहती हूं कि मैंने कभी नहीं चाहा था कि वे मारे जाएं। पर उसे मेरी बात का ज़रा भी यक़ीन नहीं आता और मैं उसकी आंखों से झलकती नफ़रत को साफ़-साफ़ देख सकती हूं। वह मेरा जानी दुश्मन बन चुका है। गुलाब के जम्मू लौट जाने के बाद मैं अवतार से कहती हूं कि अपने जासूसों को उसके पीछे लगा दे।

हर हफ़्ते मैं गुप्त रूप से अवतार, जवाहर और मंगला से मिलकर सभी मामलों पर बातचीत करती हूं। मुझे अंग्रेज़ों और पिशौरा की तरफ़ से चिंता रहती है।

अंग्रेज़ों के तेवर काफ़ी आक्रामक हो गये हैं। उनके, गुलाब और पिशौरा के बीच संदेश चलते रहते हैं। उन्होंने ज़्यादा सिपाही और तोपें मंगाकर फ़िरोज़पुर में

खुद को मज़बूत कर लिया है। इससे भी ज़्यादा फ़िक्र की बात यह है कि उन्होंने चपटे तले वाली नावों का बेड़ा भी मंगाया है, जिससे सतलुज पार करने के लिए फ़ौज के लिए तुरंत पंटून पुल तैयार कर लिया जाए। लुधियाना में उनका नया एजेंट ब्रॉडफुट बहुत बदतमीज़ और तेज़मिज़ाज है। उसने मुंसिफ़ लाल सिंह अदालती पर गोली चलाकर हमारे दरबार का अपमान किया है। नदी के पार हमारे इलाक़े में दरबार के किसी काम से उन्हें भेजा गया था। मैं हार्डिंग को आधिकारिक शिकायत भी भेजती हूं, लेकिन अपने दरबार को सरकार का यह फ़लसफ़ा भी याद दिलाती हूं कि अंग्रेज़ों के ख़िलाफ़ लड़ाई शुरू नहीं करनी है। *हिंदुस्तान के किसी भी राजा को इससे कभी कोई फ़ायदा नहीं हुआ है।*

फ़िलहाल तो वह मेरी बात सुन लेते हैं।

लाल और मैं फिर से साथ हो गये हैं। मैंने जानबूझकर ऐसा नहीं किया, लेकिन एक रात वह बिना कोई ख़बर दिये सीधे शीश महल पहुंच गया और बोला कि वह मेरे बिना नहीं जी सकता।

मेरे क़दमों में झुककर मेरे हाथों को चूमते हुए वह रोने लगा। 'अगर तुमने मुझे फिर से नहीं अपनाया, तो अच्छा होगा कि मुझे देश-निकाला दे दो या फिर फांसी चढ़ा दो। हर रोज़ दरबार में तुम्हें देखने, तुम्हारे पास होते हुए भी दूर महसूस होने से तो वही बेहतर होगा।'

उसकी बात सुनकर मैं खुद पर क़ाबू नहीं रख सकी। शायद मैंने कोशिश भी नहीं की। मैंने खुद से पूछा कि *बुरी से बुरी हालत में क्या हो सकता है? बच्चा गिराने के हादसे के बाद अब मैं मां नहीं बन सकती। तो क्या मुझे ज़रा-सी खुशी का हक़ नहीं है?* हम बहुत चौकन्ने रहते हैं, चुपचाप मिलते हैं और मैं दरबार में भी पूरी दिलचस्पी लेती हूं, साथ ही यह भी ध्यान रखती हूं कि उससे अलग तरह का बर्ताव नहीं करूं। पर अवतार मुझे बताता है कि यह बात किसी से छिपी नहीं रह गयी है।

पंच मुझसे मिलने आते हैं और खुलकर बात करते हैं।

'माई जिन्दां, हमें मालूम है कि आप बहुत कम उम्र में विधवा हो गयी थीं। इस तरह अकेले रहना किसी भी मर्द या औरत के लिए मुश्किल है। यही वजह है कि हमारा धर्म फिर से शादी करने को बढ़ावा देता है। हमारे सरकार ने कई विधवाओं से शादी कर उन्हें अपनी हिफ़ाज़त में रखा। हम किसी भी मुनासिब सिख मुखिया से आपकी शादी को अपना समर्थन देंगे।'

'सिर्फ़ सिख से?'

वे मेरी बात समझ जाते हैं। उनके चेहरे पर नाराज़गी साफ़ दिखती है। 'हमने आपको माई कहा है। आपको खालसा की मां होने के नाते गद्दी पर बिठाया है। आप किसी सिख से ही शादी कर सकती हैं।'

मैं उनसे वादा करती हूं कि इस पर सोच-विचार करूंगी, लेकिन मेरा दिल जानता है कि मैं लाल के सिवा किसी के साथ हमबिस्तर होने की बात सोच भी नहीं सकती।

मुझे गुस्सा भी आता है। फ़ौज को यह हक़ किसने दिया कि वह मेरी निजी ज़िंदगी को भी अपने हिसाब से चलाए?

जवाहर का नये ओहदे का गुरूर उसके सिर पर चढ़ बैठा है। वह अपनी हवेली में दावत पर दावत करता चला जाता है। मुझे पता चलता है कि वहां पर शराब, अफ़ीम ख़ूब परोसी जाती है और चापलूस मंडली उसे बढ़ावा देती है। वह अब अवतार के साथ होने वाली हमारी ज़रूरी बैठकों में नहीं आता और अक्सर मंगला को भी उनसे दूर रखता है। दरबार में भी थका-मांदा जवाहर नासमझों की तरह पेश आता है। अक्सर वह चुप रहता है और कभी बोलता भी है तो उसकी बातें बेवकूफ़ी भरी होती हैं। अगर कोई दरबारी उससे सवाल पूछ ले, तो वह चिढ़ जाता है। जब मैं अकेले में उसे झिड़कती हूं तो वह अपना आपा खो बैठता है।

'तुम्हें लगता है कि मैं वक़्त और पैसा बर्बाद कर रहा हूं? मैं तो ताक़तवर मित्रों को तैयार कर रहा हूं। वक़्त आने पर देख लेना।'

उसकी ये बातें मुझे परेशान करती हैं। मैंने उसे वज़ीर बनाकर कहीं कोई ग़लती तो नहीं कर दी?

आजकल दरबार में पिशौरा के हाल के कारनामे की काफ़ी बातें हो रही हैं। वह चुपचाप पंजाब में अपने सात साथियों के साथ घुसा और उसने अटक के क़िले पर कब्ज़ा कर लिया। वहां के सिपाहियों ने और वहां के लोगों ने भी उसे अपना मालिक मान लिया है। मेरे दरबारी भी उसकी इस बहादुरी के क़ायल हो गये हैं। कई तजुर्बेकार नायक कहते हैं कि वह वाकई सरकार का सपूत है। मैं समझ सकती हूं कि वे क्या सोच रहे हैं, यही कि पिशौरा ज़्यादा मज़बूत शासक होगा। अंदर ही अंदर मैं उबलती हूं, पर बाहर यही सुझाती हूं कि हमें पिशौरा से बातचीत करनी चाहिए और पता लगाना चाहिए कि उसकी मंशा क्या है।

जवाहर के उठ खड़े होने पर मुझे चिंता होती है, पर वह बिलकुल शांत लगता है। वह इस बात पर ज़ोर देता है कि हम बग़ावत को बढ़ावा नहीं दे सकते। इससे ख़तरनाक मिसाल तैयार होगी। वह इस बात की तरफ़ इशारा करता है कि पिशौरा अंग्रेज़ों से सहानुभूति रखता है। उन्होंने उसे आसरा दिया था और इस दौरान उन्होंने उसे पट्टी पढ़ायी है। हो सकता है कि पिशौरा उन्हें पंजाब में बुलाना चाहता हो। उसने पहले से बारकज़इयों से सौदेबाज़ी नहीं की थी कि वे उसे हथियार और सिपाही दें, बदले में वह उन्हें पेशावर सौंप देगा?

मैं उसकी बात से प्रभावित होती हूं और साथ ही मुझे हैरानी भी होती है। मैं तुरंत उसकी तरफ़दारी करने उठ खड़ी होती हूं। 'हमें पिशौरा को पकड़कर लाहौर लाना होगा। फिर दरबार समझबूझकर फ़ैसला ले कि आगे क्या करना है।'

दरबार इस बात पर राज़ी हो जाता है। जवाहर इस मुहिम के लिए कोई नायक चाहता है। उसके दो नज़दीकी दोस्त चत्तर सिंह और फ़तेह ख़ान आगे आते हैं। सिपाहियों का एक बड़ा जत्था अटक के लिए रवाना होता है। हम इंतज़ार में हैं और मुझे ख़ास चिंता भी नहीं होती। मैं जानती हूं कि हमारी फ़ौज पिशौरा के मुट्ठी भर लोगों को आसानी से क़ाबू में कर लेगी।

दलीप दौड़ते हुए आता है। 'बीजी, बीजी, वो रोशनी देखो।'

मैं शीश महल की खिड़की से झांकती हूं तो पाती हूं कि क़िले की दीवारों पर रोशनी टिमटिमा रही है। रात का आसमान आतिशबाज़ी से चमक जाता है। मैं भौंचक खड़ी रहती हूं। आज तो कोई ख़ास दिन नहीं है। यह किस बात का जश्न मन रहा है?

'यह सब कौन कर रहा है?'

'जवाहर मामा। कितना प्यारा लग रहा है, ना बीजी?'

मैं तुरंत बाहर निकलती हूं। गुलाबों के बगीचे में बीचोंबीच खड़ा जवाहर नौकरों को और रोशनी करने के लिए कह रहा है।

'पिशौरा मारा गया!' वह जीत के जोश में चिल्लाता है।

उसके मुंह से बू आ रही है।

'बेवकूफ़! जो कुछ हुआ, हम उससे चाहे कितने भी ख़ुश क्यों नहीं हों, हम सरकार के एक बेटे की मौत पर इस तरह जश्न नहीं मना सकते,' मैं ज़ोर से बोलती हूं।

'जो कुछ हुआ!' जवाहर हँसते हुए कहता है। 'यह अपने आप नहीं हुआ, बल्कि मैंने करवाया था!'

सदमे से मेरे मुंह से बोल नहीं निकल पाते।

'मैंने चत्तर और फ़तेह के साथ सब कुछ तय कर लिया था। उन्होंने पिशौरा से कहा कि वे उससे लड़ना नहीं चाहते, बल्कि उसे बाइज़्ज़त दरबार लाना चाहते हैं। पिशौरा जाल में फंस गया। फ़ौज को भी लगा कि यह बड़ी अच्छी बात है। बेवक़ूफ़ कहीं के! वापस आते हुए चत्तर और फ़तेह ने पिशौरा से पूछा कि क्या वह उनके साथ शिकार पर जाना चाहेगा। हमें मालूम था कि उसे यह सब कितना पसंद था। उसे अकेला पाकर उन्होंने उसका ख़ात्मा कर दिया। दलीप को अब कोई ख़तरा नहीं है।'

'बेवक़ूफ़! तुमने हम सबको ख़तरे में डाल दिया है। तुम्हें क्या लगता है कि पंचों को पता चल गया तो वे क्या करेंगे?' यह कहकर मैं जवाहर को उसके कुछ नौकरों के साथ उसकी हवेली में भेज देती हूं, ताकि उसे होश आये। फिर मैं रोशनी बुझाने और आतिशबाज़ी रोकने का हुक्म देती हूं। पर मुझे डर है कि देर हो चुकी है। पूरे लाहौर में लोगों ने ज़रूर देख लिया होगा कि हम जश्न मना रहे थे। जल्दी ही उन्हें जश्न की वजह का भी पता चल जाएगा।

अवतार और मंगला को मैं यह पता लगाने के लिए भेजती हूं कि हम इस मुश्किल से कैसे उबर सकते हैं। इससे पहले कि हम कुछ सोच पाएं, एक सिपाही पंचों का संदेश लेकर पहुंच जाता है, जिस पर उनकी पवित्र मोहर अकाल सहाय लगी है और जिसे टाला नहीं जा सकता।

क़ातिल जवाहर को हमारे हवाले कर दें।

सुबह हम सभी, जवाहर, दलीप, मंगला और मैं ग़म और अपने पछतावे को ज़ाहिर करते सफ़ेद कपड़ों में दो हाथियों पर सवार होकर निकलते हैं, जिन पर ढेर सारा सोना-चांदी लदा है। हम चारों ही हैं, हमारे साथ कोई भी दरबारी नहीं हैं। उनमें से किसी की हिम्मत नहीं कि फ़ौज के ख़िलाफ़ हमारा साथ दे। मैं उन्हें दोष नहीं दे सकती, क्योंकि जवाहर ने गुनाह तो किया ही है। फिर भी वह मेरा अपना ख़ून है; मैं उसे इस हाल में नहीं छोड़ सकती। मेरे शक ज़ाहिर किये जाने के बावजूद मैं उसे दलीप को अपने हाथी पर इस उम्मीद में बिठाने की इजाज़त देती हूं कि हो सकता है कि उसकी मासूमियत जवाहर को पंचों के रोष से बचा ले। मेरे पीछे आम तौर पर शांत रहने वाली मंगला भी तनाव में है। इससे मेरा डर और बढ़ जाता है।

मैंने अपनी बात सब तक पहुंचाने के लिए भोंपू का भी इंतज़ाम किया है। मुझे उम्मीद है कि मैं फ़ौज को कुछ देकर अपने भाई को बचा लूंगी, लेकिन क़िले के फाटक पर खड़े सिपाही मुझे ऐसा कोई मौक़ा नहीं देते। वे हमारे हाथियों को घेरकर

अपनी घेरेबंदी में हमें मियां मीर की अपनी छावनी में ले जाते हैं, जहां पर पंच हमारे इंतज़ार में हैं। मैं उनसे माफ़ी मांगती हूं और साथ ही हर सिपाही का मेहनताना महीने में बारह रुपये करने की पेशकश करती हूं। मैं उन्हें सारा सोना-चांदी देकर अपने भाई के लिए माफ़ी मांगती हूं। मैं यह भी वादा करती हूं कि उसे दरबार से निकाल दिया जाएगा। पर मैं बोल ही रही होती हूं कि सिपाही हमारे हाथियों पर चढ़ जाते हैं और जवाहर की बांहों से दलीप को लेकर मंगला और मुझे ज़बरदस्ती उतारकर एक तंबू में ले जाते हैं। मुझे पीछे से जवाहर की आवाज़ें सुनायी दे रही हैं, *जिन्दां, जिन्दां, मेरी बहन, मुझे बचा लो!* मैं अपने साथ चल रहे सिपाहियों के बीच से उसके पास जाने की कोशिश करती हूं, मगर वे बहुत मज़बूत हैं। अपनी ख़ौफ़ भरी नज़रों के सामने मुझे तलवार लिए एक घुड़सवार आगे बढ़ता दिखायी देता है और वह जवाहर को तलवार घोंप देता है। बाक़ी सिपाही भी उसके साथ हो लेते हैं। मंगला को अंदाज़ा था, इसलिए वह दलीप की आंखों पर हाथ रख देती है। पर मैं लगातार चोट किये जाने से जवाहर के बदन से निकलते लहू को देखती हूं। उसका सफ़ेद कुर्ता, उसके हाथी का हौदा, धरती, सभी सुर्ख़ हो जाते हैं। मैं अब आगे कुछ और नहीं देख सकती और ज़मीन पर गिर जाती हूं। मुझे किसी औरत की चीख़ें सुनायी देती हैं और फिर मुझे अहसास होता है कि यह मैं ही हूं। जश्न मनाते और 'इंसाफ़ हो गया' चिल्लाते हुए सिपाहियों के शोर में मेरी चीख़-पुकार डूब जाती है।

मैं सारी रात ज़मीन पर पड़े विलाप करती रहती हूं। सुबह अपने आंसू पोंछकर मैं पंचों से अपने भाई की लाश मांगती हूं, ताकि उसका अंतिम संस्कार कर सकूं। पहले तो वे मना कर देते हैं।

'पिशौरा के बदन को टुकड़ों में काटकर नदी में फेंक दिया गया था। हमें जवाहर के साथ भी वही करना चाहिए।' एक पंच कहता है।

मैं ख़ामोश खड़ी रहती हूं। अब मैं किसी से कोई मिन्नत नहीं करूंगी और ना ही आंसू बहाऊंगी। आख़िरकार पंचों को मुझ पर तरस आ जाता है और वे जवाहर की लाश को क़िले में भिजवा देते हैं।

मंगला की मदद से मैं अंतिम संस्कार की तैयारी करती हूं। मस्ती दरवाज़े के बाहर एक छोटी-सी चिता तैयार की जाती है। सब कुछ बहुत सादा है, ना कोई जुलूस है, ना कोई शोर, ना चंदन की लकड़ियों का ढेर है और ना ही साथ में कोई रागी है। हथियारबंद सिपाही बेरहम हावभाव के साथ हम पर नज़र रखते हैं। मुट्ठी भर दरबारी हैं, जिन्होंने यहां पर आने की हिम्मत दिखायी है। उनमें से एक लाल सिंह है, जो आगे बढ़कर मेरे साथ खड़ा हो जाता है। एक अकेला ग्रंथी प्रार्थना करता है। लपटें जैसे हिचकिचाते हुए फड़फड़ाती हैं।

मेरे प्यारे वीर, मैं तुम्हारा बदला ज़रूर लूंगी, चाहे वह मेरा आख़िरी काम ही क्यों नहीं हो!

दरबारियों को जवाहर कभी पसंद नहीं रहा था, पर मुझे यह देखकर हैरानी होती है कि वे मेरे प्रति हमदर्दी रखते हैं। इसकी वजह यह भी हो सकती है कि उन्हें लग रहा है कि फ़ौज कितनी ख़तरनाक हो चुकी है। राजकाज दरबार चलाता है, लेकिन पंच हम पर हुकूमत करते हैं। कल वे हममें से किसी पर भी अपनी तलवार उठा सकते हैं और उन्हें रोकने वाला कोई नहीं है। दरबारी इस बात पर मुझसे (भले ही गुपचुप तरीक़े से) रज़ामंदी रखते हैं कि हमें फ़ौज की ताक़त पर अंकुश लगाना होगा और उन्हें सबक़ सिखाना होगा। पर हम कोई योजना नहीं बना पाते। इस बीच मैं अपने फ़ायदे के लिए उनकी हमदर्दी का इस्तेमाल करते हुए ज़ोर देती हूं कि लाल को नया वज़ीर बनाया जाना चाहिए। मैं बताती हूं कि उसे राजकाज का तजुर्बा है और ध्यान सिंह को भी उस पर भरोसा था। वे अनमने ढंग से राज़ी हो जाते हैं। सिर्फ़ एक आदमी है, जो काफ़ी खुश दिखायी देता है और वह है, सरदार तेज सिंह। दरबार में हाल ही में आया तेज सिंह, लाल सिंह का दोस्त बन गया है।

अगले कुछ महीनों में मेरा बर्ताव ऐसा रहता है कि सबको लगे कि मैं जवाहर की मौत के हादसे को पीछे छोड़ चुकी हूं। मैं क़िले के फाटक के बाहर फ़ौजी टोलियों को लड़ाई के करतब दिखाने बुलाती हूं। मैं दलीप के हाथों उन्हें तोहफ़े दिलवाती हूं। वे मुझे खालसा की माई कहकर मेरी तारीफ़ें करते हैं और मुझे उसमें कोई दिक़्क़त नहीं होती। जब वे फिर से मेरे सामने किसी सिख सरदार से ब्याह करने की पेशकश रखते हैं, तो मैं ऐसे दिखाती हूं जैसे मैं उनकी बात मानने वाली हूं और उनसे ऐसे कुछ लोगों के नाम पूछती हूं। मेरी मुस्कान के पीछे बदले की आग ठीक वैसे ही धधकती रहती है, जैसे राख़ में अंगारे दबे रहते हैं।

मुझे दिलासा देने वाला एक ही शख़्स है और वह है, लाल। रातों को जब मैं रोने लगती हूं, तो वह मुझे थाम लेता है या फिर लाचार होकर मुझे बेचैनी से चहलकदमी करते हुए देखता है। वही ऐसा इंसान है, जिससे मैं जवाहर के बारे में बात कर सकती हूं। मंगला बहुत मज़बूत है, लेकिन जवाहर का ज़िक्र होने पर वह अपने आंसू नहीं रोक पाती। लाल बहुत धीरज से मेरी सारी बातें सुनता है, ख़ासकर जब मैं बताती हूं कि कैसे जवाहर मार खाने का जोखिम उठाकर भी हमारे लिए खाने का इंतज़ाम करता था। कैसे वह मुझे अमरूद चुराने के लिए अपने साथ ले जाता था और कैसे वह मेरे सपनों के बारे में इत्मीनान से सुना करता था। कैसे वह मुझे मन्ना से बचाता था और कैसे अपनी पहली तनख़्वाह से मेरे लिए लाल जूतियां ख़रीद लाया था।

फ़ौज को उसकी जगह दिखाने की मेरी योजना में लाल मेरा साथ देने को तैयार हो जाता है, पर वह साथ ही ईमानदारी के साथ उससे जुड़े ख़तरों के बारे में भी बताता है। 'इसका एक अकेला तरीक़ा यह है कि फ़ौज को किसी ऐसी लड़ाई में भेजो, जिसमें उसका बुरी तरह से नुक़सान हो। पर उसे कमज़ोर करने का मतलब पंजाब को भी कमज़ोर करना है।'

'तुम मेरे साथ हो या उनके साथ?' मैं गुस्से में पूछती हूं, हालांकि मैं जानती हूं कि वह सही कह रहा है।

'मैं हमेशा तुम्हारे साथ हूं, मेरी रानी!' आह भरते हुए वह कहता है। 'चाहे उसके लिए मुझे अपने ही ख़िलाफ़ क्यों नहीं जाना पड़े।'

आजकल लाल मेरे साथ ज़्यादा वक़्त बिताता है और हम दोनों साथ खाना खाते हैं और संगीत सुनते हैं। मैंने उसे दलीप से मिलवा दिया है और वह उससे घुल-मिल भी गया है, शायद इसकी वजह यह है कि उसे अपने जवाहर मामा की कमी खलती है। लाल उसे दिखाता है कि लट्टू को कैसे घुमाया जाता है, डंडा गोली कैसे खेली जाती है। कई बार वे कुश्ती भी करते हैं। वह चाहता है कि दलीप को शिकार के लिए ले जाए और मेरे यह कहने पर कि दलीप अभी छोटा है, वह हँसने लगता है। वह कहता है कि मैं ज़रूरत से ज़्यादा चिंता करती हूं। शायद वह सही कहता है। जवाहर की मौत के बाद मैं एक पल के लिए भी अपने बेटे को नज़रों से ओझल नहीं होने देती।

आज रात जब हम शतरंज खेल रहे होते हैं, जिसमें मैं लाल से बेहतर हूं, तो अवतार एक ख़बर लेकर आता है। वह ज़रूर कोई बुरी ख़बर होगी, तभी वह कहते हुए हिचकिचाता है। शायद लाल की मौजूदगी भी उसकी वजह हो सकती है। मैं उसे कहती हूं कि वह बिना किसी ख़ौफ़ के सारी बात बताए। वह थोड़ी झिझक के साथ बताता है कि अंग्रेज़ लाट ने मेरी ताक़त को कमज़ोर करने की नयी साज़िश रची है। उसने मेरे अपने लोगों में से कुछ को लालच देकर मेरे नाम पर कालिख पोतने का काम दिया है और वे घूम-घूमकर मेरे कई प्रेमियों के किस्से कहते फिरते हैं, यह भी कि उनमें से कई तो सरकार के वक़्त भी मौजूद थे। उनमें पानी लाने वाला गुल्लू, सुचेत, जिसके घर में मैं जम्मू में रही थी और अब लाल शामिल हैं। अंग्रेज़ों ने अपने यहां की किसी आज़ाद ख़याल रानी की तर्ज़ पर मुझे 'पंजाब की मेसालिना' का नाम दिया है। गुलाब सिंह भी इस साज़िश में शामिल है।

ये झूठ सुनकर मैं दंग रह जाती हूं और साथ ही अंग्रेज़ों के खुद को हमसे ऊपर समझने के ख़याल से भी। इन बाहरी लोगों, इन लुटेरों की इतनी जुर्रत कि

मेरे किरदार पर अंगुली उठाएं? मैं अहसानफ़रामोश गुलाब को लेकर भड़क जाती हूं, जिसे मैंने अपने मरे हुए रिश्तेदारों की अस्थियां लेने के लिए लाहौर आने दिया था।

मैंने कुछ भी ग़लत नहीं किया, बस अपने दिल की बात मानी। पर यह दुनिया मोहब्बत करने वाली औरतों के मामले में बहुत बेरहम है। रांझे से मोहब्बत करने वाली मासूम और ख़ूबसूरत हीर को भी उसके अपने लोगों ने जहर दे दिया था।

'वे मेरे नाम पर सिर्फ़ इसलिए कीचड़ उछाल रहे हैं, क्योंकि मैं एक औरत हूं!' मेरा रोम-रोम गुस्से से धधक उठता है।

'यही तो दुनिया की रीत है और इसलिए मैं तुमसे शादी करने की मिन्नतें करता रहा हूं।' लाल कहता है।

दुनियादार मंगला का कहना है, 'आपको अभी कोई ऐसा रास्ता निकालना है, जिससे आप लोगों को ईश्वर के प्रति, अपने बेटे के प्रति अपनी लगन दिखा सकें और यह भी कि अपने पति के मरने के बाद भी आप उनकी वफ़ादार हैं।'

वह सही कहती है। एक बार गुस्सा ठंडा होने पर मैं भी सोच-विचार करने लगती हूं। मैं सरकार की समाधि का काम पूरा करूंगी, जिसे पूरा करने की मैंने बहुत पहले कसम खायी थी। फिर मैं दलीप और दरबारियों के साथ मत्था टेकने स्वर्ण मंदिर जाऊंगी।

इस बीच मैं हर पल किसी ऐसे तरीके के बारे में सोचती रहूंगी, जिससे अंग्रेज़ों को इस तरह के घटिया, छल भरे हमले की क़ीमत चुकानी पड़े।

समाधि का काम पूरा हो जाने पर कुछ दिनों के बाद जब मैं दरबार पहुंचती हूं, तो दरबारियों के बीच शोरगुल मचा होता है। सतलुज की सरहद से हमारा जासूस परेशानी भरी ख़बर लाया है। अंग्रेज़ फ़िरोज़पुर की तरफ़ बढ़ रहे हैं। वे लाहौर से केवल 40 मील की दूरी पर हैं और उन्होंने अपनी बंदूकों की तादाद तीन गुना कर दी है।

'हार्डिंग खुद छावनी में पहुंचने वाला है,' दीवान दीनानाथ दरबार में बताते हैं। 'उन्होंने पहले लायी गयी नावों से पंटून पुल तैयार कर लिया है। अब आप ही बताएं, अगर उनकी मंशा हम पर धावा बोलने की नहीं है, तो वह ऐसा क्यों करेंगे?'

हमारे जासूस के हाथ ऊंचे ओहदों पर बैठे अंग्रेज़ों की बीच लिखे जाने वाले ख़त लगे हैं। *एक में लिखा है, हम जल्द ही सतलुज पार करेंगे।*

अमन की चाह रखने वाले नूरुद्दीन कहते हैं, 'उनके साथ तो हमारा समझौता हुआ है।'

मेरा मानना है कि अंग्रेज़ सिर्फ़ दिखावा कर रहे हैं। ख़ैर, उन्होंने मेरे लिए एक मौक़ा तो तैयार किया ही है। 'क्या अंग्रेज़ अपने समझौतों पर कभी क़ायम रहे हैं?'

तेज सिंह तुरंत जवाब देता है। 'कभी नहीं!' वह कुर्ग, मैसूर और मराठा सल्तनत को गिनाता है, जहां पर अंग्रेज़ों ने पुराने समझौतों को तोड़ दिया और तब धावा बोला, जब राजा उनके भरोसे बेपरवाह हो गये थे। मैं उसकी जानकारी, उसके जुनून और उसकी जज़्बे से प्रभावित होती हूं। आगे की रणनीति बनाते हुए मैं उसे शामिल करने की बात दिमाग़ में रखूंगी।

'क्या हम चाहेंगे कि पंजाब में भी ऐसा ही हो?' मैं पूछती हूं।

कुछ शांत दरबारियों की आवाज़ें कानफोड़ू शोर में दब जाती हैं। 'बिलकुल नहीं! इन धोखेबाज़ फ़िरंगियों को ऐसा सबक़ सिखाना है कि ये याद रखें।'

'हमें बहुत सावधानी से योजना बनानी होगी,' मैं सबको आगाह करती हूं। मैं वाहेगुरु का आशीर्वाद लेने के लिए स्वर्ण मंदिर जाने का सुझाव देती हूं। फिर हम सरकार की समाधि पर फ़ौजी पंचों से मिलकर लड़ाई को लेकर अपना फ़ैसला लेंगे। हर कोई मान जाता है। मेरी योजना अब काम करने लगी है। अंग्रेज़ों को बड़ा झटका लगने वाला है।

'और इस दौरान अगर खालसा फ़ौज को नुक़सान हुआ, तो होने दो। भविष्य में रानी जिन्दां को क़ाबू करने की कोशिश से पहले वे कम से कम दो बार ज़रूर सोचेंगे,' उस रात मैं लाल से कहती हूं।

मेरी कोशिशों का ही नतीजा है कि सरकार की समाधि, जिस पर काफ़ी समय से किसी ने ध्यान नहीं दिया था, अब वह क़िले में मौजूद किसी भी महल जितनी ही शानदार बन गयी है। शाम की रोशनी में उसके सफ़ेद और सुनहरे गुंबद चमकते हैं और हम सधे हुए क़दमों से उसमें दाख़िल होते हैं। अंदर की दीवारों पर क़ीमती पत्थर जड़े हैं। मेरे सरकार की अस्थियां संगमरमर के जिस कलश में रखी है, अब वह चमक रहा है। दरबारी और पंच अपने सारे मतभेद भुलाकर साथ बैठते हैं, जबकि दीनानाथ अंग्रेज़ों के विश्वासघात की जानकारी देते हैं। वे हमारे पवित्र शहर आनंदपुर समेत हमारे इलाक़ों से चुंगी लेना चाहते हैं। जब हमने अंग्रेज़ों के एजेंट से इसकी वजह पूछी तो, उसने हमारे साथ कूटनीतिक रिश्ता ख़त्म करने की धमकी दे डाली। इसका मतलब साफ़ है कि लड़ाई होने वाली है। क्या हमें तब तक हाथ पर हाथ धरे बैठे रहना होगा, जब तक कि अंग्रेज़ लाहौर नहीं आ धमकते?

सारी सभा की यही राय है कि हमें तैयारियां शुरू कर देनी चाहिए। हम पहली गोली नहीं चलाएंगे, पर हमारे सिपाही सतलुज पार करके उसके दूसरी तरफ़ के

अपने इलाक़ों तक जाएंगे। जैसी कि रीत है, हमारे वज़ीर फ़ौज की अगुवाई करेंगे और उनके साथ उनकी पसंद का नायक होगा। लाल इसके लिए तेज सिंह के नाम की पेशकश करता है। लाल की तरफ़दारी करते हुए मैं बड़े जोश के साथ उसकी पेशकश मान लेती हूं और पंचों को भी उसे क़बूल करना पड़ता है। एक-एक करके सब कलश पर वफ़ादारी की सौगंध लेते हैं। समाधि से बाहर निकलकर जब हम अपना फ़ैसला सुनाते हैं, तो हवा में नारे गूंजने लगते हैं। बाहर इंतज़ार कर रहे सैकड़ों सिपाही ज़ोर से पुकार लगाते हैं, 'हम अपने लहू के आख़िरी क़तरे तक अपने पंजाब की हिफ़ाज़त करेंगे!'

मैं रोने लगती हूं। उसकी वजह यह पल है और कुछ मेरा अपराधबोध भी है। सतलुज के इस पार अपनी टुकड़ियों को जमा करना ज़्यादा सुरक्षित क़दम होता। अगर वाकई अंग्रेज़ नदी पार कर हम पर धावा बोलते, जिसकी आशंका कम ही है, तो हम लड़ने के लिए बेहतर स्थिति में होते। अगर मैंने मज़बूती से अपनी बात रखी होती, तो जमा लोग ज़रूर उसे सुनते। पर मैंने तो पंचों को अपनी गिरफ़्त में लेने के लिए लड़ाई के उन्माद को हावी होने दिया। अब तो बहुत देर हो चुकी है।

अंग्रेज़ों के प्रति नफ़रत और फ़ौज से अपने भाई की मौत का बदला लेने की मेरी इच्छा को पूरा करने के लिए कितने लोग मारे जाएंगे? मुझे बहुत समय पहले की वह लड़की याद आयी, जिसने सरकार से कहा था कि मरते सिख सिपाहियों के बारे में सोचकर उसे बड़ा दुःख हुआ था, मरते वक़्त जिनके चेहरे अपने वतन की तरफ़ थे। मैं उस लड़की को छोड़कर कितनी दूर आ पहुंची हूं!

लड़ाई की शुरुआती योजना पूरी हो चुकी है। एक हफ़्ते के भीतर हमारी फ़ौज चार अहम ठिकानों, रोपड़, लुधियाना, हरिके और फ़िरोज़पुर रवाना हो जाएगी। तैयारियों में लगे रहने के कारण पिछले कुछ दिनों से लाल मुझसे मिलने नहीं आ सका। आज जब वह आता है, तो हम एक-दूसरे को बेतहाशा चूमने लगते हैं। मैं हर बात जानना चाहती हूं। कैसा महसूस होता है? क्या वह रोमांचित है? उतावला है या फिर बेचैन है? या फिर बिलकुल शांत और साफ़ नज़र वाला जैसे सरकार हुआ करते थे? मैं उसके माध्यम से लड़ाई पर जाने वाले की ज़िंदगी को महसूस करना चाहती हूं, जिसे मैं कभी नहीं जी सकूंगी।

इन सवालों का जवाब देने की बजाय वह मेरा हाथ थामकर बड़ी बेचैनी से कहता है, 'मेरे साथ चलो,' यह सुनते ही मेरे चेहरे पर सदमा आया देखकर वह तेज़ी से मुझे मनाने वाले अंदाज़ में अपनी बात जारी रखता है। 'हम कल रात चुपके से निकल सकते हैं। हम दलीप को भी अपने साथ ले जाएंगे और चाहोगी तो मंगला

को भी। मेरे पास इतना पैसा है कि तुम्हारा ख़याल रख सकूं। हम इन लड़ाइयों और साज़िशों से बहुत दूर गुमनाम रहकर सुकून के साथ जी सकेंगे। दलीप अभी बहुत छोटा है और उसको कोई फ़र्क़ नहीं पड़ेगा। हम उसे खुशियों भरा बचपन दे सकेंगे, सुरक्षित और आरामदेह ज़िंदगी भी। ना मत कहना। हमारे लिए एक परिवार की तरह रहने का यह आख़िरी मौक़ा है।'

लाल जिस ज़िंदगी की बात कर रहा है, मैं एक पल को उसके लोभ में आ जाती हूं। यह दरबार की डरावनी साज़िशों से दूर दलीप को पालने-पोसने का मौक़ा हो सकता है। मैं लाल से शादी कर झील किनारे किसी शहर में एक छोटे से, भरे-पूरे घर को संभाल सकती हूं। शाम को उसके काम से लौटने पर हम अपने आंगन में लस्सी का मज़ा लेते हुए दिन भर की बातें कर सकते हैं। सबसे अहम बात यह कि हमें अपने प्यार को किसी से छिपाने की ज़रूरत नहीं पड़ेगी। यह सोचते हुए मुझे ख़याल आता है कि भीतर कहीं गहरे, गुपचुप काम करने से मुझे कितनी सख़्त नफ़रत है। मुझे हमेशा फ़िक्र रहती है कि बड़े होने पर दलीप इस कारण मुझसे नफ़रत कर सकता है।

पर मैं ऐसा कुछ नहीं कर सकती। चाहे यह अच्छी बात हो या फिर बुरी, मैं महाराजा दलीप सिंह की मां, खालसा की माई रानी जिन्दां हूं। यही मेरी पहचान है और यही मेरा मुक़द्दर भी।

मैं आवेश में आकर लाल पर बरस पड़ती हूं। 'तुम इस तरह अपने सिपाहियों को छोड़कर मैदान से भागने की बात कैसे कर सकते हो?'

बोलते ही मुझे अपनी ग़लती समझ में आ जाती हूं। वह बेचारा तो अपनी कड़ी मेहनत से कमाये रुतबे और यहां तक कि अपने नाम को भी मेरे लिए छोड़ने को तैयार है। वह भगोड़ा या कायर तक कहलाने को तैयार है। मुझे उसका शुक्रिया करते हुए आराम से बताना चाहिए था कि खुद मेरे लिए अपनी ज़िम्मेदारी और अपनी मोहब्बत के बीच इस तरह छटपटाना कितना दर्दनाक है। पर अब काफ़ी देर हो चुकी है।

वह बड़े रूखे-सूखे अंदाज़ में कहता है, 'प्यार हमें बेअकल बना देता है। तुम यह बात अच्छी तरह समझती हो। अपने मरे हुए भाई के लिए तुम्हारा प्यार तुम्हें ऐसे दुश्मन के ख़िलाफ़ ग़ैरज़रूरी लड़ाई की तरफ़ धकेल रहा है, जो हर लिहाज़ से हमसे ज़्यादा मज़बूत, मक्कार और बेहतर है।' गहरी सांस लेते हुए वह मेरे कंधों को पकड़ता है। 'अगर मैंने फ़ौज की अगुवाई नहीं की, तो हो सकता है कि पंच इस जोखिम भरे क़दम पर दोबारा सोच-विचार करें।'

अंग्रेज़ों के बारे में लाल की राय सुनकर मैं परेशान हो जाती हूं, पर मैंने अपना मन बना लिया है। उसके हाथों को धकेलते हुए मैं कहती हूं, 'मैं अपनी खुशी

के लिए दलीप को उसके जन्मजात हक़ से महरूम नहीं कर सकती। लड़ाई से ठीक पहले मैं अपनी फ़ौज को भी अकेला नहीं छोड़ सकती।'

'कभी यह भी सोचा है कि आख़िर में शायद दलीप के पास राजगद्दी ही नहीं बचे और ना ही तुम्हारे पास कोई फ़ौज़?'

लाल के चेहरे पर कोई ऐसा भाव है, जिसे मैं ठीक-ठीक पढ़ नहीं पाती। यह कहीं बिना लड़े घुटने टेकना तो नहीं है? वह कठोर औपचारिकता के साथ सिर झुकाता है और फिर चला जाता है। मैं उसे रोकने की कोई कोशिश नहीं करती। फ़िलहाल हमारे बीच कुछ कहना-सुनना शायद मुमकिन नहीं। हालांकि मुझे पूरी उम्मीद है कि जब वह जीत के जोश से भरकर वापस लौटेगा, तो हालात बेहतर हो जाएंगे।

उसके बाद हम फिर अकेले में नहीं मिलते। तीन दिन बाद वह लड़ाई में खालसा फ़ौज की अगुवाई करता है।

30

विश्वासघात

दरबार में अब काफ़ी कम लोग रह गये हैं। कई दरबारी फ़ौज में शामिल होकर अपनी टुकड़ियों के साथ मोर्चे पर रवाना हो चुके हैं। मुझे शाम सिंह अट्टारीवाला, गुलाब गुप्ता, मुबारक अली, हीरा सिंह टोपी की शानदार मौजूदगी की कमी खल रही है। हालांकि हम अकेले नहीं हैं। क़िले के बाहर लोगों का बड़ा जमावड़ा लगा है। हम सब मिलकर लड़ाई के मैदान से आने वाली ख़बरों की बाट जोहते हैं।

अच्छी ख़बर आयी है। लाल सतलुज तक पहुंच चुका है। अंग्रेज़ों का कहीं नामोनिशान नहीं है। उसने अपने सिपाहियों की फेरू शहर में एक अच्छी जगह पर मोर्चाबंदी की है, जहां पर पीने के पानी के सात कुएं हैं। तेज हमारी योजना के मुताबिक़ फ़िरोज़पुर की तरफ़ बढ़ रहा है और लाल अंग्रेज़ों के ठिकाने की टोह में एक छोटी टुकड़ी लेकर निकला है। मुदकी के पास उनकी एक बड़ी कंपनी से उसका सामना होता है। भयानक लड़ाई छिड़ जाती है और हमारे लोग बड़ी बहादुरी से लड़ते हैं। कई अंग्रेज़ सिपाही मारे जाते हैं। आख़िरकार हमारे सिपाही पीछे हट जाते हैं, लेकिन वे अंग्रेज़ों को इतना डरा चुके हैं कि उनका कमांडर दिल्ली से और फ़ौज मंगवाता है।

रात को मंगला मुझे गहरी नींद से जगा देती है। अवतार आया है और उसके चेहरे का रंग उड़ा हुआ है, उसे देखकर मुझे लगता है कि ज़रूर लाल मारा गया होगा। पर ख़बर इससे भी बुरी है। हमारे एक सबसे अच्छे जासूस ने एक हरकारे को रास्ते में रोका, जिसे लाल ने फ़िरोज़पुर में कैप्टन निकोल्सन के पास भेजा था।

उसे और उसके ख़ानदान को जान से मारने की धमकी देने के बाद उसने हमारे जासूस को संदेशा दिखाया था और वापसी में जवाब भी।

लाल ने लिखा था, *मैंने सिख फ़ौज के साथ सतलुज पार कर ली है। आप अंग्रेज़ों के साथ मेरी दोस्ती के बारे में जानते हैं। मैं वही करूंगा, जो आप कहेंगे।*

जवाब में निकोल्सन ने उसे फ़िरोज़पुर पर हमला नहीं करने को कहा, क्योंकि वहां उनकी मोर्चाबंदी अच्छी नहीं थी। उसने उसे छोटी-सी टुकड़ी लेकर अंग्रेज़ों की बड़ी फ़ौज की तरफ़ बढ़ने को कहा, जिसकी अगुवाई तजुर्बेकार गॉफ़ कर रहा था। हमारी फ़ौज का सामना मुदकी में उसी बड़ी सेना से हुआ था और सबको लगा था कि अचानक ही वैसा हुआ था।

अवतार आगे और जानकारी देता है। मुदकी में बड़ी फ़ौज के सामने भी हमारे सिपाही जी-जान से लड़ रहे थे। हमारे निशानची बड़ी तेज़ी से दुश्मनों को उड़ा रहे थे, लेकिन लड़ाई के बीचोंबीच लाल अपने लोगों को छोड़कर फेरू शहर चला गया और अब उनका कोई अगुवा नहीं रहा था।

'यही वजह है कि हम उस लड़ाई को हार गये,' दांत भींचते हुए अवतार कहता है।

मैं दंग रह जाती हूं। ज़ाहिर है कि अंग्रेज़ों से लाल का रिश्ता पहले से रहा होगा। मुझे उसकी कभी कोई भनक क्यों नहीं लगी? मेरी दीवानगी ने मुझे इतना अंधा बना दिया कि मैं उसके असली स्वभाव को नहीं जान सकी? या फिर जब मैंने उसके साथ नहीं जाने की पेशकश ठुकरा दी, तो उसके बाद उसने पंजाब को दग़ा देने का फ़ैसला किया होगा? क्या वह इस तरह मुझे सज़ा देना चाहता होगा?

मैं रात भर सो नहीं पाती। मैं सोचती रहती हूं कि सरकार होते, तो क्या करते। पर कोई फ़ायदा नहीं, क्योंकि किसी की हिम्मत नहीं थी कि उन्हें धोखा दे। मायूस होकर मैं सुबह के समय दलीप के साथ लेट जाती हूं। वह नींद में मुझसे लिपट जाता है। मैं धीरे से बुदबुदाती हूं, 'मुझे माफ़ करना, बेटा। मैंने अपने अंधेपन में तुम्हारे ताज को ख़तरे में डाल दिया। किसी दिन क्या तुम इस बात के लिए मुझसे नफ़रत करने लगोगे?'

सुबह मैं दरबार के सामने सारी बात रखती हूं और सभी सदमे में आ जाते हैं। हम अनुभवी सिपाहियों की एक कंपनी के साथ लाल को शाही मोहर लगा हुक्म भेजते हैं। उन्हें लाल को वापस लाने को कहा गया है, ज़रूरत पड़े तो ज़बरदस्ती ला सकते हैं। *हमें तुम्हारे धोखे की जानकारी है। फ़ौज तेज को सौंप दो और तुरंत लाहौर लौट आओ।*

हमारे सिपाही वापस नहीं आते। कुछ दिन बाद अवतार और बुरी ख़बर लेकर आता है। तेज भी लाल के साथ इस साज़िश में शामिल था। उसे फ़िरोज़पुर पर धावा

बोलकर जनरल लिटलर की फ़ौज को हराना था, लेकिन उसने फ़िरंगी सिपाहियों को बच निकलने का मौक़ा दिया और वे बड़ी फ़ौज से जा मिले।

यह ख़बर सुनकर मैं अवाक रह जाती हूं, लेकिन वाहेगुरु मेहर करे, हमारी फ़ौज हमें निराश नहीं करती। जब अंग्रेज़ फेरू शहर की छावनी पर हमला करते हैं, तो हमारे लोग मुंहतोड़ जवाब देते हैं। दुश्मनों की फ़ौज के कई सिपाही मारे जाते हैं और उन्हें पीछे हटना पड़ता है। हम जीत के क़रीब होते हैं, ख़ासकर जब तेज और फ़ौज लेकर आता है। फिर अचानक अपने बहादुर सिपाहियों को बीच में छोड़कर तेज और लाल पीछे हट जाते हैं। सिपाही असमंजस में पड़ जाते हैं। अंग्रेज़ इस मौक़े का फ़ायदा उठाकर उन पर टूट पड़ते हैं, उनकी तोपों पर कब्ज़ा कर कई सिपाहियों को मौत के घाट उतार देते हैं। हमारी बहादुर फ़ौज मोर्चा संभाले रहती है, पर उनके पास हथियारों की कमी हो जाती है।

मेरी प्रिय खालसा फ़ौज, मैंने आपको किस मुश्किल में डाल दिया!

अब बस एक ही रास्ता बचा है। मैं दरबार को मशविरा देती हूं कि गुलाब को कहा जाए कि वह हमें बकाया नज़राना दे। वह मान जाता है और कहता है कि हमारी टुकड़ियों की मदद के लिए वह अपनी डोगरा फ़ौज के साथ खाना और गोला-बारूद भी भेजेगा। हमारी उम्मीदें बंध जाती हैं, लेकिन गुलाब के सिपाहियों का कोई नामोनिशान नहीं मिलता। हमें सिर्फ़ हार और धोखेबाज़ी ही मिलती है। आजकल सामने से आते संदेशवाहकों देखकर मैं घबरा जाती हूं।

आज सामने घोड़ों पर सवार पंच हैं, जिनकी वर्दी फटी हुई है, चेहरे धूल-मिट्टी और ख़ून से सने हैं। दरबार अभी नहीं चल रहा। वे दीवान-ए-आग गें गुझरो और दलीप से मिलना चाहते हैं।

'हम आपके लिए अपनी जान दे रहे हैं। हमें आपसे मिलना है!' वे चिल्लाकर कहते हैं।

मुझे उनसे मिलना होगा। उन्हें तबाही के कगार पर भेजने के बाद कम से कम इतना तो मैं कर ही सकती हूं।

दलीप डर जाता है, पर मैं उससे कहती हूं कि उसे अपने पिता, महान सरकार की तरह मज़बूत होना होगा। कांपते हाथों से मैं उसे शाही कुर्सी पर बिठाती हूं और खुद पर्दे के पीछे खड़ी हो जाती हूं। कुर्सी पर बैठा दलीप बहुत छोटा लगता है।

उनका सरदार मुझे बताता है कि कैसे उनकी फ़ौज को बार-बार लाल और तेज की धोखेबाज़ी का सामना करना पड़ा और कैसे उन्हें लौटने का हुक्म दिया गया, जबकि वे जीत की तरफ़ बढ़ रहे थे। पिछले कुछ दिनों से उन्होंने कच्चे गाजरों के

सिवा कुछ भी नहीं खाया है, गुलाब ने ना तो सिपाही भेजे और ना ही कोई रसद। अपनी बात पूरी करते हुए वह कहता है, 'हमारे आदमियों का हौसला टूट चुका है और वे भूखे हैं। आपको हमारी मदद करनी होगी।'

मैं अपने आंसुओं को रोकने की कोशिश करती हूं। *मेरे सरकार, मैंने आपकी फ़ौज की यह क्या हालत कर दी है!* मुझे चाहे कितनी भी नाराज़गी रही हो, ऐसा मैं बिलकुल नहीं चाहती थी। मैं हमदर्दी जताना चाहती हूं, लेकिन मुझे मालूम है कि उससे हालात बदतर हो जाएंगे।

मैं हताशा में कोई तरकीब सोचने की कोशिश करती हूं और फिर मुझे सरकार द्वारा सुनायी गयी सदा कौर की कहानी याद आती है। मैं खुद को मज़बूत करते हुए अपना पहना हुआ एक कपड़ा पर्दे के पार फेंकते हुए चिल्लाती हूं, 'मुझे अपनी वर्दी दे दें और मेरे कपड़े ले लें। आप महल में रहकर आराम करें। आपकी जगह मैं लड़ाई के मैदान में जाकर एक सच्चे खालसा सिपाही की तरह अपनी जान कुर्बान कर दूंगी।'

एक पल के लिए ख़ौफ़नाक ख़ामोशी छा जाती है। कहीं रोष में आकर ये मुझ पर या फिर मेरे मासूम दलीप पर हमला तो नहीं कर देंगे?

फिर कोई ज़ोर से कह उठता है, 'हम लड़ेंगे! हमें मौत की परवाह नहीं! हम अपने महाराजा, अपने पंजाब और अपनी माई के लिए ख़ुशी-ख़ुशी अपनी जान की बाज़ी लगा देंगे!'

मैं आगे बढ़कर उनकी वफ़ादारी के लिए उनका शुक्रिया अदा करती हूं। मैं उन्हें महल के खानसामों के हाथों का अच्छे से अच्छा खाना खिलाती हूं। अपने नौकर-चाकरों को हुक्म देती हूं कि वे क़िले में मौजूद खाने को मोर्चे पर लड़ रहे पंचों के लिए भेज दें। वे अपना आशीष देते हुए चले जाते हैं। मैं जानती हूं कि मैंने उन्हें विनाश की तरफ़ भेजा है।

अब तक हमारे लगभग सारे संदेशवाहक मारे जा चुके हैं और अवतार खुद यह ख़बर लेकर दरबार में आता है कि लड़ाई ख़त्म हो चुकी है।

जब वह खालसा फ़ौज की आख़िरी लड़ाई के बारे में बताता है, तो दरबार में हर किसी की आंख नम होती है। पर थोड़ी देर बाद ही कई दरबारी इधर-उधर खिसक जाते हैं। अंग्रेज़ जल्द ही लाहौर पहुंच जाएंगे, मुझे मालूम है कि कई दरबारी उनसे कोई सौदा करने की फ़िराक में निकल गये हैं। जहां तक मेरा सवाल है, मैं दलीप को गोद में लेकर आख़िरी बार शाही कुर्सी पर बैठती हूं और अवतार से कहती हूं कि वह फिर से हमें बताये कि कैसे सबरांव में अपने महाराजा और अपनी मातृभूमि के लिए हमारे जांबाज़ सिपाहियों ने जंग लड़ी।

'हमारी टुकड़ियां बाढ़ से भरी सतलुज और फ़िरंगी फ़ौज के बीच थीं। अपना असला ख़त्म होने तक वे गोलियां चलाते रहे। उनके पास अपनी छावनी तक लौटने के लिए बस एक ही पंटून पुल बचा था। लड़ाई चल ही रही थी कि कायर तेज ने भागने का फ़ैसला लिया। उसने अपने साथी सरदारों को भी ऐसा ही करने को कहा, लेकिन उन्होंने मना कर दिया। बड़े शर्मनाक ढंग से तेज ने अपने सिपाहियों को छोड़ दिया और पुल पर से भाग निकला। उसने फिर पुल को तबाह कर दिया। सफ़ेद लिबास पहने शाम सिंह अट्टारीवाला ने अपने साईस से कहा, "वापस जाओ और मेरे परिवार को संदेशा देना कि शाम सिंह घर नहीं लौटेगा।" उसने गुरुग्रंथ पर सौगंध ली कि वह आख़िरी सांस तक लड़ता रहेगा। उसके साथी गुलाब गुप्ता, टोपी, मुबारक अली, नवाज़, किशन सिंह, सभी ने बड़ी वफ़ादारी से उसका साथ निभाया और फ़िरंगियों से तब तक भिड़े रहे, तब तक कि ढेर नहीं हो गये। एक भी सिपाही ने हथियार नहीं डाले। सरकार को यह देखकर बड़ा फ़ख्र होता कि सबरांव में उनके अगुवा के छल के बावजूद उनकी महान खालसा फ़ौज ने कितनी बहादुरी दिखायी।'

लड़ाई जीतने वाले अंग्रेज़ हमारा निरादर करने पर उतारू हैं। वे इस बात पर ज़ोर देते हैं कि दलीप अपने पूरे दरबार के साथ लल्लानी गांव जाकर गवर्नर-जनरल को गोबिंदगढ़ और लाहौर की चाबियां सौंपे। मैं उनके साथ नहीं जा सकती। हाथी पर बैठा नन्हा दलीप इतना डरा हुआ लगता है कि मैं अपने भरोसेमंद दरबारी नूरुद्दीन से कहती हूं कि वह उसके साथ सवारी करे। मुझे तब तक चैन नहीं आता, जब तक कि वह अंग्रेज़ फ़ौज के साथ सही-सलामत वापस क़िले में नहीं लौट आता। अपने बेटे को सुरक्षित देखकर जहां एक तरफ़ मुझे सुकून मिलता है, वहीं दूसरी तरफ़ अंग्रेज़ों का रवैया देखकर मुझे गुस्सा आता है। वे ऐसे दिखाते हैं, जैसे वे बड़ी उदारता से उसका राज्य उसे सौंप रहे हैं।

बाद में मुझे अवतार से जानकारी मिलती है कि कैसे दरबारियों ने अपने पंजाब के टुकड़े होने दिए। अंग्रेज़ों ने सतलुज और ब्यास के बीच के हमारे सबसे अच्छे इलाकों को खुद रख लिया और जंग के मुआवज़े के तौर पर हमसे डेढ़ करोड़ रुपये की भारी रक़म की मांग की। जब हम उसे नहीं चुका पाये, तो उन्होंने हज़ारा और कश्मीर को अपने कब्ज़े में ले लिया। बाद में उन्होंने उसे गुलाब सिंह को बेच दिया। इस तरह दगाबाज़ गुलाब जम्मू-कश्मीर का राजा बन गया और उसने सुचेत की भी सारी धन-सपंत्ति को अपने कब्ज़े में ले लिया, जिसे उसे दरबार को लौटा देना चाहिए था। लाल और तेज को भी उनके देशद्रोह का अच्छा-ख़ासा इनाम मिला, उन्हें पहले के ओहदों पर फिर से रख लिया गया। यह जानकर मेरा ख़ून खौलने लगा, जब मुझे पता लगा कि हमारे चापलूस दरबारियों ने कैसे हार्डिंग के लिए गोबिंदगढ़

से लाये गये ख़ज़ाने की नुमाइश लगायी। मेरे बेटे को विरासत में मिले सरकार के कोहेनूर को कैसे हँसी-मज़ाक़ करते फ़िरंगी जरनैल एक-दूसरे को दिखाते रहे, जैसे वह कोई मामूली-सी चीज़ हो।

हमारी फ़ौज को दी गयी सज़ाओं को जानकर मेरा दिल टूट जाता है। बड़ी तादाद में खालसा की फ़ौज को तोड़ दिया गया और बाक़ियों को रावी के पार जाने का आदेश दिया गया। कई तो अब भी शाहदरा छावनी में क़ैद हैं। सिख सिपाहियों का लाहौर आना मना है। बेघर और भूखे-प्यासे सरकार के प्यारे घुड़सवार अब गांव-गांव भटक रहे हैं। उनकी जगह पर शहर में अंग्रेज़ों की एक फ़ौज तैनात कर दी गयी और क़िले की दीवारों के आस-पास अंग्रेज़ सिपाही गश्त लगाते रहते हैं। इसकी भी हमें बड़ी क़ीमत चुकानी पड़ी है।

'हमने इतनी जल्दी अपने हथियार क्यों डाल दिए?' मैं गुस्से में भरी हुई हूं। 'मैंने दरबार को सलाह दी थी कि हमें बातचीत को टालकर रैबन, पेशावर और मुल्तान से अपनी फ़ौजें बुला लेनी चाहिए थी। ऐसे में हमारे पास हार्डिंग से ज़्यादा सिपाही होते। पर हमारे कायर दरबारियों को सिर्फ़ अपनी ही फ़िक्र थी।'

'धीरे, माई,' अवतार मुझे आगाह करते हुए कहता है। 'अंग्रेज़ों और उनके कुत्तों के जासूस हर जगह हैं। आप पर ख़ास तौर पर नज़र रखी जा रही है। आप ज़रा चौकस रहें। हालात बदतर हो सकते हैं।'

मैं दलीप के लिए चौकस रहने का वादा करती हूं, लेकिन क़िले में चहलकदमी करते लॉरेंस को देखकर मेरा ख़ून खौलने लगता है। वह ऐसे घूमता है, जैसे यह उसकी जागीर हो। आजकल मैं तो नाम की सरपरस्त रह गयी हूं; मैं ज़नाना में ही रहती हूं और मुझे दीवान-ए-आम में आने की इजाज़त नहीं है। अंग्रेज़ों द्वारा बनायी गयी कौंसिल अब उनके बस में है और वही सारे फ़ैसले लेती है। उनकी हिम्मत नहीं कि ऐसा कोई क़दम उठायें, जिससे हार्डिंग नाराज़ हो जाए। समझौते के मुताबिक़, साल के आख़िर में अंग्रेज़ों की फ़ौज यहां से चली जाएगी और हम अपना राजकाज संभाल सकते हैं, इसलिए मुझे उम्मीद है कि तब मेरी स्थिति बेहतर होगी। इस बीच जब कभी मुझे लोगों के बीच किसी कार्यक्रम में आना होता है, तो मैं ख़ामोशी से पर्दे में रहती हूं। ये धोखेबाज़ अंग्रेज़ कभी मेरा चेहरा नहीं देख पाएंगे।

क़िले में जब कभी मेरा सामना लाल से होता है, तो मैं खुद पर क़ाबू नहीं रख पाती। मैं उस पर थूकते हुए कहती हूं, 'मुझे शर्म आती है कि तुम जैसे ग़द्दार को मैंने कभी चाहा था। तुम्हारे अंग्रेज़ हाकिमों ने खालसा के ख़ून से रंगी दौलत जो तुम्हें दी है, वह तुम्हें कभी नहीं फले।' वह शीश महल आकर मुझसे मिलने की कोशिश करता है, पर मैंने उसे नहीं आने देने की सख़्त हिदायतें दे रखी हैं।

शायद मेरे लताड़ने से लाल को शर्मिंदगी महसूस होती है और वह कश्मीर के शेख़ इमामुद्दीन को अपना सहयोगी बनाकर अंग्रेज़ों के ख़िलाफ़ बग़ावत कर देता है। अब बहुत देर हो चुकी है। अंग्रेज़ बड़ी आसानी से इमामुद्दीन को हरा देते हैं। इस साज़िश में लाल के शामिल होने की जानकारी मिलने पर उसे पंजाब से निकाल दिया जाता है। अवतार बताता है कि उसे बहुत दूर देहरादून में भेज दिया गया है; शायद उसे वहां वही शांत ज़िंदगी मिल गयी है, जिसका सपना उसने हम दोनों के लिए देखा था।

साल के आख़िर में मुझे यह जानकर बहुत निराशा होती है कि दरबार ब्रिटिश फ़ौज से यहीं बने रहने की दरख़्वास्त करने वाला है। मैं दरबारियों से बात करती हूं और उन्हें समझाने की कोशिश करती हूं।

'अपनी मातृभूमि को फ़िरंगियों को नहीं सौंपो। उनके गुलाम मत बनो। हमारे बुलाने पर हमारे बहादुर सिपाही वापस आ जाएंगे। वे फिर से खालसा फ़ौज तैयार करेंगे और पंजाब की हिफ़ाज़त करेंगे, जैसा वे हमेशा करते आये हैं। मैं आप दोनों के बीच कड़ी बनने को तैयार हूं।'

अंग्रेज़ पहले ही चुपके से उन्हें जागीरों और ख़िताबों का लालच दे चुके हैं और इसी लालच में वे मेरी पीठ पीछे भैरोवाल का समझौता करते हैं। लॉरेंस अब पंजाब का रेज़िडेंट और गवर्नर बन चुका है। वह अब पूरी कौंसिल से ज़्यादा ताक़तवर है। उसकी फ़ौज भी अब यहीं है और उसे हर साल बाईस लाख रुपये दिये जाते हैं। दलीप अंग्रेज़ी सरकार की सरपरस्ती में है, जैसे वह कोई अनाथ हो। मेरे लिए पेंशन मुकर्रर की गयी है और अब ज़्यादा सख़्ती के साथ मुझे ज़नाना तक सीमित कर दिया गया है।

आगबबूला होकर मैं अवतार से किया गया वादा भूल जाती हूं। मैं लाहौर के लोगों को चुपके से एक संदेश भेजती हूं कि किस तरह मुझसे, खालसा की माई के साथ बुरा बर्ताव किया जाता रहा है। मैं उन्हें फ़िरंगियों को विरोध करने को कहती हूं; यह भी कि यह धरती हमारी है, उनकी नहीं है। मेरे संदेश लोगों तक पहुंचते हैं। लोग भड़क जाते हैं। कई जगहों पर बग़ावतें होने लगती हैं। किसी अंग्रेज़ सिपाही को अकेले पाये जाने पर उस पर हमला कर दिया जाता है। एक दिन उनमें से कुछ अपने रास्ते में आयी गायों को हटाने के लिए उन्हें मारते हैं। इसके बदले में लोग उन पर पत्थरबाज़ी कर देते हैं। हमला करने वालों को लॉरेंस सज़ा देता है और उनमें से एक को लोगों के सामने फांसी चढ़ा देता है। इससे लोग उसके और ख़िलाफ़ हो जाते हैं।

उनमें से एक आदमी का नाम प्रेमा है, जिससे गुलाब डोगरा ने उसका सब कुछ छीन लिया था। *वह मेरे किसी कारिंदे के हाथों मुझे संदेशा भेजता है। मैं ग़द्दार तेज सिंह और लॉरेंस को मारने को तैयार हूं। मैं चाहता हूं कि आप फिर से रानी बनें।* मैं किसी तरह उसे पैसे भिजवाती हूं। वह बड़े एहतियात के साथ सारी तैयारी करता है, लेकिन आख़िरकार पकड़ा जाता है। उसे बहुत यातनाएं दी जाती हैं, पर वह मेरा नाम नहीं बताता। फिर भी अंग्रेज़ इल्ज़ाम मेरे माथे मढ़ देते हैं।

अब अवतार पर भी कड़ी नज़र रखी जाने लगी है। वह बहुत कम आ पाता है, लेकिन मंगला की मदद से वह कुछ बहादुर औरतों को काम सिखा देता है। मुझे कूट शब्द दिये जाते हैं, जिनसे मुझे उनके बारे में पता चलता है। बाल बनाने वाली, कपड़े सिलने वाली, खाना बनाने वाली और सफ़ाई करने वाली के वेश में आसानी से कहीं भी आ-जा सकती हैं। उनमें से एक को मैं मुल्तान के गवर्नर मूलराज के पास भेजती हूं। मैंने सुना है कि वह बहुत ईमानदार है और अंग्रेज़ों से नफ़रत करता है। मैं उससे विनती करती हूं कि वह विद्रोह शुरू करे और यह भी वादा करती हूं कि कई लोग उसका साथ देंगे। पर उसकी तरफ़ से कोई जवाब नहीं आता।

मेरी हताशा बढ़ती जाती है और तभी एक और गाज गिरती है। अंग्रेज़ फ़ैसला करते हैं कि तेज को सियालकोट का राजा बना दिया जाए। परंपरा के मुताबिक़, वह तभी राजा बन सकता है, जब महाराजा उसके माथे पर तिलक लगाएं।

अपने हाथ आये इस मौक़े को मैं नहीं छोड़ना चाहती। मैं दलीप से कहती हूं, 'सबरांव की लड़ाई याद है तुम्हें? इसी धोखेबाज़ तेज की वजह से हमारी हार हुई। इसकी वजह से तुम्हारी आधी रियासत हाथ से निकल गयी। तुम्हें उसे इनाम नहीं देना है। चाहे कोई कितना भी कहे, उसके माथे पर तिलक मत लगाना। तुम महाराजा हो, वाहेगुरु की नज़र में सबसे ताक़तवर हो। कोई भी ज़बरदस्ती तुमसे ग़लत काम नहीं करवा सकता।'

मेरा नौ साल का नन्हा दलीप पलक झपकाये बिना मुझे देखता रहता है और ऐसे सिर हिलाता है मानो बहुत बड़ा हो गया हो।

दरबार में जब तेज उसके सामने झुकता है, तो वह उसे तिलक लगाने से साफ़ इनकार कर देता है। बाक़ी सरदारों के ज़ोर दिये जाने पर वह अपनी बांहें मोड़ लेता है और अपनी नज़रें सामने गड़ाये रखता है। पर्दे के पीछे से मैं अपने बेटे की हिम्मत देखकर फूली नहीं समाती। बाद में ज़नाना में मंगला और मैं उसे गले लगा लेते हैं और उसे कहते हैं कि वह वाकई सरकार का सच्चा सपूत है। हम ध्यान रखते हैं कि लाहौर की जनता को तेज के इस अपमान की जानकारी मिले।

अवतार परेशान हो जाता है। 'रानी साहिबा, काश, आपने दलीप को वैसा करने की सलाह ना दी होती! आपने तेज और लॉरेंस, दोनों को लोगों के सामने शर्मिंदा कर दिया है। वे अब बदला लेकर रहेंगे।'

मैं ऐंठकर कहती हूं, 'तुम हमेशा फ़िकर करते रहते हो! तुम मुझे इस जीत का मज़ा भी नहीं लेने दे सकते?'

अगस्त के एक चमकीले धूप भरे दिन लॉरेंस, दलीप को कुछ दरबारियों के साथ शालिमार बाग़ चलने का न्योता देता है। वहां पर कुछ दुर्लभ तोतों का झुंड दिखायी दिया है। दलीप को तोते बहुत पसंद हैं और पिछले कुछ वक़्त से उसके मनबहलाव के मौक़े कम ही रहे हैं। वह दरबार जाता है और बाक़ी समय मेरे साथ ज़नाना में रहता है। मैं उसे उनके साथ सख़्त हिदायत देकर भेज देती हूं कि वह धूप में नहीं रहे, क्योंकि उससे उसका सिर दुखने लगता है।

दलीप अभी क़िले से बाहर निकला ही होगा कि लॉरेंस मेरे लिए एक पेशकार के हाथों संदेशा भिजवाता है। महाराजा पर पड़ने वाले मेरे ख़राब असर के कारण गवर्नर-जनरल ने फ़ैसला किया कि मुझे उनसे दूर कर दिया जाए। मुझे दिया जाने वाला गुज़ारा भत्ता भी एक-तिहाई कर दिया जाएगा। इससे पहले कि मैं इस सदमे से उबर सकूं, कुछ महिला संतरी मुझे ज़नाना से निकालकर एक बिना खिड़की की गाड़ी में बिठा देती हैं। ज़रूर लॉरेंस ने उन्हें इस काम पर रखा होगा। मेरे नौकर-चाकरों को बर्ख़ास्त कर दिया जाता है। मंगला से कहा जाता है कि मेरी कुछ पोशाकें और थोड़े-से गहने ही मेरे सामान में रखे। मैं बिलकुल सुन्न हो चुकी हूं। मैं जानती हूं कि मुझे लाहौर में रहने देने या भविष्य में किसी काम में अड़ंगा नहीं लगाने के मेरे वादे का लॉरेंस पर कोई असर नहीं पड़ेगा, इसलिए मैं गिड़गिड़ाने पर अपनी ताक़त बर्बाद नहीं करती। मैं बस एक मांग रखती हूं कि दलीप से अलग करने से पहले मुझे उससे विदा लेने दिया जाए। पेशकार लौटता है और शर्मिंदा होते हुए मुझे ख़बर देता है कि लॉरेंस ने मेरी मांग मानने से इनकार कर दिया है।

घोड़ागाड़ी का दरवाज़ा बंद होने से ठीक पहले मंगला घोड़ों के आगे लेट जाती है। मुझे उसकी चीख़-पुकार सुनायी देती है, 'मैं नहीं जाऊंगी! मुझे मेरी रानी साहिबा के साथ भेज दो, उन्हें जहां भी ले जा रहे हो, मैं भी जाऊंगी, चाहे मारने के लिए क्यों ना ले जा रहे हो!' सिपाही उसे घसीटते हुए गालियां बकते हैं। लाहौर की चहल-पहल भरी सड़कों के बीच से घोड़ागाड़ी आगे बढ़ती है। मैं दरवाज़े पर हाथ मारती हूं और मदद के लिए चिल्लाती हूं, लेकिन मेरी आवाज़ किसी के कानों तक नहीं पहुंच पाती। इस बात से बेख़बर कि अंग्रेज़ उनकी रानी के साथ क्या सलूक

कर रहे हैं, लोग अपने रोज़मर्रा के कामों में लगे हैं। आख़िरकार जब हम रुकते हैं, तो मैं जान पाती हूं कि मुझे शेखूपुरा क़िले में क़ैद किया गया है।

मनहूस, टूटा-फूटा शेखूपुरा मुग़ल किला, लाहौर से कुछ ही घंटों की दूरी पर है, लेकिन यहां पर मुझे ना तो वहां की कोई ख़बर मिलती है और ना ही कोई मुझसे मिलने आता है। मुझे लगता है, जैसे मैं हिंदुस्तान के दूसरे छोर पर हूं। यह भी हो सकता है कि अंग्रेज़ों ने मां से बेटे को जुदा करने की अपनी शर्मनाक हरकत को छिपाकर रखा हो और किसी को कोई जानकारी ही नहीं हो। अगर मेरे लोगों को इसका पता चला तो वे ज़रूर अंग्रेज़ों के ख़िलाफ़ उठ खड़े होंगे। पर क्या ऐसा होगा? हो सकता है कि अंग्रेज़ों ने उनकी हिम्मत को कुचलकर रख दिया हो।

कई महीनों तक मैं शेखूपुरा के क़िले में किसी पागल औरत की तरह खुद से बातें करती हुई चहलकदमी करती रहती हूं। इससे पहले मैं कभी दलीप से अलग नहीं रही। मैं इतनी परेशान हूं कि कुछ खा नहीं पाती और नतीजतन मेरा वज़न इतना कम हो जाता है कि जब मैं मुझे दिये गये एक शीशे के टुकड़े में खुद को देखती हूं, तो हड्डियों के ढांचे जैसी नज़र आती हूं। अगर मुझे इतना बुरा लग रहा है, तो मेरे बेटे को कैसा महसूस होता होगा? उसे बुरे सपने आते हैं। पहले जब कभी ऐसा होता था तो मैं और मंगला उसे दिलासा देने के लिए उसके पास मौजूद रहते थे। अब वह क्या करता होगा?

इन सालों में मेरी मददगार, मेरी सहेली और मेरी हमराज़ रही दुनियादार मंगला, जो मुझे हमेशा हक़ीक़त का आईना दिखाती थी और मेरी नादानियों को लेकर आगाह करती थी, *उससे मैं बस ख़यालों में बातें करती रहती हूं। तुम कहां हो? मैं बार-बार सिपाहियों का तुम्हें घसीटना देखती हूं। तुम्हारी भूल बस इतनी ही थी कि तुम मेरी वफ़ादार रही। अब मुझे यह सोचकर बहुत हताशा होती है और गुनहगार जैसा महसूस होता है कि तुम्हारे साथ अंग्रेज़ों ने कैसा बर्ताव किया होगा।*

काश, मैंने दलीप को अंग्रेज़ों के ख़िलाफ़ नहीं भड़काये जाने की अवतार की बात मान ली होती! पर अपने गुस्सैल मिज़ाज पर मैं क़ाबू नहीं रख पायी।

लॉरेंस ने मेरी बेचारगी बढ़ाने के लिए मेरा कम किया गया भत्ता देना भी बंद कर दिया है। पर मैं संतरी को अपनी एक चूड़ी देकर दलीप को उसके पसंदीदा लड्डुओं के साथ चिट्ठी भिजवाती हूं। मैं बहुत सावधानी से उसे सीधा-सादा रखती हूं। *मैं ठीक हूं, पर तुम्हारे पास नहीं आ सकती; मैं तुम्हारे लिए अरदास करती हूं; बहादुर बने रहना और अच्छी तरह पढ़ाई करना। मेरे जिगर के टुकड़े, मुझे तुम्हारी याद आती है। पर मेरे पास कोई जवाब नहीं आता।*

मैं लॉरेंस को भी लिखती हूं और मां-बेटे को अलग करने की उसकी बेरहमी के लिए उसे लानतें भेजती हूं। मैं उससे मिन्नत करती हूं कि दलीप को शेखूपुरा भेज दे, ताकि कम से कम एक बार तो मैं उसे देख सकूं। या फिर इस रंज से मुझे छुटकारा देते हुए मुझे मौत दे दे। मैं शिकायत भी करती हूं कि मेरा भत्ता भी नहीं दिया जा रहा और मुझे अपने गहने बेचकर गुज़ारा करना पड़ रहा है। मैं अंग्रेज़ रानी तक यह जानकारी पहुंचाने की धमकी तक दे डालती हूं। मैं लिखती हूं, *तुम्हें इस तरह चालबाज़ी से मेरा राज्य हड़पने पर शर्म आनी चाहिए। हिम्मत है तो अपनी असलियत खुलकर दिखाओ। खुलेआम मुनादी करवा दो कि तुमने खुद को पंजाब का राजा बना दिया है!* वह जानता है कि मेरे पास कोई ताक़त नहीं, मेरी शिकायतों पर भी वह कोई ध्यान नहीं देता। वह हर जगह सूचना भिजवा देता है कि मैं भ्रष्ट और बदचलन 'पंजाब की मेसालिना' हूं, जिसने मर्दों को लुभाकर अंग्रेज़ों के ख़िलाफ़ बग़ावत करवाने की कोशिश की है।

जब मैं अपनी हताशा में बावली-सी होने लगती हूं, तभी मेरी कोठरी साफ़ करने वाली बुढ़िया बीमार पड़ जाती है और एक जवान औरत उसकी जगह काम करने आती है। मेरे बिस्तर के नीचे सफ़ाई करते हुए वह एक कूट शब्द कहती है और बताती है कि उसका नाम रोशनारा है। वह अवतार की जासूस है! संतरियों को शक नहीं हो, इसलिए हमारे बीच कई दिनों तक टूटी-फूटी बातचीत चलती है। वह मुझे ख़बरें देती है, जिनके लिए मैं कई दिनों से तरस रही थी। मंगला को पंजाब से निकाल दिया गया है और कोई नहीं जानता कि उसे कहां भेजा गया है। अवतार भी कहीं छिपा हुआ है और उसके सिर पर बड़ा इनाम रखा गया है। मैं उससे कहती हूं कि दलीप से बात करे या फिर उससे कोई संदेशा ले आये। पर वह बताती है कि ऐसा नहीं हो सकता। उसे कड़े पहरे में रखा जाता है और उसे क़िले से बाहर जाने की इजाज़त नहीं है। वह ठीक है और पुराने नौकरों में से एक मियां खीमा उसके साथ ही है। यह सुनकर मेरे कलेजे में थोड़ी ठंडक पड़ती है, क्योंकि वह दलीप के राजा बनने के बाद से उसके साथ ही रहता आया है।

अगली ख़बर आग लगा देने वाली है। डलहौज़ी ने दलीप को मुझसे अलग किये जाने के फ़ैसले को सही ठहराते हुए कहा है कि मुझे पागलपन के दौरे पड़ते हैं। उसके मुताबिक़ मैं अपने बच्चे को मारती-पीटती हूं, जिसकी वजह से वह डरा हुआ रहता है; इसी कारण प्यारे स्वभाव वाले नन्हे महाराजा ने तेज सिंह के माथे पर तिलक लगाने से इनकार कर दिया। इंग्लैंड में रानी के सामने भी यही झूठ परोसा गया है। रोशनारा यह भी कहती है कि पंजाब की हमारी प्रजा किसी बात पर विश्वास नहीं करती, लेकिन यह सब सुनकर मैं अपने आंसू नहीं रोक पाती।

रोशनारा अपने दुपट्टे से मेरे आंसू पोंछते हुए पूछती है कि वह मेरे लिए क्या कर सकती है, तो मेरे मन में एक ही बात आती है। 'लॉरेंस को लिखी मेरी चिट्ठियों

की नक़ल अवतार को देकर कहना कि वह उन्हें सभी पंजाबी अख़बारों में छपवा दे। मैं चाहती हूं कि हमारे अपने लोग मेरे दर्द को जानें कि एक मां और रानी के होने के नाते मैं क्या कुछ झेल रही हूं। मैं चाहती हूं कि वे समझें कि अंग्रेज़ों ने कितनी नाइंसाफ़ी से मेरे दलीप से पंजाब को छीना है। मैं डलहौज़ी के झूठों का पर्दाफ़ाश करना चाहती हूं।'

जल्दी ही सारी चिट्ठियां हर अख़बार में होती हैं। मेरे हिंदुस्तानी संतरी भी उनके बारे में फुसफुसाकर बात करते हैं। भाई महाराज नामक एक संत मेरे पक्ष में बात करते हैं। वे पूरे देश में घूमकर भीड़ को समझाते हैं कि खालसा की माई के मान के लिए सब साथ आएं और अपनी सरज़मीं से अंग्रेज़ों को बाहर निकालें। मेरी क़ैद पर तो इसका कोई असर नहीं पड़ता, लेकिन कम से कम मेरे देशवासियों को अंग्रेज़ों की दगाबाज़ी का पता चल जाता है।

अंग्रेज़ अपने अंदाज़ में तुरंत इसका बदला लेते हैं। रोशनारा से मुझे पता चलता है कि लॉरेंस ने दावा किया है कि उसने अंग्रेज़ी फ़ौज में देसी सिपाहियों को भड़काने की साज़िश का पता लगाया है। उसका दोष मेरे सर मढ़ा गया है। ज़ाहिर है कि यह मनगढ़ंत कहानी है और अब तक इसके बारे में कोई जानकारी नहीं थी। इस साज़िश में शामिल तीन लोगों को बिना किसी मुकदमे तुरंत फांसी दे दी जाती है। इसके मद्देनज़र लॉरेंस हुक्म देता है कि मेरा पंजाब में रहना बहुत ख़तरनाक हो सकता है और मुझे कहीं दूर भेज देना चाहिए।

तेज के अलावा, मुझे अक्सर निराश करने वाले बाक़ी दरबारी तक सदमे में आ जाते हैं। वे लॉरेंस से विनती करते हैं कि इस पर दोबारा विचार करे, पर वह अड़ा रहता है। इससे पहले कि पंजाब के लोगों को कोई भनक भी लगे, एक बार फिर मुझे गाड़ी में डालकर मेरे बेटे से और भी दूर कर दिया जाता है। मुझे रोशनारा से विदा कहने का मौक़ा तक नहीं मिलता।

सफ़र के दौरान मेरे साथ चल रहे बटालियन के अफ़सर मेरे सामान की तलाशी लेते हैं; वे अंदर पहने जाने वाले मेरे थोड़े से कपड़ों को भी राइफ़ल से खंगालते हुए दावा करते हैं कि हो सकता है कि मैंने उनमें कुछ ख़तरनाक चीज़ें छिपा रखी हों।

'इतने दिनों से तो मैं क़ैद में रही हूं,' मैं उनकी इस हरकत का विरोध करते हुए कहती हूं। 'मेरे पास हो क्या सकता है?' पर वे मेरी एक नहीं सुनते। तलाशी में कुछ भी नहीं मिलता, पर बाद में मुझे पता चलता है कि मेरी कई क़ीमती चीज़ें ग़ायब हो चुकी हैं।

इस बार मुझे पंजाब से बहुत दूर बनारस के चुनार क़िले में रखा जाता है। एक बंजर पहाड़ी पर बना यह पथरीला पुराना क़िला शेख़ूपुरा से कहीं ज़्यादा उजाड़ और वीरान है। मायूसी में डूबने से बचने के लिए मुझे अपनी पूरी ताक़त झोंकनी पड़ती है। मेरे नये वार्डर मेजर मैकग्रेगर ने मेरे बचे-खुचे गहने भी अपने पास रख लिये हैं। उसका कहना है कि उन्हें हिफ़ाज़त से रखा जाएगा और जब सरकार को मुनासिब लगेगा, वे मुझे लौटा दिए जाएंगे। ऐसी ढुलमुल बात का कोई मतलब नहीं है। मेरे भत्ते को भी घटाकर महज़ बारह हज़ार रुपये सालाना कर दिया गया है, जो भैरोवाल की संधि में तय रक़म से बहुत कम है। यह जानकारी देते हुए मैकग्रेगर तक शर्मिंदा दिखता है। मैं कोई जवाब नहीं देती। उसका क्या फ़ायदा है? मैकग्रेगर अच्छा इंसान लगता है और मुझसे दोस्ती करने की कोशिश करता है, पर मैं उसे बढ़ावा नहीं देती। जब कभी उससे मिलने की मजबूरी होती है, तो मैं हमेशा पर्दे में रहती हूं और बाग़ी अंदाज़ में बिलकुल ख़ामोश भी। अंग्रेज़ मेरा हौसला तोड़ने पर आमादा हैं, लेकिन वे जिन्दां को नहीं जानते!

मेरी इकलौती कमज़ोरी मेरा दलीप है। लगभग एक साल से मैंने उसे नहीं देखा। मुझे लगता था कि उसकी गैरमौजूदगी की और अपनी तकलीफ़ की मुझे आदत हो जाएगी, लेकिन जब भी मैं उसके बारे में सोचती हूं, तो मुझे लगता है कि किसी ने मेरे दिल को चीरकर मेरे ज़ख़्मों पर नमक छिड़क दिया है। बीते एक साल में मैं इतना रोयी हूं कि मुझे डर है कि मेरी नज़र ख़राब नहीं हो गयी हो। यह भी मुमकिन है कि ताज़ा फल-सब्ज़ियों की कमी और क़ैद के मामूली खाने से मेरी आंखें कमज़ोर हो गयी हों।

अपने वफ़ादार अवतार के लिए मैं वाहेगुरु की बड़ी शुक्रगुज़ार हूं। अंग्रेज़ उसकी तलाश में हैं और इस वजह से उसे छिपकर रहना होगा। वह किसी तरह एक चुस्त, फुर्तीली और चतुर मददगार माही को क़िले में कपड़े सीने के काम पर लगाता है। उसके हाथों मैं और भी ज़्यादा चिट्ठियां भेजती हूं, ताकि लोगों को मेरे साथ होने वाली ज़्यादतियों की जानकारी हो। समूचे पंजाब में मेरे साथ होने वाले इस सलूक पर लोग भड़क उठते हैं। जगह-जगह बग़ावतें होने लगती हैं। ख़ास तौर पर खालसा अपनी माई के साथ होने वाली बेअदबी से गुस्से में आ जाते हैं। लंबे वक़्त से हमारा दुश्मन रहा दोस्त मोहम्मद तक इस बेरहमी के लिए अंग्रेज़ों की सरेआम निंदा करता है। दूर मौजूद मुल्तान में मूलराज की मां मेरी हिमायत करते हुए उस पर बग़ावत करने का दबाव बनाती है और वह ऐसा ही करता है। शेर सिंह अट्टारीवाला और उसके पिता चतर सिंह एक बड़ी फ़ौज जमा करके अंग्रेज़ों पर धावा बोल देते हैं और राम नगर व चिल्लांवाला में उन्हें रौंद देते हैं। उनकी मदद के लिए दोस्त मोहम्मद अपने बेटे की अगुवाई में अफ़गान फ़ौज भेजता है। ऐसा लगता है कि शायद मेरा पंजाब आज़ाद हो जाएगा। रात को मैं इतनी रोमांचित होती हूं कि मेरी

आंखों से नींद ओझल हो जाती है, मैं दुआ करते हुए अपने कमरे में चहलकदमी करती हूं।

अंग्रेज़ सारे हिंदुस्तान से फ़ौजें बुलवा लेते हैं। उनके पास बहुत सारे आदमी हैं और इससे भी अहम बात यह है कि उनके पास बंदूकों की बड़ी तादाद है। मेरा पुराना दुश्मन गुलाब सिंह उनकी मदद के लिए जम्मू से आता है। एक बार फिर हमें अपने ही लोगों से धोखा मिलता है। गुजरात में सिख बड़ी बहादुरी से लड़ते हैं। शेर सिंह के तीन घोड़ों को गोली मार दी जाती है; वह फिर भी आगे बढ़ता है। गोला-बारूद ख़त्म हो जाने पर हमारे सिपाही तलवारों से लड़ते हैं और शहीद हो जाते हैं। आख़िरकार अट्टारीवालों को हार माननी पड़ती है। माही जब रोते हुए बताती है कि किस तरह खालसा सिपाहियों को अपनी तलवारें सौंपने पर मजबूर किया गया, तो उसके साथ मैं भी रोने लगती हूं।

'आज रणजीत सिंह मर गया,' वह कहती है। शायद वह सही कहती है। शायद आज सरकार की रूह को उन्होंने आख़िरकार ख़त्म कर दिया है।

मुझे लगता है कि पंजाब अपनी बदक़िस्मती के रसातल पर पहुंच गया है, पर मैं ग़लत हूं। गवर्नर-जनरल डलहौज़ी घोषणा करता है कि बग़ावतों के कारण अब उनके साथ हुआ दरबार का समझौता निरस्त हो गया है। इस वजह से अब वे हमारे राज्य को हड़प लेंगे।

यह जानकर आगबबूला होकर मैं माही से कहती हूं, 'पर मेरे बेचारे दलीप और उसके निकम्मे दरबार का इन बग़ावतों से कोई लेनादेना नहीं है! वे तो अपनी हिफ़ाज़त के लिए और पंजाब में अमन के लिए अंग्रेज़ों को पैसा देते रहे हैं। फिर इसमें उनकी क्या ग़लती है?'

ज़ाहिर है कि डलहौज़ी बस बहाना बना रहा है। क्या अंग्रेज़ों ने अपने सभी संरक्षित राज्यों के साथ आख़िरकार यही नहीं किया है? यह तो हिंदुस्तान को अपने क़दमों तले कुचलने की उनके शैतानी योजना का हिस्सा है। मेरे ज़हीन सरकार ने कई साल पहले कहा था कि सब लाल हो जाएगा। वाकई मेरा पंजाब, उसकी धरती, देशभक्तों के ख़ून से लाल हो चुकी है।

मुझे पता है कि क्या होने वाला है, फिर भी जब माही यह ख़बर लेकर आती है, तो जैसे मेरे कलेजे में तीर-सा लगता है। डलहौज़ी ने घोषणा कर दी है कि पंजाब पर अब अंग्रेज़ों का क़ब्ज़ा है। मेरा बेटा अपने राज्य को उन्हें सौंपने के दस्तावेज़ पर दस्तख़त करते हुए आख़िरी बार अपने तख़्त पर बैठता है। उसकी उम्र सिर्फ़ दस साल है। क्या उसे इसका मतलब भी पता है?

उसके कमज़ोर, धोखेबाज़, चापलूस दरबारी उसकी रक्षा के लिए कुछ नहीं करते। वे करेंगे भी क्यों? उनके पास बेईमानी से मिली दौलत, जागीरें और ख़िताब

बने रहेंगे। उनकी ज़िंदगी आरामदेह और सुरक्षित होगी। दलीप ही है, कोहेनूर समेत जिसकी दौलत पर अंग्रेज़ों ने क़ब्ज़ा कर लिया है। अब वह भी एक तरह से उनका क़ैदी बन गया है। ख़बर है कि जल्द ही उसे भी देशनिकाला दे दिया जाएगा।

पहले मुझे डर था कि अंग्रेज़ों की कारस्तानियों से मैं टूट जाऊंगी, पर अब जब जिस भी चीज़ की मुझे कदर थी, वह मुझसे छीनी जा चुकी है, तो मैं बड़े अजीब ढंग से बिलकुल शांत हो गयी हूं। इस साल की क़ैद के दौरान माही मेरी क़रीबी बन चुकी है और हर बार मेरे पास आने पर वह मेरी हालत पर आंसू बहाती है, लेकिन अब मेरे आंसू सूख चुके हैं। हालांकि मैंने एक फ़ैसला किया है। माही मेरे संदेश को अवतार तक पहुंचाती है। *मैं अब फ़िरंगियों की क़ैद में और नहीं रहना चाहती। अगर तुममें मेरे लिए ज़रा भी वफ़ादारी है, तो मेरे भाग निकलने का इंतज़ाम कर दो। मुझे रत्ती भर भी परवाह नहीं, चाहे इस कोशिश में मेरी जान ही क्यों नहीं चली जाए।*

अवतार के सिर पर भारी इनाम रखा गया है, उसके ज़िंदा पकड़े जाने पर और भी बड़ा इनाम है। पर वह मेरा इतना बड़ा वफ़ादार है कि खुद को बहुत बड़े जोखिम में डालकर बाहर निकलता है और हिम्मत भरी एक योजना बनाता है। अंग्रेज़ों द्वारा दलीप से उसका राज्य छीनने के दो हफ़्ते बाद मेरे सोने के कमरे में मैं और माही आपस में कपड़े बदल लेते हैं। हम एक-दूसरे के गले लगकर फुसफुसाते हुए विदा लेते हैं। उसने जो कुछ मेरे लिए किया है, उसके लिए मैं उसका शुक्रिया अदा करती हूं और इसके बाद आने वाली परेशानी के लिए भी। वह उन हिदायतों को दोहराती है, जो अवतार ने मेरे लिए भेजी हैं, मेरे सफ़र की कामयाबी के लिए दुआ देती है और वादा करती है कि अंग्रेज़ों के चंगुल से छूटने के बाद वह मेरी तलाश में ज़रूर आएगी। फिर वह मेरे बिस्तर पर लेट जाती है और रज़ाई ओढ़कर बीमार होने का बहाना करती है। मैं घूंघट लेकर उसकी सिलाई की टोकरी को सिर पर रखकर क़िले से निकल जाती हूं। पर उससे पहले अपने वार्डन के लिए ताना मारता संदेश लिखे बिना नहीं रह पाती।

तुमने मुझे पिंजरे में क़ैद कर लिया। मुझ पर संतरियों का पहरा बिठा दिया। तुम्हें लगा कि तुम रानी जिन्दां को अपनी क़ैद में रख सकते हो। पर देखो, मैं तुम्हारी नाक के नीचे से छूमंतर हो गयी!

गंगा नदी के तट पर एक वीरान जगह पर मेरे पहुंचने तक सूरज ढल चुका है, मुझे अवतार से यहीं मिलना है। पर यहां पर कोई भी नहीं है। मेरा दिल डूबने लगता

है। मेरे पास अब कुछ ही सिक्के बचे हैं और मुझे इस जगह की कोई जानकारी भी नहीं है। अचानक पेड़ों के झुंड के पीछे से कोई आता है और मेरे सामने झुक जाता है। यह अवतार है! वह बहुत दुबला हो गया है और मुझे उसे पहचानने में थोड़ी मुश्किल होती है। किसान का वेश बनाये अवतार ने एक मामूली-सा कुर्ता पहना है और शाल ली है। उसकी बढ़ी हुई दाढ़ी बिखरी हुई है। वह मेरे हाथ पर अपना माथा छुआते हुए मुझे 'महारानी' कहकर पुकारता है। मैंने कभी नहीं सोचा था कि मैं यह लफ़्ज़ कभी सुन पाऊंगी। हम दोनों इतने भावुक हो जाते हैं कि कुछ कह नहीं पाते। हमारे पास ज़्यादा वक़्त भी नहीं है। अवतार ने एक छोटी-सी नाव का इंतज़ाम कर रखा है, जिसका कुछ हिस्सा बंद है। उसे अब तक किनारे पर छिपाकर रखा था। दो मांझी उसे आगे लाते हैं और हम तेज़ी से उसमें चढ़ जाते हैं। यह नाव हमें पटना ले जाएगी, जो यहां से इतनी दूर है कि अंग्रेज़ मेरी तलाश में शायद ही तुरंत वहां पहुंचें। अवतार मेरे लिए संन्यासिनों जैसी एक गेरुआ साड़ी लाया है। हिंदुस्तान में किसी स्त्री के लिए यह सबसे सुरक्षित वेशभूषा है। मैं नदी की मिट्टी अपने बालों पर रगड़ती रहती हूं, ताकि मेरे बालों की जटा बन जाए।

अवतार ने बहुत अच्छी योजना बनायी है। पटना में हम एक गुरुद्वारे में रहते हैं, जो ग़रीबों को मुफ़्त में आसरा देता है। रात को जब बाक़ी लोग सो जाते हैं, तो अवतार एक मुड़ा-तुड़ा नक़्शा निकालता है, ताकि यह पता लग सके कि मुझे कहां शरण मिल सकती है। मुझे अपनी उम्मीद धुंधलाती लगती है। मैं यहां नहीं रह सकती, क्योंकि पटना में अंग्रेज़ों की कई छावनियां हैं। मैं ना तो दिल्ली जा सकती हूं और ना ही बंगाल, दोनों जगहों पर उनकी सख़्त पकड़ है। उत्तर-पश्चिम में अवध के वाजिद अली के पास जा सकती हूं, लेकिन वह कमज़ोर हैं और दक्षिण में नागपुर के राघोजी भी। अवतार को डर है कि अंग्रेज़ों के दबाव डालने पर वे मुझे उनके हवाले कर सकते हैं।

निराश होकर मैं उत्तर की तरफ़ आस लगाती हूं। पहाड़ों को ज़ाहिर करते छोटे-छोटे तंबू जैसे निशान ताक़तवर हिमालय को दिखाते हैं। वहां पर लिखा एक नाम पढ़कर मुझे कुछ याद आता है। हमारे बेहतरीन दिनों में जब हमें लगता था कि सरकार हमेशा हमारे साथ रहेंगे, तब उन्होंने मुझे सलाह दी थी। उन्होंने कहा था, *उनके और हमारे सिपाहियों ने साथ-साथ लड़ाइयां लड़ी हैं। उनका राज्य पहाड़ों के पार यहां से बहुत दूर है, लेकिन उन्होंने मुझे वचन दिया था कि ज़रूरत पड़ने पर वह मेरी मदद करेंगे।*

'मैं नेपाल के राजा के पास जाऊंगी।'

यह सुनकर अवतार सोच में पड़ जाता है, क्योंकि उसके लिए जोखिम भरे लंबे पहाड़ी इलाक़े को पार करना होगा और मैं बहुत कमज़ोर हो चुकी हूं। पर वह

मानता है कि बाक़ी जगहों के मुक़ाबले सियासी तौर पर नेपाल जाना बेहतर होगा। वह छोटा-सा राज्य है और काफ़ी दूर भी है। उसमें अंग्रेज़ रेज़िडेंट है, वैसे वह तो हर जगह है। अवतार ने सुना है कि वहां के प्रधानमंत्री जंग बहादुर ईमानदार, ताक़तवर योद्धा हैं और अपने अहम फ़ैसले खुद लेते हैं। 'घोड़े और सामान मिलते ही हम निकल पड़ेंगे। डर है कि अंग्रेज़ों को जल्द ही आपके ग़ायब होने की जानकारी मिल जाएगी और वे हर दिशा में आपकी तलाश शुरू कर देंगे।' अवतार कहता है।

अवतार सुबह चला जाता है, लेकिन वह लौटकर नहीं आता। उसकी तलाश में जाने या फिर पता करने के लिए मैं डर के मारे बाहर नहीं निकलती और गुरुद्वारे में ही इंतज़ार करती हूं। बाक़ी मुसाफ़िरों से मुझे पता चलता है कि फ़िरंगी बग़ावत करने वालों की तलाश में पटना की गली-गली छान रहे हैं। तीन दिन तक कोई ख़बर नहीं मिलने पर मुझे भारी मन से मानना पड़ता है कि ज़रूर अवतार पर कोई मुश्किल आ पड़ी होगी।

सारी रात मैं गुरुद्वारे में अरदास करती हूं। सुबह अपने आंसू पोंछते हुए मैं अपने सफ़र पर निकल पड़ती हूं। मेरे पास इतना भी वक़्त नहीं है कि कई सालों तक मेरा सहारा रहे अपने वफ़ादार अवतार का शोक मना सकूं। उसके बलिदान को मैं बेकार नहीं जाने दे सकती। मेरे पास कुछ ही रुपये बचे हैं, बाक़ी घोड़े ख़रीदने के लिए अवतार अपने साथ ले गया था। मैं गुरुद्वारे के ग्रंथी को बताती हूं कि मेरी इच्छा नेपाल के पशुपतिनाथ मंदिर जाने की है। वह मुझे रास्ता बताकर, एक पुराना कंबल, कुछ रोटियां और अपने पास मौजूद कुछ पैसे देते हैं।

मैं शहर से निकलने के लिए उत्तर की तरफ़ चल पड़ती हूं। मुझे उम्मीद है कि इस रास्ते पर गुझे तीर्थयात्रियों का कोई न कोई जत्था मिल जाएगा, पर मुझे कोई नहीं मिलता। फिर मैं सोचती हूं कि यही बेहतर रहेगा। सरकार के जाने के बाद से क्या मैं अकेली नहीं रही हूं? मैंने अब तक जिस का भी सहारा लिया, वह चाहे ध्यान हो, जवाहर, लाल, मंगला या अब अवतार, सब मुझसे छीन लिये गये। शायद मां की कोख की हिफ़ाज़त से निकलने के बाद से वाहेगुरु के हमें खुद में समेटने तक हम अकेले ही होते हैं।

मैं कई दिनों तक पैदल चलती रहती हूं और मेरी चप्पलें टूट जाती हैं। मेरे पैरों से ख़ून बहने लगता है और उनमें छाले पड़ जाते हैं। जब मेरा दर्द हद से ज़्यादा बढ़ जाता है, तो मैं अपने संदेश को पढ़कर मैकग्रेगर के चेहरे पर आये भाव के बारे में सोचने लगती हूं। कई बार मैं थोड़ा दूध, कुछ रोटियां और थोड़े मुरमुरे ख़रीद लेती हूं। पैसे ख़त्म हो जाने के बाद मैं भीख मांगने लगती हूं। शहर से निकलने के बाद लोगों की तादाद कम हो जाती है, इसलिए ज़्यादा कुछ नहीं मिल पाता। कई बार मुझे जंगलों से गुज़रना होता है और मैं जंगली जानवरों से सावधान रहती हूं।

अपने पास कुछ पत्थर जमा कर लेती हूं। बड़ी पुरानी कोई याद सामने आ खड़ी होती है, गुजरांवाला में अपने बचपन में भी तो मैं यही किया करती थी। पर मेरा दिमाग़ किसी एक बात पर टिक नहीं पाता। रात को मैं अपने चीथड़े हो चुके कंबल को लपेटकर पेड़ों के नीचे या गुफाओं में रात काटती हूं। दिन गुज़रते रहते हैं और मुझे लगता है कि जैसे मैं सपने में चल रही हूं। एक दिन मुझे पता लगता है कि मैं पहाड़ों पर पहुंच गयी हूं। अब रातें इतनी ठंडी हैं कि जागने पर अपने कंबल पर हिमकण पाती हूं। मेरा खाना ख़त्म हो चुका है और मुझे लगने लगता है कि जल्द ही ठंड से जमकर मेरी मौत हो जाएगी। मैं उसके लिए भी तैयार हूं। अंग्रेज़ों की जेल में मरने की बजाय यहां वाहेगुरु के खुले आसमान के नीचे मरना बेहतर है।

फिर जैसे कोई क़रिश्मा होता है। एक चट्टान के नीचे थककर बैठी होती हूं कि तीर्थयात्रियों का एक झुंड नज़दीक से गुज़रता है। पहले तो मुझे लगता है कि ज़रूर मेरा वहम होगा। पर ये तो सचमुच के इंसान हैं। संयोग यह है कि वे भी पशुपतिनाथ जा रहे हैं। बंगाल के ग़रीब किसानों ने कई सालों से पाई-पाई जोड़कर अपनी इस यात्रा की तैयारी की है। इन बेचारों को क्या पता कि देश के बाक़ी हिस्सों में क्या राजनीतिक उथल-पुथल मची हुई है। मैं उन्हें बताती हूं कि मैं भी तीर्थयात्रा पर हूं और वे मेरी कहानी पर भरोसा कर मुझे खाना खिलाते हैं। जब मैं उन्हें कहती हूं कि अपना बेटा खोने के बाद मैं संन्यासी बन गयी हूं, तो वे मेरे साथ हमदर्दी दिखाते हैं। यह सच ही है। वे मुझे अपने साथ चलने को कहते हैं और मेरे कारण अपनी रफ़्तार धीमी कर देते हैं। वे मुझे गर्म कपड़े देते हैं, मेरे पैरों पर कपड़ा बांधते है और सांस की तकलीफ़ के लिए दवा देते हैं। उनकी वजह से इंसानियत पर मेरा भरोसा फिर से जागने लगता है, हालांकि अब शायद ही कभी मैं किसी पर पूरी तरह से विश्वास कर सकूं।

चुनार से निकलने के लगभग एक महीने से भी ज़्यादा वक़्त के बाद मैं काठमांडू पहुंचकर राणा जंग बहादुर के महल के सामने खड़ी हो जाती हूं। नेकदिल राणा अपनी बग्घी रोककर मेरे सामने कुछ सिक्के बढ़ा देते हैं। मैं लेने से इनकार करती हूं, जिससे उनमें उत्सुकता जागती है। वह पूछते हैं कि मैं कौन हूं?

मैं जवाब देती हूं, 'मैं कभी आपके दोस्त रहे महाराजा रणजीत सिंह की विधवा रानी जिन्दां हूं।' मुझे मालूम कि मुझे उनके यहां आसरा पाने के लिए मिन्नत करनी चाहिए, लेकिन मुझमें जो थोड़ी-बहुत खुद्दारी बची है, वह मुझे ऐसा नहीं करने देती। उनके आगे गिड़गिड़ाने के बजाय मैं पशुपतिनाथ के बाहर भीख मांगकर ज़िंदगी बिताना ज़्यादा पसंद करूंगी।

जंग बहादुर मुझे गौर से देखते हैं। शायद वह मेरे चेहरे से झलकती सच्चाई और मेरे ग़रूर को भांप जाते हैं। मेरी बात को टाल देने की बजाय वह मुझसे पूछते

हैं कि मैं नेपाल कैसे पहुंच सकी। जब मैं अपने बच निकलने और अपने सफ़र के बारे में उन्हें बताती हूं, तो वह बग्घी से उतरकर मेरे सामने सिर झुका देते हैं। 'आप बहुत बहादुर हैं, माई जिन्दां। सरकार ने किसी समय हमारी सहायता की थी, उसके लिए हम सरकार को बहुत स्नेह और कृतज्ञता से याद करते हैं। हम पंजाब से काफ़ी दूर हैं, लेकिन हमने सुना है कि किस तरह अंग्रेज़ों ने आपसे आपका राज्य छीना और उससे भी बदतर, आपसे आपके बेटे को अलग कर दिया। नेपाल में आपका स्वागत है। आप जब तक चाहें, यहां रह सकती हैं। मेरे लिए यह सम्मान की बात होगी कि मैं आपको एक घर और आपके रुतबे के मुताबिक़ भत्ता उपलब्ध करा सकूं।'

इस तरह मुझे आसरा मिल जाता है। एक ऐसी जगह, जहां पर मैं आराम करके संभल सकती हूं और दूर से ही सही, पर देख सकती हूं कि अंग्रेज़ मेरे बेटे के साथ क्या कुछ कर रहे हैं। साथ ही अपने अगले क़दम के बारे में भी सोच सकती हूं। मैं घायल ज़रूर हूं; मेरे कलेजे पर भले ज़ख़्म लगा हो; पर अभी मैंने मात नहीं खायी है।

IV

बग़ावत

1860-1863

31

काठमांडू

राणा जंग बहादुर के दिए गये छोटे-से घर के छज्जे पर बैठकर मैं काठगांडू को देखती हूं। मेरे आस-पास शहर की ढलवां और परतदार छतें हैं, बौद्ध मठों के लहराते ध्वज हैं। ढलते सूरज की किरणों के बीच दूर से पशुपतिनाथ की सुनहरी चोटी चमकती है; मंदिर के विशाल समूह को घेरे बागमती नदी एक पतली रुपहली ज़ंजीर-सी दिखती है। थोड़ा आगे उचक कर देखने पर मुझे वह गुरुद्वारा भी दिखायी देता है, जिसे बनवाने में मैंने मदद की और जहां सरकार की बरसी पर ग़रीबों को खाना खिलाया जाता है। वहीं पर मैं कभी-कभार हिंदुस्तान से आने वाले उन लोगों से चुपचाप मिलती हूं, जो मेरे साथ हमदर्दी रखते हैं।

अपनी मोटी नेपाली शाल ओढ़ने के बावजूद मुझे कंपकंपी महसूस होती है। यह शाल जंग बहादुर ने मेरे शुरुआती दिनों में तोहफ़े में दी थी, तब तक हमारे बीच रिश्ता ठीकठाक था। ठंड लगने के बावजूद मैं अभी अंदर नहीं जाना चाहती। मैं धूल भरे रास्ते को बड़े गौर से तकती रहती हूं। यही वह समय है, जब हिंदुस्तान से संदेशवाहक आते हैं। कई पहाड़ी घाटियों से गुज़रते हुए वे काठमांडू पहुंचते हैं। हर शाम मैं उनकी राह तकती हूं, हालांकि कभी-कभार ही मुझे कोई संदेश मिल पाता है। वह चिट्ठी तो मुझे आज तक नहीं मिली, जिसकी आस मैं बरसों से कर रही हूं। मेरे बेटे की चिट्ठी, जिस बेटे को वे आधी दुनिया दूर इंग्लैंड ले जा चुके हैं। फिर भी मैं उम्मीद का दामन नहीं छोड़ती।

मुझे बाक़ी साधनों से जानकारी मिलती है। जैसा कि मुझे अंदेशा था, पटना में अंग्रेज़ों ने मेरे वफ़ादार अवतार को गोली से उड़ा दिया। पर उसने जिन कुछ

जासूसों को काम सिखाया था, वे छिपने में कामयाब रहे। अवतार ने ज़रूर उन्हें मेरे बच निकलने की योजना के बारे में बताया होगा, तभी तो उन्होंने मुझे खोज निकाला और अब हम एक-दूसरे के संपर्क में रहते हैं।

जब जासूसों ने अवतार की मौत के बारे में पूरी तफ़सील से बताया था, तो मैं कई महीनों तक रोती रही थी। उन्होंने बताया कि किस तरह उसने अंग्रेज़ों को मेरे ठिकाने की कोई भी जानकारी देने से इनकार कर दिया था और कैसे गोली मारने से पहले उन्होंने उसे ख़ूब सताया। मैं ना तो खाना खा पाती थी और ना ही ठीक से सो पाती थी। मेरे दिल पर अपराधबोध हावी हो गया था। अगर मैं चुनार से निकलने की ज़िद पर ना अड़ी रहती और अवतार को अपनी इस हताशा के बारे में नहीं बताती, तो शायद वह अब तक ज़िंदा होता। नेपाल पहुंचने के बाद से मेरी सेहत बिगड़ गयी थी और अब वह काफ़ी बदतर हो चुकी है। जंग बहादुर अपना फ़र्ज़ निभाते हुए अपने चिकित्सकों को मेरी देखभाल के लिए भेजते थे, हालांकि मुझे लगता है कि मन ही मन वह मेरे मर जाने की उम्मीद करते होंगे। मैं उन्हें दोष नहीं देती। अंग्रेज़ों को यह जानकार नाराज़गी हुई कि जंग बहादुर ने मुझे पनाह दी है और वे ज़रूर उन पर दबाव डालते होंगे।

काठमांडू में मौजूद ब्रिटिश रेज़िडेंट मेरे सभी ख़तों को बीच में ही रोक देते थे, ऐसे में अवतार के जासूसों के कारण मुझे जानकारियां मिलती रहती थीं। उनके बिना मुझे अपने बेटे का हालचाल नहीं मिल पाता। इन गुज़रे सालों में मुझ तक पहुंचने वाला हर संदेश मेरे जिगर में चाकू की तरह उतरता था। पहले तो अंग्रेज़ों ने मेरे बेटे को अपने पंजाब से दूर भेज दिया, जहां उसे लोग प्यार करते थे और उसके हिमायती थे। उन्होंने उसे सुनसान, मच्छरों से भरे गांव फ़तेहगढ़ में भेज दिया और वहां उसे एक अंग्रेज़, जॉन लॉगिन और उसकी पत्नी लीना के हवाले कर दिया। लॉगिन मेरे अकेले पड़ चुके दलीप पर कुछ ज़्यादा ही मेहरबान थे। अगर हालात अलग होते, तो शायद यह जानकर मुझे थोड़ी तसल्ली मिलती। पर मुझे तो शक था कि उनका बर्ताव दरअसल दलीप के दिल में बनी हुई मेरी जगह को हड़पना था। उसके मां-बाप बनकर उसे अपनी तरफ़ करना था।

धीरे-धीरे लॉगिन दपंति ने दलीप के जाने-पहचाने ज़्यादातर लोगों को, यहां तक कि उसके सबसे पसंदीदा और उसके लिए जान तक न्योछावर कर देने वाले मियां खीमा को भी उससे दूर कर दिया। उसने जब मुझे ख़त लिखना चाहा, तो उसे कहा गया कि मैं पागल होकर कहीं भाग गयी थी और किसी को मेरी कोई जानकारी नहीं थी। ऐसे में मेरे बेटे के पास लॉगिन परिवार से जुड़ने के अलावा और क्या चारा रहा होगा? वे उसे अंग्रेज़ चलन के कपड़े पहनाते, अपना बेस्वाद खाना खिलाते और उसे अपनी भाषा सिखाते। वे उसे चर्च ले गये और खेलने के लिए उसके लिए ईसाई साथी ले आये। धीरे-धीरे वह हिंदुस्तानी चीज़ों को लेकर शर्म महसूस करने लगा और

अपने उस हिस्से को लेकर भी जो हिंदुस्तानी था। उन्होंने उसके लिए भजन लाल नाम का एक नया नौकर रखा, जो खुद भी ईसाई बन चुका था। उसने मेरे बच्चे के प्यार के भूखे दिल में धीरे से अपनी जगह बना ली। वह हर रात उसे बाइबिल पढ़कर सुनाता, उसे पट्टी पढ़ाता और हमारी सिख परंपराओं के बारे में भला-बुरा कहता। यह सिलसिला तब तक चलता रहा, जब तक कि दलीप अपना धर्म बदलने पर राज़ी नहीं हो गया। अंग्रेज़ों ने लाहौर के कुछ बचे-खुचे मुलाज़िमों की दरख़्वास्त पर भी ध्यान नहीं दिया। राम सिंह, दीवान सिंह और ख़जांची राम किशन का कहना था कि दलीप को पहले अपने पंथ के बारे में बताया जाना चाहिए और वह अभी इतना बड़ा फ़ैसला लेने के क़ाबिल नहीं है। लॉगिन ने मेरे बच्चे के सुंदर, पवित्र केश भी कटवा डाले, उसे अपने पितरों के धर्म से विमुख कर उसका बपतिस्मा कर दिया। उन्होंने उसे शाबाशी दी कि उसने रोशनी देख ली। मुझे पता चला था कि डलहौज़ी ने उसे अपनी बाइबिल तक भेजी थी। इस दौरान वे उसे इंग्लैंड की कहानियां सुनाते रहे और उसे एक जादुई जगह के रूप में पेश करते रहे।

पर यह सिलसिला यहीं नहीं रुका। इससे भी बदतर यह हुआ कि अंग्रेज़ों ने सोलह बरस के दलीप को उसके अपने वतन से दूर कर दिया, ताकि फ़िरंगियों के ख़िलाफ़ उठ खड़े होने के किसी मौक़े के तलाश में रहने वाले वफ़ादार पंजाबियों के पास कोई राजा ही नहीं रहे, जिसके इर्दगिर्द वे जमा हो सकें। विडंबना थी कि उन्होंने उसे हिंदुस्तान कहलाने वाले जहाज़ में काले पानी के पार इंग्लैंड जाने के लिए बिठा दिया। सबसे बड़ा धोखा तो यह था कि इस देशनिकाले को उसके सामने एक महान और दुर्लभ मौक़े, महारानी विक्टोरिया की तरफ़ से एक बडे तोहफ़े की तरह पेश किया गया, ताकि वह उसके लिए मिन्नतें करें। जब मेरा एक जासूस मुझ तक यह ख़बर लेकर आया तो मेरी छाती में भयानक दर्द उठा और मैं ज़मीन पर गिर पड़ी। मेरी जांच करने वाले डॉक्टर ने बताया कि मुझे दिल की बीमारी हो गयी है और मुझे खुद पर जिस्मानी या जज़्बाती तौर पर ज़्यादा ज़ोर नहीं डालना चाहिए। पर ऐसा कैसे हो सकता है? बाद में जब इंग्लैंड के अपने जासूसों से मुझे पता चला कि अपने मुल्क में फ़िरंगी दलीप से किस तरह का बर्ताव कर रहे हैं, तो मुझे बहुत तकलीफ़ होती रही। वह कैसे रानी का प्यारा बन गया है और वह कैसे उसे हर जगह लेकर जाती है, उसे तैयार करती है और सबके सामने दिखाती है, जैसे वह उसका पालतू बंदर हो। कैसे उसने दलीप को अपनी तसवीर वाला एक लॉकेट भेंट किया है, जिसे वह पहनता है। किसी ने भी इस बात को नहीं समझा कि वह कैसे उसकी गर्दन पर पड़ी ज़ंजीर है?

वह छह साल पहले 1854 की बात है। तब से लेकर अब तक मैं इतने आंसू बहा चुकी हूं कि आधी अंधी हो गयी हूं। कई बार अजीब से ख़याल मेरे मन में आते हैं। क्या अच्छा नहीं होता अगर दलीप किसी लड़ाई में मारा जाता, जैसे सबरांव

में सरदार शाम सिंह और उनके सिपाही मारे गये थे? फिर मुझे अपनी बेवक़ूफ़ी समझ में आती है। उस वक़्त मेरा बेटा सिर्फ़ आठ बरस का था। उसके आस-पास मौजूद बड़े लोग ही सभी फ़ैसले लिया करते थे, जिनमें मैं भी शामिल थी। कुछ मेरे जैसे थे, जो बेवक़ूफ़ थे, दूरदर्शी नहीं थे और बदले की भावना से फ़ैसले लिया करते थे। कुछ लाल और तेज सिंह जैसे लालची और ग़द्दार थे, बाक़ी और भी सरदार थे। दलीप के पास चुनने के लिए कुछ भी नहीं था। फिर भी उसी बेचारे को उसका बदला सबसे ज़्यादा चुकाना पड़ा।

हर साल जंग बहादुर मेरे भत्ते को कम कर देते हैं, फिर भी मैं उसका ज़्यादातर हिस्सा बचाकर दलीप को इंग्लैंड में ख़त भेजने में ख़र्च करती हूं। पर मुझे आशंका है कि उन्हें बीच में ही रोक लिया जाता है, क्योंकि मुझे आज तक उसका कोई जवाब नहीं मिला। मैं यह कतई बर्दाश्त नहीं कर सकती कि इसकी कोई और वजह भी हो सकती है और यह कि उसे अब मेरी कोई परवाह नहीं रही।

जंग बहादुर के पैसे का मैं एक और गुप्त काम के लिए इस्तेमाल करती हूं, जिसके बारे में जानकर वह ज़रूर आगबबूला हो जाएंगे। मैं उस पैसे से हिंदुस्तान की आज़ादी के लिए लड़ने वाले लोगों की मदद करती हूं।

दलीप के रिश्ते के भाई ठाकुर सिंह के ससुर और बल्लभगढ़ के राजा नाहर सिंह से मैं कई वर्षों तक संपर्क में रही। नाहर 1857 की आज़ादी की लड़ाई में शामिल थे। अपनी छोटी-सी सेना के साथ वह बड़ी बहादुरी से बादशाह बहादुर शाह की फ़ौज के साथ जा मिले। मुझे यह सोचकर बहुत ख़ुशी हुई कि उनके कुछ सिपाहियों की राइफ़लें मेरे पैसे से ख़रीदी गयी थीं। मैंने बहुत दुआएं भी मांगीं कि वह और उनके साथी अंग्रेज़ों की ताक़त को कुचलने में कामयाब रहें। पर ऐसा नहीं हो सका। मुझे ठाकुर सिंह का संदेश मिला। *अंग्रेज़ों ने उन्हें आम अपराधी की तरह चांदनी चौक में फांसी पर लटका दिया। मैं मरते दम तक उनसे लड़ता रहूंगा।* ठाकुर के लिए मेरा दिल तड़प उठा, वह मेरे दलीप से बस साल भर बड़ा रहा होगा। मैंने भी उसे जवाब में लिखा, *मैंने भी यही कसम खायी है। पर हमें बहुत चतुराई से काम लेना होगा और बहुत चौकस भी रहना होगा।*

नाहर सिंह, आप मेरे प्यारे लोगों तक परलोक में पहुंच गये हैं। मैं आपको कभी नहीं भूल सकूंगी और ना ही आपके हत्यारों को कभी माफ़ करूंगी।

बाहर आते हुए माही कहती है, 'रानी साहिबा, आपको अंदर चलना चाहिए। एक महीना पहले ही आपको बुखार आया था और अब भी आपको खांसी है।' मुझे और भी भारी शाल ओढ़ा देती है। माही लंगड़ाते हुए चलती है, क्योंकि चुनार से मेरे भाग निकलने पर अंग्रेज़ों ने उसकी बुरी तरह से पिटाई की थी।

मेरे काठमांडू पहुंचने के एक महीने बाद माही आयी थी। अवतार ने उसे बताया था कि हम पटना में एक गुरुद्वारे में जा रहे थे, इसलिए जब अंग्रेज़ों ने उसे छोड़ा तो उसे पता था कि उसे मेरी तलाश के लिए कहां जाना था। इसके अलावा जंग बहादुर की डींगों ने भी मुझ तक पहुंचने में उसकी मदद की। जंग बहादुर सबसे कहते थे कि कैसे उन्होंने पंजाब की फटेहाल रानी को अपने यहां सिर छिपाने की जगह दी थी। तब से वह मेरा ख़याल रखती है और मेरे लिए यह अच्छा ही है। हार नहीं मानने की कसम खाने के बावजूद कभी-कभार ऐसा वक़्त भी आता है, जब मैं बिस्तर से निकलना भी नहीं चाहती। ऐसे में वह मुझे मनाती है, कई बार मुझे झिड़कती भी देती है और याद दिलाती है कि अब भी पंजाब के लोगों के लिए मेरा होना अहमियत रखता है। उसने मेरे कुछ पुराने लाहौरी नौकर-चाकरों को भी खोजा और अब वे मेरे साथ यहीं रहते हैं। हम मेरी सबसे प्यारी मंगला तक नहीं पहुंच सके, जिसे हरिद्वार में कड़ी निगरानी में रखा गया है। एक बार वह दलीप के पास पहुंचने में कामयाब होने ही वाली थी कि पकड़ी गयी और उसे जेल में डाल दिया गया।

माही मेरे लिए खाना लेकर आती है। उसे मेरे मनपसंद राजमा-चावल के बारे में पता है और उसने वही पकाया है। जब मैं कहती हूं कि मुझे भूख नहीं है, तो वह मुझे फुसलाती है। 'मेरे पास आपके लिए कुछ ख़ास है, लेकिन तब तक नहीं बताने वाली जब तक कि आप खाना नहीं खा लें!' इतने प्यारे ढंग से वह मुझे मनाती है। खाने के बाद वह बताती है, 'जंग बहादुर ने आपको कल महल में बुलाया है। रेज़िडेंट आपके लिए कोई ख़बर लेकर आया है।'

मैं जंग बहादुर की बड़ी अहसानमंद हूं कि उन्होंने ऐसे समय में मुझे पनाह दी, जब कोई और इतनी हिम्मत नहीं जुटा पाता। पर कुछ सालों से हमारे रिश्ते में खटास आ गयी है। मेरे नेपाल पहुंचते ही परेशानियां शुरू हो गयी थीं। अंग्रेज़ जानते थे कि हिंदुस्तान के इस हिस्से में जंग बहादुर काफ़ी मज़बूत थे और इसलिए उन्होंने उन्हें अपनी तरफ़ लुभाना शुरू किया। शायद मेरी मौजूदगी भी इसका कारण हो सकती थी। हो सकता है कि उन्हें डर हो कि मैं अपने छल-कपट से जंग बहादुर को उनके ख़िलाफ़ नहीं भड़का दूं। मैं 'पंजाब की गेसालिना' जो थी!

जब जंग बहादुर ने इंग्लैंड जाने की इच्छा जतायी, तो गवर्नर-जनरल डलहौज़ी ने बड़ी तत्परता से सारे इंतज़ाम किये। 1850 में जंग बहादुर लंदन गये और वहां उनकी मुलाक़ात महारानी से हुई। दरबार में उनका भव्य स्वागत किया गया। दुःख की बात यह है कि नेपाल लौटने तक जंग बहादुर बदल चुके थे। पहले जहां वह अंग्रेज़ों का कड़ा विरोध करते थे, वहीं अब उन्हें उनसे लगाव हो गया था। वह उनके दरबार के सलीके को लेकर तारीफ़ों के पुल बांधने लगे थे। वह उनके जैसी वेशभूषा अपनाने लगे और यूरोपीय तामझाम में उनके दिये तमगों के साथ अपनी तसवीरें बनवाने लगे। उन्होंने नेपाल की न्याय व्यवस्था को बदलकर इंग्लैंड की प्रणाली अपना ली। अब वह ख़ास तौर पर मुझे लेकर उदासीन हो गये। साफ़ था कि डलहौज़ी ने उनके मन में मेरे ख़िलाफ़ ज़हर भर दिया था। या फिर हो सकता है कि जंग बहादुर को लगने लगा हो कि राजगद्दी से महरूम रानी के साथ दोस्ती भरे रवैये से उन्हें कुछ भी हासिल नहीं होने वाला, जबकि अंग्रेज़ तो उन्हें कई तरह के इनामों की पेशकश कर रहे थे।

1857 में उत्तरी हिंदुस्तान में आज़ादी की लड़ाई के शुरू होने पर हमारे बीच का तनाव बढ़ गया। इस लड़ाई ने सिपाहियों, आम नागरिकों, अमीर-ग़रीबों, हिंदू-मुसलमानों के दिलों में फ़िरंगियों के दमन से आज़ादी की लौ जगा दी थी। दिल्ली के इक्यासी साल के बहादुर शाह ज़फ़र से लेकर अवध के बारह साल के बिरजिस क़द्र तक, हुक्मरानों ने अपनी रियासतों और धन-संपत्ति को चुराने वाले फ़िरंगियों के ख़िलाफ़ लड़ाई का ऐलान कर दिया था। वे फ़िरंगी जो उनके रीति-रिवाजों और धर्म का अनादर करते थे। हर रोज़ मुझे ऐसे बहादुर लड़ाकों की ख़बरें मिलती थीं, जो अंग्रेज़ों की फ़ौज को भगाने के लिए अपनी धन-दौलत और ज़िंदगियों को दांव पर लगा रहे थे।

नाना साहब, तांत्या टोपे, कुंवर सिंह, बख़्त ख़ान, लियाकत अली और मंगल पांडे जैसे सिपाही की वीरता के बारे में सुनकर मुझे रोमांच हो आता था। मंगल पांडे ने अपनी कुर्बानी देकर पहली मशाल जलायी थी। झांसी की रानी लक्ष्मीबाई और अवध की बेगम हज़रत महल के तो क्या कहने! उन्होंने ना सिर्फ़ अपने लोगों के लिए, बल्कि राजगद्दी से हटाये गये अपने बेटों के लिए भी लड़ाई लड़ी। काश, मैं उनके साथ कंधे से कंधा मिलाकर लड़ पाती! मैं रात को उनके लिए दुआएं मांगती और अपने ख़र्चों को कम कर उनके लिए पैसा भेजती। मुझे उम्मीद थी कि सिख भी इस लड़ाई में शामिल होते, अंग्रेज़ों की फ़ौज में वे बेहतरीन थे। पर ऐसा नहीं हो सका। क्या इसकी वजह यह थी कि उन्हें अपने हिंदू और मुसलमान भाइयों के साथ एका महसूस नहीं हुआ? या फिर सिख युद्धों के दौरान अंग्रेज़ों की कमान में हिंदू और मुस्लिम सिपाहियों ने उनके भाई-बंधुओं को मारा था?

हिंदुस्तान की यही त्रासदी है कि हममें एकता नहीं है। हमारे दुश्मनों ने हमेशा ही इसका इस्तेमाल हमारे ख़िलाफ़ किया है।

जब यह लड़ाई अपने चरम पर थी और अंग्रेज़ों की फ़ौजों को मात मिल रही थी, तब एक रात मैं चुपके से जंग बहादुर के घर गयी और उनसे इस लड़ाई के सरदारों की मदद करने की गुहार लगायी। हम दोनों को ही मालूम था कि सही वक़्त कितनी अहमियत रखता है। इंग्लैंड से और अंग्रेज़ सिपाही मंगवाये जा रहे थे, पर वे अब भी काफ़ी दूर थे।

'आपके सिपाही सबसे अच्छी तरह प्रशिक्षित हैं। आपने हाल ही में तिब्बत के सबसे मुश्किल अभियान समेत हर अभियान में जीत हासिल की है। अपनी महिला सिपाहियों की टुकड़ी के साथ बेगम हज़रत महल ने अभी लखनऊ पर कब्ज़ा किया है। अगर आप उनका साथ देने के लिए अपनी फ़ौज भेज दें, तो अंग्रेज़ उन्हें कभी नहीं हरा पाएंगे। अपने लोगों और अपने देश के लिए ऐसा करें। अगर आप हिंदुस्तान को अंग्रेज़ों से छुटकारा दिला देंगे तो लोग हमेशा आपको एक देशभक्त और नायक के रूप में याद रखेंगे।' मैंने जंग बहादुर से विनती की।

जंग बहादुर ने मेरी एक नहीं सुनी। उन्होंने अपनी फ़ौज को अवध ज़रूर भेजा, लेकिन अंग्रेज़ों के प्रमुख कैम्पबेल का साथ देने को। उनके गुरखा सैनिकों ने हज़रत महल से लखनऊ छीन लिया और उन्हें अपने बेटे के साथ वहां से भागना पड़ा। जंग बहादुर की फ़ौज बनारस और पटना में आज़ादी की लड़ाई लड़ रही सेना पर टूट पड़ी। जब मुझे खबर मिली की एक-एक करके लड़ाई की अगुताई कर रहे लोग मारे गये, तो मैं बहुत रोयी और मुझे बहुत रोष भी हुआ। उनमें निडर रानी लक्ष्मीबाई भी थीं, जो ग्वालियर के नज़दीक शहीद हुईं।

जब नाना साहब, ख़ान बहादुर ख़ान और हज़रत महल पनाह लेने भागकर नेपाल पहुंचे, तो जंग बहादुर ने तराई इलाक़े में अपनी फ़ौज भेजकर उनमें से कुछ को मार डाला और कुछ को क़ैद कर लिया। वह उन्हें ज़ंजीरों में जकड़कर अंग्रेज़ों के पास भेजना चाहते थे।

मुझे अवध में जंग बहादुर की धोखेबाज़ी के बारे में भी पता चला और मैंने कसम खायी कि उनका चेहरा फिर कभी नहीं देखूंगी। पर मुझे यह कसम तोड़नी पड़ी, क्योंकि मुझे पता चला कि हज़रत महल ने उनसे अपने व अपने बेटे के लिए पनाह मांगी थी, लेकिन राणा ने साफ़ मना कर दिया। मैं सीधे जंग बहादुर के दरबार में पहुंच गयी, जहां पर उनके दरबारी उन्हें अपने लोगों की हिफ़ाज़त करने वाला कहकर उनकी तारीफ़ों के पुल बांध रहे थे, जबकि कमज़ोर राजा सुरेंद्र ख़ामोशी से यह सब देख रहे थे। मैंने सबके सामने जंग बहादुर को कायर और ग़द्दार कहा।

'इस सच को बोलने की जुर्रत करने पर चाहें तो मुझे मौत के घाट उतार दें!' मैंने चिल्लाकर कहा। 'मुझे अपनी कोई परवाह नहीं। अपने दिल में कहीं आपको भी मालूम है कि आपने अंग्रेज़ों की मदद करके कितना जघन्य और देशद्रोही काम किया है। आपने उनके अत्याचारों के बारे में ज़रूर सुना होगा, जो उन्होंने लड़ाई को दबाने के बाद किये हैं। कानपुर में सिपाहियों को तोप के मुंह पर बांधकर उड़ा दिया गया। बाकियों को फांसी चढ़ाने से पहले इमारतों की दीवारों पर लगे अपने साथियों का ख़ून चाटने पर मजबूर किया गया। फ़तेहपुर और फ़तेहगढ़ में मोहल्ले के मोहल्ले जला दिये गये, औरतों का बलात्कार किया गया, बच्चों को मौत के घाट उतार दिया गया। हिंदू-मुसलमानों को ख़त्म करने से पहले उन्हें ज़बरदस्ती गोमांस और शूकर मांस खिलाया गया। सिर्फ़ अवध में ही लगभग दस लाख बेगुनाह नागरिकों की जान ले ली गयी। पता नहीं अपनी मौत के बाद आप कैसे अपने इष्टदेव भगवान पशुपतिनाथ का सामना करेंगे! पछतावे के तौर पर कम से कम आप इतना तो कर सकते हैं कि उस बहादुर मां-बेटे को अपने यहां शरण दें, जिनका भविष्य आपने तबाह कर दिया है।'

जंग बहादुर मेरी अनदेखी करते हुए कहीं और देखते रहे। उनके दरबारियों ने होहल्ला मचाया कि मेरे जैसी बाहरी औरत को राजनीति की कोई जानकारी नहीं है और मुझे राजकाज के मामलों में दख़ल नहीं देना चाहिए। उन्होंने कहा कि क्या हिंदुस्तानी फ़ौजों ने कभी कोई अत्याचार नहीं किये? संतरियों ने मुझे ज़बरदस्ती वहां से हटा दिया और कई महीनों तक मैं अपने घर में नज़रबंद रही।

शायद अपने मन में कहीं जंग बहादुर को शर्मिंदगी हुई और उन्होंने हज़रत महल व उनके बेटे को अपने यहां पनाह दे दी। मुझे उनसे मिलने की इजाज़त कभी नहीं दी गयी, लेकिन छोटे नवाब ने मुझे उर्दू में एक नज़्म लिखकर भेजी, जिसमें उसने उन्हें बचाने के लिए मेरा शुक्रिया अदा किया था। नवाब लगभग उसी उम्र का होगा, जिस उम्र में मैं दलीप से बिछड़ी थी।

रेज़िडेंट कर्नल रैमसे का काम मेरी जासूसी करना और मेरा विरोध करना ही है, इसलिए मैं रात भर यह सोचते हुए नहीं सो पाती हूं कि रैमसे के पास मेरे लिए क्या समाचार हो सकता है। कहीं दलीप की मौत तो नहीं हो गयी? क्या रैमसे खुद आकर यह ख़बर मुझे देना चाहता है, ताकि वह मुझे दुःखी होता देख सके? सुबह उठकर अपनी सभी चिंताओं को छिपाकर मैं अपनी सबसे अच्छी पोशाक सलेटी रंग का सूती घाघरा-चोली पहनती हूं और मोटा-सा घूंघट लेती हूं। अब मेरे पास रेशम या ज़री के बढ़िया कपड़े नहीं हैं, वे सब शेखूपुरा में छूट गये थे। सच यही है कि मैं यहां पर एक शरणार्थी हूं, रानी नहीं। मैंने अब सफ़ेद कपड़े पहनना भी छोड़

दिया है। यहां के लोगों के लिए वह कोई मायने नहीं रखता और उसे साफ़ रखने में भी मुश्किल होती है। चुनार में मेरे बाक़ी गहनों के साथ ही मेरे मोती भी मुझसे ले लिये गये थे।

ब्लैकवुड से बनी नक़्क़ाशीदार पचपन खिड़कियों वाले शानदार शाही महल में प्रवेश करते हुए मैं सीधे दरबार में पहुंचती हूं। मैं और जंग बहादुर बड़ी सावधानी से एक-दूसरे का अभिवादन करते हैं। रैमसे बिना वक़्त गंवाये रूखेपन से सिर झुकाकर मुझे एक चिट्ठी पकड़ा देता है।

मैं कांपते हाथों से उसे खोलती हूं। ख़त अंग्रेज़ी में लिखा हुआ है, जिसकी मुझे काफ़ी कम जानकारी है और मुझे यह समझने में समय लगता है कि उसे मेरे बेटे ने लिखा है। मेरी कमज़ोर नज़र आंसुओं से और भी धुंधला जाती है। रैमसे बेसब्री से उसे मेरे हाथ से लेकर पढ़ने लगता है।

प्यारी बीजी,

मुझे यक़ीन है कि रहमदिल सर जॉन लागिन की बदौलत यह चिट्ठी आप तक पहुंच जाएगी। अंग्रेज़ सरकार ने मुझे बाघ के शिकार के लिए भारत आने की इजाज़त दे दी है। मुझे आपकी बहुत याद आती है और मैं आपसे मिलना चाहता हूं। अगर आप चाहें, तो हम कलकत्ता में...

मैं ख़त को रैमसे के हाथ से छीनकर उसे चूमने लगती हूं। मुझे कोई परवाह नहीं कि वह क्या सोचेगा। मेरा दलीप मुझे अब भी याद करता है! वह मुझसे मिलना चाहता है!

'मैं कलकत्ता जाऊंगी,' मैं कहती हूं।

जंग बहादुर बड़ी चिंता जताते हुए कहते हैं, 'आपको एक बात समझनी होगी। नेपाल से निकलने के बाद मैं आपको फिर यहां आने की इजाज़त नहीं दे सकूंगा।'

'मैं समझती हूं।' यहां लौटने की मेरी कोई इच्छा नहीं है। एक बार अपने दलीप को छाती से लगाने के बाद मुझे कोई परवाह नहीं कि मेरे साथ क्या होता है। मैं अपनी ज़िंदगी के बाक़ी दिन गंगा किनारे किसी झोपड़ी में बिता दूंगी। या फिर अंग्रेज़ों की किसी जेल में।

32

कलकत्ता

मैंने स्पेंसेज़ होटल जैसी कोई और जगह कभी नहीं देखी। अंग्रेज़ों ने दलीप से मिलने के लिए यही जगह चुनी है। मेरे सामान को उतारने की निगरानी कर रहा होटल का मैनेजर बड़े गर्व से मुझे बताता है कि उसे अंग्रेज़ी महल की तरह बनाया गया है और यह इंडिया का सबसे अच्छा होटल है। अंग्रेज़ों ने हमारे हिंदुस्तान को यही नाम दिया है, जैसे कि नाम बदलने से वह पूरी तरह उनका हो जाएगा। ग्रेस्टोन से बनी यह तीन मंज़िला इमारत आयताकार है और इसका बाहरी हिस्सा बिलकुल नीरस है और खिड़कियों की लंबी कतार की एकरसता को तोड़ने के लिए एक भी बुर्ज़ या गुंबद नहीं है। जिस चुनार के क़िले की अपनी क़ैद से मुझे नफ़रत थी, उसकी भी अपनी कोई ख़ासियत थी। उसे बनाने वाले ने अपनी मर्ज़ी के मुताबिक़ कहीं पर खंभे बनाये थे और उसमें अचानक नदी तक पहुंचाने वाले दरवाज़े भी थे।

शायद मेरी नापसंदगी की एक वजह यह भी हो सकती है कि मैंने हर अंग्रेज़ी चीज़ से नफ़रत करने की ठान रखी है।

हम एक बड़े से बरामदे से गुज़रते हैं, जहां पर पाइप पीते हुए, बातें करते या अख़बार पढ़ते हुए आदमी बैठे हैं। उनमें से कई फ़िरंगी हैं, जो फ़ौजियों जैसे दिखते हैं। हो सकता है कि उन्हें मुझ पर और दलीप पर नज़र रखने के लिए यहां बिठाया गया हो। होटल का मैनेजर दरवाज़ा खोलता है और मेरा ध्यान नर्म मुलायम कालीन, मखमली पर्दों, पीतल के चिराग़दानों और दो अलग-अलग सोने के कमरों की तरफ़ जाता है, जहां पर ऊंचे पलंगों पर ढेर सारे तकिये रखे हैं। वह बताता है कि गवर्नर-जनरल कैनिंग और अंग्रेज़ सरकार की बदौलत मुझे सबसे अच्छी जगह दी गयी है।

मेरा मन करता है कि इसे मुंहतोड़ जवाब दूं कि *मेरा महल, मेरी धन-दौलत, मेरा राज्य, मेरी आज़ादी और मेरा बेटा छीनने के बाद उन्हें इतना तो करना ही चाहिए। पर फिर मुझे काफ़ी पहले रानी गुड्डां की सिखायी गयी बात याद आ जाती है। अपने दुश्मनों को सोचने दो कि वे जीत गये हैं।* मैं बस शुक्रिया कहकर माही को सामान लेने वाले लोगों को बख़्शीश देने को कहती हूं।

काठमांडू में मेरे पास बहुत कम चीज़ें रह गयी थीं; मैं अपने साल दर साल कम होते भत्ते का इस्तेमाल ज़्यादा अहम चीज़ों के लिए करती थी। कलकत्ता आने का फ़ैसला करने के बाद जंग बहादुर ने शाही दर्ज़ी से मेरे लिए कुछ पोशाकें बनवाईं। शायद उन्हें मुझसे छुटकारा पाने की ख़ुशी थी, उन्हें लगता होगा कि उनके कान में लगातार भिनभिन करने और कभी-कभार काटने वाले मच्छर से मुक्ति मिल रही है। हो सकता है कि उन्हें मेरे साथ अच्छा बर्ताव नहीं कर पाने का अफ़सोस रहा हो। या मुमकिन है कि उन्होंने सोचा हो कि फटे-पुराने कपड़ों में मेरे कलकत्ता जाने से उनकी बदनामी होगी। ख़ैर वजह जो भी हो, मुझे दो बक्से भरकर दिये गये। उनमें विधवाओं के मुताबिक़ फीके रंगों के घाघरे, साड़ियां, सलवार-कमीज़, शाल और जूते थे। मुझे फीके रंगों की अब कोई परवाह नहीं रही। आजकल वैसे भी मैं अपने कपड़ों पर ज़्यादा ध्यान नहीं देती। कम से कम अब मुझे फिर कभी कपड़े ख़रीदने की ज़रूरत नहीं पड़ेगी। मेरे बेटे के इंग्लैंड लौट जाने के बाद मैं जिस किसी भी शहर में रहूं, ज़िंदगी के बचे-खुचे साल इन्हीं कपड़ों में गुज़ारा हो जाएगा।

पता नहीं दलीप के कलकत्ता आने से पहले मुझे कितना इंतज़ार करना होगा। रेज़िडेंट ने मुझे ज़्यादा जानकारी नहीं दी। कुछ ही घंटों में जब मुझे संदेश मिला कि मुझे जब भी सहूलियत हो, मेरा बेटा मुझसे मिलने आ जाएगा, तो मुझे ख़ुशी के साथ हैरानी भी हुई।

यह पढ़कर मुझे हँसी भी आयी और रोना भी। मेरी सहूलियत! इतने लंबे वक़्त तक उससे जुदा रहने के बाद मैं उससे मिलने के लिए आग से भी गुज़र सकती हूं। मुझे थोड़ी घबराहट भी हो रही है। इतना समय बीत गया। मुझे बेटे के साथ बिताये गये वो आख़िरी पल याद आ गये। मेरा प्यारा-सा, गुदगुदे गालों वाला बेटा शालीमार जाते हुए अपनी गाड़ी की खिड़की से मुझे हाथ हिला रहा था। मैंने भी हाथ हिलाते हुए उसे कहा था कि मैं शाम को उससे मिलूंगी। मैंने यही कहा था, 'ध्यान रहे, धूप में ज़्यादा रहने से तुम्हें सरदर्द हो जाता है।'

उस पल हम दोनों में से किसी को ज़रा-सा भी अंदाज़ा नहीं था कि हम चौदह बरस के लिए बिछड़ जाएंगे।

मेरे दिमाग़ में सवालों की झड़ी-सी लग जाती है। दलीप अब कैसा दिखता होगा? वह क्या सोचता होगा? उसे किस चीज़ का ख़याल आता होगा? लॉगिन परिवार

और अंग्रेज़ महारानी के साथ इतने बरस बिताने के बाद क्या वह बदल हो गया होगा? अगर मेरे बारे में उसे कुछ याद हो तो वह क्या बात होगी?

तभी वह दरवाज़े पर आ खड़ा होता है, गहरे फ़िरंगी कपड़ों में एक धुंधला-सा आकार। माही मुझे नहीं बताती, तो शायद मुझे पता भी नहीं चलता। मेरी आंखें इतनी कमज़ोर हो चुकी हैं या फिर शायद वही इतना बदल चुका है।

'बीजी?' उसकी आवाज़ बड़े आदमी की तरह गहरी है। उसकी पंजाबी में अंग्रेज़ी की गहरी छाप है और उसमें थोड़ी लड़खड़ाहट भी है, जैसे कि लंबे समय से उसे बोलने का अभ्यास नहीं हो। 'क्या आप ही हैं? मेरी ख़ूबसूरत बीजी, उन लोगों ने आपका क्या हाल बना दिया है?'

उसकी आवाज़ से ज़ाहिर सदमे से मुझे महसूस होता है कि मैं कितनी बदल चुकी हूं, कितनी बूढ़ी और बदसूरत हो चुकी हूं। मैं उस जोशीली जवान रानी जैसी बिलकुल भी नहीं रही, जिसकी छवि शायद इतने सालों तक उसके दिमाग़ में रही होगी। मैं झिझकती हूं, पर अगले ही पल वह मेरी कुर्सी के सामने झुककर मेरे हाथ चूमने लगता है, मुझे बताता है कि उसे मेरी कितनी याद आती थी, कितना डर था कि वह मुझे फिर कभी नहीं देख पाएगा और पहले फ़तेहगढ़ और बाद में लंदन में बितायी गयी अकेली रातों में वह सोचता था कि क्या उसकी मां भी उसे उतना ही याद करती होगी, जितना कि वह उसे किया करता था।

यह जानने-समझने के लिए कि यह लंबा-चौड़ा, ख़ूबसूरत नौजवान वाकई मेरा दलीप है, मैं बड़ी बेसब्री से उसके चेहरे, उसके कंधों, उसकी बांहों पर हाथ फिराती हूं। और वह मुझे अब भी प्यार करता है! खुशी से मेरा गला रुंधने लगता है, पर मैं इतना तो कह पाती हूं कि 'वाहेगुरु की मेहर से तुम सही-सलामत हो। हम फिर से मिल गये। इससे ज़्यादा मुझे और क्या चाहिए!'

फिर मेरा हाथ उसके सिर पर पहुंचता है और सिखों की पगड़ी की बजाय मुझे उसके कटे हुए बालों का अहसास होता है।

मैं जानती थी कि दलीप ईसाई बन गया था, फिर भी मेरी अंगुलियों को मिलने वाले इस सबूत से मुझे इतना गहरा सदमा लगता है कि मैं अपने आंसू नहीं रोक पाती। 'पुत्तर, अंग्रेज़ों ने तुमसे सब कुछ छीन लिया! तुम्हारा तख़्त, तुम्हारा राज, कोहेनूर भी। मैं जानती हूं कि तुम इतने छोटे थे कि कुछ नहीं कर सकते थे। लेकिन तुम्हारा धर्म भी! तुमने उसे कैसे छिनने दिया?'

दलीप कोई जवाब नहीं देता, पर मुझे महसूस होता है कि वह थोड़ा तनकर पीछे हट गया है। अपने होंठ काटते हुए मैं खुद को ख़ामोश करती हूं। इतने सालों के बाद हुई इस मुलाक़ात में अपने बेटे को परेशान कर देना मेरी भूल थी, ख़ासकर जब धर्म बदलने में उसकी कोई ग़लती नहीं थी। समूची अंग्रेज़ी सल्तनत की मर्ज़ी के

आगे किसी बच्चे की क्या चलती! या फिर लॉगिन परिवार को ख़ुश करने की इच्छा को वह कैसे दबा पाता? मैं उससे यह उम्मीद कैसे कर सकती हूं कि वह इस बात का विरोध करता, जबकि उसके आस-पास ऐसा कोई भी नहीं था जो उसके अपने लोगों के रीति-रिवाजों का सम्मान करता हो?

मैं बड़े ध्यान से अपनी बातचीत को कम संवेदनशील मामलों की तरफ़ मोड़ लेती हूं। हाथ पकड़कर लाहौर में उसके बचपन के ख़ुशनुमा दिनों को याद करते हुए हम मेरे कमरे में कई घंटे बिता देते हैं। वह अपनी ख़राब पंजाबी, अपने अटकने और बीच-बीच में अंग्रेज़ी बोलने के लिए माफ़ी मांगता है।

मैं उससे कहती हूं, 'मुझे तो ख़ुशी है कि इतने बरसों तक अपनी बोली नहीं बोलने के बावजूद तुम्हें इतना भी याद रहा। मेरे साथ कुछ दिन बिताने के बाद तुम फिर से फर्राटे से पंजाबी बोलने लगोगे। भला कोई अपनी मातृभाषा को कभी भूल सकता है?'

धीरे-धीरे उसे और भी बातें याद आने लगती हैं। उसे अपने मनपसंद खेल और खाने याद आते हैं। अपने घोड़े, कुत्ते और बाज याद आते हैं। यह भी कि जब उसकी पालतू बिल्ली ने नौ काले मखमली मुलायम बच्चों को जनम दिया था, तो जश्न के तौर पर तोप से गोले दाग़े गये थे। अपने अरबी घोड़े वीर पर सवार होकर वह खालसा फ़ौज से मिलने गया था और उन्होंने कितनी ज़ोर से जय-जयकार की थी...

एक बार मेरे साथ सहज होने के बाद दलीप मुझे इंग्लैंड की अपनी ज़िंदगी के बारे में बताने लगता है। मुझे यह जानकर निराशा होती है कि वह महारानी और उनके पति का कितना आदर करता है। वह मुझे बताता है कि वे उसके साथ कितने रहमदिल रहे हैं और उन्होंने उसे किसी यूरोपीय राजकुमार के बराबर का दरजा दे रखा है। मैं उसे याद दिलाना चाहती हूं कि उसकी अहमियत इससे कहीं ज़्यादा रही है, रानी विक्टोरिया के नुमाइंदों द्वारा छीने जाने से पहले वह महान पंजाब राज्य का महाराजा था। पर मैं ख़ामोश रहती हूं। इस बीच दलीप मुकुट के नीचे खड़े शेर वाले कुल के निशान के बारे में बताने लगता है कि कैसे महारानी के पति एल्बर्ट ने ख़ास तौर पर उसके लिए उसका नमूना तैयार किया था। यह भी कि महारानी विक्टोरिया ने अपने मनपसंद मशहूर चित्रकार विंटरहाल्टर को उसकी तसवीर बनाने का काम सौंपा था। शाही परिवार दलीप को नियमित रूप से अपने साथ घुड़सवारी और शिकार के लिए बुलावा भेजता है। वह विक्टोरिया के बच्चों के साथ खेलता है और वे उसे बहुत पसंद करते हैं। वह उनके सबसे छोटे बेटे राजकुमार लियोपोल्ड को अपनी पीठ पर बिठाता है। महारानी ने अपने दरबार में उसके लिए एक ख़ास जगह दी है और संसद में भी।

अंग्रेज़ महारानी की शान में कसीदे पढ़े जाने से मुझे बड़ी कोफ़्त होती है। क्या उसे समझ में नहीं आता कि वही हमारे सभी दुःखों के लिए ज़िम्मेदार है? मुझे तो उनका बर्ताव कृपा दिखाने वाला लगता है। मुझे यह जानकर और भी अफ़सोस होता है कि दलीप किसी नौकर की तरह उनके बेटे को अपनी पीठ पर बिठाता है। किसी महाराजा को यह शोभा नहीं देता। पर मैं उसे बिना परेशान किये यह सब कैसे बताऊं?

जब दलीप बड़े फ़ख्र से मुझे बताता है कि वह बहुत बढ़िया शिकारी है और अपने दरबारी दायरे में बेहतरीन निशानेबाज़ भी, तो मैं आख़िरकार उसकी सच्ची तारीफ़ कर पाती हूं। 'ये गुण तुम्हें अपने पिता से मिले होंगे, वह समूचे पंजाब में सबसे अच्छे शिकारी थे।' मैं उसे बताती हूं कि कैसे सरकार को जंगली सूअरों का शिकार करना पसंद था और वह हमेशा अपने दल के आगे चलते थे और कैसे वह अपने शिकार का सामना बंदूक से नहीं, बल्कि भाले से करते थे।

एक-दूसरे के साथ और ज़्यादा सहजता होने पर दलीप और मैं अपने बुरे समय की बात करने लगते हैं और एक-दूसरे से बिछड़ने का दर्द भी साझा करने लगते हैं।

'मुझे एक जेल से ज़्यादा दूर दूसरी जेल में पंजाब से बाहर भेजा गया। मुझे सहारा और दिलासा देने वाली मंगला के बिना मैं बिलकुल अकेली थी। तुम्हारी कोई ख़बर मुझ तक नहीं आती थी, पुत्तर। सबसे बुरी बात तो यह थी कि उन्होंने मुझे तुमसे विदा तक लेने नहीं दी।'

'मैं शालीमार से लौटा, तो आप और मंगला ग़ायब हो चुके थे, बीजी। किसी ने मुझे नहीं बताया कि आपके साथ क्या हुआ था। उसके बाद मैं उस मुसम्मन बुर्ज में क़दम तक नहीं रखना चाहता था, जहां हम दोनों साथ रहते थे। मुझे रात को आपके बिना सोने में परेशानी होती थी। खीमा मेरे बिस्तर के पास मेरा हाथ पकड़कर बैठा रहता था।'

'मैं क्या बताऊं कि शेखूपुरा और चुनार में कितनी हताश और अकेली थी! मैंने तुम तक ख़बर पहुंचाने की बहुत कोशिशें की। अपने गहने भी संतरियों को दिए, ताकि वह तुम तक मेरा कोई ख़त पहुंचा दें। पर मुझे नहीं लगता कि उन्होंने मेरा काम किया।'

'नहीं, मुझे कभी कोई चिट्ठी नहीं मिली। एक दिन रेज़िडेंट ने कहा कि मुझे फ़तेहगढ़ जाना चाहिए। मैं नहीं जाना चाहता था। वहां मुझे बिलकुल अच्छा नहीं लगता था, मैं नाखुश और बहुत अकेला था। मेरे जो भी दोस्त थे, वे लाहौर में रह गये थे। मैंने किसी से कभी कहा नहीं, लेकिन मुझे हर समय गुस्सा आता था। सबसे

ज़्यादा आप पर कि आप मुझसे दूर चली गयीं, उन्होंने मुझसे कहा था कि आप मुझे छोड़ गयी थीं। कभी-कभार वे कहते कि आप पागल हो गयी थीं। मेरे पास लॉगिन परिवार से मदद लेने और उनके लाये अंग्रेज़ लड़कों के साथ खेलने के सिवाय कोई चारा नहीं था। आहिस्ता-आहिस्ता मुझे उस ज़िंदगी की आदत हो गयी। फिर मैं बिलकुल उनके जैसा ही बनने की इच्छा रखने लगा।'

'तुम्हारा राजकाज छिन जाने के बाद मुझे बहुत गुस्सा आया। शायद उसी रोष ने मुझे बच निकलने का फ़ैसला करने में मदद की। तमाम संतरियों के बावजूद मैं वहां से बच निकली। मैंने सिलाई करने वाली लड़की का वेश बनाया और ठीक उनकी नाक के नीचे से निकल गयी। मैं संन्यासिन जैसी बनकर निकल पड़ी और नेपाल जाने के रास्ते में पहाड़ों से गुज़रते हुए मैं ठंड से मरते-मरते बची। मेरी सेहत ख़राब हो गयी, लेकिन मुझे कोई अफ़सोस नहीं था। कम से कम मैं आज़ाद तो थी।'

'आपने बहुत बहादुरी का काम किया! पता नहीं मैं वह सब कर भी पाता या नहीं। मुझे एक बार पता चला था कि आप काठमांडू में हैं, तो मैंने आपको चिट्ठियां लिखी। मैंने वहां जाने वाले लोगों को पैसा भी दिया कि वे आपसे मिलें। फिर मैं समझ गया कि आप तक मेरा कोई संदेश नहीं पहुंच रहा और किसी को भी आपसे मिलने की इजाज़त नहीं थी। उसके बाद ही मैंने यह तरकीब लगायी कि मुझे शिकार पर जाना है और मैं यहां पहुंच गया!'

हम इस साज़िश में एक-दूसरे का राज़दार बनकर मुस्कराते हैं। हमने कितनी चालाकी से इन फ़िरंगियों को चकमा दे दिया!

तीन दिन बीत जाते हैं। इस दौरान पता नहीं कितनी बार हम हँसे और कितनी बार हमने आंसू बहाए। मैं लड्डू मंगवाती हूं और मुझे यह जानकर अच्छा लगता है कि वे अब भी उसकी मनपसंद चीज़ हैं। मैं उसे ठीक वैसे ही अपने हाथों से लड्डू खिलाती हूं, जैसे बचपन में खिलाया करती थी। वह मेरे पास रहना चाहता है और इसलिए अपने आलीशान कमरे की बजाय मेरे कमरे की बैठक में सोफ़े पर सोता है।

'मैं रात को आपकी सांसों की आवाज़ सुनना चाहता हूं, जैसे बचपन में सुना करता था,' वह कहता है।

सबसे अहम बात यह है कि हम दोनों फ़ैसला करते हैं कि अब हम फिर से अलग नहीं होंगे।

अगले हफ़्ते दलीप कैनिंग से मिलता है और उसे बताता है कि हमने भारत में साथ रहने का फ़ैसला किया है। गवर्नर-जनरल को यह बात अच्छी नहीं लगती; उसे डर है कि हिंदुस्तान में हम दोनों के रहने से कोई परेशानी खड़ी हो सकती

है। वह इंग्लैंड संदेश भेजता है और संसद के जवाब का इंतज़ार करता है। इस बीच, लॉगिन परिवार को अपनी योजनाओं की जानकारी देते हुए दलीप उन्हें हर हफ़्ते ख़त लिखता है। मेरी समझ में नहीं आता कि उन्हें यह जानकारी देने की क्या ज़रूरत है, लेकिन मैं कुछ नहीं कहती। लॉगिन परिवार ने कई सालों तक दलीप का ख़याल रखा। मुझे अरूर सिंह से पता चलता है कि वह लॉगिन को बड़े अदब से मां-बाप कहकर पुकारता है। पिछले कुछ सालों से अरूर इंग्लैंड में दलीप का मुलाज़िम रहा है। यह सुनकर मेरा पारा चढ़ जाता है। मुझे सरकार और अपने लिए बहुत बुरा लगता है। फिर भी मैं खुद को शांत रखती हूं। दलीप पर लॉगिन परिवार की पकड़ बहुत मज़बूत है। उसे ढीला करने के लिए बहुत सोच-समझकर रणनीति बनानी होगी।

दलीप गवर्नर-जनरल से मुलाक़ात और बंगाल के देहाती इलाक़े में पंछियों के शिकार में मसरूफ़ रहता है और मैं अरूर से अपने बेटे के बारे में ज़्यादा से ज़्यादा जानकारी हासिल करने की कोशिश करती हूं। वह दलीप को, उसकी ख़ूबियों और कमज़ोरियों को अच्छी तरह जानता है। साथ ही वह दलीप का बड़ा वफ़ादार है और उसकी हिफ़ाज़त करता है। सिख होने के नाते अरूर भी मानता है कि अंग्रेज़ों का एक बच्चे को बहला-फुसलाकर उसका धर्म बदलने का काम ग़लत था।

अरूर के साथ बात करने से मुझे पता चलता है कि अंग्रेज़ अब भी मेरे बच्चे के साथ छल कर रहे हैं, वे दरियादिली के मुखौटे के पीछे अपनी मक्कारी छिपा रहे हैं और उन्होंने उसे इतनी अच्छी तरह तैयार किया है कि अब शायद वे खुद भी उस पर यक़ीन करने लगे हैं। अरूर से यह जानकर कि दलीप अपने जन्मदिन पर बहुत खुश होता है, क्योंकि रानी को वह याद रहता है और वह उसे तोहफ़ा भी भेजती है, तो मैं अपना आपा खो देती हूं। उसने दलीप से उसका सब कुछ छीन लिया! और अब यह गुस्ताख़ी कि वह कभी उसे घोड़ा, कभी कुत्ता, कभी अपनी तसवीर वाली अंगूठी तोहफ़े में दे और खुद को बड़ा दरियादिल समझे। उसकी इतनी जुर्रत कि मेरे बेटे को 'मेरा काला शहज़ादा' कहकर पुकारे।

वह तुम्हारा हरगिज़ नहीं है, विक्टोरिया! मेरा बस चले, तो कभी होगा भी नहीं।

फिर मैं सोचती हूं कि जाने दो। मेरा बेटा अब मेरे साथ हिंदुस्तान में रहेगा। मुझे अब उस पर फ़िरंगियों के असर की फ़िक्र करने की ज़रूरत नहीं है।

पर शायद मैं ग़लत थी। भारत में मौजूद अंग्रेज़ अफ़सर और बर्तानिया सरकार दोनों आपस में सलाह-मशविरा करते हैं कि इस दुःखदाई मां-बेटे के मामले में क्या किया जाए। एक-दूसरे को तार भेजे जाते हैं। आख़िरकार कैनिंग हमें सरकार के आदेश

की जानकारी देता है। दलीप और मैं तभी साथ हो सकते हैं, जब हम दोनों इंग्लैंड चले जाएं। वरना जल्दी ही दलीप को वापस अकेले जाना होगा।

दलीप बहुत दुःखी होता है और पशोपेश में भी रहता है। उसे हमारी ज़िंदगी को लेकर सरकार के अहंकारी रवैये पर गुस्सा आता है और उसके असमंजस की वजह यह है कि उसकी शख़्सियत का बड़ा हिस्सा खुद को अंग्रेज़ समझता है। अरूर ने बताया कि उसे 'देसी' लोगों, वह हमारे हिंदुस्तानी लोगों को यही कहता है, के साथ असहज लगता है और वह 'घर' लौटना चाहता है। मामला इस बात से और पेचीदा हो जाता है कि दलीप को महसूस हो जाता है कि मुझे अंग्रेज़ों से नफ़रत है और उनके साथ रहना मुझे नागवार गुज़रेगा। वह यह भी जानता है कि सिख होने के नाते मैं विदेशी धरती पर नहीं मरना चाहती। मेरे लिए यह बात मायने रखती है कि गंगा किनारे मेरा अंतिम संस्कार हो और मेरी आधी अस्थियां पावन नदी में डाल दी जाएं और आधी को मेरे सरकार की समाधि पर उनकी अस्थियों के साथ मिला दिया जाए। मुझसे प्यार करने के कारण वह मुझे तकलीफ़ नहीं पहुंचाना चाहता।

दलीप और मैं कैनिंग से मिलकर उसे समझाने की कोशिश करते हैं। हम उससे कहते हैं कि वह हमें भारत के किसी भी हिस्से भेजे दे, हम वहां पर चुपचाप शांति से रह लेंगे। पर उस पर कोई असर नहीं पड़ता। अंग्रेज़ों के पास सारी ताक़त है।

एक हफ़्ते तक बेकार की बहस के बाद मैं हथियार डाल देती हूं और इंग्लैंड जाने पर राज़ी हो जाती हूं।

'मैं चलूंगी, दूला जी,' दलीप को उसके प्यार के नाम से पुकारते हुए मैं कहती हूं। वह नाम मैंने उसे जम्मू में दिया था, जब वह छोटा-सा मासूम, खुश रहने वाला और निडर बच्चा था। 'तुम्हारे लिए मेरा प्यार इन अंग्रेज़ों से मेरी नफ़रत से कहीं ज़्यादा है।'

उसकी आंखें भर आती हैं। कई बार मुझे डर लगता है कि मेरे बच्चे का दिल बहुत कोमल है। जब वह मेरे गाल चूमते हुए बचपन की तरह अपनी बांहें मुझ पर डाल देता है तो मुझे लगता है कि मैंने सही फ़ैसला लिया है।

हम कैनिंग के पास जाने को तैयार होते हैं कि कुछ ऐसा होता है, जिसकी संभावना किसी को नहीं थी।

चीन की लड़ाई से लौट रही सिख रेजिमेंट जहाज़ से कलकत्ता में हुगली नदी पर लायी जाती है। सिपाहियों को किसी तरह भनक लग जाती है कि दलीप इंग्लैंड से आया हुआ है और मुझे कई सालों के बाद उससे मिलने की इजाज़त दी गयी है। यह ख़बर सिख टुकड़ियों में जंगल की आग की तरह फैल जाती है। लड़ाई से थके-मांदे लौटने के बावजूद उत्साह से भरे सैकड़ों सिपाही होटल के बाहर जमा होने लगते हैं।

वे होटल के डरे हुए मैनेजर से कहते हैं कि वे तब तक वापस नहीं जाएंगे, जब तक कि वे हमें नहीं देख लें। उनके नारे और लड़ाई की हुंकार समूचे होटल में गूंजती है और मुझे रोमांच का अहसास होता है। हमारे लोगों को तितर-बितर कर दिया गया, उनके हक़ छीन लिये गये और उन्हें हरा दिया गया, लेकिन फिर भी वे हमें नहीं भूले। खालसा फ़ौज को ज़बरदस्ती तोड़ देने के बाद उनमें से ज़्यादातर सिपाहियों को फ़िरंगियों की फ़ौज में शामिल होना पड़ा, वरना वे भूख से मारे जाते, इसके बावजूद उनकी सच्ची वफ़ादारी अब भी अपने महाराजा के साथ है।

इस तरह अपनी तरफ़ ध्यान खिंचने और इतना पसंद किये जाने से दलीप को असहज महसूस होता है। वह नहीं जानता कि सिपाहियों को कैसे जवाब दे। यह देखकर भी मुझे बहुत तकलीफ़ होती है कि मेरे महान, करिश्माई सरकार का बचा हुआ इकलौता बेटा अब अपने शाही अंदाज़ भूल चुका है या यूं कहें कि उससे सब कुछ छुड़वा दिया गया। मैं दलीप को बाहर ले जाती हूं और हाथ जोड़कर अपने लोगों के सामने सिर झुकाती हूं। मुझे यह देखकर खुशी होती है कि वह भी वैसा ही करता है। बड़े ज़ोर-शोर से जय-जयकार होती हैऔर मैं देख सकती हूं कि हमारे इस हावभाव ने सिपाहियों को कहीं गहरे छुआ है। उनमें से कई की आंखों में आंसू हैं। हमारे कहने पर वे अपनी जान जोखिम में डालकर तुरंत ही बग़ावत तक कर सकते हैं। एक पल के लिए मेरे बग़ावती दिल में यह ख़याल आता है। फिर मैं असलियत से रूबरू होती हूं। इस तरह के विद्रोह से सिपाहियों का तो नुक़सान होगा ही हमें भी और सज़ा हो सकती है। यह सोचकर मैं उन्हें विदा कर वापस अंदर चली जाती हूं। फिर भी सिपाही हर रोज़ हमें देखने आते रहते हैं।

अंग्रेज़ों की छावनी में मौजूद अफ़सर कई सैनिकों को भेजकर होटल के आस-पास तैनात कर देते हैं, ताकि हालात क़ाबू में रहें। कैनिंग फ़रमान सुनाता है कि हमें अगले ही जहाज़ से इंग्लैंड रवाना होना होगा।

हम शांति से वहां से निकलें, इसके लिए वह हमारे सभी हीरे-जवाहरात लौटाने की पेशकश भी करता है जिन्हें हमसे छीन लिया गया था। 'हम आपकी मां को तीन हज़ार पाउंड की पेंशन भी देंगे,' वह दलीप को बताता है।

इस बात से दलीप खुश हो जाता है और उनका अहसान भी मानता है, लेकिन मुझे ऐसा कुछ भी महसूस नहीं होता। क्या कैनिंग को लगता है कि मैं भूल चुकी हूं कि 1846 के भैरोवाल समझौते के मुताबिक़ मेरी सालाना पेंशन डेढ़ लाख रुपये तय हुई थी? पर मुझे कोई अचरज नहीं होता। अंग्रेज़ों को आदत थी कि पहले वे सब कुछ छीन लेते और फिर उसका बहुत छोटा-सा हिस्सा लौटाते हुए यह जताते कि वह कितनी दरियादिली का काम कर रहे हैं।

जहाज़ पर सवार होना मेरे लिए बिलकुल नया तजुर्बा है। हुगली से महासागर पर आगे बढ़ते हुए मैं डेक पर खड़ी रहती हूं। मेरी कमज़ोर होती आंखों को भी ताड़ के पेड़ों और खेतों का चटक, चमकीला हरापन दिखायी देता है और मेरी आंखें भर आती हैं। इसकी वजह यही है कि मैं अपने वतन को हमेशा के लिए छोड़कर जा रही हूं। जब मुझे लाहौर से बाहर ले जाया गया था, तो तमाम तकलीफ़ों के बावजूद मुझे लौटने की थोड़ी उम्मीद ज़रूर थी। बच निकलकर नेपाल पहुंचने पर भी ऐसा ही लगा था। पर अब गंगासागर के तट से दूर जाते हुए मैं जानती हूं कि यह आख़िरी बार है।

वाहेगुरु, यही अरदास है कि मेरी अस्थियां अपने देश वापस ज़रूर पहुंचें।

पूरे सफ़र के दौरान मैं ज़्यादातर वक़्त डेक पर ही बिताती हूं। ऐसा करने वाली मैं अकेली औरत हूं। फ़िरंगी औरतें सजे हुए टोप, स्कार्फ़ पहनकर और कभी-कभार छतरियां लिए हुए धूप से बचने के पूरे इंतज़ाम कर सुबह-शाम थोड़ी देर के लिए आकर टहला करती हैं। हिंदुस्तानी औरतें अंदर पर्दे में रहती हैं। मुझे कोई परवाह नहीं। मुझे अकेला रहना अच्छा लगता है। मुझे जहाज़ का पिछला हिस्सा ख़ास तौर पर पसंद है और वहां से मैं हमारे आगे बढ़ते जहाज़ से लहरों में बनते फेन को घंटों देखती रह सकती हूं। लहरों के तेज़ होने पर मैं मज़े से रोमांचित होकर कई बार हँसने लगती हूं। जहाज़ का फ़िरंगी कप्तान भी डगमगाते जहाज़ पर मेरे चलते रहने से प्रभावित होता है।

मैं उससे कहती हूं कि यह फुर्तीले घोड़े की सवारी करने जैसा है। 'एक महान योद्धा ने एक बार मुझे सिखाया था कि हमें घोड़े और खुद को एक मानते हुए घोड़े के साथ आगे बढ़ना होता है। मैं भी समंदर के साथ वैसा ही कर रही हूं।'

वह सिर हिलाते हुए मुस्कराता है। पहली बार मैं किसी अंग्रेज़ शख़्स की आंखों में इज़्ज़त और ताज्जुब देखती हूं। मैं भी मुस्करा देती हूं।

अरूर के पास जब भी ख़ाली वक़्त होता है, वह मेरे साथ आ जाता है। आम तौर पर बड़ी बहादुरी दिखाने वाली माही पानी से डरती है। मेरा बेचारा दलीप तो पहली हवा के पहले तेज़ झोंके का सामना होते ही जहाज़ी मतली का शिकार हो गया था और अब वह अपने बिस्तर पर ही रहता है। मैं उसे ऊपर आने को कहती हूं कि ताज़ा हवा से वह बेहतर महसूस करेगा, लेकिन वह कराहते हुए अपने तकिये में सिर छुपा लेता है। वह किसी तरह का ठोस खाना नहीं ले पा रहा। दूसरी तरफ़ नमकीन समुद्री हवा से मेरी भूख बहुत बढ़ गयी है। जहाज़ का खाना फिरंगियों के ज़ायके के मुताबिक़ बनाया जाता है और वह बिलकुल फीका होता है, कितनी अजीब बात है कि वे लोग हमारे वतन में पहली बार हमारे मसालों के लिए ही आये थे! ख़ैर, अरूर ने मुझे पहले ही आगाह कर दिया था, तो मैंने अपने साथ कई तरह

के अचार रख लिए थे। उनकी वजह से मैं उस खाने को बर्दाश्त कर पाती हूं। मुझे लगता है कि मेरी नज़र में भी सुधार होने लगा है और जब मैं आईने में झांकती हूं, तो पाती हूं कि अब मैं पहले जितनी सूखी हुई नहीं रह गयी हूं। यह अच्छी बात है, क्योंकि मुझे मज़बूत होना पड़ेगा। मेरे पास अब जितना भी वक़्त बचा है, मुझे उसमें कई काम निपटाने हैं।

मैं खाना बनाने वाले को दलीप के लिए मुर्गी का शोरबा तैयार करने को कहती हूं और उसे अदरक और दालचीनी के टुकड़े चूसने को कहती हूं, इससे कम से कम कुछ तो उसके पेट में जाएगा। अपने सफ़र पर आगे बढ़ते हुए वह मुझ पर निर्भर रहने लगता है, मेरी सलाह मांगता है या मुझे अपने पास बैठने को कहता है और मुझे मेरी किताबों से कुछ पढ़ने को कहता है, क्योंकि वह गुरमुखी लिखना-पढ़ना भूल चुका है। *हीर-रांझा* और *सोहनी-महिवाल* के दुःख भरे रूमानी क़िस्से उसे पसंद हैं। यह मेरे लिए भी अच्छा है, क्योंकि मुझे भी मोहब्बत और विछोह की कहानियां भाती हैं। पर मेरे बक्से में एक अलग-सी किताब है, जो मुझे बड़ी मुश्किल से मिली थी। वह है शाह मोहम्मद की *जंगनामा* और उसमें कवि ने बड़ी दर्दनाक ख़ूबसूरती से बयां किया है कि कैसे हमारे अपने दरबारियों और अंग्रेज़ों की चालबाज़ी के कारण लाहौर के शानदार दरबार को बर्बाद कर दिया गया। मैं सही वक़्त पर दलीप को यह किताब पढ़कर सुनाना चाहती हूं।

दलीप की सेहत को लेकर जहां मैं एक तरफ़ फ़िक्रमंद होती हूं, वहीं दूसरी तरफ़ मुझे हमारे बीच बढ़ते अपनेपन से ख़ुशी होती है। वाहेगुरु कभी-कभी इसी तरह तूफ़ान को इंद्रधनुष में बदल देते हैं। मैंने एक धुंधली-सी योजना बनायी तो है और उसकी कामयाबी के लिए मुझे पहले अपने बेटे का भरोसा जीतना होगा।

33

इंग्लैंड

एक लंबा-सा लबादा ओढ़े मैं जहाज़ पर खड़ी होकर लंदन के गंदले बंदरगाह को देखती हूं। गर्मियों का मौसम है, फिर भी यहां बड़ी नमी वाली, स्लेटी-सी नाखुशगवार ठंड है। हमारे लाहौर की सूखी सर्दियों से बिलकुल उलट, जहां पर चमकती धूप होती है। हमें हिंदुस्तान से रवाना हुए दो महीने हो चुके हैं। मुझे कंपकंपी आती है, लेकिन सिर्फ़ यहां की ठंड ही उसकी वजह नहीं है। कारण यह भी है कि अपने भीतर मुझे एक तरह का भारीपन महसूस होता है। मुझे लगने लगा है कि अंग्रेज़ी सरकार का शिकंजा मुझ पर और कस गया है। मैं अब पूरी तरह से उनके बस में हूं। मेरे बेटे और जिन मुट्ठी भर हिंदुस्तानी नौकर-चाकरों को मुझे लाने की इजाज़त दी गयी थी, उनके अलावा यहां कोई नहीं जानता कि मैं कौन हूं। जो थोड़े-बहुत लोग मुझे जानते भी हैं, वे भी मेरे बारे में बुरा ही सोचते हैं। वे मुझे परेशानी पैदा करने वाली, लड़ाई भड़काने वाली, साज़िश करने वाली ही समझते हैं। हां, पंजाब की मेसालिना भी! या कहीं मैं खुद को ज़्यादा ही तो नहीं आंक रही? अब तक तक तो हिंदुस्तान में मौजूद अंग्रेज़ों की सरकार मुझे बूढ़ी, अंधी और कमज़ोर समझकर नकार चुकी होगी। वरना वे मुझे हिंदुस्तान में क़ैद करने की बजाय यहां अपने बेटे के साथ आने की इजाज़त कैसे देते?

मैं गहरी सांस लेती हूं। शायद मैं अब भी इन फ़िरंगियों को हैरत में डाल सकती हूं।

अपने अपनाये गये देश के बारे में मुझे जानकारी देने के उत्साह में दलीप अपने केबिन से बाहर आकर मेरे साथ खड़ा हो जाता है। यह समझते हुए कि मेरी

नज़र अब काफ़ी कमज़ोर हो चुकी है, वह अपनी बांहें मेरे कंधों पर डाले हुए मुझे बंदरगाह के आस-पास की इमारतों के बारे में बताने लगता है। सैकड़ों कामगार दुनिया भर से आये सामान को लाते-ले जाते दिखायी देते हैं। दलीप मुझे बिलिंग्सगेट, लंदन ब्रिज, लीगल क्वेज़ जैसे नाम बताने लगता है। वह लंदन टावर की तरफ़ मेरा ध्यान खींचते हुए बड़ा फ़ख्र महसूस करता है और मुझे बताता है कि यह लगभग आठ सौ साल पुराना है और साज़िशों, फांसियों का उसका इतिहास बेहद डरावना रहा है। मैं उसे लाहौर के हमारे अपने क़िले के बारे में बताना चाहती हूं, जिसे महमूद ग़ज़नी ने बनाया था और जो इससे भी पुराना है। अपने जीतेजी ही मैंने इतने षड्यंत्र, छल-कपट, मौतें और इतनी सज़ाएं देखी हैं कि इन अंग्रेज़ों के रोंगटे खड़े हो जाएं।

पर मैं अपने बेटे के उत्साह पर पानी नहीं फेरना चाहती। इसके अलावा मैं उसे ऐसी स्थिति में हरग़ज नहीं डालना चाहती, जिसमें उसे लगे कि उसे अंग्रेज़ों का बचाव करना है। अपनी खोयी हुई शान, हैरतअंगेज़ और अक्सर त्रासद रहे इतिहास के बारे में बताने के लिए मेरे पास काफ़ी वक़्त होगा। फिलहाल तो मैं मैले-कुचैले अंग्रेज़ कामगारों को देख रही हूं, जो मुंह फुलाए हुए जहाज़ से हमारे सामान को उतार रहे हैं। हमारे हिंदुस्तान के लोगों पर हुकूमत करने वाले और खुद को भगवान समझने वाले फ़िरंगियों से ये कितने अलग हैं। मैंने गंदी-सी सड़क किनारे एक मजदूर को खांसते और थूकते देखा, मेरा मन हुआ कि हिंदुस्तानी भी अंग्रेज़ों के इस बहुत मामूली से, साधारण से रूप को देख पाते। शायद इसे देखकर वह अपने सिर फ़ख्र से ऊंचे कर पाते और अपनी आज़ादी के लिए ज़्यादा ज़ोर लगाकर लड़ पाते।

हमने लंदन में अस्थायी रूप से किराये पर एक जगह ली है या यूं कहें कि लॉगिन ने हमारे लिए जगह किराये पर ली है। मुझे वह जगह वैसे भी पसंद नहीं आती, पर यह जानकर कि उस आदमी ने इसे चुना है, वह मुझे और भी नागवार लगती है। स्लेटी आसमान की तरह वह अंधेरी और धुंधली जगह है। ठंड के कारण खिड़कियों को बंद रखा जाता है और इसलिए घर में सीलन वाली बू बनी रहती है। यह बुढ़ापे और नाउम्मीदी की मिली-जुली गंध है। मुझे अपने पंजाब की चमकती धूप, अपनी हवादार हवेलियां याद आ जाती हैं, जहां पर खुले में रसोई बनती थी, ताकि धुंए और मसालों की खुशबू सबको लुभाए पर वह दमघोंटू नहीं हो। इंग्लैंड में मेरे खानसामों को नीचे तहखाने में धुंधली बंद जगह में खाना बनाना पड़ता है और उससे हम सबको खांसी होने लगती है। मेरे नौकर-चाकर शिकायत करते हैं कि बाहर जंगलों से लटकते हुए आवारा बच्चे उन्हें देखकर मुंह बनाते हैं और अपने असहज अंदाज़ में उन्हें 'हिंदू!' कहकर पुकारते हैं। उन्हें क्या पता कि उनकी बात का कोई मतलब

नहीं, क्योंकि मेरे यहां काम करने वाले सिख और मुसलमान हैं। उनकी इस हरकत से हम सबको बहुत गुस्सा आता है कि हम अपने हिंदुस्तान की तरह बाहर जाकर उन बदमाशों को तमाचा नहीं जड़ सकते और उन्हें तमीज़ नहीं सिखा सकते कि बड़ों की कैसे इज़्ज़त की जाती है। दलीप ने हमें बताया है कि इंग्लैंड में ऐसा कुछ नहीं कर सकते और विदेशी यानी हम जैसे लोग तो कतई नहीं कर सकते।

हिंदुस्तान की याद में हम सब उदास रहते हैं, बस एक दलीप ही है जो ख़ुश रहता है। इंग्लैंड लौटने के बाद उसके चेहरे पर दिखती राहत से मैं दुःखी हो जाती हूं। वह बिलकुल उस पंछी की तरह है, जिसकी परवरिश क़ैद में हुई हो और उसे अपने पिंजरे की हिफ़ाज़त में ही सुकून मिलता हो। दलीप की सेवा में तैनात अरूर मुझे बताता है कि दलीप के अंग्रेज़ दोस्तों के आने पर वह उनसे शिकायत करता है कि उसे हिंदुस्तान कितना सख़्त नापसंद था। वह उसे गंदी, बेकार जगह कहता है, जिसमें धोखेबाज़, चापलूस क़िस्म के देसी लोग भरे पड़े हैं। ऐसे वक़्त में मुझे बहुत निराशा होती है और मैं सोच में पड़ जाती हूं कि यहां मैं कर क्या रही हूं।

मुझे सबसे ज़्यादा तकलीफ़ तब पहुंचती है, जब अरूर से मुझे पता चलता है कि दलीप आज़ादी के लिए लड़ी गयी हमारी नाकाम लड़ाई को लेकर नकारने वाला रवैया रखता है। उसे उस लड़ाई के बारे में बहुत कम जानकारी है और सच्चाई सुनने में उसकी कोई दिलचस्पी नहीं है। उल्टे वह अंग्रेज़ों की हिमायत करता है और भयावह 'विद्रोही हिंसा' और लालच की कहानियों की बात करता है, जो पूरे इंग्लैंड में फैलायी गयी हैं। उसने कई बार गुस्से में आकर बताया है कि किस तरह फ़तेहगढ़ में आगज़नी की गयी, तोशखाना लूटा गया और सार्जेंट इलियट को 'देसी' लोगों ने मौत के घाट उतार दिया। मैं उरो तसवीर का दूसरा पहलू दिखाना चाहती हूं, नाना साहब, लक्ष्मीबाई और हमारे अपने रिश्तेदार नाहर सिंह की बहादुरी, उनकी हिम्मत के बारे में बताना चाहती हूं और यह भी कि किस तरह आज़ादी के लिए कितने ही लोग सर पर कफ़न बांधकर उनके पीछे चल पड़े थे। पर जब कभी मैंने इस पर बात करने की कोशिश की, दलीप ने मुझे साफ़ शब्दों में कह दिया कि वह इस पर बात नहीं करना चाहता। कोई और समय होता, तो मैं शायद बहस करती। पर अब अपनी उम्र, बीमारी के कारण कमज़ोर होने और सबसे बढ़कर इस डर से कि कहीं मेरा बेटा मुझसे दूर नहीं चला जाए, मैं बिलकुल ख़ामोश रहती हूं।

मुझे अपने हीरे-जवाहरात के लिए लंदन में काफ़ी इंतज़ार करना पड़ता है, जिन्हें कलकत्ता से रवाना होने से ठीक पहले अंग्रेज़ों ने मुझे लौटाया था। अब बाहर से सामान आने पर शुल्क वसूलने वाले अफ़सर उनके बदले एक बड़ी रक़म की मांग कर रहे हैं, जो कि नाइंसाफ़ी है। पहले ही उनकी सरकार मुझे अपनी जायदाद से दूर

रख काफ़ी नुक़सान पहुंचा चुकी है। अगर नेपाल में मेरे पास अपने गहने होते, तो मुझे जंग बहादुर के रहम पर नहीं जीना पड़ता और उन्हें बेचकर मैं अपना गुज़ारा कर सकती थी। मुझे कलकत्ता में यह भी पता चला कि मुझे लौटाये गये गहनों में से कई क़ीमती गहने ग़ायब हो चुके थे। उसका हर्ज़ाना कौन देगा? पर दलीप कहता है कि इन दलीलों से कोई फ़ायदा नहीं होगा। वह अपने माई-बाप लॉगिन से एक बार फिर मदद मांगता है। लॉगिन सही ओहदों पर बैठे सही लोगों से बात करके जैसे कोई जादू की छड़ी फिराता है और बिना कोई भुगतान किये मुझे मेरे गहने वापस मिल जाते हैं। दलीप हर किसी को बड़े फ़ख्र से बताता फिरता है कि उसके सरपरस्त लॉगिन कितनी पहुंच वाले और दयालु हैं।

अब मुझसे रहा नहीं जाता। 'तुमने तो मुझे बताया था कि 1859 के बाद से वह तुम्हारे सरपरस्त नहीं रहे।' मैं गुस्से में कहती हूं।

वह मुस्कराते हुए बस इतना ही कहता है कि 'प्यारी बीजी, आप नहीं समझ सकोगे।'

जब दलीप कहता है कि हमें लॉगिन दंपति का शुक्रिया अदा करने के लिए अपने यहां बुलाना चाहिए, तो मैं मान जाती हूं। वह मेरी हर बात मानता है, लेकिन मुझे यह मालूम है कि इस घर का मालिक वही है। चाहे लॉगिन परिवार से मुझे कितनी ही नफ़रत हो, मैं शुक्रिया कहने की अहमियत और मेहमाननवाज़ी दिखाने में यक़ीन रखती हूं। लॉगिन के देश के लोगों ने भले चालबाज़ी से मुझसे मेरा राजपाट छीन लिया हो, तब भी मैं हूं तो रानी ही! मुझे उन्हें अपने गहने दिखाने का भी मौक़ा मिलेगा। सबसे बढ़कर यह कि कोहेनूर से भी कहीं ज़्यादा बेशक़ीमती मेरे बेटे को चुराने वाले लॉगिन परिवार को देखने के लिए मैं भी बेसब्र हूं और उनके चंगुल से उसे छुड़ाना चाहती हूं।

लॉगिन दंपति के आने पर मैं अपनी सबसे अच्छी सलवार-कमीज़ पहनती हूं और अपने पन्ने भी। हमारे खानसामे बिरयानी, परांठे और चिकन कोरमा जैसे बादशाही व्यंजन बनाकर अपने हुनर को दिखाना चाहते हैं, लेकिन दलीप कहता है कि वे सब कुछ सादा रखें। वह हमें बताता है कि लेडी लॉगिन का हाज़मा थोड़ा नाज़ुक है। मैंने बैठक को हिंदुस्तानी ढंग से सजाया है और भारी-भरकम लकड़ी के साज़ोसामान की जगह फ़ारसी गलीचे और रेशमी तकिये लगवाये हैं। हमारे वतन की कई चीज़ें लंदन में मिलती हैं, हालांकि वे बहुत औसत दर्जे की होती हैं और काफ़ी महंगी भी पड़ती हैं। हम लॉगिन परिवार को अपने साथ कालीन पर बैठने को कहते हैं। मुझे यह देखकर खुशी होती है कि दलीप बड़े आराम से आलथी-पालथी लगाकर बैठ जाता

है। लॉगिन दंपति बातचीत करने की कोशिश करते हैं और बैठने में थोड़े असहज लगते हैं। उनकी हालत देखकर मुझे उन पर रहम आता है और बाद में खाने के वक़्त मैं अपने मुलाज़िमों से मेज़ पर खाना लगाने को कहती हूं। मुझे अपनी नेकी पर बड़ा फ़ख्र होता है, क्योंकि मैंने उन्हें परेशान करने का इरादा छोड़कर अपने खानसामों से कहा कि आम तौर पर बनने वाले खाने से कम मसाले डालें।

वाइन के कुछ पैग लगाने के बाद सख़्त मिज़ाज वाला लॉगिन खुलने लगता है। वह धड़ल्ले से उर्दू बोलते हुए मेरी तारीफ़ करता है कि मैं अच्छी दिख रही हूं। मैं जानती हूं कि यह सरासर झूठ है; उसके लोगों की बदौलत मेरी सेहत और मेरी ख़ूबसूरती, दोनों ही बदहाल हो चुके हैं। पर मैं जवाब में मुस्करा देती हूं। वह यह भी कहता है कि मैंने बड़े अनुभवी जहाज़ी की तरह समुद्री सफ़र तय किया, लेकिन मैं जानती हूं कि वह असल में क्या सोच रहा होगा। यही कि कभी पंजाब की मेसालिना कहलाने वाली इस बेचारी, मरियल-सी, आंखों की रोशनी लगभग खो चुकी औरत को क्या सचमुच हाल ही में कैनिंग ने शैतान कहा था?

अपने गुस्से को मैं पी जाती हूं और इस घर के लिए और अपने गहने दिलाने के लिए लॉगिन का शुक्रिया अदा करती हूं। यह भी कि मेरी ग़ैरमौजूदगी में उन्होंने मेरे बेटे का ख़याल रखा। 'आप बहुत रहमदिल हैं, लॉर्ड लॉगिन। मुझे ख़ुशी है कि फ़तेहगढ़ में आपको ज़हर दिये जाने की मेरी साज़िश कामयाब नहीं हुई।'

उसका हाथ अपने मुंह तक जाते-जाते रुक जाता है और उसके चेहरे की उड़ी हुई रंगत देखकर मुझे मज़ा आता है। यह जानकारी उसके लिए नयी नहीं है। वह कोई उतनी बड़ी साज़िश भी नहीं थी। उस वक़्त मैं शेखूपुरा के क़िले में थी, रात-दिन मैं सख़्त क़ैद में रहती थी और अपने दलीप से अलग होने से मेरा दिल टूट चुका था। ऐसे में मेरे पास बहुत कम साधन हुआ करते थे। कहीं भीतर मैं भी जानती थी कि मेरी साज़िश कामयाब नहीं होगी, लेकिन मुझे कोशिश तो करनी ही थी। मैं बिना लड़े-भिड़े हार नहीं मान सकती थी। मेरे कारिंदे को मौत की सज़ा दे दी गयी और लॉगिन को तुरंत ही उसका पता चला गया था। मुझे लगता है कि इस तरह खुलकर अपनी करतूत के बारे में बताने से वह चौंक गया है। उसके बाद वह सामने रखे खाने को शक भरी निगाहों से देखता है। उसके साथ बैठी लेडी लॉगिन का चेहरा भी पीला पड़ जाता है और वह अपनी प्लेट को दूर सरका देती है। वह तो मुझे और भी नापसंद है, क्योंकि हमारे घर में घुसते ही उसने दलीप के दोनों गालों को चूमते हुए उसे 'मेरा बेटा' कहा था।

मैं हँसते हुए उन्हें यक़ीन दिलाती हूं कि मैं अपने घर आये मेहमान को नहीं मार सकती। अच्छा मेज़बान कभी ऐसा नहीं कर सकता। फिर भी वे दोनों बहाना बनाकर, ख़ास तौर पर उनके लिए तैयार आम की पुडिंग खाये बिना, तुरंत अपने घर लौट जाते हैं। मैं जानती हूं कि अपने इस बुरे बर्ताव से मैंने दलीप को निराश

किया है, लेकिन वह अच्छा बेटा है और मुझे कुछ नहीं कहता। शायद यह बात वह समझता है कि लॉगिन को देखकर मेरी सबसे बुरी यादें नज़रों के सामने आ जाती हैं।

इस लगभग नाकाम दावत की भरपाई करने के लिए मैं और माही एक औरत से अंग्रेज़ी सीखना शुरू कर देते हैं। दलीप बहुत उत्साहित होकर उसे हमें सिखाने का काम सौंपता है। मुझे लगता है कि वह सोचता है कि एक बार यह भाषा सीखने पर मैं अपने मेहमानों से बेधड़क बात कर सकूंगी, जिनसे अब तक मैं बचती रही हूं। मैंने काफ़ी नये शब्द सीख लिए हैं और बोलचाल की कई बातें भी, लेकिन हमें सिखाने वाली का लहजा मुझे अक्सर उलझन में डाल देता है। माही मुझसे ज़्यादा तेज़ी से सीखती है और सीखे हुए को दोहराने में मेरी मदद करती है। मैं दलीप से वादा करती हूं कि अंग्रेज़ी में बोलचाल करने में सहज हो जाने के बाद मैं लेडी लॉगिन से मुलाक़ात करूंगी और अपना बेहतरीन बर्ताव करूंगी। दलीप मेरे लिए पोशाक तैयार करवाने के लिए एक दर्जी को बुलवाता है, क्योंकि उसे लगता है कि अंग्रेज़ औरत के लिबास में होना मेरे लिए अच्छा रहेगा। मैं जानती हूं कि अपने हिंदुस्तानी कपड़ों में मैं बहुत बेहतर दिखती हूं, जो मुझ पर फबते हैं और काफ़ी आरामदेह भी होते हैं। पर बेटे के प्यार के कारण मैं राज़ी हो जाती हूं।

लॉगिन परिवार से मिलने के दिन मैं अपना नया विक्टोरियाई गाउन पहनती हूं, जो थोड़ा अजीब है, क्योंकि उसमें नीचे एक चौड़ा-सा पिंजरा जैसा है। मुझे बताया गया है कि उसे क्रिनोलिन कहते हैं और घेरे को बनाये रखने में वह मदद करता है। मैंने पहले ऐसी पोशाक कभी नहीं पहनी। अपनी टांगों को छूती हवा मुझे अच्छी नहीं लगती और मैं नीचे अपना घाघरा भी पहन लेती हूं और साथ ही चोली भी। मैं दस्ताने पहनती हूं, शाल लेती हूं और टोप लगाती हूं, जो मेरे सिर पर छोटी-सी बाल्टी जैसा रखा दिखता है। मुझे हौसले की ज़रूरत नहीं है। मैं रानी हूं और लीना लॉगिन उस डॉक्टर की बीवी है, जिसकी तनख़्वाह मेरे बेटे के भत्ते से आती है। अपनी पोशाक के साथ मैं सरकार के दिए हुए मोती पहनती हूं।

अपने अजीबोग़रीब अंग्रेज़ी हुलिये में सड़क पर चलते हुए मुझे घबराहट होती है, इसलिए दलीप ऊंची कुर्सी का इंतज़ाम करता है, जो कि लंदन में आजकल बहुत ही कम दिखती हैं। मुझे लॉगिन दंपति के घर ले जाया जाता है और रास्ते में लोग मुझे घूरते हैं। उनका घर हमारे यहां से थोड़ी ही दूरी पर है, ताकि वे हम पर नज़र रख सकें। मर्द मुझे घूरते हैं; औरतें अपने हाथ में रखे पंखों के पीछे एक-दूसरे से कानाफूसी करती हैं; आवारा बच्चे मेरी कुर्सी के पीछे चिल्लाते हुए दौड़ते हैं। ऐसा लगता है कि जैसे सबको मालूम है कि मैं कौन हूं। उनकी नज़रों में मेरे लिए कोई आदर-सम्मान नहीं दिखता, जो मुझे अपने हिंदुस्तान में मिलता। मैं सोच में पड़

जाती हूं कि अंग्रेज़ों ने ना जाने मेरे इर्द-गिर्द कितने झूठ बुने होंगे, जो यहां तक भी पहुंचे होंगे।

लीना लॉगिन अच्छी मेज़बान बनने के लिए काफ़ी मेहनत करती है। वह मेरे मुलाज़िमों को अपने घर में आने देती है और मुझे ऊपरी मंज़िल पर बनी अपनी बैठक तक ले जाती है, जहां तंग, खड़ी सीढ़ियों से जाना होता है। वह माही को मेरे साथ रहने देती है, क्योंकि मैं उसे इशारा करती हूं कि हमारे बीच बातचीत में मुझे उसकी ज़रूरत पड़ सकती है। मैं उसके सोफ़े पर नीचे टांगें लटकाने की बजाय पैर ऊपर रखकर बैठती हूं। यह देख वह कुछ नहीं कहती, लेकिन उसकी भौंहें ज़रूर चढ़ जाती हैं। वह कहती है कि उसने मेरे लिए ख़ास तौर पर दूध वाली हिंदुस्तानी चाय बनवायी है। उसकी नौकरानी मेरे सामने गोल-गोल सा कुछ रखती है, जिसे वह लड्डू कहती है। मैंने वैसे संतरी रंग के लड्डू आज तक नहीं देखे। मुझे उसके घर में कुछ खाना नहीं चाहिए, क्योंकि ये फ़िरंगी गोमांस बहुत पसंद करते हैं और मुझे शक है कि उनके घर के सभी बर्तन उससे नापाक हो गये होंगे। पर फिर मुझे दलीप का ख़याल आता है और मैं पत्थर जैसा सख़्त लड्डू चख लेती हूं और उसकी तारीफ़ भी करती हूं। लेडी लॉगिन मुझे बिस्किट खाने को भी कहती है। मैं मानना तो नहीं चाहती, लेकिन बिस्किट मुझे लज़ीज़ लगता है। मैं धीरे-धीरे खाते हुए उसका स्वाद लेती हूं, ताकि मुझे उसकी हर बारीकी याद रहे। मैं अपने खानसामे को उसके बारे में बताऊंगी और उसे बनाने को भी कहूंगी।

लीना लॉगिन गुझरो बातचीत करने की कोशिश करती है। मुझे उसके बारे में जानने में दिलचस्पी है, क्योंकि अपने दुश्मन के बारे में जानकारी होनी चाहिए। पर कई सालों तक हिंदुस्तान में रहने के बावजूद उसे उतनी ही उर्दू आती है, जितनी कि नौकर-चाकरों को हिदायत देने के लिए काफ़ी हो। मेरी सेहत और मुझे लंदन कैसा लगा, जैसी बातें पूछने के बाद वह अंग्रेज़ी बोलने लगती है। उसके अजीब से लहजे में बोली गयी अंग्रेज़ी मेरे सिर के ऊपर से निकल जाती है। मैंने बड़ी मुश्किल से जो अंग्रेज़ी सीखी है, उसके बावजूद मैं कुछ ही बातें समझ पाती हूं; मैं थोड़ी-थोड़ी देर में मुनासिब वक़्त पर अपना सिर हिला देती हूं, लेकिन इससे मुझे बड़ी कोफ़्त होती है। मैं चाहती हूं कि बातचीत के कोई मायने हों और मैं मासूमियत भरे अंदाज़ में उसे कह सकूं कि उसकी देखभाल की बदौलत मेरा बेटा कितना बदल गया है।

लीना लॉगिन अपनी रौ में बोलती चली जाती है और मेरा ध्यान भटकने लगता है। उसके घर में चीज़ें ठूंस-ठूंसकर भरी हैं। सजावट भले महंगी हो, लेकिन वह बहुत फीकी और नीरस है। सोफ़े और मेज़ों ने ज़्यादातर जगह घेर रखी है। छत से कई तरह के झाड़फ़ानूस लटक रहे हैं। आतिशदान के ऊपर कई तरह की चीज़ें रखी गयी हैं। वह कहती है कि चूंकि मुझे वहां की ठंड की आदत नहीं है, इसलिए आतिशदान को ख़ास तौर पर मेरे लिए जलाया गया है। दीवारों पर लगी तसवीरों में

नौसैनिक लड़ाइयां दिखायी गयी हैं। सबसे ख़ूबसूरत चीज़ कालीन है, जिसे देखकर मैं बता सकती हूं कि वह हिंदुस्तान से है। बगल में लगी मेज़ पर छह बच्चों वाले लॉगिन परिवार की तसवीरें हैं। मैं जानना चाहती हूं कि लीना ने अपने सबसे बड़े बेटे की शादी तय की या नहीं। देखने से लगता है कि उसकी उम्र अठारह बरस से ज़्यादा होगी और अब तक तो उसकी सगाई हो जानी चाहिए थी। माही जब मेरी बात लीना को बताती है, तो वह हँसने लगती है। फिर वह माही से कहती है कि उसकी एक-एक बात अच्छी तरह से मुझे बतायी जाए।

वह कहती है, 'नहीं!' वह बहुत धीमी रफ़्तार से बोलती है, ताकि माही को समझ आ जाए। 'इतना अहम फ़ैसला लेने के लिहाज़ से वह अभी बहुत छोटा है। वैसे भी समय आने पर वह अपनी दुल्हन खुद चुन लेगा। हमारे यहां ऐसा ही होता है। दलीप की परवरिश भी यहीं हुई है, तो मुझे उम्मीद है कि वह भी वैसा ही करेगा।' फिर मेरी तरफ़ देखते हुए वह आगे कहती है, 'नौजवानों के मामले में ज़्यादा दख़लअंदाज़ी करना अच्छी बात नहीं है।'

मैं उसकी बात पर कुछ नहीं कहती, क्योंकि एक तो वह हमारे रीति-रिवाज का अनादर करती है और दूसरे उसकी बातों से गुरूर टपकता है। यह बात सही भी नहीं है, क्योंकि वह और उसका पति अब भी दलीप की ज़िंदगी में दख़ल देते हैं। मुझे उम्मीद है कि दलीप में इतनी समझ तो होगी कि लड़की चुनने के मामले में अपनी बीजी से सलाह-मशविरा करे। हालांकि मुझे फ़िक्र भी होती है कि लंदन में उसे किस तरह की लड़की मिलेगी। लीना फिर अपने बच्चों की बातें शुरू कर देती है और मुझे याद आता है कि जब दलीप आठ साल का था, तो मैंने चतर सिंह अट्टारीवाला की प्यारी-सी बेटी तेज कौर के साथ उसका रिश्ता तय किया था। चतर सिंह हमारी एक अहम मिस्ल के सरदार थे। सगाई की रस्म बड़ी धूमधाम से की गयी थी, तोहफ़ों का लेनदेन हुआ था और देर रात तक क़िले में जश्न चला था। दलीप की फ़रमाइश पर आतिशबाज़ी भी की गयी थी। हर किसी ने कहा था कि दोनों की जोड़ी बहुत अच्छी थी।

पर हम लड़ाई हार गये, लॉरेंस रेज़िडेंट बन गया और मुझे क़ैद कर लिया गया। लॉरेंस ने शादी नहीं होने दी, क्योंकि अट्टारीवाले बहुत ताक़तवर थे और उसे डर था कि शादी हो जाने पर वे अंग्रेज़ों के ख़िलाफ़ खड़े हो सकते थे और अपने दामाद का राजकाज वापस उसे दिला सकते थे। चतर सिंह ने अंग्रेज़ों के ख़िलाफ़ लड़ाई लड़ी भी और मुझे चुनार के क़िले में यह ख़बर मिली थी कि उन्होंने चिलियांवाला में जीत हासिल की थी, लेकिन जम्मू से ग़द्दार गुलाब सिंह के आने के बाद बाज़ी पलट गयी थी।

मैं लीना के और चाय के लिए पूछने पर जैसे वापस लौट आती हूं। पर अब मैं उस कमरे में रहना बर्दाश्त नहीं कर पाती। मेरी यादें मुझ पर हावी हो गयी हैं

और वैसे भी अपना फ़र्ज निभा दिया है। मैं उठकर सिर झुकाती हूं और वह मुझे बाहर ले जाती है। दरवाज़े पर हम दोनों एक-दूसरे को देखकर मुस्कराते हैं और ये हमारी असली, सच्ची मुस्कराहटें हैं, क्योंकि हम दोनों ही इस दोपहर के गुज़र जाने से काफ़ी ख़ुश हैं।

हमारे अरूर ने बड़ी चतुराई से लॉगिन के घर काम करने वाली एक नौकरानी से दोस्ती कर ली है और उसे वह सारी जानकारी देती है। अरूर बताता है कि कैसे लीना रात के खाने के समय अपने पति को मेरे आने के बारे में बताती है। मेरी हिंदुस्तान और अंग्रेज़ी के घालमेल की पोशाक, मेरी ख़राब बोलचाल और मेरे अजीब से हावभाव के बारे में उसे बताती है। वह उससे यहां तक पूछती है कि कहीं मुझे जवानी में अपनी बेलगाम ज़िंदगी की वजह से कोई गुप्त रोग नहीं हो गया हो और शायद उसके कारण मेरा ध्यान भटका रहता हो। यह सुनकर मैं गुस्से से भर जाती हूं, लेकिन नाख़ुश नहीं होती। यह सुनने के बाद मैं उससे पूरी तरह नफ़रत कर सकती हूं।

वहां जाने से एक काम तो हुआ है कि दलीप को मेरी कोशिशों से बहुत ख़ुशी हुई है। कुछ दिन बाद जब उसे महारानी के महल बकिंघम पैलेस में खाने पर बुलाया जाता है, तो वह बड़े गर्व से महारानी को बताता है कि मैं वहां की ज़िंदगी में ढलने लगी हूं, अंग्रेज़ी चलन के कपड़े पहनने लगी हूं, उनकी ज़बान सीख रही हूं और उसके दोस्तों से मिलने भी जाती हूं। वह घर लौटते हुए फूला नहीं समाता और मुझे बताता है कि महारानी यह सब सुनकर बहुत ख़ुश हुईं।

'उन्होंने तो आपको चाय पर बुलाने की बात तक कही है!'

उसकी यह ख़ुशी मुझे उदास कर जाती है। क्या वह वाकई नहीं देख सकता कि अंग्रेज़ों ने उसके साथ क्या सलूक किया है? मेरे बेटे के लिए विक्टोरिया की पसंद इतने मायने क्यों रखती है? अगर हमारे कुछ लोगों ने छल नहीं किया होता, तो मेरे अपने बेटे की रियासत विक्टोरिया जितनी बड़ी होती। उम्मीद है कि उसने ऐसे ही कह दिया होगा। मुझे नहीं लगता कि दलीप के लिए भी मैं ऐसी औरत के सामने तमीज़ से पेश आ सकती हूं, जिसके लोगों ने बड़ी मक्कारी से मेरी पूरी रियासत को तहस-नहस कर दिया। अरूर बताता है कि विक्टोरिया ने कोहेनूर को काट-छांट कर छोटा कर दिया है और उसे वह अब जड़ाऊ पिन के रूप में पहनती है। वह शानदार हीरा मेरे सरकार की बांह की और बाद में कई बार मेरे बेटे के बाजू की शोभा रहा था और मैं उसे ऐसे हाल में देखना बिलकुल भी बर्दाश्त नहीं कर सकती।

मेरी इस तकलीफ़देह कहानी में एक अच्छी बात यही है कि मैं और दलीप अब एक-दूसरे के नज़दीक आ रहे हैं। अरूर मुझे बताता है कि आजकल मेरा बेटा शाम को कहीं जाने के अपने दोस्तों के बुलावे को अक्सर ठुकरा देता है। दलीप उनसे कहता है कि वह अपनी मां साथ ज़्यादा से ज़्यादा वक़्त बिताकर अपने बीच रही लंबी जुदाई के बरसों की भरपाई करना चाहता है। हम रात का खाना साथ खाते हैं और उसमें अक्सर राजमा-चावल, कढ़ी, परांठे जैसी ठेठ पंजाबी चीज़ें होती हैं। मैं वाहेगुरु की शुक्रगुज़ार हूं कि दलीप को अब भी वह खाना पसंद आता है और वह पुराने वक़्त को याद करता है।

मुझे कई बार यह जानकर हैरानी होती है कि दलीप को कितनी ही बातें याद हैं, हालांकि वह जगहों और उनसे जुड़े लोगों के नाम भूल चुका है। वह याद करता है कि कैसे ध्यान सिंह जम्मू में उसके लिए सफ़ेद मोरों का जोड़ा लाया था और तब उसकी उम्र तीन साल से भी कम थी। उसे अमृतसर में स्वर्ण मंदिर जाना और शाम के वक़्त उसके सुनहरे गुंबद की चमक भी याद है और यह भी कि मैंने उसे बताया था कि उसके पिता ने उसे सोने से मढ़वाया था। वह बहुत प्यार से अपने जवाहर मामा को भी याद करता है कि कैसे वह उसे हवा में उछाला करता था या फिर अपने कंधों पर बिठाया करता था। वे दोनों कैसे घुड़सवारी का मुक़ाबला करते थे और जवाहर उसे हमेशा जीतने देता था। यह सुनकर मेरा दिल भर आता है।

फिर वह कहता है, 'मुझे वह दिन भी याद है जब सिपाहियों ने उन्हें मार डाला था।'

मेरे दिल में कसक उठती है। मैं यह पूछने से भी डरती हूं कि उस भयावह दिन की कौन-सी बातें उसके दिल-दिमाग़ पर भी छाई हैं। क्या उसे याद है कि उस तंबू में अपने ग़म से बौरायी हुई मैं रात भर दहाड़ें मारते हुए रोती रही थी? या फिर अगली सुबह पंचों के आगे हाथ जोड़कर अपने भाई की लाश देने की विनती करती रही थी कि कम से कम मैं उसका अंतिम संस्कार तो कर सकूं? जवाहर के सिर पर वार करने वाले सिपाही को आते देख मंगला ने दलीप की आंखों पर अपना हाथ रख दिया था। इसके बावजूद पता नहीं उस हादसे ने दलीप के दिमाग़ पर क्या छाप छोड़ी होगी? क्या उसे ज़रा-सा भी भान होगा कि उस दिन मैंने बदले की जो कसम ली थी, वही आख़िरकार खालसा फ़ौज के विनाश का कारण बनी और उसके अपने तख़्त-ताज का भी?

अगर उसे कभी पता चला, तो क्या वह मुझे माफ़ कर सकेगा?

पर वह और कुछ नहीं कहता और मैं भी उससे कुछ नहीं पूछती।

दलीप उस दिन को भी याद करता है, जब उसने अपनी रियासत को अंग्रेज़ों को सौंपा था, हालांकि उसे उस वक़्त समझ नहीं थी कि क्या हो रहा था। 'वे आपको पहले ही मुझसे दूर ले जा चुके थे, तो मेरे पास आप भी नहीं थी कि पूछता कि क्या करूं, जैसे उस आदमी के माथे पर टीका लगाने से मैंने मना कर दिया था। मुझे उसका चेचक के निशानों वाला चेहरा याद है, पर उसका नाम मैं भूल चुका हूं।'

'तेज सिंह,' मैं कहती हूं। एक बार फिर मुझे गुनहगार जैसा महसूस होता है। अगर मैंने भरे दरबार में तेज की बेइज़्ज़ती करने के लिए दलीप का इस्तेमाल नहीं किया होता, तो शायद लॉरेंस मुझे मेरे बेटे से अलग नहीं करता, कम से कम कुछ और बरस तो ऐसा नहीं होता।

'डलहौज़ी के सेक्रेटरी के लाहौर आने के बाद मुझे दरबारियों ने कई बार कहा कि मुझे वैसा ही करना है, जैसा कि ब्रिटिश लाट कहें। मुझे याद है कि हम सब बहुत बढ़िया पोशाकों में थे और क़िले के फाटक पर कतार बनाकर उनके स्वागत के लिए खड़े थे। हम उन्हें दरबार ले गये। उन्होंने अंग्रेज़ी में कोई लंबा-सा ऐलान पढ़ा। फिर उसे उर्दू में पढ़ा गया, लेकिन मुझे कुछ भी समझ में नहीं आया था। सभी दरबारियों ने उस पर दस्तख़त किये। फिर उन्होंने उस दस्तावेज़ को मेरे सामने रखकर मुझे कलम थमा दी और मैंने भी उस पर अपना नाम लिख दिया। बाद में खीमा ने रोते हुए मुझे बताया कि अब मैं महाराजा नहीं रहा।'

अब तक मैंने ख़याल रखा है कि दलीप के सामने मैं फ़िरंगियों की बुराई नहीं करूं, लेकिन अभी मुझमें इतना गुस्सा भरा हुआ है कि मुझसे रहा नहीं जाता और मैं फट पड़ती हूं। 'वह दस्तावेज़ इंसाफ़ का मज़ाक़ था। अंग्रेज़ों ने उस पर तुम्हारे दस्तख़त करवाकर अपने हर वचन को तोड़ा था। तीन साल पहले उन्होंने एक अलग समझौते पर दस्तख़त किये थे, जिससे पंजाब संरक्षित राज्य बन गया था। उन्होंने हमारे सबसे उपजाऊ इलाक़े जालंधर दोआब को ले लिया और उसके बदले वचन दिया कि बाक़ी इलाक़ों की तब तक निगरानी की जाएगी, जब तक कि तुम राज करने लायक़ उम्र के नहीं हो जाते। उनकी फ़ौज को दरबार की हिफ़ाज़त और बग़ावत को दबाने के लिए हर साल बाईस लाख रुपये दिए जाते थे। पर उन्होंने उस समझौते का पालन नहीं किया। हमारा वतन इतना संपन्न था कि अंग्रेज़ों को लालच आ गया। जब कभी कोई बग़ावत हुई, तो उन्होंने लपककर उसका इस्तेमाल बहाने के तौर पर पंजाब को अपने कब्ज़े में लेने के लिए कर दिया। जबकि उसका दरबार से कोई लेना-देना नहीं था।'

दलीप काफ़ी देर तक त्योरियां चढ़ाए हुए ख़ामोश रहता है। 'मुझे आज तक किसी ने कभी यह नहीं बताया,' आख़िरकार वह कहता है।

'वे क्यों बताते? तुम्हें अंधेरे में रखने से उनका फ़ायदा जो था!' मैं गहरी सांस लेकर इस मामले में छलांग लगा देती हूं। 'पर मैं तुम्हें वह सब बताऊंगी, जो मुझे मालूम है। बशर्ते तुम सुनना चाहो।'

उसकी आंखों में कोई सोच कौंधती है, लेकिन वह आगे कुछ नहीं कहता। मुझे लाड़ से गले लगाये बिना गुड नाइट कहकर वह चला जाता है। उसकी कोई ग़लती नहीं है। जो जानकारी, ख़ासकर जो दर्दनाक जानकारी मैं उसे दे रही हूं, उससे अंग्रेज़ों को लेकर उसका भरोसा ताश के पत्तों की तरह भरभराकर ढह जाएगा। लड़कपन से वे उसके सरपरस्त और दोस्त रहे हैं। उसके माई-बाप रहे हैं। उसने खुद को उनके अक्स में ढाल लिया है।

मैंने उनका असली चेहरा उसे दिखा दिया, तो फिर उसके पास क्या रह जाएगा?

34

कोहिनूर

गर्मियों में भी लंदन का मौसम नम और धुंधला रहता है, जो मुझे बिलकुल भी रास नहीं आता। मुझे लगातार खांसी होती है और उसके बाद सांस लेने में मुश्किल होती है। मेरी हालत से चिंतित दलीप मेरी सेहत के लिए बेहतर जगह की तलाश करने की बात सोचता है। पतझड़ के मौसम में वह मुझे उत्तरी इंग्लैंड में यॉर्कशर की अपनी पसंदीदा जगह मलग्रेव कैसल में ले जाता है। वह मुझे आस-पास के क़िले इतने फ़ख्र से दिखाता है, जैसे कि वह उसकी मिल्कियत हों। अरूर से मुझे पहले ही पता चल चुका है, वह बस एक किरायेदार है और शिकार के मौसम में वहां आता है।

यह क़िला और इसके आस-पास की ज़मीन लॉर्ड नॉमर्नबी की है, जो यूरोप में कहीं राजदूत है। उसकी पत्नी आस-पास ही रहती है और मौक़ा मिलते ही मेरी जासूसी शुरू कर देती है। ख़ैर, उसकी मर्ज़ी! अगर वह ऐसा करना चाहती है। मैं अपनी बेहतरीन पोशाकें पहनकर परकोटे पर पहुंच जाती हूं। हालांकि सीढ़ियां चढ़ते हुए मेरा दम फूलने लगता है, फिर भी मैं उसे बताना चाहती हूं कि सल्तनत छीने जाने के बावजूद एक हिंदुस्तानी महारानी कैसी दिखती है। दलीप ने बड़ी मासूमियत से उसे कहा है कि वह कभी भी उसके यहां आ सकती है और वह इस बात का पूरा फ़ायदा उठाती है। मुझे लगता है कि वह नज़दीक से मेरा मुआयना करना चाहती है, ठीक वैसे ही जैसे कोई क़ैद में रखे किसी अनोखे जानवर का करता है। दलीप उसे कुछ ज़्यादा ही पूछता है और उसे चाय की पेशकश करता है, लेकिन मैं तबियत ख़राब होने का बहाना करते हुए अपने कमरे से बाहर नहीं आती।

'मैं क्यों जाऊं?' मैं माही से कहती हूं, क्योंकि वह मुझे उसके साथ दोस्ताना बर्ताव करने को कहती है। 'मैं बेकार की गपशप के लिए उसे कोई मसाला नहीं देना चाहती।'

यह बात मुझे माननी पड़ेगी कि मुझे मलग्रेव कैसल पसंद आता है। इंग्लैंड में और लंदन में देखी गयी सभी जगहों में से यह जगह बहुत अच्छी है। दलीप मुझे अक्सर अपने साथ घुमाने ले जाता है। वहां पर बकिंघम पैलेस, लंदन टावर और विंडसर कैसल जैसी ज़्यादा अनोखी इमारतें हैं। पर मलग्रेव की पथरीली दीवारें मुझे लाहौर के अपने क़िले की याद दिलाती हैं और परकोटे से दिखने वाला नज़ारा ख़ूबसूरत है। हमारे आस-पास दलदली ज़मीन है और क़िले के पीछे के जंगल पंछियों से भरे पड़े हैं। यहां पर दलीप ज़्यादा आराम से रहता है और बाहर शिकार में मसरूफ़ रहता है। मुझे लगता है कि लंदन की उन दावतों से यह कहीं बेहतर है। उसकी कही बात सही है कि वह अच्छा निशानेबाज़ है। वापस लौटने पर वह अक्सर पचास-साठ तीतर लेकर लौटता है, जो मुझे कबूतरों जैसे लगते हैं। यह सरकार द्वारा किये गये जंगली सुअरों और शेरों के शिकार से बहुत अलग है, लेकिन फिर भी मुझे ख़ुशी है कि दलीप अपने पिता के नक़्शेक़दम पर चल रहा है।

सरकार की तरह दलीप भी दरियादिल है। जिस शिकार का इस्तेमाल हम नहीं कर सकें, उसे वह पड़ोसियों को दे देता है और बदले में कुछ नहीं चाहता। इस वजह से वे उसे पसंद करते हैं। हमेशा की तरह अरूर ही मुझ तक हर जानकारी पहुंचाता है और वह कहता है कि वे लोग दलीप को अच्छा इंसान कहते हैं और यह भी कि वह ईसाई है, जो बाकी ग़ैर-ईसाइयों से काफ़ी अलग है, मुझे यक़ीन है कि उस दर्जे में वे मुझे ज़रूर शामिल करते होंगे।

मेरे साथ बढ़ते दलीप के लगाव से लॉगिन परिवार नाख़ुश है। उसने दलीप को सलाह दी है कि वह मेरे लिए अलग घर खोजे और अंग्रेज़ नौकर-चाकर रखे, हालांकि उसने बड़ी उदारता से यह कहा है कि मैं चाहूं तो अपने कुछ 'देसी' नौकरों को रख सकती हूं। उसने यह भी कहा है कि मेरे घर का किराया इंडिया ऑफ़िस दे सकता है। दलीप अक्सर लॉगिन के मामले में नरम पड़ जाता है, लेकिन इस बात को लेकर वह अड़ा हुआ है।

लंदन से लॉगिन ख़ास तौर पर हमारे घर के इंतज़ाम को देखने आता है और मुझे लगता है कि यह भी कि मैं किसी ख़ुराफ़ात में तो नहीं लगी। वह दलीप से कहता है कि इंग्लैंड में इसे सही नहीं माना जाता कि कोई मां अपने बालिग हो चुके लड़के के साथ रहे। दलीप को अपनी उम्र के लोगों के साथ रहना चाहिए और उसके अपने अलग नौकर-चाकर होने चाहिए। मेरे कुछ पुराने नौकर जिस प्यार से

दलीप से पेश आते हैं, लॉगिन को वह भी अच्छा नहीं लगता। वे दलीप को बचपन से जानते हैं और उनका यह रवैया बहुत स्वाभाविक है।

लॉगिन आपसी बातचीत के लिए दलीप को एक तरफ़ ले जाता है, लेकिन अरूर उनकी बातों पर कान लगाये रहता है। वह बाद में मुझे बताता है कि लॉगिन ने दलीप को मनाने की कोशिश की वह मुझे लिथ हॉल भेज दे, जो मलग्रेव से ज़्यादा दूर नहीं है। उसने यह भी कहा कि वह उसके लिए मुनासिब किराये की बात भी करेगा।

'दलीप ने क्या कहा?' अपना गुस्सा और अपनी फ़िक्र दबाने की कोशिश करते हुए मैं अरूर से पूछती हूं।

'महाराजा राज़ी नहीं हुए,' अरूर ने बड़ी-सी मुस्कान के साथ जवाब दिया। 'मैंने पहली बार उन्हें इस तरह लॉगिन साहब की सलाह के ख़िलाफ़ जाते हुए देखा है।'

बाद में दलीप मुझे पूरी बात बताता है। 'मैंने लॉर्ड लॉगिन से कहा, "मेरी मां और मुझे पहले की काफ़ी सालों तक अलग रहने पर मजबूर होना पड़ा है। पता नहीं हमारे पास अब कितना वक़्त बचा है। जैसा कि आप देख सकते हैं, उन्हें कितनी मुश्किलों से गुज़रना पड़ा और उनकी वजह से उनकी सेहत ख़राब हो चुकी है।" लॉर्ड लॉगिन थोड़े शर्मिंदा हुए, फिर उन्होंने मुझ पर और ज़ोर डालने की कोशिश नहीं की।'

मुझे यह सुनकर बहुत ख़ुशी हुई। ख़ुशी इसलिए कि मेरे बेटे ने मेरे लिए अपना प्यार दिखाया, आख़िरकार शेर का बच्चा जागने लगा है।

लॉगिन के जाने से पहले उसके और दलीप के बीच सब हालात ठीक हो जाते हैं। दोनों घुड़सवारी करते हुए शिकार पर जाते हैं और देर रात तक एक-दूसरे के साथ रहते हैं। ऐसे समय में मैं उन्हें अकेला छोड़ देती हूं, लेकिन एक शाम खाने के बाद मैं सोने जा रही होती हूं कि दलीप मुझे रुकने को कहता है। वह लॉगिन से पूछता है कि क्या वह किसी चित्रकार का नाम बता सकते हैं जो मेरी हूबहू तसवीर बना सके।

'महारानी ने मेरी कई तसवीरें बनवायी हैं। अब मैं चाहता हूं कि जब भी मेरा कोई अपना घर हो तो मेरे साथ मेरी मां की तसवीर भी हो।' फिर थोड़ा रुककर वह कहता है, 'जैसा कि आप जानते हैं, लॉर्ड लॉगिन, मैं इंडिया ऑफ़िस से काफ़ी समय से मांग कर रहा हूं और एक बार वह मेरा भत्ता दे दे, तो मैं अपने लिए एक घर ख़रीदना चाहूंगा।'

मैं देख सकती हूं कि मेरे सामने भत्ते का ज़िक्र आते ही लॉगिन असहज हो जाता है। मैं भी ज़्यादा जानकारी पाने का यह मौक़ा हाथ से नहीं जाने देना चाहती।

'तसवीर बनाने पर ख़र्च करने से पहले शायद तुम्हें भत्ते का मामला निपट जाने का इंतज़ार करना चाहिए,' लॉर्ड लॉगिन की सलाह देता है। 'सबसे अच्छे चित्रकार बड़ी रक़म की मांग करेंगे।'

या फिर उसे इस बात से परेशानी है कि मेरा बेटा ऐसा कुछ चाहता है, जिससे वह मेरे जाने के बाद भी मुझे याद रख सके?

'क्यों नहीं, लॉर्ड लॉगिन,' मैं बड़ी मीठे अंदाज़ में कहती हूं। 'अब जबकि दलीप ने मेरे लिए किराये पर अलग घर नहीं लेने का फ़ैसला किया है, तो वह पैसा चित्रकार को दिया जा सकता है।'

लॉगिन समझ जाता है कि उसे मुंह की खानी पड़ी है। वह रूखे ढंग से सिर झुकाते हुए कहता है कि वह इस मामले पर लेडी लॉगिन से बात करेगा।

लॉगिन के जाने के बाद मैं दलीप से उसकी माली हालत के बारे में पूछती हूं और मुझे यह जानकर धक्का लगता है कि अंग्रेज़ उसके सभी ख़र्चों का पैसा देते हैं, लेकिन उसके उन्नीस बरस का होने तक उन्होंने उसे उसका अपना कोई पैसा नहीं दिया था। जबकि वे इस बात पर सहमत थे कि सोलह साल का हो जाने पर वे सिख क़ानून के मुताबिक़ उसे बालिग मानेंगे। जब पैसा दिया भी, तो वह बहुत कम था।

'पंद्रह हज़ार पाउंड! मुझे पता है कि जब तुमने अपना राज्य उनके नाम किया था तो उन्होंने उससे कहीं बड़ी रक़म का वादा किया था। उस वक़्त मैं जेल में थी और अवतार ने मेरे लिए यह जानकारी जुटायी थी। उसने बाद में मेरे चुनार से भाग निकलने पर मुझे सब कुछ बताया था। तुम्हें हर साल चालीस हज़ार पाउंड देने का वादा किया था! ऐसा कोई खाता नहीं है, जिसमें इस तरह की जानकारी दर्ज हो?'

दलीप जवाब देते हुए कहता है, 'मैंने एक ब्लू बुक के बारे में सुना है, जिसमें ईस्ट इंडिया कंपनी अपने सारे रिकॉर्ड रखती है। मुझे लगता है कि वह इनके संग्रहालय में है।'

'पंजाब वाली देखने की मांग करना,' मैं उसे कहती हूं। 'तुम्हारे राज के बदले तो अंग्रेज़ों ने पैसे देने ही थे, उसके अलावा भी और जायदादें भी थीं, जिनके लिए तुम्हें पैसा दिया जाना चाहिए था। तुम्हारे पिता की कई ख़ानदानी जायदादें थीं, जो उनके राजा बनने से भी पहले से उनकी थीं। मैं हर साल तुम्हारी तरफ़ से उनसे अच्छा-ख़ासा नज़राना लेती थी, उस वक़्त मैं तुम्हारी सरपरस्त थी। मुझे उन सबके नाम तो याद नहीं हैं, पर मैं चाहती हूं कि तुम कम से कम उन नामों को तो लिख लो, जो मुझे याद हैं।'

मैं अपनी यादाश्त पर ज़ोर लगाकर उन सभी नामों को याद करती हूं। गुजरांवाला, चाकोवाल, वज़ीराबाद। गुजरात, झेलम और सियालकोट के गांव। पिंड दादन ख़ान की नमक की खदानें, उस वक़्त उनसे अच्छी आमदनी होती थी।

'तुम्हारे पिता के हीरे-जवाहरात का क्या हुआ?' मैं पूछती हूं। 'अंग्रेज़ों ने तुम्हें मुट्ठी भर ही सौंपे, जबकि वे तो काफ़ी सारे थे। तुम्हें उनके बारे में भी पूछना चाहिए। वे ना सिर्फ़ बेशक़ीमती हैं, बल्कि वे तुम्हारे पिता की विरासत हैं। उनमें सबसे पहला तो कोहेनूर है। सरकार ने उसे खुद अफ़गान शाह शुजा से जीता था। वह पंजाब राज्य का हिस्सा नहीं था। तुम्हें अंग्रेज़ों से सवाल करने चाहिए, वे तो खुद को बड़ा ईमानदार कहते हैं, उन्हें कोई हक़ नहीं कि वे तुमसे उन्हें ले लें।'

अपनी नज़रें नीचे करते हुए दलीप कहता है, 'मैंने खुद कोहेनूर महारानी को दे दिया था।'

उसके चेहरे पर आये शर्मिंदगी के अहसास को देख मेरा दिल दुखता है। 'दूला जी, तुम्हारी कोई ग़लती नहीं। तुम बस दस बरस के थे। तुमने वही किया, जो अंग्रेज़ों ने तुमसे कहा। तुम्हारे बेईमान, नमक-हराम दरबारियों को चाहिए था कि तुम्हारे साथ इंसाफ़ हो। पर वे तो खुद अपनी जागीरों और दरबार में अपने ओहदों को बचाने में लगे थे।'

'नहीं, बीजी। मैंने खुद उन्हें दोबारा उसे दे दिया था।'

फिर वह मुझे पूरी कहानी सुनाता है।

1854 का साल था, जब सोलह साल की उम्र में वह इंग्लैंड पहुंचा था। वह उस देश के बारे में कुछ नहीं जानता था, सिर्फ़ लॉगिन परिवार से ही वह वाकिफ़ था। अपनी जानी-पहचानी जगह से दूर उस ठंडी, उदासीन जगह में उसे कितना अकेलापन लगा होगा। पर महारानी ने उस पर दया दिखायी और उसके साथ नरमी से पेश आयी। वह उसे अपने घर ऑसबोर्न हाउस और विंडसर पैलेस में भोजन पर और ख़ास मौक़ों पर बुलाती। वह उसे अपने परिवार के साथ समय बिताने बुलाती और अपने बच्चों से मेलजोल बढ़ाने के लिए भी उत्साहित करती। वह उनसे ज़्यादा बड़ा नहीं था, वे सब साथ में खेलते और जल्दी ही अच्छे दोस्त बन गये। उन्होंने उसे जुड़ाव महसूस करवाया।

इसके अलावा महारानी ने मशहूर कलाकार विंटरहाल्टर से उसकी आदमक़द तसवीर भी बनवाई। विंटरहाल्टर दुनिया भर में घूमते और राजघरानों के सदस्यों की तसवीरें बनाते। उन्होंने तभी महारानी के पति की ख़ूबसूरत तसवीर पूरी की थी और इस लिहाज़ से यह बड़े सम्मान की बात थी।

लगभग उसी समय लेडी लॉगिन उसके लिए महारानी का संदेश लेकर आयी। क्या वह फिर से कोहेनूर को देखना चाहता है?

'क्यों?' मैं गुस्से में भरकर पूछती हूं। 'क्या वह तुम्हारे हाथ से उसके निकल जाने का ताना मारना चाहती थी?'

'नहीं बीजी, महारानी वैसी नहीं हैं।' बोलते हुए दलीप की आवाज़ में वह यक़ीन नहीं रहा, जो पहले रहा करता था। 'ख़ैर, मैं वहां पर तसवीर बनवाने के लिए बैठा था, मेरा मतलब खड़ा था, क्योंकि वह आदमक़द तसवीर थी। उसमें मैं पगड़ी पहने और तलवार लिए हुए अपने शाही लिबास में था। मेरे गले में हाथीदांत पर हीरे से जड़ी महारानी की तसवीर वाली माला थी। मैं कभी आपको दिखा...'

'फिर क्या हुआ?' मैं बीच में ही बोल पड़ती हूं।

मुझे जानने की बेसब्री है और उसके नीचे गुस्से की धीमी आग धधक रही है। वैसे भी विक्टोरिया की तसवीर देखने का कोई शौक नहीं। मेरा बस चले तो मैं उसे सीधे कचरे के हवाले कर दूं।

'वह कमरे में आयीं और उन्होंने कोहेनूर को मेरे हाथ में रख दिया।'

'तुम्हें वापस कर दिया?' मैंने शक भरे अंदाज़ में पूछा।

'नहीं, हालांकि एक पल को मैं उलझन में पड़ गया और रोमांचित भी हुआ। वह मेरे पास उसे इसलिए लायी थीं क्योंकि मैंने लेडी लॉगिन से कहा था कि मैं उसे फिर से देखना चाहूंगा।'

सीधे बैठते हुए मैं पूछती हूं, 'फिर तुमने क्या किया?'

'मैंने उसे वापस उन्हें पेश कर दिया। मैंने जो कहा, शायद आप उसे नहीं सुनना चाहें। मुझे खुद को वह बात बड़ी बेवकूफ़ाना लगी थी। वे अंग्रेज़ी दरबार की चमक-दमक से चकराये हुए एक बेअक्ल लड़के के बोल थे।'

उसका हाथ छूते हुए मैं कहती हूं, 'मुझे बताओ, दूला जी। मैं समझ सकती हूं। याद रखना कि तुम चाहे जो भी करो या फिर कर चुके हो, मैं हमेशा तुम्हारी तरफ़ हूं।'

'एक पल के लिए बीजी मैं बहुत दुःखी हो गया था। उन्होंने उसे कटवाकर छोटा कर दिया था और उन्होंने कहा कि उसकी बेहतर चमक के लिए ऐसा किया गया था। पर उन्होंने उसे बर्बाद कर दिया था। कोहेनूर को हाथ में लेते ही मुझे मेरा दरबार, मेरा राजकाज, आपके साथ शाही हाथी की सवारी, हमारे शहर के लोगों की खुशियों भरी जय-जयकार, जिन्हें सुनकर मुझे लगता था कि वे मेरे पिता को भी स्वर्ग में सुनाई देती होंगी। अब सब कुछ जा चुका था।'

'अपनी मान-मर्यादा को बनाये रखने के लिए मैं जो कर सकता था, वही किया। उनका वफ़ादार होने के नाते मैंने उन्हें अपनी सबसे बड़ी दौलत उनके सामने पेश कर दी।'

मैं अपनी आंखें बंद कर लेती हूं। *मेरे बेटे! तुमने तो अब उन्हें यह कहने की एक और वजह दे दी है कि विक्टोरिया ही कोहेनूर की असली हक़दार है।*

दलीप अपना सिर झुका लेता है, वह इतनी तकलीफ़ में लगता है कि मैं अपना दर्द भुलाकर उसे ऐसे गले लगा लेती हूं जैसे कि वह वही नौ साल का बच्चा हो जिसे मुझे लाहौर में छोड़कर जाने पर मजबूर होना पड़ा था। 'कोई बात नहीं। कोहेनूर हमेशा से मुसीबत लाने वाली चीज़ रहा है। उस पर अब बदक़िस्मती का साया पड़ जाए! तुम अब इस बात पर ध्यान दो कि सरकार तुम्हें यहां और हिंदुस्तान का तुम्हारा जायज़ हक़ दे।'

वह बड़ी मज़बूती और दृढ़ निश्चय के साथ मुझे गले लगाते हुए पक्के इरादे के साथ कहता है, 'मैं आज रात ही लॉर्ड लॉगिन को लिखूंगा कि अगली बार मिलने के लिए आते हुए वह पंजाब की ब्लू बुक लेकर आएं। मैं उस समझौते का भी ज़िक्र करूंगा, जिसके तहत मुझे चालीस हज़ार पाउंड देने का वादा किया गया था। मैं कोहेनूर का मुद्दा भी उठाऊंगा, देखते हैं क्या होता है। कम से कम अंग्रेज़ों को यह तो पता चलेगा कि मैं अपने हक़ को लेकर अब अनजान नहीं रहा। उसके लिए मैं आपका बहुत शुक्रगुज़ार हूं, बीजी।'

इंग्लैंड आने के बाद से मुझे इतनी ख़ुशी कभी नहीं मिली और मुझे अपने किसी काम आने का भी अहसास हुआ।

अचानक महारानी के पति एल्बर्ट की टायफ़ाइड से मौत हो गयी। मुझे लगता है कि यह कोहेनूर का असर है। उसके अंतिम संस्कार में दस प्रमुख लोगों में से एक दलीप आकर बताता है कि महारानी की हालत ख़राब है। मैं अपनी तरफ़ से बहुत उदार होने की कोशिश करती हूं, पर नाकाम रहती हूं।

अपने कोहेनूर का मज़ा लो, विक्टोरिया!

एल्बर्ट की मौत के बाद से मेरा बेटा बहुत उदास रहने लगा है। वह इंडिया ऑफ़िस से जो मिले, उसे लेकर मेरे साथ हिंदुस्तान लौटने की बात करता है। वह कहता है कि हम वहां पर नदी किनारे किसी छोटे-से शहर में सादगी भरी ज़िंदगी बिताएंगे और दीन-हीन लोगों की मदद करेंगे।

इस तरह की ज़िंदगी के बारे में सोचते ही मेरा दिल बाग-बाग हो उठता है। मैं उसकी बात समझती हूं, लेकिन मैं हक़ीक़त को उससे ज़्यादा समझती हूं। अंग्रेज़ इतनी आसानी से हमें अपने शिकंजे से आज़ाद नहीं करेंगे।

'मैं वहां एक ईसाई स्कूल खोलूंगा, जहां पर ग़रीब बच्चों को शिक्षा और मुक्ति मिलेगी।'

यह सुनते ही मेरी आह निकल जाती है। उसका ईसाई धर्म से लगाव हमारे बीच तनातनी का मसला है, हालांकि हम दोनों ही उस पर बात नहीं करते, क्योंकि हम जानते हैं कि वह बहस हमें कहां ले जाएगी। वह जानता है कि हर इतवार उसका तैयार होकर चर्च जाना मुझे बुरा लगता है, लेकिन चर्च उसके लिए अहमियत रखता है। यहां मलग्रेव में भी वह एक छोटे-से चर्च में जाता है। ईसाई धर्म के मुताबिक़ 'ग़ैर-ईसाई' होने के कारण मैं हमेशा नर्क की आग में जलती रहूंगी और मुझे लगता है कि यह बात उसे भी तकलीफ़ पहुंचाती है। वह मुझे और नौकर-चाकरों को अपने पर्व-त्योहार मनाने से नहीं रोकता, पर वह हमारे साथ नहीं होकर कहीं और चला जाता है। मैं जानती हूं कि वह मेरे साथ बाइबल पर चर्चा करना चाहता है और उसके 'सच' को बताना चाहता है, लेकिन इस मामले में मैं सख़्ती से पेश आती हूं और अपनी बात पर अडिग रहती हूं। मैं हर रोज़ गुरु ग्रंथ साहिब का पाठ करती हूं और उम्र के साथ मैं अपने बचपन की आदत पर लौट रही हूं। माही अपनी प्यारी आवाज़ में अक्सर शबद गाती है। वह अपने पढ़ने के कमरे में चला जाता है, लेकिन मुझे यक़ीन है कि उस तक हमारी आवाज़ ज़रूर पहुंचती होगी। क्या उनसे उसे अपने बचपन की याद आती होगी, जब उसे खुद इनमें से कुछ शबद ज़बानी याद थे?

वाहेगुरु! मेरी मदद करो कि मैं अपने बेटे को उसके पुरखों की राह पर वापस ले आऊं।

मौत सदमा पहुंचाती है, लेकिन कुछ देर बाद हिंदुस्तान हो या इंग्लैंड, ज़िंदगी आगे बढ़ती रहती है। विक्टोरिया अपनी पति की मौत के मातम में ही होती है कि उसका बेटा वेल्स का राजकुमार एडवर्ड शादी करने का फ़ैसला करता है। इस मौक़े पर शाही परिवार दलीप को विंडसर कैसल में बुलाता है, जहां विक्टोरिया चाहती है कि वह शाही जुलूस का हिस्सा बने। एक बार फिर वह उसकी शाही शान के जादू में बंध जाता है। लौटने के बाद वह मुझे हर बात बताता है कि कैसे महारानी मौक़े पर मौजूद थी, पर उसने खुद को अपने लिए ख़ासतौर पर बने दायरे में अलग करके रखा था। कैसे हर किसी ने चमकदार कपड़े पहने थे, पर उसने काली पोशाक पहनी थी। अपने पति एल्बर्ट की मौत के बाद भी उसके प्रति महारानी के अटूट प्रेम को देखकर दलीप गदगद था। मैं पूछना चाहती हूं कि उसने कोहेनूर पहना था कि नहीं, पर फिर मैं खुद को रोक लेती हूं।

पगड़ी पहनकर दलीप भी अपने शानदार हिंदुस्तानी लिबास में था। इस मौक़े के लिए उसने बैंक से अपने सारे हीरे-जवाहरात निकाल लिए थे। उसने ख़ास तौर पर स्वर्गीय एल्बर्ट द्वारा उसे दिया गया स्टार ऑफ़ इंडिया भी पहना। जैसी कि उसे उम्मीद थी, विक्टोरिया को उसे देखकर बहुत ख़ुशी हुई। दलीप को विदेशी राजकुमारों

के जुलूस की अगुवाई करने को कहा गया और बाद में दलीप ने मुझे बताया कि वह बहुत सम्मान की बात थी। उसे शाही परिवार के साथ पहली कतार में जगह दी गयी। इस मौक़े की दस फुट बड़ी तसवीर बनाने वाले मशहूर चित्रकार विलियम फ्रिथ ने कहा है कि वह उसमें काफ़ी अहम होगा। उसने दलीप को अपने स्टूडियो में बुलाया है, ताकि वह हूबहू उसकी तसवीर तैयार कर सके।

मैं देख सकती हूं कि अंग्रेज़ क्या चाल चल रहे हैं। वह फिर से दलीप को मोहने की कोशिश कर रहे हैं, उसे वापस उसी भ्रम में फंसाना चाहते हैं, जिसे उन्होंने पहली बार उसे यहां लाने पर तैयार किया था कि उसे सब प्यार करते हैं, उसकी अहमियत समझते हैं और महारानी की प्रजा में वह सबसे बेहतरीन है। वह तो अंग्रेज़ों जितना अच्छा है और उनसे कहीं ज़्यादा अनोखा है। इस तरह से वह ज़्यादा परेशानी खड़ी नहीं करेगा और उसकी मां जो असहज सच्चाइयां उसे बता रही है, वह उनकी कोई शिकायत भी नहीं करेगा।

मैं चाहूं तो उसे इस चालबाज़ी के बारे में बता सकती हूं, लेकिन उससे तब तक कोई फ़ायदा नहीं है जब तक कि वह खुद उसकी पहचान नहीं करे।

वह देर रात तक मुझे शादी के बारे में बताता रहता है। मुझे लगता है कि उसे अब सो जाना चाहिए। आज दोपहर ही वह लंदन से लंबे, थका देने वाले सफ़र से लौटा है, भले उसकी बग्घी आरामदेह रही हो। पर वह मेरे पास बैठा रहता है और मेरे शाल के किनारे को छेड़ता रहता है, ठीक वैसे ही जैसे बचपन में किया करता था। ज़रूर उसके दिमाग़ में कुछ चल रहा है।

'अगर कुछ कहना चाहते हो तो मुझे बता सकते हो,' मैं कहती हूं।

उसका गोरा चेहरा लाल हो जाता है, इंग्लैंड के धुंधले सूरज में रहते हुए उसकी रंगत और साफ़ हो गयी है। 'महारानी का कहना है कि अब मैं शादी के लायक़ हो गया हूं। वह कहती हैं कि मुझे अब अपने लिए कोई लड़की देख लेनी चाहिए।'

मेरा दिल ज़ोरों से धड़कने लगता है। मैं उसकी चाल समझ गयी हूं। अगर दलीप की शादी इस मुल्क की किसी ऐसी लड़की से हो जाए, जिसका घर और जिसकी वफ़ादारी इस जगह से हो, तो हिंदुस्तान का ख़याल उसके दिमाग़ से और दूर हो जाएगा। किसी दूसरी औरत से प्यार करने से मेरे लिए उसकी वफ़ादारी कम हो जाएगी। फिर भी मैं कोशिश करती हूं।

'मुझे नहीं लगता कि यहां कोई मुनासिब लड़की मिलेगी।'

'अरे, उसकी चिंता आप नहीं करें। यह बात सुनकर लेडी लॉगिन बहुत ख़ुश हुईं और उन्होंने कई सुझाव दे डाले।'

वह तो देगी ही! वह औरत मेरे बेटे की मां के तौर पर अब भी मुझसे मुक़ाबला करती है, मुझे बहुत चिढ़ होती है।

'पर मैं तब तक कोई बात आगे नहीं बढ़ाना चाहता, जब कि आप इजाज़त नहीं दे दें।' दलीप कहता है।

यह सुनकर अपनी घबराहट के बीच भी मैं राहत महसूस करती हूं। मेरा बेटा अब भी हमारी परंपरा को मानता है। अपनी मां की इज़्ज़त करता है। मैं अपनी चिंताओं को परे कर उसके सिर पर हाथ रखकर आशीर्वाद देती हूं। उससे पूछती हूं कि उसकी नज़र में क्या कोई है।

'है,' वह शर्माते हुए जवाब देता है। 'वह अंग्रेज़ है। आपको कोई परेशानी तो नहीं?'

वाहेगुरु! अपनी बहू के तौर पर किसी अंग्रेज़ लड़की का ख़याल आते ही मैं कांप जाती हूं। मुझे मालूम है कि वह मुझसे कोई वास्ता नहीं रखेगी। अपना अलग घर बनाएगी और दलीप को मुझसे दूर कर वहीं रखेगी। लॉगिन और पूरी अंग्रेज़ सरकार को ऐसा होते देख बहुत ख़ुशी होगी।

'कोई हिंदुस्तानी लड़की कैसी रहेगी?' मैं पूछने की हिम्मत करती हूं। 'मैंने सुना है कि यहां पर बड़े ख़ानदानों की कुछ लड़कियां हैं, एक-दो राजकुमारियां भी हैं।'

'हैं तो,' दलीप कहता है। 'महारानी को भी लगता था कि मुझे कुर्ग के राजा की बेटी राजकुमारी गौरम्मा से शादी कर लेनी चाहिए। वह भी अब ईसाई बन चुकी है। महारानी ने लेडी लॉगिन को यह काम सौंपा कि उसे देखे ताकि हम अक्सर मिल सकें। पर मैंने बड़े अदब से इस पेशकश को ठुकरा दिया। मुझे नहीं लगा कि हम दोनों एक-दूसरे के लिए ठीक थे। दरअसल मुझे कोई भी भारतीय लड़की अपने मन मुताबिक़ नहीं लगती।'

मेरा दिल बैठ जाता है। इस मामले में भी अंग्रेज़ों ने इसकी आंखों पर परदा डाल दिया है। अब इसे अपने लोग खुद पर राज करने वाले लोगों से कम दिलकश लगते हैं। वह मुस्कराते हुए कहता है, 'उनमें से कोई भी आप जितना ख़ूबसूरत नहीं है, बीजी।'

इसके बाद मैं और कह भी क्या सकती हूं! मैं उसका माथा चूमकर उसके लिए दुआ करती हूं।

मेरे कमरे से बाहर निकलते हुए उसके क़दमों में एक तरह की ज़िंदादिली है। मेरे दिल में डर बैठा हुआ है, लेकिन उसमें एक बेरहमी भरी उम्मीद भी है। उसे हमेशा के लिए खोने का डर है और उम्मीद के बारे में मैं फ़िलहाल खुद से भी कुछ नहीं कह सकती, क्योंकि मुझे डर है कि उससे बदक़िस्मती मेरी तरफ़ नहीं चली आए।

35

भविष्यवाणी

हम उदासी भरे, धुंधले मौसम वाले लंदन लौट आते हैं, ताकि मेरा बेटा लड़कियों के साथ मेलजोल बढ़ा सके। इस काम को लेकर वह काफ़ी संजीदा है, इतना मैंने उसे किसी और काम के लिए नहीं देखा। हिंदुस्तान आकर मुझसे मिलने की बात अलग थी। साल भर से मैं उसके जीने के लापरवाही भरे अंदाज़ को देख रही हूं और मुझे ख़याल आता है कि आधी दुनिया दूर ऐसी किसी जगह पर जाना उसके लिए कितना मुश्किल रहा होगा, जहां से अब उसका कोई लगाव नहीं रह गया हो। वह चाहे कुछ भी कहे, लेकिन उराके मुझसे मिलने आने की बात से यही पता चला कि उसे मेरी कितनी परवाह है।

काफ़ी ख़र्च कर दलीप अपने लिए कपड़े तैयार करता है, दिन के लिए अलग, शाम के लिए बिलकुल अलग कपड़े, कुछ छोटी दावतों के लिए और कुछ बड़े मौक़ों के लिए। उसके दर्ज़ी ने उसके लिए कई छोटे फ़्रॉक कोट तैयार किये हैं, जो हाल ही में चलन में आये हैं। उनके साथ के पहनने लिए वह आजकल मशहूर हो चुके लंबे टोप ख़रीदता है, उसे वह काफ़ी पसंद हैं, क्योंकि उन्हें पहनकर वह लंबा दिखता है। अपने बाल कटवाकर, अपनी दाढ़ी बिलकुल नये तरीक़े से छंटवाकर वह पूरा अंग्रेज़ लगता है। अपनी बग्घी की भी उसने नयी सजावट की है और लेडी पेनालोपी कनिंघम को घुड़सवारी पसंद है, इसलिए दो नये घोड़े भी ख़रीदे हैं। दलीप आजकल पेनालोपी को रिझाने की कोशिशों में लगा है। दलीप को मालूम है कि घुड़सवारी के मामले में वह लेडी के बाक़ी संगी-साथियों की बराबरी का या फिर उनसे बेहतर ही है। उसे मनोरंजन भी पसंद है, इसलिए दलीप उसे अक्सर अपने दोस्तों के झुंड के

साथ नाटक देखने प्रिसेंस थियेटर या फिर कोवेंट गार्डन में ओपेरा के लिए ले जाता है। उसके बाद बड़ी दावतें होती हैं।

दलीप अच्छा बेटा है। जब वह लेडी पेनालोपी के परिवार को साथ ले जाता है, तो मुझसे भी आने को कहता है। पर मैं मुस्कराकर मना कर देती हूं। मैं उन सब फ़िरंगियों के साथ क्या करूंगी, मैं तो अब भी अपने हाथों से खाना और पंजाबी बोलना ज़्यादा पसंद करती हूं। मेरे लिए अपने आरामदेह कमरे में किसी ज़माने में बादशाही क़िले में सरकार के शाही इंतज़ाम के बारे में याद करते हुए अपनी शामें बिताना ज़्यादा बेहतर है। माही मेरा ख़ास ख़याल रखते हुए कमरे को गर्म रखती है। इसके अलावा मैं नहीं चाहती कि कोई अंग्रेज़ औरत मेरी वजह से मेरे बेटे को ठुकरा दे।

लेडी पेनालोपी किसी छोटे-मोटे कुलीन की बेटी है। पंजाब में तो उसे दलीप के लिए मुनासिब नहीं समझा जाता, लेकिन इंग्लैंड में सब कुछ उलटा-पुलटा है और मुझे तो शक है कि कई बार दलीप को लगता है कि वह उसके लिए सही है कि नहीं। मेरी उससे अब तक मुलाक़ात नहीं हुई है, हालांकि दलीप हमें मिलवाना चाहता है और कहता है कि हम दोनों उसकी ज़िंदगी की सबसे अहम औरतें हैं। मुझे खुशी है कि लीना लॉगिन का दर्जा कम हुआ है और मैं दलीप से कहती हूं कि एक बार सब कुछ तय हो जाने के बाद मिलना बेहतर रहेगा। मेरा जवाब सुनकर वह निराश हो जाता है। उसे पूरा यक़ीन है कि मुझे पेनालोपी पसंद आएगी। वह बहुत प्यारी और ज़िंदादिल है, उसका स्वभाव भी बहुत अच्छा है।

अरूर की राय इस पर काफ़ी अलग है। वह बताता है कि सपाट चेहरे वाली लेडी पेनालोपी की लंबी नाक हमेशा चढ़ी रहती है। एक बार जब वह दलीप से मिलने आती है, तो मैं परदे के पीछे से उस पर नज़र रखती हूं और पाती हूं कि अरूर ने सही ही कहा था। उस पर फ़िदा दलीप को वह सच्चाई नहीं दिख रही है। मुझे यह देखकर भी फ़िक्र होती है कि पेनालोपी का रवैया ना सिर्फ़ दलीप, बल्कि बाक़ी लोगों के साथ भी काफ़ी दोस्ताना है।

अरूर भी मेरी इस चिंता को सही ठहराता है। पेनालोपी पर दलीप पैसा पानी की तरह बहा रहा है। मुझे डर है कि यह उसकी आमदनी से कहीं ज़्यादा है, ख़ासकर तब जब अंग्रेज़ी सरकार उसकी पेंशन बढ़ाने की दरख़्वास्त की अनेदखी कर रही है। मुझे अपने बेटे के बारे में एक और बात का पता चला है कि पैसों के मामले में वह अनाड़ी है। शायद इसलिए कि उसे ऐसा कभी करना नहीं पड़ा। या फिर शायद वह सोचता है कि महाराजा होने के नाते उसे किफ़ायत बरतने की ज़रूरत नहीं। विक्टोरिया भी उसे महाराजा कहकर पुकारती है। मैं अपनी तरफ़ से पूरी कोशिश करती हूं कि घर के ख़र्चों पर लगाम लगाऊं। मेरे वफ़ादार मुलाज़िम भी जहां तक हो सके, पूरा साथ देते हैं। हमने दलीप से यह बात भी छिपाकर रखी है कि जब

वह घर में दिन का खाना नहीं खाता, तो हम बचे-खुचे खाने से गुज़ारा करते हैं। जब घर के लिए तय ख़र्च पूरा नहीं पड़ता, तो मैं अपनी जेब से ख़र्च करती हूं।

आज शाम दलीप मेरी बैठक में आकर सोफ़े पर हताश होकर पसर जाता है। उसके कपड़ों पर शिकन पड़ी है और उसके बाल बिखरे हुए हैं। उसकी मनपसंद पतलून पर मिट्टी लगी है। यह सब थोड़ा अजीब है। आम तौर पर दलीप अपने हुलिये को लेकर काफ़ी सजग रहता है और शिकार पर जाने के अलावा बाक़ी वक़्त अपनी पोशाक छांटने में बहुत नखरे करता है। मुझे चिंता होती है, ख़ासकर जब वह मेरे सवालों का जवाब तक नहीं देता। मेरी समझ में नहीं आता कि मैं क्या करूं और मैं गुरु ग्रंथ पढ़ने लगती हूं। मेरी आंखें अब इतनी कमज़ोर हो चुकी हैं कि ठीक से पढ़ना मुश्किल है, लेकिन ख़ुशक़िस्मती से मुझे ज़्यादातर हिस्से अच्छी तरह याद हैं। कोई और दिन होता, तो दलीप अपने पढ़ने के कमरे में चला गया होता, पर आजकल वह आंखें बंद किये सोफ़े पर ही पड़ा रहता है। मेरी अरदास पूरी होने के बाद वह मुझे बताता है पेनालोपी ने उसके एक अंग्रेज़ दोस्त से मिली शादी की पेशकश क़बूल कर ली। दलीप और वह दोस्त साथ-साथ शिकार के लिए जाते रहे हैं। दलीप ने ही उसे पेनालोपी से मिलवाया था। ज़ाहिर है इससे मेरे बेटे को दोनों तरफ़ से ठगा हुआ महसूस हो रहा है।

'मैं बिलकुल बेवक़ूफ़ था। अंधा होकर भरोसा करने वाला मूर्ख! मैं अपने सामने मौजूद सच को नहीं देख पाया। पेनालोपी की दिलचस्पी मुझमें नहीं, बल्कि उस मनोरंजन में थी जिसका मैं इंतज़ाम करता था। हो सकता है कि कुछ देर के लिए उसे मेरा अलग होना पसंद आया हो। वे मुझे दरबार में "काला राजकुमार" कहते हैं और उसे भी मेरे साथ घूमना अच्छा लगा होगा। पर जब ज़िंदगी बिताने की बात आयी, तो उसने अपनी तरह के किसी को चुनना बेहतर समझा। ऊपर से उसकी इतनी हिम्मत कि मुझे अपनी सगाई के बारे में बताए और यह भी कहे कि शादी हो जाने के बाद मैं उसके महल आया करूं ताकि हम सब साथ में शिकार पर जा सकें।'

मैं उसके दर्द को महसूस कर सकती हूं और साथ ही मुझे गुनहगार जैसा भी महसूस होता है। मैं भी तो कुछ ऐसी ही उम्मीद लगाये बैठी थी कि जिस अंग्रेज़ औरत पर वह इतना फ़िदा था, वह उसे ठुकरा दे। वह समझे कि विक्टोरिया के 'महाराजा' को कभी इन फ़िरंगियों जितना अहम नहीं समझा जाएगा, ख़ासकर जब सवाल आपस में शादी करने का हो।

'मुझे मालूम होना चाहिए था! मैं सबक़ क्यों नहीं सीख पाता?'

'तुम कहना क्या चाहते हो?' मैं पूछती हूं।

दलीप मुझे बताता है कि कुछ साल पहले भी उसे एक लड़की से प्यार हो गया था। वह लॉगिन की सरपरस्ती में थी और उनकी दूर की रिश्तेदार थी। उसने लॉगिन से उस लड़की से अपने प्यार का इज़हार करने की इजाज़त मांगी थी और उन्होंने साफ़ मना कर दिया था। वे कई बहाने बनाते रहे थे, जैसे वह बहुत छोटी थी, दलीप तो महाराजा था, जबकि वह बहुत आम इंसान थी और महारानी को यह अच्छा नहीं लगेगा।

'सब झूठ था, सब झूठ! लॉगिन दंपति को मैं अपना मां-बाप मानता था और उनसे प्यार करता था, फिर भी उन्हें लगता था कि मैं असल में उनके परिवार का हिस्सा बनने लायक़ नहीं था। जिनके लिए मैंने अपना धर्म, अपना वतन तक छोड़ दिया, उन्होंने भी मुझे कमतर समझा। मैं कितना बेवकूफ़ था?'

मुझे लॉगिन पर बहुत गुस्सा आता है। काश, दलीप ने मुझे यह सब पहले बताया होता। पेनालोपी के मामले में मैं उसे आगाह कर सकती थी, उसका दिल टूटने से बचा सकती थी। उसे चाहे गुस्सा आता, लेकिन मैं उसे उसकी पहले की नाकाम याद दिला सकती थी। मां होने के नाते यह मेरा फ़र्ज होता।

क्या उसके बीते वक़्त में ऐसे और भी राज़ हैं, जो उसे आगे चलकर परेशान कर सकते हैं?

'दूला जी, इन फ़िरंगियों को भूल जाओ। चलो, हम अपने वतन वापस चलें। वहां हमें सब चाहेंगे। हिंदुस्तान में सैकड़ों ऐसे ख़ानदान हैं जो आपको अपनी बेटियां और अपनी वफ़ादारी सौंपना चाहेंगे। उनमें से हर किसी को शेर-ए-पंजाब के बेटे के साथ जुड़ने में फ़ख्र महसूस होगा।'

पहले तो दलीप मेरे सुझाव पर ध्यान नहीं देता, लेकिन मैं मौक़ा मिलते ही वह बात उठाती रहती हूं। आख़िरकार वह उसके आस-पास मौजूद निराशा के अंधेरे को चीरकर उस तक पहुंच जाता है। अंग्रेज़ों की सरकार और इंडिया ऑफ़िस के बर्ताव से उसकी आंखें खुल जाती हैं और वह महारानी और संसद को बताता है कि उसने इंग्लैंड छोड़कर मेरे साथ वापस अपने वतन लौटने का फ़ैसला कर लिया है। चूंकि अंग्रेज़ उसे मुनासिब पेंशन देने के अपने वादे से मुकर गये हैं, जो कि समझौतों के मुताबिक़ उसका क़ानूनी हक़ है, तो वह चाहता है कि वे पंजाब की उसकी निजी संपत्ति लौटा दें, ताकि वह रणजीत सिंह के बेटे के रुतबे के मुताबिक़ अपनी ज़िंदगी जी सके।

मेरी सलाह लेकर इस बार दलीप यह बात भी उनसे कहता है कि अगर उसकी बात को नज़रअंदाज़ किया गया, तो वह सभी भारतीय अख़बारों और ज़रा-सी भी ईमानदारी रखने वाले अंग्रेज़ी अख़बारों में भी उनकी बेईमानी का कच्चा चिट्ठा खोलकर रख देगा। मैं पंजाब में दलीप के रिश्ते के भाई ठाकुर सिंह को यह सारी

जानकारी देती हूं। मैं उसे अपने सरकार की ज़ब्त की गयी सभी जागीरों और खदानों की सूची भेजने को कहती हूं, जिन पर मेरे बेटे का हक़ है। मुझे यह देखकर ख़ुशी होती है कि वह जवाब में मुझे सारी जानकारी भेजता है और अंग्रेज़ों के विश्वासघात पर नाराज़गी जताते हुए हर मुमकिन मदद करने का भरोसा देता है।

'क्या आपको लगता है कि ये फ़िरंगी हमें हिंदुस्तान वापस जाने देंगे?' माही पूछती है। वह मेरी इतनी वफ़ादार है कि कभी अपने घर की याद आने की बात नहीं करती और इंग्लैंड में रहने की शिकायत नहीं करती।

मैं पूरे विश्वास का दिखावा करती हूं, लेकिन आख़िरकार उसे सच बता देती हूं। 'पता नहीं, माही। पर दलीप को नाइंसाफ़ी का विरोध करना सीखना होगा। चाहे उससे वह किसी मुश्किल में ही क्यों नहीं पड़ जाए।'

माही मेरी बात के जवाब में कुछ नहीं कहती, लेकिन उसकी आंखों से चिंता साफ़ झलकती है।

जिन ईसाइयों पर दलीप का इतना भरोसा था, उनसे छले जाने के बाद अब उनके धर्म को लेकर भी उसमें पहले जैसा जोश नहीं रहा। अब वह नियमित रूप से चर्च नहीं जाता और यहां तक कि लॉगिन परिवार के कहने पर भी उनके साथ नहीं जाता। इस नवंबर जब हम गुरु नानक जी का प्रकाश उत्सव मनाते हैं और उन थोड़े से सिखों को अपने यहां बुलाते हैं, जिन्हें हम अरूर की वजह से जानने लगे हैं, तो दलीप हमारे साथ रहता है। अपनी हिंदुस्तानी पोशाक पहनकर वह पगड़ी भी बांधता है, जिसे आम तौर पर वह सिर्फ़ अंग्रेज़ी दरबार में बांधकर जाता है। माही, मेरे दो सिख मुलाज़िम और मैं जब गुरु ग्रंथ का पाठ करते हैं तो वह ध्यान से सुनता है। वह हमारी तरह नंगे पांव रहकर घर में दिये जलाता है। बाद में ज़मीन पर बैठकर अपने हाथों से लंगर छकता है और दोबारा भी मांगता है। उस रात जब मैं सोने जाती हूं तो वह पूछता है कि सिख धर्म को छोड़कर गये आदमी के लिए उसमें वापस आना मुमकिन है कि नहीं।

मेरा दिल इतने ज़ोर से धड़कता है कि मेरी छाती दर्द करने लगती है। आजकल ऐसा अक्सर होने लगा है। क्या मेरे कमज़ोर होने की वजह से कोई भी जज़्बाती बात मुझ पर ज़्यादा असर करती है? या फिर यह किसी बीमारी का इशारा है? मैं खुद को शांत करने के लिए गहरी सांस लेती हूं, ताकि मैं इतनी बेसब्र नहीं लगूं कि दलीप संकोच करने लगे।

मैं बड़े आराम से कहती हूं, 'यह मुमकिन है। पर पहले उस आदमी को पक्का मालूम होना चाहिए कि वह क्या चाहता है।' उसके लिए क्या ज़रूरी है, यह पूछे

जाने पर मैं बताती हूं कि सबसे बड़ी ज़रूरत है उसकी चाह रखने वाला दिल और साथ ही गुरुओं की शिक्षा की जानकारी और उसके लिए सम्मान। बाक़ी का इंतज़ाम आसानी से हो सकता है। पाहुल समारोह के लिए पांच सिख होने चाहिए, गुरबानी का पाठ किया जाना चाहिए, अमृत छका जाना चाहिए।

दलीप सुनकर प्रभावित हो जाता है। 'आपको यह सब कैसे पता, बीजी?'

मैं अपने बरसों पुराने ग़म को छिपाते हुए मुस्कराती हूं। मैं उसे यह नहीं बताती कि मैंने तभी यह सब सीखने की ठान ली थी, जब उसके धर्म बदलने की ख़बर मुझ तक पहुंची थी और तब से ही मैं इसके लिए प्रार्थना व इसकी उम्मीद करती रही थी।

अब जबकि दलीप की रोमानी उम्मीदें टूट चुकी हैं, हम अपनी ज़्यादातर शामें साथ बिताते हैं। जब उसके दोस्त उसे दावतों में या फिर लॉगिन परिवार अपने यहां खाने पर या दरबार जाने को बुलाता है, तो वह अपने जाने-पहचाने नरम अंदाज़ में मना कर देता है। लॉगिन के यहां अरूर के अब भी काफ़ी दोस्त हैं और उनसे उसे पता चलता है कि दरबार के दायरों में मेरे बेटे में आये बदलाव को लेकर काफ़ी खलबली मची है। इंडियन कौंसिल, लॉगिन और सर चार्ल्स फ़िप्स के बीच ख़तों का सिलसिला चल रहा है। फ़िप्स शोक संतप्त महारानी की तरफ़ से लिखता है। सबने मान लिया है कि महाराजा पर मेरा भयानक असर पड़ा है। मेरे साथ क्या सलूक किया जाए, इसे लेकर कई तरह की चर्चाएं चल रही हैं। अंग्रेज़ मुझे वापस भेजना चाहते हैं, लेकिन इंडिया ऑफ़िस मेरी वापसी कतई नहीं चाहता!

इस बीच मैं अपने वक़्त और अपनी बची-खुची ताक़त का इस्तेमाल करते हुए दलीप को गुरुओं के बारे में बताती हूं। गुरु अर्जन देव और गुरु तेग बहादुर मुझे सबसे ज़्यादा पसंद हैं। मैं उनकी हिम्मत और धर्म बदलने पर मजबूर किये जाने की हालत में शहीद होने के उनके फ़ैसले की बड़ी क़ायल हूं। मैं उसे बताती हूं कि कैसे मैं गुरुद्वारा लाल खूही गयी थी, जिसे उस जगह पर बनाया गया है जहां जहांगीर के आदमियों के हाथों गुरु अर्जन देव को भयावह तकलीफ़ें दी गयी थीं और कैसे उस जगह ने मेरे मन पर गहरी छाप छोड़ी थी। दलीप बड़ा तल्लीन होकर सब कुछ सुनता है। वह ज़्यादा कुछ नहीं कहता, पर मैं महसूस कर सकती हूं कि ये बातें उसके दिल में घर करने लगी हैं। यह कहानियों की ताक़त है।

मैं उसे एक और कहानी सुनाती हूं, हालांकि यह भविष्यवाणी ज़्यादा है। गुरु गोबिंद सिंह, हमारे अंतिम आध्यात्मिक गुरु ने एक भविष्यवाणी की थी। यह दलीप नामक एक राजा के बारे में है, जिसका तख़्त बचपन में उससे छिन जाएगा, उसे परायी सरज़मीं पर ले जाया जाएगा वहां वह कई सालों तक अभाव में रहेगा। वह एक विदेशी औरत से शादी करेगा। पर आख़िरकार वह पंजाब लौटेगा, अपने दुश्मनों को हराएगा और अपने लोगों की अगुवाई करते हुए उन्हें उनकी खोयी प्रतिष्ठा वापस दिलाएगा।

'आप क्या कह रही हैं, बीजी?' दलीप का चेहरा लाल होकर तमतमा गया है।

'कुछ नहीं,' मैं जवाब देती हूं। पर मुझे उम्मीद है कि वह मेरी आंखों में उस संदेश को पढ़ सकेगा। शायद वह राजा तुम्हीं हो। *शायद यह भविष्यवाणी तुम्हारे लिए है।*

दलीप के इस नये दृढ़ निश्चय से ज़रूर अंग्रेज़ों को डर लगा होगा, तभी उनकी सरकार ने एक नयी पेशकश रखी। उसकी पेंशन पहले से तकरीबन दोगुना पच्चीस हज़ार पाउंड कर दी जाएगी, लेकिन उससे पहले उसे इस बात पर राज़ी होना होगा कि उससे 'सभी दावों का समाधान' हो गया है। उनका कहना है कि इससे ज़्यादा की मांग 'अनुचित' होगी, क्योंकि कुलीनों तक को इतनी रक़म नहीं मिलती है।

उनका कहना है कि 'हाउस ऑफ़ लॉर्ड्स की कुल आमदनी दस हज़ार पाउंड से कम है।'

इसके साथ उन्होंने एक छोटी-सी बात और जोड़ी है और वह है कि महाराजा दलीप सिंह को इंग्लैंड में ही रहना होगा और उनकी मां अगर चाहें तो भारत लौट सकती हैं। इंडिया ऑफ़िस के अंतिम फ़ैसले के बाद कहां और कब की जानकारी मिल जाएगी। इस बीच मां को एक महिला साथी के साथ अलग घर में रहना होगा, ताकि महाराजा अपना कामकाज देख सकें। उसमें उनकी जायदाद ख़रीदने का काम भी शामिल है, जिसके लिए सरकार उन्हें क़र्ज़ देने को तैयार है।

इससे दलीप काफ़ी उत्साहित लगता है और मुझे भी ख़ुशी होती है, हालांकि मैं उसे आगाह करती हूं कि वह जल्दबाज़ी नहीं करे।

'अपने जायज़ हक के लिए आवाज़ उठाते रहो। हमारी निजी संपत्ति के मामले को उठाते रहो, जिन्हें उन्होंने ग़ैरकानूनी ढंग से ज़ब्त कर लिया था।' मैं उसे याद दिलाती हूं कि कैसे अंग्रेज़ों ने मेरी पेंशन को डेढ़ लाख रुपये से घटाकर अड़तालीस हज़ार और फिर बारह हज़ार कर दिया था। मुझे चुनार के क़िले में क़ैद करने के बाद उन्होंने उतनी रक़म भी देना बंद कर दिया। मैं नहीं चाहती कि मेरे बेटे को भी वैसे ही परेशानी का सामना करना पड़े।

मैं बड़े अदब के साथ अपने अलग घर में रहने की बात मान लेती हूं। हालांकि किसी को कानोंकान ख़बर नहीं, पर मैंने और दलीप ने फ़ैसला किया है कि भले वह किसी होटल में अपना अलग इंतज़ाम करके रखे, वह अपना ज़्यादातर वक़्त मेरे साथ बिताएगा। लंदन के आस-पास केनज़िंग्टन कहलाने वाले शांत और आलीशान इलाक़े में मेरे लिए तय ख़ुशनुमा और हवादार घर मुझे अच्छा लगा। लॉगिन परिवार ने एक अंग्रेज़ महिला को मेरे साथी के रूप में रखने की सिफ़ारिश की, जो मैंने

मान ली। मुझे लगता है कि उसे मेरी जासूसी करने के लिए रखा गया है, लेकिन मुझे यह जानकर हैरानी होती है कि समझदार और खुशमिज़ाज यह औरत मेरे घर की बागडोर अपने हाथों में लेने की ज़रा भी कोशिश नहीं करती और माही उसे पहले जैसी कुशलता से चलाती रहती है। कई बार वह औरत मेरे साथ नज़दीकी बाग में जाती है, लेकिन अक्सर हम बैठक में मिलनसार क़िस्म की ख़ामोशी के बीच साथ बैठे रहते हैं। वह कुछ बुनती रहती है और मैं आतिशदान में उठती लपटों को देखती रहती हूं।

आजकल दलीप अपने लिए जगह देखने के लिए अक्सर कहीं न कहीं चला जाता है। मुझे अब महसूस होता है कि उसके दिल में यह हसरत कहीं गहरे छिपी रही है कि उसका कोई अपना घर हो, अपनी ज़मीन, जिसकी चारदीवारी में वह वाकई राजा हो। लंदन से कुछ ही दूरी पर मौजूद ग्लस्टरशर में एक किले को लेकर वह काफ़ी जोश में है। उसे लगता है कि मुझे वहां पर अच्छा लगेगा। वह जगह और नीचे दक्षिण की तरफ़ है, इसलिए उसे लगता है कि वहां पर मौसम भी मलग्रेव से बेहतर होगा। उसके आस-पास जंगल भी हैं, जिनमें वह लोमड़ी का शिकार कर सकता है। मैं उसे जल्दबाज़ी नहीं करने को कहती हूं; हो सकता है कोई और बेहतर जगह मिल जाए। पर वह तो बहुत उतावला है और क़ीमत पर मोलभाव किये बिना काग़ज़ों पर दस्तख़त कर देता है। उसके उतावलेपन से मुझे बड़ी फ़िक्र होती है।

दलीप ने एक मशहूर कलाकार जॉर्ज रिचमंड को मेरी तसवीर बनाने का काम सौंपा है। तसवीर के हर पहलू में वह बड़ी दिलचस्पी लेता है और उसे अपने नये महल में लगाना चाहता है। उसके लिए मैं कौन-सी पोशाक पहनूंगी, यह भी वही तय करता है। नीले रंग का घाघरा और उसके साथ मेल खाती कुर्ती चुनकर वह कहता है कि उससे मेरी रंगत और खिल जाएगी। उसके लिए सुनहरी किनारी वाले घूंघट और मेरे लिए हीरे-जवाहरात का भी चुनाव करता है, जिन्हें वह ख़ास तौर पर बैंक से निकलवाता है। मोतियों की माला उनमें सबसे अहम है और उसके अलावा पन्नों का हार भी, जिसकी याद दलीप को अब भी है कि कैसे बचपन में उसे वह बहुत पसंद था। चित्रकार अपने काम में माहिर है, लेकिन वह काफ़ी नख़रेबाज़ और धीमा है। उससे कई बार मैं कुढ़ने लगती हूं, वैसे भी आजकल मुझे बड़ी जल्दी थकान हो जाती है। फिर भी मैं सब कुछ बर्दाश्त करते हुए थकान के बावजूद शाही दिखने की कोशिश करती हूं, क्योंकि मेरा बेटा यही चहाता है। कहते हैं कि तसवीर बनवाने वाले का तेज उसकी तसवीर में भी झलकता है, तो मैं मन ही मन अरदास भी करती रहती हूं। मैं कल्पना करती हूं कि मेरे जाने के बाद मेरी आत्मा और गुरुओं का आशीष मेरे बेटे की हिफ़ाज़त करेंगे।

मैं यह बात किसी से नहीं कह सकती, लेकिन मुझे यह सोचकर डर लगता है कि मेरे जाने के बाद मेरे बेटे का क्या होगा। मैं उससे बेहद प्यार करती हूं,

लेकिन मुझे यह भी क़बूल करना होगा कि ना उसका किरदार बहुत मज़बूत है और ना ही उसमें अपने पिता की तरह किसी चीज़ पर ध्यान लगाने की क़ाबिलियत है, ज़ो कि मुझमें भी थी। कभी वह अपनी पेंशन को लेकर इंडिया ऑफ़िस के छल-कपट से परेशान होकर हिंदुस्तान लौटने और ग़रीबों की सेवा में अपनी ज़िंदगी लगाने की बात करता है। फिर अगले ही दिन वह अपने दोस्तों के बुलावे पर लोमड़ियों का शिकार करने खुशी-खुशी निकल पड़ता है। कभी वह अपने राजकाज से अलग होने और कोहेनूर के दूर होने में विक्टोरिया की भूमिका को लेकर गुस्से में होता है, तो अगले ही पल उसकी दावत का न्योता क़बूल करता है और जब वह अपने मेहमानों से उसका परिचय अपने दरबार के सबसे अहम विदेशी राजकुमार के तौर पर करती है, तो वह फूला नहीं समाता। फ़िलहाल वह अभी ख़रीदी गयी जायदाद हैथिरॉप कैसल की ख़ुशी में इस कदर दीवाना है कि सिख धर्म में अपनी दिलचस्पी वाली बात को उसने भुला दिया है। वह उसमें बड़े फेरबदल कर उसे शीश महल की तर्ज़ पर तैयार करना चाहता है। उसने मुझे गुंबदों, गोलाकार छतों, संगमरमर के नक़्क़ाशीदार खंबों और शीशे जड़ी दीवारों की तसवीरें दिखायी हैं।

मैं समझ सकती हूं कि दलीप के दिल के किसी कोने में उस महल की लालसा छिपी है, जहां वह पला-बढ़ा और जिसे देखने का मौक़ा शायद उसे फिर कभी नहीं मिले। उसे यहां तैयार कर कुछ तो दिलासा मिलेगा। जब वहां आकर लोग उसके घर की तारीफ़ करेंगे, तो वह उससे भी आलीशान बादशाही क़िले के बारे में उन्हें बता सकेगा, जहां का वह महाराजा हुआ करता था। शायद उन लोगों को भी उस शान-शौकत का भान होगा, जो कभी उसकी हुआ करती थी। मैं उसकी बात समझती हूं, पर उसकी लागत के बारे में सोचकर मैं सिहर उठती हूं। मैं उससे कहती हूं कि वह जल्दबाज़ी नहीं करे। यह सुनकर पहले तो वह यह कहते हुए मुझे गले लगा लेता है कि मैं कुछ ज़्यादा ही सोचती हूं। फिर वह वादा करता है कि वह थोड़ा इंतज़ार करेगा।

मेरे चले जाने के बाद कौन उसकी शाहख़र्ची पर लगाम लगाएगा?

मुझे अपनी मौत की आहट महसूस होने लगी है। ज़रा-सी थकान के बाद ही मेरी सांस फूलने लगती है। मेरी छाती में अक्सर एक तेज़ दर्द उभरता है। मैं अब चहलकदमी करने भी नहीं निकलती, हालांकि कई बार मेरा मन करता है कि बाग़ में चेस्टनट पेड़ की फैली छांव के नीचे खड़ी हो जाऊं। वे मुझे अपने बचपन के अमरूद के पेड़ों की याद दिलाते हैं, हालांकि उन दोनों का एक-सा होना सिर्फ़ मेरा ख़याल है। जब कभी मुझे सांस लेने में दिक़्क़त होने लगती है, तो माही डॉक्टर को

बुलाने की ज़िद करती है, लेकिन वह कुछ दवाएं बताने और मुझे आराम करने को कहने के अलावा ज़्यादा कुछ नहीं कर सकता।

'मर जाने पर ही आराम करूंगी,' मैं माही से कहती हूं। 'फ़िलहाल मुझे अपने बेटे के साथ वक़्त बिताने दो।'

मैंने सभी नौकर-चाकरों को कसम दिलायी है कि वे दलीप को मेरी बीमारी के बारे में बिलकुल भी नहीं बताएं। मैं नहीं चाहती कि वह परेशान हो या फिर उसे लगे कि हर वक़्त उसे मेरे पास ही रहना चाहिए। अभी तो वह अपने घर और अपनी बढ़ी हुई पेंशन के मज़े ले रहा है। मैं उसकी खुशी कम नहीं करना चाहती। जब कभी दलीप यहां होता है, तो मैं अपनी थकान छिपाते हुए देर तक उसकी बातें सुनती रहती हूं। वह अपने घर के नक़्शे दिखाते हुए मुझे बारीकियां समझाता है और मैं अपनी धुंधलाती नज़र से उन्हें देखने-समझने की कोशिश करती हूं। वह बड़ी शान से बताता है कि वेल्स के राजकुमार समेत कितने बड़े-बड़े लोग उसके साथ वहां शिकार पर गये थे और वहां मौजूद शिकार से प्रभावित हुए थे। वह मुझे बड़े फ़ख्र से बताता है कि वह उनमें सबसे अच्छा निशानेबाज़ है।

पर एक साल के अंदर ही दलीप हेथिरॉप से उकता जाता है। वह मुझे लंदन के नज़दीक सफ़क में मौजूद उससे कहीं बेहतर ऐल्वडेन के बारे में बताता है। वह समंदर के नज़दीक है और उसकी हवा मुझे रास आएगी। इससे भी अहम बात यह है कि शिकार के लिए वह जगह बेहतरीन है और उसके संरक्षण के लिए भी। वह हेथिरॉप बेचकर ऐल्वडेन ख़रीदने की बात सोचता है।

'उतना पैसा कहां से लाओगे?' चिंतित होकर मैं पूछती हूं।

'उसमें क्या परेशानी है! सरकार मुझे उसके लिए क़र्ज़ देने को तैयार है।' बड़े जोश के साथ वह जवाब देता है।

अंग्रेज़ों की यह दरियादिली मुझे थोड़ी अटपटी लगती है और दलीप से पूछने पर मुझे पता चलता है कि उसके बदले सरकार उससे ब्याज लेगी। अब मेरी चिंता और बढ़ जाती है। मेरे बेटे की आय सरकार की उदारता पर निर्भर है, ऐसे में वह ब्याज कैसे चुका पाएगा? मुझे उनकी साज़िश साफ़ दिखती है कि इस तरह वे उसे अपने शिकंजे में और कस लेंगे।

फिर वह कैसे पंजाब की अपनी उस जायदाद के हक़ की मांग कर पाएगा, जिसे उन्होंने छल से अपने कब्ज़े में किया था?

मैं दलीप को समझदारी से काम लेने को कहती हूं। मैं उसे बताती हूं कि सरकार कभी अपनी आय से ज़्यादा ख़र्च करने में यक़ीन नहीं रखते थे। मैं उसे यह भी कहती हूं कि विधवा हो जाने के बाद मैं कितनी किफ़ायत से अपना घर चलाया करती थी, ताकि मुझे किसी से रहम की भीख नहीं मांगनी पड़े। दलीप अदब से

मेरी बात सुनता है, पर मैं उसकी बेसब्री को महसूस कर सकती हूं। मेरी बात पूरी होते ही वह नौकरों से खाने की मेज़ साफ़ करने को कहता है। फिर वह उस पर एल्वेंडन हॉल के आस-पास की ज़मीनों का नक़्शा फैला देता है और मुझे बताता है कि उसका इरादा वहां पर ग्राउस, तीतर, चकोर जैसे पंछियों की तादाद बढ़ाना है, कैसे वह इंग्लैंड के उस हिस्से में बाज के शिकार के लिए अकेली जगह तैयार करेगा। मैं बुरी तरह खांसते हुए बेदम हो जाती हूं। मेरे संभलने पर वह मुझसे वादा करता है कि मुझे वह जगह दिखाने ले जाएगा, ताकि मैं जान सकूं कि वह हमारे घर के लिए बहुत बढ़िया रहेगी।

सुबह नाश्ते के लिए जाते हुए मुझे अचानक चक्कर आने लगते हैं, दलीप स्कॉटलैंड में कहीं शिकार करने गया हुआ है। ऐसा लगता है कि जैसे पूरा कमरा घूम रहा है और फिर धुंधला पड़ने लगता है। होश आने पर मैं खुद को बिस्तर पर पाती हूं और मेरे आस-पास मेरे मुलाज़िम मंडरा रहे होते हैं। माही का चेहरा देखते ही मैं समझ जाती हूं कि वह रोती रही है। मुझे लगता है जैसे मेरी छाती पर कोई बोझ रखा हुआ है। मुझ पर ठंडा आला लगाते हुए अंग्रेज़ डॉक्टर का चेहरा डरावना लगता है। वह मुझे दवा देते हुए कहता है कि उसे उम्मीद है कि उससे मुझे आराम मिल जाएगा।

'महाराजा को तुरंत बुलवा लो,' वह माही से कहता है।

मैं होश और बेहोशी के बीच झूलती हूं। कभी मेरी आंखों के पीछे चमक दिखती है और गुज़रे ज़माने के मेरे अपनों के चेहरे दिखायी देते हैं, जैसे कि वे मुझे मेरी अगली मंज़िल तक का रास्ता दिखाने के इंतज़ार में हैं। मुझे सरकार की प्यार भरी नज़र दिखायी देती है। गुड्डां किसी मज़ाक़ पर दोहरी हुई जाती है। पठानी मुझे अपने नये गहने दिखाती है तो शाही मुस्कान लिए चंद कौर तख़्त पर बैठी दिखती है। मेरा वफ़ादार अवतार नौजवान है, वह सिर झुकाता है और मेरा हाथ अपने सिर से छुआता है। उनके पीछे जवाहर खड़ा है, लेकिन वह गुजरांवाला के मेरे बचपन का दमकते चेहरे वाला जवाहर है, ना कि अक्सर मेरे डरावने सपनों में आने वाला ख़ून से सना, डरा हुआ आदमी... क्या यह सिर्फ़ तीस साल पुरानी बात है?

अचानक मेरे बिस्तर पर मैं दलीप को झुका हुआ पाती हूं। मेरे माथे को चूमता हुआ वह कहता है कि मैं इतनी जल्दी नहीं जा सकती, अभी तो हमने कम वक़्त साथ बिताया है। अभी तो उसे अपना नया घर मुझे दिखाना है, जो बस पूरा होने वाला है, यह कहते हुए उसके आंसू मेरे चेहरे पर गिरते हैं।

'आपको मेरे लिए एक अच्छी लड़की खोजनी है, बीजी। एक ऐसी लड़की जो ईमानदार और वफ़ादार हो, अंग्रेज़ नहीं हो। आपको अभी मेरे बच्चों को अपने वतन, अपनी तहज़ीब के बारे में सिखाना है, उन्हें अपनी अनोखी कहानियां सुनानी

हैं। ज़िंदगी के बोझ से जब मैं दबा हुआ महसूस करता हूं, उन दिनों में मेरी हिम्मत बढ़ाने के लिए मुझे आपकी ज़रूरत होगी।'

मैं उसे चुप कराने के लिए उसके होंठों पर अंगुली रख देती हूं। अब मेरे पास बहुत कम वक़्त बचा है और मुझे एक अहम फ़ैसला करना है, जिस पर मुझे अपना पूरा ध्यान लगाना होगा।

मैं चाहूं तो मरते वक़्त दलीप को अपना आशीर्वाद दे सकती हूं कि वह कोई चिंता किये बिना, अपने तौर-तरीक़े बदले बिना तब तक किसी अंग्रेज़ कुलीन की तरह अपनी ज़िंदगी बिताता रहे, जब तक कि उसे अपनी शाहख़र्ची के लिए पैसा मिलता रहे। वह तो अपने घर में, अपने शिकार में और शाही शादियों में जुलूस की अगुवाई करने और विक्टोरिया के अपने गिरजा में उसके साथ प्रार्थना करने में ख़ुश रहेगा। वह ना किसी के काम का रहेगा और ना ही किसी के लिए कोई मुश्किल खड़ी करेगा। मैं ऐसा कर सकती हूं, वैसे अंग्रेज़ भी यही चाहते हैं।

या फिर मैं आख़िरी बार उसे फिर से याद दिला सकती हूं कि वह असल में कौन है। अगर मैं उसे यह समझाने में कामयाब रही, तो अपनी बाक़ी ज़िंदगी वह बेचैनी भरे दुःख में बिताएगा।

मेरे सरकार, मैं कौन-सा रास्ता चुनूं? उसकी मां और आपकी रानी होने के नाते मुझे क्या करना चाहिए?

मेरे सरकार की आवाज़ जैसे गुज़रे वक़्त से मुझ तक पहुंचती है। वह अब भी उतनी ही मज़बूत है, जितनी कि उस दिन थी, जब मैंने उनके साथ दुनिया की सबसे ख़ूबसूरत घोड़ी की सवारी की थी और उन्होंने मुझे दस बरस की उम्र में लड़ाई की अगुवाई करने की बात बतायी थी। वह कितने डरे हुए थे और साथ ही उनका इरादा कितना पक्का था। उन्हें तब कैसे एक सच्चाई समझ में आयी थी और फिर वह बाक़ी ज़िंदगी हमेशा उनके साथ रही थी।

मैं दलीप को इशारे से अपने पास बुलाती हूं। मैं फुसफुसाकर कहती हूं, 'मैं जा रही हूं, दूला जी।'

'नहीं, बीजी,' वह रोते हुए कहता है। 'आप इतनी जल्दी नहीं जा सकतीं। अभी तो हम बस दो साल साथ रहे हैं। मुझे अभी तो आपसे बहुत कुछ सीखना है। मैंने तो आपको अभी ऐल्वडेन भी नहीं दिखाया, कैसे वह अब लाहौर के हमारे क़िले जैसा दिखने लगा है... अब जाकर आख़िरकार इस देश में आपको अपने घर जैसा महसूस...'

बड़ी मुश्किल से मैं अपना हाथ उसके गाल तक ले जाती हूं। 'वाहेगुरु ने धरती पर मेरा इतना ही वक़्त लिखा था। पर जाने से पहले मैं चाहती हूं कि तुम मुझसे तीन वादे करो।'

'कुछ भी करूंगा, आप बताएं तो सही!'

अभी तो वह बड़ी शिद्दत से सब कुछ महसूस कर रहा है, लेकिन क्या बाद में वह इन वादों को पूरा करने का पक्का इरादा बनाये रख पाएगा? जो भी हो, मुझे तो अपना काम करना ही होगा। मैं कहती हूं, 'पहला वादा, हमेशा याद रखना कि तुम्हारी रगों में पंजाब के सबसे महान राजा का लहू दौड़ रहा है। तुम शेर-ए-पंजाब, महाराजा रणजीत सिंह के इकलौते ज़िंदा वारिस हो। एक बार उन्होंने मुझसे कहा था, ''लड़ाई में अपने वफ़ादार आदमियों के साथ मरने से बेहतर और क्या हो सकता है? मैं बीमार होकर मरने की बजाय लड़ते हुए मरना पसंद करूंगा।'' यही तुम्हारी विरासत है।'

दलीप मेरे हाथ को कसकर पकड़ लेता है। 'पर मैं उन जैसा बहादुर नहीं हूं, बीजी। मैं उतना दिलेर नहीं हूं और ना ही कोई योद्धा हूं। अंग्रेज़ इतने मज़बूत, इतने मक्कार हैं। देखा, कैसे अपने समझौते में मानी गयी बात से वे मुकर गये और वह सब नहीं दिया...'

मेरी छाती पर रखा बोझ जैसे भारी होता जाता है। मेरे मुंह से बोल मुश्किल से निकलते हैं, लेकिन मैं पूरी कोशिश करती हूं। 'अपने भीतर झांकना, मेरे पुत्तर। वहां जो मिलेगा, उससे तुम खुद हैरान रह जाओगे। इंसाफ़ की अपनी तलाश में तुम अकेले नहीं होगे। पंजाब ऐसे लोगों से भरा पड़ा है, जो तुम्हारी वापसी के इंतज़ार में हैं। अपने दूर के भाई ठाकुर सिंह के संपर्क में रहना। वह तुम्हें रास्ता दिखाएगा। तुम चाहोगे तो वह फिर से सिख बनने में तुम्हारी मदद कर देगा। क्या पता, तुम मेरी बतायी गयी भविष्यवाणी को पूरा कर दो।'

ज़ोर से आयी खांसी मुझे हिलाकर रख देती है और माही पानी लेकर दौड़ी आती है। मैं एक घूंट पीकर अपनी बात जारी रखती हूं, 'मैं तुम पर छोड़ती हूं कि तुम अपनी ज़िंदगी कैसे जियोगे। तुम जो भी रास्ता चुनोगे, मेरा आशीर्वाद तुम्हारे साथ होगा।'

'बस तुमसे दो चीज़ों की दरकार है। मेरी देह को हिंदुस्तान ले जाना। तुम्हारे लिए अपने प्यार की ख़ातिर मैं यहां आयी थी, पर मेरी रूह को कभी यहां चैन नहीं मिलेगा। मेरा अंतिम संस्कार मेरे अपने वतन में करना और मेरी अस्थियों व राख़ को मेरे सरकार की अस्थियों के पास रख देना।'

दलीप कुछ बोल नहीं पाता, बस अपना सिर हिला देता है। मुझे ख़ुशी है कि वह बेकार का विरोध करने में वक़्त नहीं गंवाता। मुझे पीछे से मेरी अंतिम यात्रा में मदद के लिए सुखमनी साहिब का पाठ करती माही की आवाज़ सुनायी देती है। मैं अपने बेटे से कुछ और सुनना चाहती हूं।

मैं अपनी बची-खुची ताक़त समेटती हूं। 'तुम्हें याद है, कलकत्ता के स्पेंसेज़ होटल में हमसे मिलने आये सिख सिपाही क्या कह रहे थे? जब वे हमें जता रहे थे कि उनका जोश अभी हारा नहीं है?'

मुझे डर है कि वह भूल चुका होगा, पर वह जवाब में कहता है, 'मुझे याद है। वह सब मेरी याददाश्त में बस चुका है। उस वक़्त भले ही मुझे असहज लगा हो, लेकिन अब मैं उन सिपाहियों की हिम्मत की क़द्र करता हूं।'

'अपनी रूह के निकलते वक़्त मैं वही सुनना चाहूंगी।'

उसकी आवाज़ में हिचक है, उसका लहजा पक्का नहीं है, पर वह फ़तह की उस जय-जयकार को अपनी आवाज़ देता है, जिसने सदियों के जुल्म के बीच हमारे लोगों को हौसला दिया था। 'जो बोले सो निहाल, सत श्री अकाल!'

मैं उसके साथ दोहराती हूं। *'जो बोले सो निहाल, सत श्री अकाल! दलीप का मेरे लिए यह आख़िरी तोहफ़ा है।*

यही उसके लिए मेरी भी आख़िरी भेंट है।

उपसंहार

नासिक, 1864

नौजवान को लगता है कि भारत में सूरज की चमक कुछ ज़्यादा ही है। धूप से उसका सिर दुखने लगता है, ख़ासकर जब उसकी चौंधियाने वाली रोशनी नदी के पानी पर से उठकर उसकी आंखों में चुभती है। या फिर शायद श्मशान घाट में एक कतार में जलते शवों के जलने से उठती गंध से उसका जी मितला रहा है। उनमें से एक शव उसकी मां का है। अपनी मां की याद अब भी उसके दिल में उस ख़ाली जगह को दुखाती है, जो शायद कभी नहीं भर सकेगी। जितना प्यार वह उससे करता था, शायद ही किसी और औरत से कर सकेगा। वह किसी भी मर्द या औरत का उतना क़ायल कभी नहीं हो सकेगा।

उसकी मां की मौत पिछले साल लंदन में हो गयी थी, लेकिन उसकी इच्छा के अनुसार सिख रीति से अंतिम संस्कार के लिए उसका पार्थिव शरीर भारत लाने की अनुमति देने में ब्रिटिश सरकार को पूरे बारह महीने लगे। साल भर उसे केंसल ग्रीन सीमेट्री के अपवित्र शवकक्ष में रखा गया, जबकि सरकार दुविधा में रही कि क्या किया जाए। उसकी नींद आधी रात को यह सपना देखते हुए खुल जाती थी कि उसकी मां अपने ताबूत में हाथ-पांव मार रही है और उससे उसे वहां से बाहर निकालने की विनती कर रही है। वह बार-बार ब्रिटिश सरकार, इंडिया ऑफ़िस और यहां तक कि महारानी से भी पूछता रहा कि एक धार्मिक इरादे से किये जाने वाले एक आम से सफ़र की इजाज़त देने में इतना समय क्यों लग रहा है। लॉगिन उसकी मदद कर सकता था, लेकिन उसका भी देहांत हो चुका था। उसका लेडी लॉगिन के सिवा और कोई नहीं था, वह भी अपने ही ग़म में डूबी हुई थी।

नहीं, यह भी सच नहीं था। उसके पास अरूर था। उसके वफ़ादार अरूर ने ही मुलाज़िमों की दुनिया के अपने संपर्कों से पता लगाया था कि अंग्रेज़ों को डर था कि अगर वह अपनी मां की अस्थियां अपने पिता के अवशेषों के साथ रखने गया, तो विद्रोह हो सकता था। यह भी कि लोग एकजुट होकर उसे फिर से तख़्त पर बिठा सकते थे।

उसे बड़ा आश्चर्य हुआ। 'क्या पंजाब के लोगों को मेरी इतनी परवाह है? क्या उन्हें अब भी मेरी याद है?'

जवाब में अरूर ने कहा, 'वे अपने महाराजा को कभी नहीं भूलेंगे। ब्रिटिश फ़ौज में भर्ती सिपाही भी आपका इशारा मिलते ही फ़ौज छोड़कर पंजाब लौटने के लिए तैयार हो जाएंगे। ठाकुर सिंह ने गुप्त संदेश भिजवाया है कि अंग्रेज़ों से नफ़रत करने वाली फ़्रांसीसी, रूसी विदेशी ताक़तों को इस तरह की लड़ाई में आपका साथ देने के लिए मनाया जा सकता है।'

उस नौजवान ने उस जानकारी को अपने भीतर सहेज लिया कि *दुश्मन का दुश्मन मेरा दोस्त है। शायद किसी दिन यह सबक़ काम आ जाए।*

आख़िरकार जब ब्रिटिश सरकार के बेरहम बर्ताव की ख़बर लोगों तक पहुंची तो अख़बारों में रोष भरी चिट्ठियां आने लगीं और सरकार को अनमने ढंग से अनुमति देनी पड़ी। इससे यह तो साफ़ हुआ कि इंग्लैंड के आम लोग अपने नेताओं के मुक़ाबले ज़्यादा नेकदिल के थे। इजाज़त के साथ कुछ शर्तें भी लगा दी गयीं। वह अपने रिश्तेदारों, ख़ासकर उग्र रवैये वाले ठाकुर सिंह के संपर्क में नहीं आएगा। वह अपनी उन संपत्तियों को देखने भी नहीं जाएगा, जिन्हें वह अपना मानता है। वह पंजाब जाएगा ही नहीं। उसे अपने जहाज़ के उतरने के ठिकाने बंबई के नज़दीक ही अंतिम संस्कार करना होगा। भारत में रहने के दौरान ब्रिटिश टुकड़ियां उसके साथ रहेंगी। काम होते ही उसे तुरंत वापस लौटना होगा।

उसके पास कोई चारा भी नहीं था। उसे मानना पड़ा, इस तथ्य के बावजूद कि पंजाब के महानतम राजा का लहू उसकी रगों में बहता था।

अंतिम संस्कार समाप्त कर उसे करवाने वाले घाट से जा चुके हैं, लेकिन वह अकेला इंतज़ार करता है। उस पर नज़र रखे हुए ब्रिटिश सिपाही भी हैं। आख़िरी पल में ब्रिटिश सरकार ने अरूर पर यह इल्ज़ाम लगाते हुए कि वह विरोधियों के संपर्क में है, उसे साथ आने की इजाज़त देने से इनकार कर दिया। मिट्टी के पात्र में रखी अस्थियां, जो अभी गर्म हैं, उन्हें गोदावरी में बिखेरने के लिए सीढ़ियों पर जाते हुए उसके साथ कोई नहीं है, जो उसे दिलासा दे।

उसे पत्थरों पर काम करते हुए कामगारों की आवाज़ें सुनायी देती हैं। वह पंचबटी के नज़दीक बाग़ में महारानी जिन्दां कौर की एक छोटी-सी समाधि बनवा रहा है। बची हुई अस्थियों से भरा एक कलश वहीं रखा जाएगा। इस देश से अंग्रेज़ों के चले जाने के बाद और ऐसा कभी ज़रूर होगा, 1857 में भी ऐसा होने वाला था, तब वह इस कलश को उसकी सही जगह पर ज़रूर ले जाएगा।

उसे इसकी इच्छा नहीं थी, पर पुरोहितों ने उसे भरोसा दिया कि समाधि एक पवित्र जगह पर बन रही है। 'गोदावरी गंगा जितनी तो नहीं लेकिन पवित्र अवश्य है।' उन्होंने उसे उस जगह के इतिहास के बारे में बताया कि कैसे प्राचीन हिंदू ग्रंथ के नायक राम अपने राज्य से अन्यायपूर्ण ढंग से निकाले जाने के बाद कुछ समय के लिए यहां अपनी पत्नी सीता के साथ रहे थे।

उस नौजवान की हिंदी पर अच्छी पकड़ नहीं होने के कारण उसे पूरी कहानी अच्छी तरह समझ नहीं आती, लेकिन उसे अपने राज्य से निकाले जाने वाले राम के साथ एक अजीब-सी समानता महसूस होती है, भले उसके पीछे कोई ठोस तर्क नहीं हो। अभी राम की तरह उसकी कोई पत्नी नहीं है, लेकिन उसने कुछ सोचा हुआ है। वह किसी अंग्रेज़ लड़की के साथ शादी नहीं करने का फ़ैसला ले चुका था, एक दर्दनाक तजुर्बा उसे उस तरफ़ की गयी कोशिशों की निरर्थकता का सबक़ दे गया था; कोई भारतीय लड़की भी उसके लिए मुनासिब नहीं होती, क्योंकि उन दोनों के बीच बहुत कम समानता होती। वैसे भी उसे एक मददगार, एक साथी की ज़रूरत थी, जो उसकी रातों के अकेलेपन को कम कर सके। इंग्लैंड जाते हुए उसका जहाज़ काहिरा में रुकने वाला था, ठीक वैसे ही जैसे आते हुए रुका था और वहां मिशन स्कूल गें एक लड़की से उसकी मुलाक़ात हुई थी। उसका नाम बाम्बा था। वह बहुत मासूम और ख़ूबसूरत थी, उसने उसे बड़े प्यार से देखा था। वह उसके लिए ठीक रहेगी।

मां के खोने का ग़म और उसके अंतिम संस्कार को लेकर मजबूरी में किये गये समझौते का रोष उस पर छाने लगता तो वह बाम्बा के बारे में सोचता। वह अंग्रेज़ी नहीं जानती थी, पर उसे वह कोई बड़ी कमी नहीं लगी। नौजवान कल्पना करने लगा कि वह एल्वडेन में उसके घर में मेहमानों की मेज़बानी कर रही है या फिर उसके साथ अपनी ऐबीसीनियाई वेशभूषा में तैयार होकर महारानी विक्टोरिया के सामने अदब से झुक रही है। क्या वे यह देखकर प्रभावित नहीं होंगे कि वह दुनिया के दूसरे हिस्से से खुद अपनी दुल्हन खोजकर लाया है? क्या वे इस नौजवान जोड़े का प्यार देखकर ईर्ष्या से नहीं भर उठेंगे?

आवेग में आकर वह आदमी उस पात्र को उसमें बची-खुची अंतिम अस्थियों के साथ पानी में बहा देता है। वह उसे बहाव के साथ आगे बढ़ते देखता है। वह छोटा-सा पात्र ठीक उसकी मां की जैसी निडरता से आगे बढ़ता है। अंग्रेज़ों के, अपने कपटी दरबारियों के ख़िलाफ़ उसने कितनी मुश्किल लड़ाई लड़ी थी। उसने हालांकि अपनी मां को कभी बताया नहीं, पर उसे दरबार में खड़ी अपनी मां याद थी, उन सभी मर्दों के बीच एक अकेली औरत, पंजाब की अंतिम महारानी। अपना घूंघट हटाकर तमतमाते चेहरे के साथ खड़ी वह अपने दरबारियों को फ़िरंगियों के ख़िलाफ़ लड़ने में मदद करने को कह रही थी। उन कायरों ने उसकी एक नहीं सुनी, पर उसने भी हार नहीं मानी। उसने देशनिकाले और क़ैद का सामना किया और उन घटिया झूठों का भी, जो अंग्रेज़ों ने उसके बारे में फैलाये थे। खुद उसने भी इंग्लैंड में ये घिनौनी कहानियां सुनी थीं। वह भाग निकलने में कामयाब रही और अकेली ही ख़तरनाक रास्ते पर बढ़ते हुए पहाड़ी दर्रों से होते हुए नेपाल पहुंची। बीमार होने के बावजूद वह उसके साथ काला पानी पार करके दुश्मनों के इलाक़े में आने से भी नहीं हिचकिचायी। अपनी बची-खुची ताक़त का इस्तेमाल उसने उस नौजवान में उम्मीद और अपने वतन के लिए मोहब्बत का जज़्बा जगाने में किया, हालांकि वह खुद बहुत कमज़ोर था।

यह सब उसकी मां ने इसलिए किया, क्योंकि वह उसे चाहती थी।

वह पात्र नदी के मोड़ पर पहुंचता है। नज़रों से ओझल होने से पहले सूरज की एक किरण उसके किनारे पर पड़ती है और वह चमक उठता है। या फिर वह उसकी आंसू भरी आंखों की तो नहीं थी? लोग उसके पिता को शेर-ए-पंजाब कहकर पूजते थे, लेकिन उसकी मां भी शेरनी कहलाने की हकदार थी। क्या वह महाराजा रणजीत सिंह जितनी या उनसे ज़्यादा बहादुर नहीं थी? क्या उसने बड़ी बाधाओं का सामना नहीं किया?

वह नौजवान गोदावरी के पानी में पांव रखता है। उसका बहाव उसके कपड़ों को खींचता है, वे गीले होकर भारी हो जाते हैं। उस पर निगाह रखे सिपाही चिल्लाने लगते हैं। क्या उन्हें लगा कि वह मरने जा रहा है? बेवकूफ़ कहीं के! वह उनके लिए हालात इतने आसान नहीं बनाने वाला। वह अपनी अंजलि में पानी भर अपने सिर पर छिड़कता है।

'मैं आपको नहीं भूलूंगा, बीजी! मैं आपकी सिखायी बातें नहीं भूलूंगा। मैं अंग्रेज़ों को अपने साथ और चालबाज़ी नहीं करने दूंगा। मैं अपनी जड़ों की तरफ़ और अपने धर्म में वापस लौटूंगा। मैं जितना जानता-समझता हूं, उसके मुताबिक़ बहादुर बनूंगा और चालाक भी। मैं अब आराम से नहीं बैठूंगा, जैसे कि इतने सालों से करता आया हूं।'

एक गहरी सांस लेकर वह उन शब्दों को मुंह से निकालता है, हालांकि उसे थोड़ा पाखंडी जैसा महसूस होता है। *जो बोले सो निहाल। सत श्री अकाल।* उसके मुंह में वे अजीब लगते हैं, लेकिन बार-बार दोहराने के बाद वह जानता है कि वह अब उसके अपने बोल बन चुके हैं।

आभार

मैं इस किताब को लिखते हुए निम्नलिखित सभी लोगों से मिले प्रोत्साहन, सुझावों और आशीर्वाद के लिए बहुत आभारी हूं।

मेरी अमेरिकी एजेंट सैंड्रा डेक्स्त्रा और उनकी टीम, ख़ासकर एलीज़ कैप्रां और आंद्रेया कपालेरो।

मेरे ब्रिटिश एजेंट कैस्पियन डेनिस।

मेरे दोस्तों ज़ैक बीन, निक ब्राउन, विल डॉनेलि, ईरीन केलियर, केया मित्रा, ऑइंद्रिला मुखर्जी, पूनम मल्होत्रा और अमृतजीत सिंह।

उन लेखकों का, जिनकी किताबें अनमोल साधन रहीं :

माइकल अलेक्ज़ेंडर और सुशीला आनंद, *क्वीन विक्टोरियाज़ महाराजा : दलीप सिंह*

पीटर बेंस, *सोवरन, स्क्वायर ऐंड रेबेल : महाराजा दलीप सिंह*

विलियम डैलरिम्पल और अनिता आनंद, *कोहेनूर*

सीताराम कोहली, *सनसेट ऑफ़ द सिख एम्पायर*

लेडी लीना कैम्पबेल लॉगिन, *लेडी लॉगिन्स रिकलेक्शन्स : कोर्ट लाइफ़, 1820-1904 ऐंड कैम्प लाइफ़*

शाह मोहम्मद, *जंगनामा*

अमरिंदर सिंह, *द लास्ट सनसेट : द राइज ऐंड फ़ॉल ऑफ़ द लाहौर दरबार*

खुशवंत सिंह, *रणजीत सिंह : महाराजा ऑफ़ द पंजाब*

खुशवंत सिंह, *द फ़ॉल ऑफ़ द किंगडम ऑफ़ द पंजाब*

सर्बप्रीत सिंह, *द कैमल मर्चेंट ऑफ़ फ़िलाडेल्फिया : स्टोरी फ़्रॉम द कोर्ट ऑफ़ महाराज रणजीत सिंह*

राजदूत नवतेज सरना का विशेष धन्यवाद, जिन्होंने मुझे अपनी किताब *दि एग्ज़ाइल : अ नॉवल बेस्ड ऑन द लाइफ़ ऑफ़ महाराजा दलीप सिंह* उपहार में दी और महाराजा की लगभग भुलायी जा चुकी मां पर लिखने की मेरी इच्छा को प्रोत्साहित किया।

ह्यूस्टन यूनिवर्सिटी के पुस्तकालय में काम करने वाले अनोखे लोगों का शुक्रिया, ख़ासकर एमिली डील का, जिन्होंने मेरे शोध के लिए मुश्किल से मिलने वाली कई किताबों को उपलब्ध कराया।

हमेशा धीरज से भरे रहने वाले और प्यार करने वाले मेरे परिवार के लोग : मूर्ति, आनंद और अभय।

मेरे आध्यात्मिक मार्गदर्शक : बाबा मुक्तानंद, रमण महर्षि और निसर्गदत्त महाराज, जिन्होंने उस शक्ति की ओर इंगित किया, जो समूची रचनात्मकता का स्रोत है।

मैं आप सबकी बहुत कृतज्ञ हूं।

लेखिका के बारे में

चित्रा बैनर्जी दिवाकरुणी एक पुरस्कार विजेता और बेस्ट सेलर लेखिका, कवयित्री, कार्यकर्ता और लेखन शिक्षिका हैं। उनकी रचनाएं व्यापक रूप से पत्रिकाओं और संग्रहों में प्रकाशित हुई हैं और उनकी किताबों का उन्तीस भाषाओं में अनुवाद हुआ है। उनकी कुछ रचनाओं पर फ़िल्में बनी हैं और नाटक भी मंचित हुए हैं। उनका आख़िरी उपन्यास बेस्टसेलर *द फ़ॉरेस्ट ऑफ़ एनचेन्टमेन्ट* है, जिसमें रामायण की कहानी सीता के ज़रिए कही गई है। वह अपने पति मूर्ति के साथ ह्यूस्टन में रहती हैं और उनके दो बेटे हैं - आनंद तथा अभय। वह ह्यूस्टन यूनिवर्सिटी के अंतरराष्ट्रीय स्तर पर सराहे गए क्रिएटिव राइटिंग प्रोग्राम में पढ़ाती हैं। चित्रा ट्विटर हैंडल @cdivakaruni से ट्वीट करती हैं और पाठकों से अपने फ़ेसबुक पेज https://www.facebook.com/chitradivakaruni/ पर संपर्क करना पसंद करती हैं।

अनुवादक के बारे में

पिछले दो दशक से अधिक समय से प्रकाशन क्षेत्र से जुड़ी नीलम भट्ट ने कई प्रतिष्ठित राष्ट्रीय एवं अंतर्राष्ट्रीय प्रकाशन संस्थानों के लिए अनुवाद, समीक्षा व संपादन-कार्य किया है। राजनीति शास्त्र में स्नातकोत्तर शिक्षा प्राप्त करने के बाद शैक्षणिक कार्यक्रम प्रस्तुत करने और टेलीविज़न के लिए पटकथा लेखन एवं विभिन्न कार्यक्रमों के लिए वॉयस ओवर का कार्य किया। इसके अलावा ऑल इंडिया रेडियो के विदेश सेवा प्रभाग के साथ अनुवादक व उद्घोषक, समाचार प्रभाग के साथ अनुवादक व समाचार वाचक और एफ़एम गोल्ड के साथ प्रस्तुतकर्ता के रूप में जुड़ी रहीं। दिल्ली की हिंदी अकादमी की 'नवोदित युवा लेखक पुरस्कार प्रतियोगिता' के अंतर्गत कविता लेखन के लिए लगातार दो वर्ष पुरस्कार प्राप्त किए। एनसाइक्लोपीडिया ब्रिटैनिका में सीनियर कॉपी एडिटर के रूप में काम करते हुए उनके हिंदी प्रकाशन का संपादन-कार्य किया। फ़िलहाल स्वतंत्र रूप से लेखन, अनुवाद एवं संपादन-कार्य कर रही हैं। मंजुल प्रकाशन के लिए *दि डेफ़िनेटिव बुक ऑफ़ बॉडी लैंग्वेज, हाउ टु इनफ़्लुएंस पीपल, किचन क्लीनिक, वाय मेन डोंट लिसन ऐंड विमेन कांट रीड मैप्स, बिज़नेस सूत्र, ऐन फ्रैंक : डायरी ऑफ़ ए यंग गर्ल, इन्कार्नेशन्स : इंडिया इन फ़िफ़्टी लाइव्ज़, यशोधरा, अ शॉर्ट हिस्ट्री ऑफ़ नियरली एवरिथिंग* आदि पुस्तकों का हिंदी अनुवाद कर चुकी हैं।